证券行业专业人员一般业务水平评价测试辅导教材（2023）

《金融市场基础知识》考点突破及模拟强化

证券行业专业人员一般业务水平评价测试辅导教材编写组　编著

电子阅读

中国财经出版传媒集团
中国财政经济出版社

图书在版编目（CIP）数据

《金融市场基础知识》考点突破及模拟强化 / 证券行业专业人员一般业务水平评价测试辅导教材编写组编著. -- 北京 : 中国财政经济出版社，2023. 2

证券行业专业人员一般业务水平评价测试辅导教材. 2023

ISBN 978 - 7 - 5223 - 1750 - 2

Ⅰ. ①金…　Ⅱ. ①证…　Ⅲ. ①金融市场－资格考试－自学参考资料　Ⅳ. ①F830. 9

中国版本图书馆 CIP 数据核字（2022）第 201631 号

责任编辑：郁东敏　　　　责任印制：刘春年
封面设计：中通世奥　　　　责任校对：徐艳丽

《金融市场基础知识》考点突破及模拟强化
《JINRONG SHICHANG JICHU ZHISHI》KAODIAN TUPO JI MONI QIANGHUA

中国财政经济出版社 出版

URL：http：//www. cfeph. cn
E - mail：cfeph@ cfeph. cn

社址：北京市海淀区阜成路甲 28 号　邮政编码：100142
营销中心电话：010 - 88191522
天猫网店：中国财政经济出版社旗舰店
网址：https：//zgczjjcbs. tmall. com
北京时捷印刷有限公司印刷　各地新华书店经销
成品尺寸：185mm × 260mm　16 开　26. 5 印张　556 000 字
2023 年 2 月第 1 版　2023 年 2 月北京第 1 次印刷
定价：60. 00 元
ISBN 978 - 7 - 5223 - 1750 - 2
（图书出现印装问题，本社负责调换，电话：010 - 88190548）
本社质量投诉电话：010 - 88190744
打击盗版举报热线：010 - 88191661　QQ：2242791300

编写说明

“证券行业专业人员一般业务水平评价测试辅导教材（2023）”，对应“金融市场基础知识”和“证券市场基本法律法规”两门考试科目。每种图书分“考点突破”和“模拟强化”两部分，帮助考生应对证券业务水平测试，帮助读者梳理、掌握和学习从事证券业务应知的金融市场基础知识和法律法规，为考生和读者提供重要参考。

“考点突破”：书中的“考点突破”相关内容各章节与教材章节一一对应，以教材、大纲为蓝本，就每章知识点、考点和难点设计了试题，涵盖教材绝大部分内容。试题量大，题型全面，内容的系统性强，并对易错、易混的题，都给出了详细的答案与解题思路。

“模拟强化”：书中含“模拟试卷”一套三种，以实际考试为参考，题型、题量、题分及难易程度等与实际考试基本类似，希望考生能在规定的时间内完成，以熟悉考试进程，合理安排时间，并可对自身弱点进行针对性学习。

“电子阅读”：为方便考生熟悉考试场景，提升应试和实操能力，本套辅导读本配套了“电子阅读”学习平台，方便读者和考生在碎片化的时间里利用手机、ipad等电子产品随时随地提高知识储备量。购买本书的读者可扫描扉页上的“电子阅读”二维码访问、注册，并根据网页提示激活相关权限。注意，此二维码，一个手机号只能领用一次，可重复登陆。

“中财培训”：“中财培训”学习平台，就“金融市场基础知识”和“证券市场基本法律法规”两个考试科目往年试题分析和教材疑难解析进行线上培训，读者可以扫描本书封底“中财培训”二维码，进入相关学习界面，选择学习章节解读等更多升值、增值视频资料。

由于编写时间紧迫，书中难免有不足、疏漏和错误之处，恳请广大读者海涵并指正。有关本套辅导教材的勘误，也可扫描“电子阅读”二维码访问，以了解最新勘误情况。

辅导教材编写组

2023年2月

目　录

第一部分　考点突破

第一章　金融市场体系

一、**单项选择题。以下备选项中只有一项最符合题目要求，不选、错选均不得分。**

1. 下列关于金融市场的特征的描述，错误的是(　　)。

A. 金融市场是创造和交易金融资产的市场

B. 金融市场与产品市场一样都是要素市场

C. 金融市场是以金融资产为交易对象而形成的供求关系和交易机制的总和

D. 金融市场参与者可以在无形市场进行交易

答案：B

试题解析： 本题考查的是金融市场的特征。与产品市场不同，金融市场是要素市场的一种。金融市场参与者不仅在有形的固定场所进行金融资产交易，还通过各种通信手段进行联系，形成庞大的无形金融市场网络。

2. 下列关于金融市场功能的描述，正确的是(　　)。

A. 金融市场包括资金融通、价值配置、提供流动性、风险管理、降低搜寻成本五大功能

B. 金融市场只有供需双方参与到价格发现过程中，因为供求双方的相互作用决定了交易资产的价格

C. 金融市场具有将有形资产产生的风险在资金供求双方之间重新配置的功能

D. 金融市场通过金融资产交易实现货币资金在供给者和需求者之间的转移，促进无形资本形成

答案：C

试题解析： 本题考查的是金融市场的功能。金融市场包括资金融通、价格发现、提供流动性、风险管理、降低搜寻成本和信息成本五大功能。金融市场当中供求双方的相互作用决定了交易资产的价格，价格反过来又为潜在的市场参与者提供了信号，引导资金在不同的金融资产之间进行配置，达成供需平衡，即价格发现过程。金融市

场通过金融资产交易实现货币资金在供给者和需求者之间的转移，促进有形资本形成。故选 C。

3. 某投资者因需要使用现金，在金融市场上售出自己持有的股票，此时金融市场实现的功能是(　　)。

A. 资金融通　　　　B. 降低搜寻成本和信息成本

C. 风险管理　　　　D. 提供流动性

答案：D

试题解析： 本题考查的是金融市场的功能。金融市场的资金融通功能，指金融市场通过金融资产交易实现货币资金在供给者和需求者之间的转移。金融市场提供流动性，是指它为投资者提供一种出售金融资产的机制。投资者以货币资金换取相应的金融资产之后，可能因为种种原因需要将金融资产变现，金融市场的一个重要功能就是提供流动性，即金融资产交易变现或赎回的渠道和机制。此处投资者出售金融资产变现，故选 D。

4. 下列关于金融市场的功能的描述，错误的是(　　)。

A. 金融市场能够降低搜寻成本和信息成本两种交易成本

B. 花费时间来定位交易对手属于信息成本中的隐性成本

C. 对评估金融资产投资的评估就是寻找到与期望产生现金流数量相匹配的可能性金融资产

D. 在一个有效的市场中，价格反映了所有市场参与者所能收集到的信息总和

答案：B

试题解析： 本题考查的是金融市场的降低搜寻成本和信息成本功能。搜寻成本有显性成本与隐性成本，比如花钱做广告寻求金融资产的买方与卖方为显性成本，而花费一定的时间来定位交易对手则为隐性成本。

5. 下列关于直接融资的描述，错误的是(　　)。

A. 直接融资中，资金盈余单位的货币资金将被直接提供给需求单位使用

B. 购买资金需求单位所发行的股票、债券等有价证券属于直接融资

C. 直接融资方式有股票市场融资、债券市场融资、风险投资融资、银行信用融资、民间借贷等

D. 股票市场融资中，股份制企业让渡了一定的企业经营控制权、收益分配权和剩余索取权

答案：C

试题解析： 本题考查的是直接融资方式的特征。常见的直接融资方式有股票市

场融资、债券市场融资、风险投资融资、商业信用融资、民间借贷等。故选C。

6. 下列各项中，不属于直接融资的特点是(　　)。

A. 融资活动的集中性　　B. 融资者相对较强的自主性

C. 企业信誉的差异性　　D. 部分融资方式具有不可逆性

答案：A

试题解析：本题考查的是直接融资的特征。融资活动分散于各种场合。故选A。

7. 下列关于直接融资方式的描述，错误的是(　　)。

A. 股票市场融资无须退还本金，售出的股票只能转让，不能退股，也不保证收益

B. 风险投资融资，是风险投资企业以让渡企业的部分股权换取企业经营资金的资金融通方式，风险投资企业多数为高新技术领域的大型企业

C. 商业信用融资是企业界普遍采用的短期融资手段，通过企业与企业之间互相提供，和商品交易直接相联系进行的融资

D. 政府及符合债券发行条件并经过相关部门许可的金融机构或企业都可以通过发行债权债务凭证来获得资金融通

答案：B

试题解析：本题考查的是直接融资方式的特征。风险投资融资，是风险投资企业以让渡企业的部分股权换取企业经营资金的资金融通方式。风险投资企业多数为高新技术领域的中小企业。故选B。

8. 某投资者购买了某已上市银行的债券，该融资方式是(　　)。

A. 商业信用融资　　B. 股票市场融资

C. 银行信用融资　　D. 债券市场投资

答案：D

试题解析：本题考查的是融资方式。购买债券属于债券市场投资，故选D。

9. 下列关于股票市场融资的描述，错误的是(　　)。

A. 可以退还本金　　B. 不保证收益

C. 股票可以转让　　D. 不能退股

答案：A

试题解析：本题考查的是股票市场融资方式。股票市场融资无须退还本金，售出的股票只能转让，不能退股，也不保证收益。故选A。

10. 在法律允许的范围内，融资者可以自己决定融资的对象和数量，这反映了

直接融资的(　　)。

A. 直接性　　　　B. 分散性

C. 自主性　　　　D. 差异性

答案：C

试题解析：本题考查的是直接融资的特点。融资者有相对较强的自主性。在法律允许的范围内，融资者可以自己决定融资的对象和数量。故选 C。

11. 下列表述中，不属于直接融资对金融市场的影响的是(　　)。

A. 提高直接融资比重有利于金融和经济的平稳运行

B. 直接融资中资金盈余和需求单位直接产生债务关系，市场稳定性较强

C. 直接融资通过市场主体充分博弈直接进行交易，更有利于资源合理配置

D. 提高直接融资比重有利于促进实体经济的健康稳定发展

答案：B

试题解析：本题考查的是直接融资对金融市场的影响。直接融资和间接融资比例反映了一国金融体系风险和分布情况。提高直接融资比重平衡金融体系结构，可以起到分散过度集中于银行的金融风险作用，有利于金融和经济的平稳运行。提高直接融资比重，特别是发展多种股权融资方式能够弥补间接融资的不足，也有利于促进实体经济的健康稳定发展。通过市场主体充分博弈直接进行交易，更有利于合理引导资源配置。间接融资比直接融资稳定性更强，故选 B。

12. 下列关于间接融资的描述，错误的是(　　)。

A. 存款不属于间接融资

B. 资金需求者与资金初始供应者之间不发生直接信贷关系

C. 间接融资中金融机构起到了“桥梁”的作用

D. 间接融资中资金被先行提供给金融机构

答案：A

试题解析：本题考查的是间接融资的定义。间接融资是指资金盈余者通过存款等形式，或者购买银行、信托和保险等金融机构发行的有价证券，将其暂时闲置资金先行提供给金融机构，再由这些金融机构以贷款、贴现或购买有价证券的方式把资金提供给短缺者，从而实现资金融通的过程。故选 A。

13. 下列关于间接融资特点的描述，错误的是(　　)。

A. 大部分间接融资具有可逆性，到期须归还并支付利息

B. 间接融资相对集中于银行或非银行金融机构

C. 间接融资中的资金流向，并非由资金的初始供应者决定

D. 相对于直接融资，间接融资的信誉程度高，风险也相对较小

答案：A

试题解析： 本题考查的是间接融资的特点。间接融资全部具有可逆性（即可返还性）。通过金融中介的融资均属借贷融资，到期必须归还并支付利息。故选A。

14. 间接融资通过金融机构进行，中介在多数情况下并非一对一的对应性中介，而是一方面面对资金供应者群体，另一方面面对资金需求者群体的综合性中介。这反映了间接融资的(　　)特点。

A. 资金获得的间接性

B. 融资信誉的差异性相对较小

C. 主动权主要掌握在金融中介机构手中

D. 融资的相对集中性

答案：D

试题解析： 本题考查的是间接融资的特点。间接融资通过金融机构（主要是商业银行）进行，但这种中介在多数情况下（除委托贷款外）并不是对某一资金供应者与某一资金需求者之间一对一的对应性中介，而是一方面面对资金供应者群体，另一方面面对资金需求者群体的综合性中介。故选D。

15. 下列表述中，不属于间接融资特点的是(　　)。

A. 可返还性　　B. 间接性

C. 强主动权性　　D. 相对集中性

答案：C

试题解析： 本题考查的是间接融资的特点。融资的主动权主要掌握在金融中介机构手中。由于间接融资的资金集中于商业银行等金融机构，资金贷给谁不贷给谁，并非由资金的初始供应者决定，而是由商业银行等金融中介机构决定。故选C。

16. 企业利用设备提供商或金融机构提供的资金垫付，以支付租金的方式取得贵重机器设备的使用权，这一融资方式属于(　　)。

A. 民间借贷　　B. 租赁融资

C. 商业信用融资　　D. 消费信用融资

答案：B

试题解析： 本题考查的是间接融资的定义。租赁融资是企业利用设备提供商或金融机构提供的资金垫付，以支付租金的方式取得贵重机器设备的使用权，以减少设备购置资金占用的一种资金融通方式。故选B。

17. 某消费者通过银行提供的资金垫付，以少量资金提前购买了一间商铺，该

融资方式属于(　　)。

A. 直接融资　　B. 租赁融资

C. 消费信用融资　　D. 商业信用融资

答案：C

试题解析：本题考查的是消费融资的定义。消费信用融资是个人利用企业或金融机构提供的资金垫付，以少量资金提前获得高额消费为目的而进行的资金融通。例如，消费者以分期付款的方式购买房屋、汽车、申请助学贷款等。故选C。

18. 下列融资方式中，不属于间接融资的是(　　)。

A. 银行信用融资　　B. 消费信用融资

C. 租赁融资　　D. 商业信用融资

答案：D

试题解析：本题考查的是间接融资的方式。商业信用融资属于直接融资。故选D。

19. 直接融资和间接融资最主要的区别是(　　)。

A. 债权债务关系中的一方是金融机构的融资就是间接融资

B. 资金的需求者与资金的供给者是否直接形成债权债务关系

C. 债务债权关系的对象双方是政府、企业还是个人

D. 中介机构是否与资金的需求者和供给者分别形成了各自独立的债权债务关系

答案：B

试题解析：本题考查的是直接融资和间接融资的区别。直接融资和间接融资的区别主要在于融资过程中资金的需求者与资金的供给者是否直接形成债权债务关系。故选B。

20. 下列关于直接融资和间接融资的描述，错误的是(　　)。

A. 一般认为，直接融资活动从时间上早于间接融资

B. 直接融资是间接融资的基础

C. 在现代市场经济中，间接融资的发展后来居上

D. 直接融资和间接融资的比例关系，反映了一国的金融结构

答案：C

试题解析：本题考查的是直接融资和间接融资的关系。在现代市场经济中，直接融资与间接融资并行发展，相互促进。故选C。

21. 下列关于金融市场中储蓄与投资的描述，错误的是(　　)。

A. 在新古典宏观经济分析框架中，收入－消费＝储蓄

B. 所有没有消费掉的商品是社会的总储蓄

C. 储蓄是实物形态的，投资是实物和虚拟形态兼有的

D. 厂商未能销售的商品被视为“存货投资”

答案：C

试题解析：本题考查的是金融市场中的储蓄与投资。储蓄和投资都是实物形态的。故选 C。

22. 下列关于金融市场中储蓄与投资的描述，错误的是(　　)。

A. 所有储蓄和投资都是有意愿、有目的性的

B. 储蓄投资转化中，金融市场首先使“意愿的储蓄”脱离实物窖藏的方式

C. 金融市场在转化中将“货币形态”的储蓄提供给需要追加投资的部门

D. 储蓄投资转化最终能够增进社会福利

答案：A

试题解析：本题考查的是金融市场中的储蓄与投资。储蓄和投资中有相当部分是“非计划”或“非意愿”的。故选 A。

23. 下列不属于金融市场的重要性的是(　　)。

A. 促进储蓄—投资转化　　B. 优化资源配置

C. 反映经济状态　　D. 有助于微观调控

答案：D

试题解析：本题考查的是金融市场的重要性。金融市场的重要性包括促进储蓄—投资转化，优化资源配置，反映经济状态，宏观调控。故选 D。

24. 下列关于金融市场的重要性的描述，错误的是(　　)。

A. 储蓄投资转化能够促成厂商“非正常存货投资”的减少

B. 金融市场的货币资金配置是通过竞争性价格决定的

C. 金融市场为测度经济运行的景气状态提供了非常方便而且直观的途径或手段

D. 金融市场对市场变化敏感，有益于政府观察而非调控经济

答案：D

试题解析：本题考查的是金融市场的重要性。金融市场主体对市场变化的敏感性反映逐渐成为政府调控经济的一个主要渠道。故选 D。

25. 金融市场是经济运行状态的“晴雨表”，描述了金融市场(　　)重要性。

A. 优化资源配置　　B. 促进储蓄—投资转化

C. 经济状态　　D. 宏观调控

答案：C

试题解析：本题考查的是金融市场的重要性。金融市场是经济运行状态的“晴

雨表”，可以反映经济状态。故选C。

26. 金融市场通过竞争性的价格决定，将货币资金配置到生产效率最高的经济主体或部门，使这些部门能够获得更多生产要素，这体现了金融市场(　　)的重要性。

A. 反映经济状态　　B. 优化资源配置

C. 宏观调控　　D. 促进储蓄—投资转化

答案：B

试题解析：本题考查的是金融市场的重要性。金融市场使高效率部门能够获得更多生产要素（土地、资本、技术、劳动力），从而提高了全社会的产出，使资源的利用效率得到提高，属于优化资源配置。故选B。

27. 下列关于金融市场的宏观调控重要性的描述，错误的是(　　)。

A. 政府只能通过对金融市场间接干预，影响金融市场变量，调控金融市场

B. 政府对金融市场的宏观调控可以影响公众的储蓄、消费、投资行为

C. 政府对金融市场的宏观调控可以对社会财富分配、社会公平和社会福利施加影响

D. 政府的宏观调控不仅可以影响本国，也可以调整本国与外国的经济往来

答案：A

试题解析：本题考查的是金融市场的宏观调控重要性。政府通过对金融市场直接或间接的干预，影响金融市场变量，调控社会信贷可得性，进而影响公众的储蓄、消费、投资行为，调整本国与外国的经济往来，影响商业周期，最终实现对产出、就业、物价以及国际收支的有效控制，并对社会财富分配、社会公平和社会福利施加影响。故选A。

28. 按金融资产到期期限，金融市场可以分为(　　)。

A. 债权市场和权益市场　　B. 一级市场和二级市场

C. 货币市场和资本市场　　D. 交易所市场和场外交易市场

答案：C

试题解析：本题考查的是金融市场的分类。按金融资产到期期限金融市场可以分为货币市场和资本市场。故选C。

29. 下列市场中，不属于货币市场的是(　　)。

A. 股票市场　　B. 商业票据市场

C. 短期国库券市场　　D. 大额可转让存单市场

答案：A

试题解析： 本题考查的是金融市场分类中的货币市场。货币市场，是指所交易金融资产到期期限在1年以内的金融市场，例如银行间同业拆借市场、商业票据市场、短期国库券市场、大额可转让存单市场等。资本市场，是指所交易金融资产到期期限在1年以上或者没有到期期限的金融市场，如股票市场、中长期国债市场、中长期银行贷款市场等。故选A。

30. 按交易工具，金融市场可以分为(　　)。

A. 一级市场和二级市场　　B. 债权市场和权益市场

C. 货币市场和资本市场　　D. 交易所市场和场外交易市场

答案：B

试题解析： 本题考查的是金融市场的分类。金融市场按交易工具分为债权市场和权益市场。故选B。

二、多项选择题。以下备选项中有两项或两项以上符合题目要求，多选、少选、错选均不得分。

1. 金融市场的功能包括(　　)。

A. 资金融通　　B. 价格发现　　C. 提供流动性　　D. 风险管理

E. 降低搜寻成本和信息成本

答案：ABCDE

试题解析： 本题考查的是金融市场的功能。金融市场包括资金融通、价格发现、提供流动性、风险管理、降低搜寻成本和信息成本五大功能。

2. 下列关于直接融资正确的有(　　)。

A. 资金盈余单位和资金需求单位间接进行资金融通，并在两者之间建立间接的债权债务关系

B. 直接融资是在无数个企业之间、政府与企业和个人之间、个人与个人之间，或企业与个人之间进行的

C. 发行股票所得资金不需要返还，股票只能够在不同投资者之间相互转让

D. 在法律允许的范围内，融资者可以自己决定融资的对象和数量

答案：BCD

试题解析： 本题考查直接融资的特点的概念。(1) 直接性。即资金盈余单位和资金需求单位直接进行资金融通，并在两者之间建立直接的债权债务关系。(2) 分散性。直接融资是在无数个企业之间、政府与企业和个人之间、个人与个人之间，或企业与个人之间进行的。(3) 融资的信誉有较大的差异性。不同的企业或者个人，其信

誉好坏有较大的差异，债权人往往难以全面、深入地了解债务人的信誉状况，从而融资信誉将存在较大的差异和风险。(4) 部分融资方式具有不可逆性。如发行股票所得资金不需要返还，股票只能够在不同投资者之间相互转让。(5) 融资者有相对较强的自主性。在法律允许的范围内，融资者可以自己决定融资的对象和数量。

3. 下列关于直接融资正确的有(　　)。

A. 证券市场融资属于典型的直接融资

B. 股票市场融资，是股份制企业以让渡一定的企业经营控制权、收益分配权和剩余索取权而获得企业经营资金的一种方式

C. 债券市场融资，是政府、金融机构或企业通过发行债权债务凭证来获得资金融通的一种方式

D. 风险投资融资，是风险投资企业以让渡企业的部分股权换取企业经营资金的资金融通方式

答案：ABCD

试题解析： 本题考查直接融资的概念。常见的直接融资方式有股票市场融资、债券市场融资、风险投资融资、商业信用融资、民间借贷等。证券市场融资属于典型的直接融资。股票市场融资，是股份制企业以让渡一定的企业经营控制权、收益分配权和剩余索取权而获得企业经营资金的一种方式。债券市场融资，是政府、金融机构或企业通过发行债权债务凭证来获得资金融通的一种方式。风险投资融资，是风险投资企业以让渡企业的部分股权换取企业经营资金的资金融通方式。

4. 直接融资的特点有(　　)。

A. 直接性　　B. 分散性

C. 融资信誉有较大的差异性　　D. 可逆性

答案：ABC

试题解析： 本题考查直接融资的概念。直接融资是指资金盈余单位通过直接与资金需求单位协议，或在金融市场上购买资金需求单位所发行的股票、债券等有价证券，将货币资金提供给需求单位使用。直接融资的特点包括：直接性、分散性、融资的信誉有较大差异性、部分融资方式具有不可逆性、融资者有相对较强的自主性。

5. 股票市场融资的特点有(　　)。

A. 无须退还本金　　B. 可以转让

C. 可以退股　　D. 保证收益

答案：AB

试题解析： 本题考查股票市场融资的概念。股票市场融资无须退还本金、售出

的股票只能转让，不能退股，也不保证收益，但如果企业盈利，股票持有人享受企业盈余的分配权。

6. 常见的直接融资方式有（　　）。

A. 银行信用融资　　B. 商业信用融资

C. 股票市场融资　　D. 风险投资融资

答案：BCD

试题解析：本题考查直接融资的概念。常见的直接融资方式主要包括股票市场融资、债券市场融资、风险投资融资、商业信用融资、民间借贷等。银行信用融资属于间接融资。

7. 下列关于商业信用融资正确的有（　　）。

A. 商业信用融资，是企业与企业之间互相提供的、和商品交易直接相联系的资金融通形式

B. 预付定金不属于属于商业信用融资

C. 商业信用融资是企业界普遍采用的短期融资手段

D. 商业信用融资是企业在商品交易过程中货物与资金交付在时间、空间上分离而产生的

答案：ACD

试题解析：本题考查商业信用融资概念。商业信用融资，是企业与企业之间互相提供的、与商品交易直接相联系的资金融通形式。这类融资是企业在商品交易过程中货物与资金交付在时间、空间上分离而产生的，是企业界普遍采用的短期融资手段，常见的如企业间的商品赊销、预付定金、预付货款等。

8. 下列对于直接融资对市场的影响说法正确的有（　　）。

A. 直接融资和间接融资比例反映了一国金融体系风险和分布情况

B. 直接融资和间接融资比例反映了一国金融体系配置的效率是否与实体经济相匹配

C. 通过市场主体充分博弈直接进行交易，更有利于合理引导资源配置，发挥市场筛选作用

答案：ABC

试题解析：本题考查直接融资的概念。

9. 下列属于间接融资的是（　　）。

A. 存款

B. 购买银行、信托和保险等金融机构发行的有价证券

C. 银行信贷、非银行金融机构信贷

D. 委托贷款、融资租赁、项目融资贷款

答案：ABCD

试题解析： 本题考查间接融资的概念。间接融资是指资金盈余者通过存款等形式，或者购买银行、信托和保险等金融机构发行的有价证券，将其暂时闲置资金先行提供给金融机构，再由这些金融机构以贷款、贴现或购买有价证券的方式把资金提供给短缺者，从而实现资金融通的过程。

10. 下列不属于直接融资与间接融资的主要区别的有（　　）。

A. 融资信誉差异性的不同

B. 融资者自主性的不同

C. 资金需求者与供给者是否直接形成债权债务关系

D. 是否具有可逆性

答案：ABD

试题解析： 本题主要考查直接融资与间接融资的区别。直接融资与间接融资的区别主要在于资金需求者与供给者是否直接形成债权债务关系。直接融资的特点包括直接性、分散性、融资的信誉有较大的差异性、部分融资方式具有不可逆性、融资者有相对较强的自主性。间接融资的特点包括资金获得的间接性、融资的相对集中性、融资信誉的差异性相对较小、全部具有可逆性（即可返还性）、融资的主动权主要掌握在金融机构手中。

11. 间接融资的特点包括（　　）。

A. 资金获得的间接性　　B. 分散性

C. 相对集中性　　D. 相对较强的自主性

答案：AC

试题解析： 本题考查间接融资的概念。间接融资的特点有资金获得的间接性、融资的相对集中性、融资的主动权主要掌握在金融中介手中、融资信誉的差异性相对较小、全部具有可逆性（及可返还性）。

12. 常见的间接融资方式有（　　）。

A. 银行信用融资　　B. 消费信用融资

C. 租赁融资　　D. 商业信用融资

答案：ABC

试题解析： 本题考查间接融资的概念。间接融资方式包括银行信用融资、消费信用融资、租赁融资等。商业信用融资属于直接融资。

13. 间接融资通过金融中介可以减少资金供给方的风险，具体表现为(　　)。

A. 在间接融资中，资金需求者和资金初始供应者之间不发生直接借贷关系

B. 相对于直接融资来说，间接融资的信誉程度较高

C. 通过金融中介的间接融资均属于借贷融资，到期均必须返还，并支付利息，具有可逆性

D. 间接融资的主动权主要掌握在融资方手中

答案：ABC

试题解析：本题考查间接融资的概念。间接融资是指资金盈余者通过存款等形式，或者购买银行、信托和保险等金融机构发行的有价证券，将其暂时闲置资金先行提供给金融机构，再由这些金融机构以贷款、贴现或购买有价证券的方式把资金提供给短缺者，从而实现资金融通的过程。由于间接融资的资金集中于商业银行等金融机构，资金贷给谁不贷给谁，并非由资金的初始供应者决定，而是由商业银行等金融中介机构决定。

14. 金融市场的重要性主要体现在(　　)。

A. 促进储蓄—投资转化　　B. 优化资源配置

C. 风险管理　　D. 宏观调控

答案：ABD

试题解析：本题考查金融市场的重要性的概念。

15. 关于金融市场的阐述正确的是(　　)。

A. 期货交易属于场内交易

B. 黄金市场属于离岸金融市场

C. 外汇市场是外汇买卖和借贷的市场

D. 中央银行参与货币市场交易活动

答案：ACD

试题解析：本题考查金融市场的概念。离岸金融市场是以金融交易发生地之外的他国货币为交易对象的市场，黄金市场是专门集中进行黄金买卖的交易中心或场所。

16. 下列属于资本市场的是(　　)。

A. 股票市场　　B. 中长期国债市场

C. 中长期银行贷款市场　　D. 质/抵押市场

答案：ABC

试题解析：本题考查资本市场知识点。资本市场，是指所交易金融资产到期期限在1年以上或者没有到期期限的金融市场，如股票市场、中长期国债市场、中长

期银行贷款市场等。

17. 货币市场与资本市场的区别有(　　)。

A. 前者的交易期限在1年以上，而后者的交易期限在1年以内

B. 前者交易的主要目的是满足短期资金周转的需要，后者主要是解决长期投资性资金问题

C. 前者金融工具的流动性强于后者

D. 前者如股票市场，后者如商业票据市场

答案：BC

试题解析：本题考查资本市场与货币市场的区别的概念。货币市场，是指所交易金融资产到期期限在1年以内的金融市场。这些金融资产具有比较强的“货币性”，主要解决市场参与者短期性的资金周转和余额调剂问题。资本市场，是指所交易金融资产到期期限在1年以上或者没有到期期限的金融市场，如股票市场、中长期国债市场、中长期银行贷款市场等。

18. 证券市场以(　　)等有价证券为对象的发行和交易关系的总和。

A. 股票　　　　B. 债券

C. 证券投资基金　　　　D. 股权

答案：ABC

试题解析：本题主要考查证券市场的概念。证券市场是指以股票、债券、证券投资基金等有价证券为对象的发行和交易关系的总和，主要包括股票市场、债券市场、证券投资基金市场、证券衍生品市场等。

19. 下列说法正确的有(　　)。

A. 将金融市场划分为交易所市场和场外交易市场的标准是组织方式

B. 将金融市场划分为交易所市场和场外交易市场的标准是辐射地域

C. 将金融市场划分为国际金融市场和国内金融市场的标准是组织方式

D. 将金融市场划分为国际金融市场和国内金融市场的标准是辐射地域

答案：AD

试题解析：本题主要考查金融市场的分类，不同的划分标准，划分结果不同。分类标准主要有以下几种：(1) 按金融资产到期期限分为货币市场和资本市场；(2) 按交易工具分为债权市场和权益市场；(3) 按照发行流通性质分为一级市场和二级市场；(4) 按组织方式分为交易所市场和场外交易市场；(5) 按交割方式分为现货市场和衍生品市场；(6) 按金融资产的种类分为证券市场和非证券金融市场；(7) 按辐射地域分为国际金融市场和国内金融市场。

20. 按照不同标准分类，金融市场可划分为(　　)。

A. 按金融资产到期期限分为货币市场和资本市场

B. 按交易工具分为债权市场和权益市场

C. 按发行流通性质分为一级市场和二级市场

D. 按组织方式分为交易所市场和场外交易市场

答案：ABCD

试题解析：本题考查金融市场分类的概念。

21. 下列对于金融市场功能说法正确的有(　　)。

A. 金融市场能够降低搜寻成本和信息成本两种交易成本

B. 搜寻成本有显性成本与隐性成本

C. 花钱做广告寻求金融资产的买方与卖方为隐性成本

D. 花费一定的时间来定位交易对手为隐性成本

答案：ABD

试题解析：本题考查金融市场的功能的概念。金融市场能够降低搜寻成本和信息成本两种交易成本。搜寻成本有显性成本与隐性成本，比如花钱做广告寻求金融资产的买方与卖方为显性成本，而花费一定的时间来定位交易对手则为隐性成本。信息成本是那些与评估金融资产投资特点有关的成本，评估就是寻找到与期望产生现金流数量相匹配的可能性金融资产。在一个有效的市场中，价格反映了所有市场参与者所能搜集到的信息总和。

22. 下列属于货币市场的是(　　)。

A. 股票市场　　B. 银行间同业拆借市场

C. 商业票据市场　　D. 大额可转让存单市场

答案：BCD

试题解析：本题考查货币市场的概念。货币市场，是指所交易金融资产到期期限在1年以内的金融市场，例如银行间同业拆借市场、商业票据市场、短期国库券市场、大额可转让存单市场等。

23. 下列属于场外交易市场的有(　　)。

A. 拆借市场　　B. 期货交易所

C. 黄金市场　　D. 证券交易所

答案：AC

试题解析：本题考查场外交易市场的概念。银行信贷市场、拆借市场、外汇市场、黄金市场等市场传统上比较松散，通常没有固定的交易场所，也不一定有统一的交易时间。市场参与者通过电话、电报、网络等手段进行沟通和交易，相对于交易所场内交易而言，以上这些市场通常称为场外市场，很多情况下也称为柜台市场（Over－the－Counter，OTC）。

24. 下列属于交易所市场的有（　　）。

A. 拆借市场　　B. 期货交易所　　C. 外汇市场　　D. 证券交易所

答案：BD

试题解析：本题考查交易所市场的概念。证券交易所、期货交易所、期权交易所等金融市场是高度组织化的金融市场，称为交易所市场。

25. 常见的衍生工具包括（　　）。

A. 期权　　B. 远期　　C. 互换　　D. 债券

答案：ABC

试题解析：本题考查衍生工具的概念。衍生工具通常是指从标的资产或基础资产派生出来的新型金融工具，一般表现为一些合约，以相应的现货资产作为标的物，其价格由其基础资产的价格决定，成交时不需要立即交割，而可在未来时点交割。常见的衍生工具包括远期、期货、期权、互换等。

26. 衍生工具的特点有（　　）。

A. 以现货资产作为标的物　　B. 成交时需要立即交割

C. 价格由基础资产决定　　D. 一般表现为合约

答案：ACD

试题解析：本题考查衍生工具的特点。衍生工具通常是指从标的资产或基础资产派生出来的新型金融工具，一般表现为一些合约，以相应的现货资产作为标的物，其价格由其基础资产的价格决定，成交时不需要立即交割，而可在未来时点交割。

27. 下列不属于短期金融资产市场的有（　　）。

A. 股票市场　　B. 货币市场

C. 债券市场　　D. 资本市场

答案：ACD

试题解析：本题考查资产市场的概念。货币市场通常又称为短期金融资产市场，是以期限在1年以内的短期资金为交易对象的市场，属于短期金融市场的一种。

28. 一般来讲，政府债券与公司债券相比（　　）。

A. 政府债券风险小　　B. 公司债券风险小

C. 政府债券收益稳定　　D. 公司债券收益低

答案：AC

试题解析：本题考查公司债券概念。政府债券是政府发行的债券，由政府承担还本付息的责任，是国家信用的体现。在各类债券中，政府债券的信用等级是最高的，通常称为“金边债券”，投资者购买政府债券，是一种较安全的投资选择，因此风险小，收益稳定。

29. 以下属于利率金融衍生工具的是(　　)。

A. 远期利率协议　　B. 利率期权

C. 信用联结票据　　D. 利率互换

答案：ABD

试题解析：本题考查金融衍生工具概念。利率衍生工具是指以利率或利率的载体为基础工具的金融衍生工具，主要包括远期利率协议、利率期货、利率期权、利率互换以及上述合约的混合交易合约。

30. 属于公司债券的有(　　)。

A. 可交换债券　　B. 可转换公司债券

C. 保证公司债券　　D. 附认股权证的公司债券

答案：ABCD

试题解析：本题考查公司债券知识。以上四项均属于公司债分类型。

31. 下列说法正确的是(　　)。

A. 流动性的程度是区别不同金融市场特征的要素之一

B. 金融市场具有将有形资产产生的风险在资金供求双方之间重新配置的功能

C. 在一个有效的市场中，价格反映了所有市场参与者所能搜集到的信息总和

D. 金融市场通过金融资产交易实现货币资金在供给者和需求者之间的转移，促进有形资本形成

答案：ABCD

试题解析：本题考查金融市场的功能的概念。金融市场有以下五大功能：资金融通、价格发现、提供流动性、风险管理、降低搜寻成本和信息成本。

三、判断题。不选、错选均不得分。

1. 固定收益市场中不包括普通股。

答案：正确

试题解析：本题考查的是金融市场分类中的固定收益市场。交易债务工具和优先股的市场被统称为固定收益市场，可转债和地方债属于债务工具。

2. 货币市场主要解决市场参与者长期性的资金周转和余额调剂问题。

答案：错误

试题解析：本题考查的是金融市场的分类中按金融资产到期期限和按交易工具分类法。货币市场主要解决市场参与者短期性的资金周转和余额调剂问题。

3. 商业票据市场属于资本市场。

答案：错误

试题解析：本题考查的是金融市场分类中的资本市场。货币市场，是指所交易金融资产到期期限在1年以内的金融市场，例如银行间同业拆借市场、商业票据市场、短期国库券市场、大额可转让存单市场等。资本市场，是指所交易金融资产到期期限在1年以上或者没有到期期限的金融市场，如股票市场、中长期国债市场、中长期银行贷款市场等。

4. 二级市场是已发行金融资产的流通市场，金融资产的持有者可以在这个市场中将持有的证券出售，以达到变现的目的。

答案：正确

试题解析：本题考查的是二级市场概念。

5. 二级市场有两个重要功能：一是为已发行的金融资产提供流动性。提高金融资产的流动性有利于金融资产的价值实现，从而便于发行人在一级市场销售证券。二是通过二级市场发现资产价格，从而给一级市场销售金融资产提供价格参照。

答案：正确

试题解析：本题考查的是二级市场功能。

6. 一级市场的主要功能是变现。

答案：错误

试题解析：本题考查的是一级市场。一级市场的主要功能是筹资，发行人通过新证券的公开或定向发行获得资金，购买方则获得相应的金融资产（股票或债券）。

7. 一级市场是新金融资产的发行市场，例如股票和债券的发行市场。

答案：正确

试题解析：本题考查的是一级市场概念。

8. 按组织方式，二级市场可以分为交易所市场和场外交易市场。

答案：正确

试题解析：本题考查的是按组织方式分类金融市场。金融市场按发行流通性质分为一级市场和二级市场，二级市场按组织方式可以分为交易所市场和场外交易市场。

9. 会员制交易所的最高权力机构是股东大会。

答案：错误

试题解析：本题考查的是交易所市场和场外交易市场。会员制交易所的最高权力机构是会员大会。从全球范围看，随着交易所市场的发展，越来越多的交易所采用了公司制结构，最高权力机构为股东大会。

10. 中国外汇交易中心暨全国银行间同业拆借中心属于交易所市场。

答案：错误

试题解析：本题考查的是交易所市场和场外交易市场。在我国，中国外汇交易中心暨全国银行间同业拆借中心（CFETS）及金融机构柜台交易等市场一般就被归为场外市场。

11. 金融市场按交割方式分为现货市场和衍生品市场。

答案：正确

试题解析：本题考查的是金融市场的划分方式。

12. 衍生工具是一种新型金融工具，交割时需要立即交割。

答案：错误

试题解析：本题考查的是现货市场和衍生品市场。按交易是即期还是未来交割，可将金融市场分为现货市场和衍生品市场。现货市场实际上是指即期交易的市场，是金融市场上最普遍的一种交易方式。衍生工具通常是指从标的资产或基础资产派生出来的新型金融工具，一般表现为一些合约，以相应的现货资产作为标的物，其价格由其基础资产的价格决定，成交时不需要立即交割，而可在未来时点交割。

13. 即期交易是指市场上的买卖双方成交后须在当天内办理交割手续的交易行为。

答案：错误

试题解析：本题考查的是现货市场和衍生品市场。相对于远期交易来说，即期交易是指市场上的买卖双方成交后须在当天或市场规定的最后交割期限内办理交割手续的交易行为。

14. 根据标的资产的不同，衍生品可以划分为商品衍生品和金融衍生品。

答案：正确

试题解析：本题考查的是商品衍生品和金融衍生品的划分方式。

15. 按金融资产的种类，金融市场可以分为证券市场和非证券金融市场。

答案：正确

试题解析：本题考查的是金融市场的划分方式。金融市场按金融资产的种类分为证券市场和非证券金融市场。

16. 有价证券有广义与狭义两种，狭义的有价证券指货币证券。

答案：错误

试题解析：本题考查的是证券市场。有价证券有广义与狭义两种。狭义的有价证券指资本证券，广义的有价证券包括商品证券、货币证券和资本证券。

17. 投资者购买可转换公司债券等价于同时购买了一个普通债券和一个对公司股票的看涨期权。

答案：正确

试题解析：本题考查的是公司债券概念。可转换公司债券，实质上是一种由普通债权和股票期权两个基本工具构成的复合融资工具，投资者购买可转换公司债券等价于同时购买了一个普通债券和一个对公司股票的看涨期权。

18. 资本证券包括股票、债券、商业汇票、证券投资基金及其衍生品种，如金融期货、可转换证券等。

答案：错误

试题解析：本题考查的是证券市场。资本证券，是指由金融投资或与金融投资有直接联系的活动而产生的证券，包括股票、债券、证券投资基金及其衍生品种。商业汇票属于货币证券中的商业证券。

19. 金融期货属于资本证券。

答案：正确

试题解析：本题考查的是资本证券的分类。资本证券，是指由金融投资或与金融投资有直接联系的活动而产生的证券，包括股票、债券、证券投资基金及其衍生品种，如金融期货、可转换证券等。

20. 按辐射地域，金融市场可以分为国际金融市场和国内金融市场。

答案：正确

试题解析：本题考查的是金融市场的划分。金融市场按辐射地域分为国际金融市场和国内金融市场。

21. 国际金融市场，是指涉及多个国家的居民之间进行各种国际金融业务活动的市场。

答案：错误

试题解析：本题考查的是国际金融市场的概念。国际金融市场，是指涉及多个司法辖域的居民之间进行各种国际金融业务活动的市场。

22. 债券市场不属于非证券金融市场。

答案：正确

试题解析： 本题考查的是非证券金融市场。非证券金融市场，是指以有价证券以外的金融资产为对象的发行和交易关系的总和，包括股权投资市场、信托市场、融资租赁市场、外汇市场、黄金市场、保险市场、银行理财产品市场、长期贷款市场等。

23. 资本市场，是指所交易金融资产到期期限在 1 年以上或者没有到期期限的金融市场，如股票市场、中长期国债市场、中长期银行贷款市场等。

答案：正确

试题解析： 本题考查的是资本市场的定义。

24. 世界上最早的证券交易所是阿姆斯特丹证券交易所。

答案：正确

试题解析： 1602 年，荷兰东印度公司在阿姆斯特丹创建了世界上最早的证券交易所—阿姆斯特丹证券交易所。

25. 非证券金融市场包括债券市场。

答案：错误

试题解析： 本题考查的是非证券金融市场概念。非证券金融市场，是指以有价证券以外的金融资产为对象的发行和交易关系的总和，包括股权投资市场、信托市场、融资租赁市场、外汇市场、黄金市场、保险市场、银行理财产品市场、长期贷款市场等。

26. 金融市场有五大功能：资金融通、价格发现、提供流动性、风险管理、降低搜寻成本和信息成本。

答案：正确

试题解析： 本题考查的是金融市场的功能。

27. 广义的有价证券包括商品证券、货币证券和资本证券。

答案：正确

试题解析： 本题考查的是有价证券的概念。

28. 国际金融市场，是指单一司法辖域的居民之间进行各种国际金融业务活动的市场，一般还可以进一步分为全球性金融市场和区域性金融市场。

答案：错误

试题解析： 本题考查的是金融市场的分类的概念。金融市场按辐射地域分为国际金融市场和国内金融市场。国际金融市场，是指涉及多个司法辖域的居民之间进行各种国际金融业务活动的市场，一般还可以进一步分为全球性金融市场和区域性金融市场。

29. 金融市场以金融资产为交易对象。

答案：正确

试题解析：本题考查的是金融市场的概念。金融市场是创造和交易金融资产的市场，是以金融资产为交易对象而形成的供求关系和交易机制的总和。

30. 金融市场的首要功能是资金融通。

答案：正确

试题解析：本题考查的是金融市场的功能。

四、综合题。每问备选答案中有一项或多项符合题目要求，不选、错选均不得分。

（一）全球金融体系是一个较为模糊的概念，一般来说，人们所说的全球金融体系主要指金融资本在国际的存在形式和金融资本流动形式的总和。根据国际货币基金组织的《金融稳健指标编制指南》，全球金融体系的主要参与者包括金融公司、非金融公司、住户、为住户服务的非营利机构、广义政府、公共部门。

1. 下列全球金融体系的参与者中属于金融公司的是(　　)。

A. 存款吸收机构　　B. 中央银行

C. 其他金融公司　　D. 为住户服务的非营利机构

答案：ABC

试题解析：本题考查全球金融体系的主要参与者。

2. 下列属于存款吸收机构的是(　　)。

A. 商业银行　　B. 储蓄银行

C. 保险公司　　D. 财务公司

答案：AB

试题解析：本题考查存款吸收机构。存款吸收机构，是指通过自己的账户，以中介的方式将资金从贷款人转向借款人的单位。存款吸收机构包括商业银行和其他存款吸收机构。商业银行通常吸收存款，在支付系统中处于核心地位。其他存款吸收机构包括储蓄银行、开发银行、信用合作社、投资银行、抵押贷款银行以及建房互助协会、吸收存款的小额贷款机构。

3. 下列属于其他金融公司的是(　　)。

A. 保险公司　　B. 租赁公司

C. 金融辅助经济机构　　D. 信用合作社

答案：ABC

试题解析：本题考查其他金融公司。其他金融公司主要是那些从事金融中介或者与金融中介关系紧密的辅助性金融业务，但没有被列入存款吸收机构的公司，包括保险公司、养老基金、证券交易商、投资基金、财务公司、租赁公司以及金融辅助经济机构等。

（二）国际资金流动，是指资本跨越国界从一个国家向另一个国家的运动。国际资金流动包括资金流入和资金流出两个方面。根据资金的使用时间或交易期限的不同，可以将其划分为国际长期资金流动和国际短期资金流动。

1. 国际长期资金流动。国际长期资金流动，是指期限在（　　）以上的资金的跨国流动。

A. 3 年　　B. 6 个月　　C. 2 年　　D. 1 年

答案：D

试题解析：本题考查国际长期资金流动。国际长期资金流动，是指期限在 1 年以上的资金的跨国流动。

2. 国际长期资金流动，是指期限在一年以上的资金的跨国流动，包括哪几种形式（　　）。

A. 国际直接投资　　B. 国际间接投资

C. 国际信贷　　D. 国内直接投资

答案：ABC

试题解析：本题考查国际长期资金流动。包括国际直接投资、国际间接投资和国际信贷三种形式。

3. 国际短期资金流动，是指期限为（　　）或（　　）以下的资金的跨国流动。

A. 1 年；1 年　　B. 6 个月；6 个月

C. 3 个月；3 个月　　D. 2 年；2 年

答案：A

试题解析：本题考查国际短期资金流动。

4. 国际短期资金流动主要包括哪几种类型（　　）。

A. 贸易资金的流动　　B. 投机性资金的流动

C. 保值性资金的流动　　D. 套利性资金的流动

答案：ABCD

试题解析：本题考查国际短期资金流动的类型。国际短期资金流动主要包括贸易资金的流动、套利性资金的流动、保值性资金的流动以及投机性资金的流动四种类型。

（三）英国金融业非常发达，根据经合组织（OECD）统计，2021 年英国国内生产总值（GDP）为 23 171 亿英镑，其中金融保险业产值 1 735 亿英镑，占比超过 7%。目前，英国是全球最大的金融服务出口国，2020 年英国金融服务净顺差 1 017

亿美元。伦敦是具有全球影响力的国际金融中心，超过250家外资银行在伦敦开展业务。伦敦拥有全球最大的外汇市场，在国际债券发行以及黄金、白银交易领域也处于全球首位。除伦敦外，爱丁堡、格拉斯哥、伯明翰、布里斯托、利兹、曼彻斯特、纽卡斯特、卡迪夫、贝尔法斯特等城市也拥有发达的金融市场。

1. 伦敦外汇市场有以下哪几个特点(　　)。

A. 以外币及非居民交易为主　　B. 以外汇衍生品交易为主

C. 交易时段桥接美洲和亚太市场　　D. 以金融机构批发性交易为主

答案：ABCD

试题解析：本题考查的是伦敦外汇市场的特点。

2. 伦敦证券交易所分为哪几个层次与板块(　　)。

A. 主板市场　　B. 专业基金市场

C. 专业证券市场　　D. 另类投资市场

E. 精英项目

答案：ABCDE

试题解析：本题考查的是伦敦证券交易所。伦敦证券交易所分为（1）主板市场；（2）专业基金市场；（3）专业证券市场；（4）另类投资市场；（5）精英项目。

3. 英国伦敦债券市场主要分为哪几类(　　)。

A. 金边债券市场　　B. 公司债券市场

C. 企业债券市场　　D. 国际债券市场

答案：ABD

试题解析：本题考查的是英国伦敦债券市场。英国伦敦债券市场主要分为：（1）金边债券市场；（2）国际债券市场；（3）公司债券市场。

第二章　中国的金融体系与多层次资本市场

一、单项选择题。以下备选项中只有一项最符合题目要求，不选、错选均不得分。

1. (　　)年12月1日，中国人民银行正式成立，第一套人民币同时发行。

A. 1947　　B. 1948　　C. 1949　　D. 1950

答案：B

试题解析：1948年12月1日，中国人民银行正式成立，第一套人民币同时发行。

2. (　　)是衡量一国经济状况的最佳指标。

A. 失业率　　B. 国内生产总值

C. 国民生产总值　　D. 通货膨胀率

答案：B

试题解析：国内生产总值（GDP）是衡量一国经济状况的最佳指标。

3. 一般性货币政策工具中带有"告示效果"，向银行和公众传递中央银行货币政策的信号和方向的工具是(　　)。

A. 存款准备金制度　　B. 再贴现政策

C. 公开市场业务　　D. 窗口指导

答案：B

试题解析：中央银行再贴现率的变动也会对市场利率产生直接影响，同时附带有"告示效果"，向银行和公众传递中央银行货币政策的信号和方向。

4. 目前，我国已经形成了多层次的金融中介机构体系，以(　　)为主导。

A. 中央银行　　B. 商业银行

C. 政策性银行　　D. 保险公司

答案：A

试题解析：目前，我国已经形成了多层次的金融中介机构体系，拥有以中央银行为主导、国有商业银行为主体，包括股份制商业银行、城市商业银行、农村商业银行、跨国银行、农村信用社在内的多层次银行机构体系。

5. (　　)是商业银行赖以生存和发展的基础，一般占负债总额的70%以上。

A. 中央银行借款　　　　B. 存款负债

C. 借款负债　　　　D. 同业拆借

答案：B

试题解析：吸收存款是商业银行赖以生存和发展的基础，一般占负债总额的70%以上。

6. (　　)是指商业银行从事的，按照现行的会计准则不计入资产负债表内，不形成现实资产负债的业务。

A. 负债业务　　B. 资产业务　　C. 表外业务　　D. 中间业务

答案：C

试题解析：表外业务是指商业银行从事的，按照现行的会计准则不计入资产负债表内，不形成现实资产负债，但能够引起当期损益变动的业务，包括担保类、部分承诺类两种类型业务。

7. 中国当前的金融监管体制已经从“一行三会”过渡到了“一委一行两会”，一委是指(　　)。

A. 国务院金融稳定发展委员会　　　　B. 中国证券监督管理委员会

C. 中国银行监督管理委员会　　　　D. 中国保险监督管理委员会

答案：A

试题解析：中国当前的金融监管体制已经从“一行三会”过渡到了“一委一行两会”，即国务院金融稳定发展委员会、中国人民银行、中国证券监督管理委员会和中国银行保险监督管理委员会。

8. 2021年4月19日，(　　)期货交易所揭牌仪式举行。

A. 郑州　　B. 上海　　C. 广州　　D. 大连

答案：C

试题解析：自1990年10月我国第一家商品期货交易所——郑州商品交易所前身郑州粮食批发市场成立以来，我国商品期货市场得到了较快的发展。2021年4月19日，广州期货交易所揭牌仪式举行。目前，我国共有上海期货交易所、大连商品交易所、郑州商品交易所和广州期货交易所四大商品期货交易所。

9. 关于中国证监会的主要职责，下列说法错误的是(　　)。

A. 研究和拟定证券期货市场的方针政策、发展规划

B. 监管证券投资基金活动

C. 监管上市国债和企业债券的交易活动

D. 制定和执行货币政策，维护金融稳定

答案：D

试题解析：中国证监会的主要职责。制定和执行货币政策，维护金融稳定是中国人民银行的职责。

10. 作为实体经济的镜像，更好地服务(　　)是金融的本质要求。

A. 虚拟经济　　B. 实体经济　　C. 国内经济　　D. 国外经济

答案：B

试题解析：党的十九大报告指出："深化金融体制改革，增强金融服务实体经济能力。"作为实体经济的镜像，更好地服务实体经济是金融的本质要求。

11. (　　)是我国的中央银行，它的主要职能是在国务院领导下，制定和执行货币政策，防范和化解金融风险，维护金融稳定。

A. 中国银行　　B. 中国建设银行

C. 国家开发银行　　D. 中国人民银行

答案：D

试题解析：中国人民银行是我国的中央银行，它的主要职能是在国务院领导下，制定和执行货币政策，防范和化解金融风险，维护金融稳定。

12. "发行的银行"是指中央银行(　　)。

A. 垄断货币发行权，是全国唯一有权发行货币的机构

B. 中央银行与商业银行之间带有管理和被管理性质的特殊关系

C. 中央银行代表国家制定和执行货币政策

D. 作为商业银行的最后贷款人

答案：A

试题解析："发行的银行"是指中央银行垄断货币发行权，是全国唯一有权发行货币的机构。

13. "政府的银行"是指中央银行代表国家制定和执行货币政策，处理对外金融关系，为国家提供各种金融服务。作为"政府的银行"，其具体职能不包括(　　)。

A. 代理国库收支　　B. 对政府提供信贷

C. 作为商业银行的最后贷款人　　D. 代表政府管理金融活动

答案：C

试题解析：作为"政府的银行"，其具体职能包括：第一，代理国库收支；第二，代理国家债券的发行；第三，对政府提供信贷；第四，代表政府管理金融活动，制定、发布并监督执行有关金融监管和业务的命令及规章，负责金融业的统

计、调查、分析和预测；第五，持有、管理、经营国家外汇储备和黄金储备；第六，代表政府参加国际金融组织活动，进行国际金融合作。作为商业银行的最后贷款人是指中央银行是“银行的银行”。

14. 中央银行的负债业务不包括(　　)。

A. 不计入储备货币的金融性公司存款

B. 政府存款

C. 发行债券

D. 居民存款

答案：D

试题解析：中央银行的负债业务包括：储备货币、不计入储备货币的金融性公司存款、发行债券、国外负债、政府存款、自有资金、其他负债。中央银行不接受居民存款，因此居民存款不属于中央银行的负债业务。

15. (　　)是银行创造信用货币的基本前提条件。

A. 存款准备金制度　　B. 零准备金制度

C. 100%的全额准备金制度　　D. 商业银行制度

答案：A

试题解析：存款准备金制度是银行创造信用货币的基本前提条件。

16. 对于一定数量的存款来说，准备金的比例越高，银行可用于贷款的资金就(　　)，存款派生的能力就(　　)。

A. 越多；越高　　B. 越多；越低

C. 越少；越高　　D. 越少；越低

答案：D

试题解析：对于一定数量的存款来说，准备金的比例越高，银行可用于贷款的资金就越少，存款派生的能力就越低；反之，准备金的比例越低，银行的存款派生能力就越强。

17. 以下不属于一般性货币政策工具的是(　　)。

A. 存款准备金制度　　B. 再贴现政策

C. 公开市场业务　　D. 消费者信用控制

答案：D

试题解析：一般性货币政策工具是指中央银行普遍或常规运用的货币政策工具，其实施对象是整体经济和金融活动，主要包括存款准备金制度、再贴现政策和公开市场业务三大工具。消费者信用控制属于选择性货币政策工具。

18. 货币政策对金融市场有着直接的、主要的影响，那么货币政策的机制不包括(　　)。

A. 货币供给量　　B. 利率　　C. 汇率　　D. 信贷政策

答案：C

试题解析： 本题考查货币政策的措施。货币政策主要通过货币供给量、利率和信贷政策机制发生作用。

19. 关于货币政策一般传导过程正确的是(　　)。

A. 最终目标→货币政策工具→中介目标→操作目标

B. 货币政策工具→最终目标→中介目标→操作目标

C. 货币政策工具→最终目标→操作目标→中介目标

D. 货币政策工具→操作目标→中介目标→最终目标

答案：D

试题解析： 本题考查货币政策传导机制的一般过程。货币政策的传导机制的一般过程是：货币政策工具→操作目标→中介目标→最终目标，也就是中央银行通过货币政策工具的运作，影响商业银行等金融机构的活动，进而影响货币供应量，最终影响宏观经济指标。

20. 以下属于利率传导机制的是(　　)。

A. 货币供应量↑→实际利率↓→投资↑→总产出↑

B. 货币供应量↑→银行存款和贷款↑→投资↑→总产出↑

C. 货币供应量↑→股价↑→净值↑→逆向选择和道德风险↓→贷款↑→投资↑→总产出↑

D. 货币供应量↑→实际利率↓→汇率↓→净出口↑→总产出↑

答案：A

试题解析： 利率传导机制的作用过程，先是通过货币供应量的变动影响利率水平，再经过利率水平的变动改变投资活动水平，最后导致收入和产出水平的变动。其基本思路可以表示为：货币供应量↑→实际利率↓→投资↑→总产出↑

21. 我国金融行业已经具备开放的有利条件不包括(　　)。

A. 我国已经成为全球重要的银行、保险和资本市场，具有较强的综合实力

B. 我国金融监管能力和监管水平在不断提升

C. 我国采取了一系列保护投资者的举措

D. 在保险业监管框架方面，“偿一代”监管制度全面实施

答案：D

试题解析：我国金融行业已经具备开放的有利条件包括：一是我国已经成为全球重要的银行、保险和资本市场，具有较强的综合实力；二是我国的金融监管能力和监管水平在不断提升，在保险业监管框架方面，“偿二代”监管制度全面实施；三是我国采取了一系列保护投资者的举措。

22. 2018 年 4 月 27 日，中国银保监会发布加快落实银行业和保险业对外开放举措，推出四方面 15 条开放措施，包括取消中资银行和金融资产管理公司的(　　)，允许外国银行在我国境内设立分行和子行等。

A. 外资持股比例限制　　B. 开办代客境外理财业务

C. 代客境外理财托管业务　　D. 证券投资基金托管业务

答案：A

试题解析：2018 年 4 月 27 日，中国银保监会发布加快落实银行业和保险业对外开放举措，推出四方面 15 条开放措施，包括取消中资银行和金融资产管理公司的外资持股比例限制，允许外国银行在我国境内设立分行和子行等。

23. 2018 年博鳌亚洲论坛明确了进一步加大保险业对外开放的具体措施和时间表，包括在几个月内落实将人身险公司的外资持股比例放宽至(　　)。

A. 48%　　B. 49%　　C. 50%　　D. 51%

答案：D

试题解析：2018 年博鳌亚洲论坛明确了进一步加大保险业对外开放的具体措施和时间表，包括在几个月内落实将人身险公司的外资持股比例放宽至 51%。

24. 中国境内首家由境外股东控股的证券公司是(　　)。

A. 瑞银证券有限责任公司　　B. 汇丰前海证券

C. 摩根大通证券中国有限公司　　D. 野村东方国际证券有限公司

答案：B

试题解析：2017 年 6 月成立的汇丰前海证券的外资股比例已经达到 51%，是中国境内首家由境外股东控股的证券公司。

25. 国务院金融稳定发展委员会办公室 2019 年 7 月 20 日对外宣布，按照(　　)的原则，在深入研究评估的基础上，推出 11 条金融业对外开放措施。

A. 宜慢不宜快、宜早不宜迟　　B. 宜快不宜慢、宜早不宜迟

C. 宜快不宜慢、宜迟不宜早　　D. 宜慢不宜快、宜迟不宜早

答案：B

试题解析：国务院金融稳定发展委员会办公室 2019 年 7 月 20 日对外宣布，为贯彻落实党中央、国务院关于进一步扩大对外开放的决策部署，按照“宜快不宜

慢、宜早不宜迟”的原则，在深入研究评估的基础上，推出了 11 条金融业对外开放措施。

26. 我国创业板在深圳交易所开市的时间为(　　)年 10 月。

A. 2009　　B. 2011　　C. 2012　　D. 2010

答案：A

试题解析：本题考查创业板开市时间。经国务院同意、中国证监会批准，我国创业板市场于 2009 年 10 月 23 日在深圳证券交易所正式启动。

27. (　　)为其所在省级行政区域内中小微企业证券非公开发行、转让及相关活动提供基础设施与服务的场所。

A. 区域性股权市场

B. 券商柜台市场

C. 机构间私募产品报价与服务系统

D. 私募基金市场

答案：A

试题解析：本题考查区域性股权市场的概念。区域性股权市场是为其所在省级行政区域内中小微企业证券非公开发行、转让及相关活动提供设施与服务的场所。

28. 我国中小企业板块市场设立在(　　)，创业板市场设立在(　　)。

A. 上海证券交易所；上海证券交易所

B. 深圳证券交易所；上海证券交易所

C. 上海证券交易所；深圳证券交易所

D. 深圳证券交易所；深圳证券交易所

答案：D

试题解析：本题考查中小板和创业板的设立地点，中小板和创业板都设立在我国深圳证券交易所。

29. 根据《上海证券交易所科创板股票上市规则》，发行人申请在上海证券交易所科创板上市，发行后股本总额不低于人民币(　　)。

A. 20 000 万元　　B. 3 000 万元

C. 10 000 万元　　D. 5 000 万元

答案：B

试题解析：本题考查科创板上市条件，其中主要的上市条件包含：(1) 发行后股本总额不低于人民币 3 000 万元；(2) 首次公开发行的股份达到公司股份总数的 25%以上；(3) 公司股本总额超过人民币 4 亿元的，首次公开发行股份的比例为

10%以上；（4）市值和财务指标满足规定的标准等其他条件。

30. 证券公司为与特定交易对手在集中交易场所之外进行交易或为投资者在集中交易场所之外进行交易提供服务的场所或平台是（ ）。

A. 区域性股权市场　　B. 券商柜台市场

C. 机构间私募产报价与服务系统　　D. 私募基金市场

答案：B

试题解析：本题考查券商柜台市场的定义。券商柜台市场，是指证券公司为与特定交易对手方在集中交易场所之外进行交易或为投资者在集中交易场所之外进行交易提供服务的场所或平台。

31. 科创板制度设计上的创新点不包括（ ）。

A. 上市标准多元化　　B. 发行审核注册制

C. 发行定价审核严格　　D. 交易机制差异化

答案：C

试题解析：本题考查科创板制度设计的创新点。具体包括上市标准多元化、发行审核注册制、发行定价市场化、交易机制差异化、针对性持续监管、退市制度从严化。

32. 下列关于科创板上市条件，说法错误的是（ ）。

A. 发行后股本总额不低于人民币3 000万元

B. 首次公开发行的股份达到公司股份总数的25%以上

C. 公司股本总额超过人民币4亿元的，首次公开发行股份的比例为10%以上

D. 公司股本总额超过人民币4亿元的，首次公开发行股份的比例为20%以上

答案：D

试题解析：本题考查科创板上市条件。发行人申请在上海证券交易所科创板上市，应当符合中国证监会和上海证券交易所规定的相关上市条件，其中主要的上市条件包含：（1）发行后股本总额不低于人民币3 000万元；（2）首次公开发行的股份达到公司股份总数的25%以上；（3）公司股本总额超过人民币4亿元的，首次公开发行股份的比例为10%以上；（4）市值和财务指标满足规定的标准等其他条件。

33. 下列关于科创板上市指标，说法错误的是（ ）。

A. 预计市值不低于人民币10亿元，最近两年净利润均为正且累计净利润不低于人民币5 000万元，或者预计市值不低于人民币10亿元，最近一年净利润为正且营业收入不低于人民币1亿元

B. 预计市值不低于人民币50亿元，最近一年营业收入不低于人民币2亿元，

且最近三年研发投入合计占最近三年营业收入的比例不低于15%

C. 预计市值不低于人民币20亿元，最近一年营业收入不低于人民币3亿元，且最近三年经营活动产生的现金流量净额累计不低于人民币1亿元

D. 预计市值不低于人民币30亿元，且最近一年营业收入不低于人民币3亿元

答案：B

试题解析：本题考查科创板上市指标。具体见下表。

上市标准	预计市值	净利润	营业收入	研发投入	优势
第一套“市值＋净利润＋收入”	≥10亿元人民币	最近两年净利润均为正；累计净利润≥5 000万元人民币			
	≥10亿元人民币	最近一年净利润为正	≥1亿元人民币		
第二套“市值＋收入＋研发投入”	≥15亿元人民币		最近一年营业收入≥2亿元人民币	最近三年研发投入合计占最近三年营业收入的比例≥15%	
第三套“市值＋收入＋现金流”标准	≥20亿元人民币		最近一年营业收入≥3亿元人民币		
			最近三年经营活动产生的现金流量净额累计≥1亿元人民币		
第四套“市值＋收入”标准	≥30亿元人民币		最近一年营业收入≥3亿元人民币		
第五套“市值＋优势”标准	≥40亿元人民币				主要业务或产品需经国家有关部门批准，市场空间大，目前已取得阶段性成果。医药行业企业需至少有一项核心产品获准开展二期临床试验，其他符合科创板定位的企业需具备明显的技术优势并满足相应条件

34. 中国证监会在科创板市场所主要承担的职责不包括(　　)。

A. 负责科创板股票发行注册

B. 对上海证券交易所审核工作进行监督

C. 实施事前、事中、事后全过程监管

D. 审核科创板上市公司的公司报告

答案：D

试题解析：本题考查中国证监会在科创板市场所主要承担的职责。中国证监会主要承担以下三个方面的职责：一是负责科创板股票发行注册；二是对上海证券交易所审核工作进行监督；三是实施事前、事中、事后全过程监管。

35. 在注册制试点过程中，股票发行的价格、规模、节奏主要通过市场化的方式，由发行人、保荐人、承销商、机构投资者等市场参与主体通过询价、定价、配售等市场机制加以确定，监管部门(　　)行政性限制。

A. 不设任何　　　　B. 设立门槛较低的

C. 设立门槛较高的　　　　D. 根据实际情况设立

答案：A

试题解析：本题考查注册制的概念。在注册制试点过程中，股票发行的价格、规模、节奏主要通过市场化的方式，由发行人、保荐人、承销商、机构投资者等市场参与主体通过询价、定价、配售等市场机制加以确定，监管部门不设任何行政性限制。

36. 我国首个实行注册制的场内市场是(　　)。

A. 科创版市场　　　　B. 创业板市场

C. 北交所市场　　　　D. 全国中小企业股份转让系统

答案：A

试题解析：本题考查首个实行注册制的场内市场，我国首个实行注册制的场内市场是科创板市场。

37. 报价驱动制度是指(　　)。

A. 做市商制度　　　　B. 集合竞价制度

C. 连续竞价制度　　　　D. 双向报价制度

答案：A

试题解析：本题考查做市商制度。做市商制度又称报价驱动制度。

38. 相比于核准制，注册制的特点不包括(　　)。

A. 面向专业机构投资者进行询价定价

B. 更严格的审批制度

C. 充分发挥投资价值研究报告的作用

D. 鼓励战略投资者和发行人高管、核心员工参与新股发售

答案：B

试题解析：本题考查注册制与核准制的区别，主要区别表现在 A、C、D 三项。

39. 下列不属于创业板市场功能的是(　　)。

A. 承担风险资本的退出窗口作用　　B. 促进产业升级

C. 优化资源配置　　D. 宏观经济晴雨表

答案：D

试题解析：本题考查创业板功能。“宏观经济晴雨表”是主板市场的功能。

40. (　　)，经国务院批准，中国证监会批复同意深圳证券交易所在主板内设立中小企业板市场。

A. 1997 年 11 月　　B. 2000 年 10 月

C. 2004 年 5 月　　D. 2014 年 9 月

答案：C

试题解析：本题考查中小板市场设立时间。2004 年 5 月，中国证监会批复同意深圳证券交易所在主板内设立中小企业板市场。

41. 做市商制度又称为(　　)。

A. 大宗交易制度　　B. 报价驱动制度

C. 证券商报价制度　　D. 竞价交易制度

答案：B

试题解析：本题考查做市商制度。做市商制度也称为报价驱动制度，是指做市商向市场提供双向报价，投资者根据报价选择是否与做市商交易。

42. (　　)年 7 月，深圳证券交易所正式开业。

A. 1990　　B. 1993　　C. 1991　　D. 1992

答案：A

试题解析：本题考查深交所开业时间，1990 年 12 月 1 日，深交所正式开业。

43. 下列不属于场外交易市场功能的是(　　)。

A. 拓宽融资渠道，改善中小企业融资环境

B. 为不能在证券交易所上市交易的证券提供流通转让的场所

C. 提供风险分层的金融资产管理渠道

D. 场外交易市场的活跃度能很好地反映我国宏观经济的运行状况

答案：D

试题解析：本题考查场外交易市场的功能。主板市场能很好地反映我国宏观经济的运行状况，D选项错误，其余正确。

44. (　　)项不属于场外交易市场。

A. 区域性股权市场

B. 券商柜台市场

C. 机构间私募产品报价与服务系统

D. 中小板市场

答案：D

试题解析：本题考查场外市场和场内市场的区分。中小板市场是场内市场。

45. 下列不属于私募基金合格投资者的是(　　)。

A. 净资产2 000万元的某家公司

B. 目前个人所持股票市值500万元的刘先生

C. 目前个人所持有股票市值100万元、现金资产100万元的张先生

D. 近三年个人年均收入60万元的李先生

答案：C

试题解析：本题考查私募基金合格投资者条件。私募资金的合格投资者，是指具备相应风险识别能力和风险承担能力，投资于单只私募基金的金额不低于100万元且符合下列相关标准的单位和个人：①净资产不低于1 000万元的单位；②个人金融资产不低于300万元或者最近三年个人年均收入不低于50万元。

46. 科创板的制度规则体系可以总结为(　　)。

A. 1+2+6+N　　B. 1+3+5+N

C. 1+2+5+N　　D. 1+2+4+N

答案：A

试题解析：本题考查科创板制度规则体系。科创板的制度规则体系可以总结为“1+2+6+N”。“1”是指《实施意见》；“2”是指中国证监会发布的《科创板首次公开发行股票注册管理办法（试行）》和《科创板上市公司持续监管办法（试行）》；“6”是指上海证券交易所发布的6项主要业务规则，涵盖注册审核、发行承销、上市规则与持续监管、信息披露、交易规则等主要内容，具体包括《上海证券交易所科创板股票发行上市审核规则》《上海证券交易所科创板股票发行与承销实施办法》《上海证券交易所科创板股票上市规则》《上海证券交易所科创板股票交易特别规定》《上海证券交易所科创板上市委员会管理办法》以及《上海证券交易所科技创新咨询委员会工作规则》；“N”是指由上海证券交易所、中国证券业协

会等机构发布的其他一整套业务指引、规范和管理细则，包括《上海证券交易所科创板股票发行与承销业务指引》《上海证券交易所科创板企业发行上市申报及推荐暂行规定》《科创板首次公开发行股票承销业务规范》《科创板首次公开发行股票网下投资者管理细则》等一系列文件。

47. 关于资本市场表述，错误的是(　　)。

A. 是长期金融市场或长期资金市场

B. 包括股票及衍生品市场、债券及衍生品市场、中长期资金借贷品市场

C. 同业拆借市场属于资本市场

D. 广义的资本市场还包括为国民经济发展和企业经营运行发挥稳定作用的期货市场

答案：C

试题解析：本题考查资本市场的概念和特点。同业拆借市场属于短期市场，选项 C 错误。

48. 按照发行和募集方式的不同，可以将资本市场划分为(　　)。

A. 公募市场和私募市场

B. 场内市场和场外市场

C. 一级市场和二级市场

D. 全球性市场、全国性市场、区域性市场等

答案：A

试题解析：本题考查资本市场的划分方式。按照发行和募集方式的不同，可以将资本市场划分为公募市场和私募市场。

49. 2020 年 6 月，副总理刘鹤首次对资本市场发展提出了“九字方针”，即要坚持(　　)。

A. 建制度、不干预、零容忍　　B. 建体系、多干预、零容忍

C. 建制度、少干预、少容忍　　D. 建体系、不干预、多容忍

答案：A

试题解析：本题考查对资本市场新闻热点的熟悉记忆。2020 年 6 月，副总理刘鹤首次对资本市场发展提出了“九字方针”，即要坚持“建制度、不干预、零容忍”。

50. 下列有关主板市场的说法正确的是(　　)。

A. 主板市场对发行人的营业期限、股本大小、盈利水平、最低市值等方面的要求标准较高

B. 主板上市的企业多为高新技术产业领域的新兴企业

C. 主板市场对发行人的营业期限、股本大小、盈利水平、最低市值等方面的要求相对较低

D. 相对主板市场而言，创业板市场是资本市场中最重要的组成部分

答案：A

试题解析： 本题考查主板市场相关知识点。主板市场对发行人的营业期限、股本大小、盈利水平、最低市值等方面的要求标准较高，选项A正确，选项C错误；上市企业多为大型成熟企业，选项B错误；相对创业板市场而言，主板市场是资本市场中最重要的组成部分，选项D错误。

51. 下列不属于场内市场的是(　　)。

A. 区域性股权市场　　B. 主板市场

C. 中小板市场　　D. 全国中小企业股份转让系统

答案：A

试题解析： 本题考查场内市场和场外市场的区分和记忆。选项A是场外市场。

52. 经国务院同意、中国证监会批准，我国创业板市场于(　　)在深圳证券交易所正式启动。

A. 2009年10月23日　　B. 2012年10月5日

C. 2004年7月5日　　D. 2005年3月1日

答案：A

试题解析： 本题考查创业板成立时间。2009年10月23日，中国创业板举行开板启动仪式。

53. 下列关于创业板的说法，错误的是(　　)。

A. 创业板市场又称为二板市场

B. 创业板市场上主要是大型成熟的蓝筹企业

C. 是为具有高成长性的中小企业和高科技企业融资服务的资本市场

D. 具有前瞻性、高风险、监管要求严格以及明显的高技术产业导向的特点

答案：B

试题解析： 本题主要考查创业板市场相关内容。创业板市场又称为二板市场，是为具有高成长性的中小企业和高科技企业融资服务的资本市场，选项B错误。

54. 下列关于创业板的说法，正确的是(　　)。

A. 我国创业板市场于2012年10月23日在深圳证券交易所正式启动

B. 创业板市场是为具有高成长性的中小企业和高科技企业融资服务的资本市场

C. 创业板市场是场外市场

D. 与主板市场相比，在创业板市场上市的企业规模较大、上市条件相对较高

答案：B

试题解析：本题考查创业板相关内容。2009 年 10 月 23 日，中国创业板举行开板启动仪式，A 选项错误；创业板市场是场内市场，C 选项错误；与主板市场相比，在创业板市场上市的企业规模较小、上市条件相对较低，D 选项错误。

55. 关于创业板市场的作用，说法错误的是(　　)。

A. 承担风险资本的退出窗口　　B. 优化资源配置

C. 促进产业升级　　D. 宏观经济的晴雨表

答案：D

试题解析：本题考查创业板市场的作用。“宏观经济晴雨表”是主板市场的作用，选项 D 错误。

56. 全国中小企业股份转让系统是经国务院批准设立的全国性的证券交易场所，成立于(　　)。

A. 2012 年 9 月 20 日　　B. 2004 年 10 月 20 日

C. 2011 年 9 月 15 日　　D. 2002 年 11 月 5 日

答案：A

试题解析：本题考查新三板成立时间。全国中小企业股份转让系统，又称为“新三板”，是经国务院批准设立的全国性的证券交易场所，成立于 2012 年 9 月 20 日。

57. 下列关于全国中小企业股份转让系统说法正确的是(　　)。

A. 这是一个场外市场

B. 成立于 2012 年 9 月 20 日

C. 境内符合条件的股份公司均可通过主办券商申请在全国中小企业股份转让系统挂牌，公开转让股份，进行股权融资、债券融资、资产重组以及公开发行股票等

D. 对所有挂牌公司统一管理

答案：B

试题解析：本题考查全国中小企业股份转让系统的相关知识点。全国中小企业股份转让系统是场内市场，选项 A 说法错误；境内符合条件的股份公司均可通过主办券商申请在全国中小企业股份转让系统挂牌，公开转让股份，进行股权融资、债券融资、资产重组等，但不包括公开发行股份，选项 C 说法错误；全国中小企业股份转让系统设立伊始分设创新层和基础层，符合不同标准的挂牌公司分别纳入创新

层和基础层管理，选项D说法错误。

58. (　　)是经国务院批准设立的我国第一家公司制证券交易所。

A. 北京证券交易所　　B. 上海证券交易所

C. 深圳证券交易所　　D. 郑州商品交易所

答案：A

试题解析：本题考查北京证券交易所的组织性质。北京证券交易所（简称北交所）是经国务院批准设立的我国第一家公司制证券交易所。

59. (　　)，北交所注册成立。

A. 2021年9月3日　　B. 2020年10月3日

C. 2022年5月15日　　D. 2021年10月23日

答案：A

试题解析：本题考查北交所注册成立的时间。北交所于2021年9月3日注册成立，聚焦打造服务创新型中小企业主阵地。

60. (　　)，北交所正式开市。

A. 2020年10月3日　　B. 2021年11月15日

C. 2022年5月15日　　D. 2021年10月23日

答案：B

试题解析：本题考查北交所开市时间。北交所于2021年11月15日正式开市。

61. 下列关于北交所的说法中，错误的是(　　)。

A. 北交所的设立是对资本市场更好服务构建新发展格局、推动高质量发展作出的新的重大战略部署

B. 是深化金融供给侧结构性改革、完善多层次资本市场体系的重要内容

C. 对于更好发挥资本市场功能作用、促进科技与资本融合、支持中小企业创新发展具有重要意义

D. 发挥转板上市功能与沪、深证券交易所，区域性股权市场互联互通，强化了北交所“宏观经济晴雨表”的风向作用

答案：D

试题解析：本题考查北交所的设立意义和作用。北交所的设立是对资本市场更好服务构建新发展格局、推动高质量发展作出的新的重大战略部署，是实施国家创新驱动发展战略、持续培育发展新动能的重要举措，也是深化金融供给侧结构性改革、完善多层次资本市场体系的重要内容，对于更好发挥资本市场功能作用、促进科技与资本融合、支持中小企业创新发展具有重要意义。“宏观经济晴雨表”是主

板市场的作用，D选项错误。

62. 下列关于场外市场的特征，说法错误的是(　　)。

A. 挂牌标准相对较低，通常不对企业规模和盈利情况等进行要求

B. 信息披露要求较高

C. 交易制度通常采用做市商制度

D. 监管较为宽松

答案：B

试题解析：本题考查场外市场特征。场外市场信息披露要求较低，监管较为宽松，B选项错误。

63. 场外交易市场的功能不包括(　　)。

A. 拓宽融资渠道，改善中小企业融资环境

B. 为不能在证券交易所上市交易的证券提供流通转让的场所

C. 场外交易的活跃度能作为我国宏观经济的晴雨表

D. 提供风险分层的金融资产管理渠道

答案：C

试题解析：本题考查场外交易市场的作用。“宏观经济晴雨表”是主板市场的作用，C选项错误。

64. 下列关于区域性股权市场的说法错误的是(　　)。

A. 区域性股权市场是为其所在省级行政区域内中小微企业证券非公开发行、转让及相关活动提供设施与服务的场所

B. 地方其他各类交易场所均可以组织证券发行和转让活动

C. 区域性股权市场是多层次资本市场体系的重要组成部分，是地方人民政府扶持中小微企业政策措施的综合运用平台

D. 区域性股权市场能够促进企业特别是中小微企业股权交易和融资

答案：B

试题解析：本题考查区域性股权市场的相关概念。除区域性股权市场外，地方其他各类交易场所不得组织证券发行和转让活动，B选项错误，其余正确。

65. 下列关于区域性股权市场的交易规则说法错误的是(　　)。

A. 投资者买入后卖出或卖出后买入同一证券的时间间隔不得少于5个交易日

B. 单只证券持有人累计不得超过100人

C. 在区域性股权市场发行或转让证券的，限于股票、可转换为股票的公司债券以及国务院有关部门按程序认可的其他证券，不得违规发行或转让私募债券

D. 不得采用广告、公开劝诱等公开或变相公开方式发行证券

答案：B

试题解析：本题考查区域性股权市场的交易规则。单只证券持有人累计不得超过200人，B选项错误，其余正确。

66. 区域性股权市场由所在地(　　)按规定实施监管，并承担相应风险处置责任。

A. 省级人民政府　　B. 证监会派出机构

C. 市级人民政府　　D. 市场监管局

答案：A

试题解析：本题考查区域性股权市场的监管责任主体。区域性股权市场由所在地省级人民政府按规定实施监管，并承担相应风险处置责任。

67. 下列关于券商柜台市场的说法正确的是(　　)。

A. 券商柜台市场是场内市场

B. 券商柜台市场是指证券公司为与特定交易对手方在集中交易场所进行交易或为投资者在集中交易场所进行交易提供服务的场所或平台

C. 券商柜台市场，是指证券公司为与特定交易对手方在集中交易场所之外进行交易或为投资者在集中交易场所之外进行交易提供服务的场所或平台

D. 证券公司可以采取协议、报价、做市、拍卖竞价、标购竞价、集合竞价等方式发行、销售与转让私募产品

答案：C

试题解析：本题考查券商柜台市场的相关概念和特点。券商柜台市场是场外市场，A选项错误；券商柜台市场是指证券公司为与特定交易对手方在集中交易场所之外进行交易或为投资者在集中交易场所之外进行交易提供服务的场所或平台，B选项错误；证券公司可以采取协议、报价、做市、拍卖竞价、标购竞价等方式发行、销售与转让私募产品，不得采用集合竞价方式，法律行政法规有明确规定的除外，D选项错误。

68. 中证机构间报价系统股份有限公司，原名中证资本市场发展监测中心有限责任公司，于(　　)成立。

A. 2013年2月27日　　B. 2014年2月27日

C. 2013年1月27日　　D. 2009年2月27日

答案：A

试题解析：本题考查机构间私募产品报价与服务系统成立时间，于2013年2

月27日成立，2015年2月10日更名改制，是经中国证监会批准并由中国证券业协会按照市场化原则管理的金融机构。

69. 下列关于私募基金的说法错误的是(　　)。

A. 私募基金不能进行公开的发售和宣传推广

B. 投资金额要求高，投资者的资格和人数常常受到严格的限制

C. 相对于公募基金，私募基金面临更严格的信息披露制度

D. 私募基金在运作上具有比公募基金更大的灵活性

答案：C

试题解析：本题考查私募基金的特点。私募基金不能进行公开的发售和宣传推广，投资金额要求高，投资者的资格和人数常常受到严格的限制。相对于公募基金，私募基金在运作上具有较大的灵活性，它既可以投资于衍生金融产品进行买空卖空交易，也可以进行汇率、商品期货投机交易等。

70. (　　)依据《证券投资基金法》和《私募投资基金监督管理暂行办法》，对私募基金实施行政监管，(　　)根据自律规则对会员机构进行自律管理。

A. 中国证监会；中国证券投资基金业协会

B. 证券交易所；证监会

C. 证券交易所；中国证券投资基金业协会

D. 国务院；证券交易所

答案：A

试题解析：本题考查私募基金的监管者。中国证监会依据《证券投资基金法》和《私募投资基金监督管理暂行办法》，对私募基金实施行政监管，中国证券投资基金业协会根据自律规则对会员机构进行自律管理。

71. 私募基金主要分为(　　)。

A. 私募证券基金、创业投资基金、私募股权基金、其他类别私募基金

B. 私募证券基金、创业投资基金、私募股权基金

C. 私募证券基金、创业投资基金

D. 创业投资基金、私募股权基金、其他类别私募基金

答案：A

试题解析：本题考查私募基金的分类。私募基金主要分为私募证券基金、创业投资基金、私募股权基金、其他类别私募基金四种。

72. 2015年12月27日，全国人大授权国务院进行A股发行注册制改革，授权有效期确定为(　　)年。

A. 1　　B. 2　　C. 3　　D. 4

答案：B

试题解析：本题考查注册制改革的授权有效期。2015 年 12 月 27 日，全国人大授权国务院进行 A 股发行注册制改革，授权有效期确定为两年，即从 2016 年 3 月 1 日至 2018 年 2 月 28 日。

73. 科创板是我国首个实行(　　)的场内市场，是我国多层次资本市场体系的重要组成部分。

A. 核准制　　B. 审批制　　C. 注册制　　D. 多元上市制

答案：C

试题解析：本题考查科创板的上市制度。科创板将成为我国首个实行注册制的场内市场。

二、多项选择题。以下备选项中有两项或两项以上符合题目要求，多选、少选、错选均不得分。

1. 在试点注册制安排方面，参照科创板的做法，在坚持规范、透明、公开，严把质量关的基础上，将审核注册程序分为(　　)两个相互衔接的环节。

A. 交易所审核　　B. 证券业协会审核

C. 中国证监会注册　　D. 中国证券登记结算机构注册

答案：AC

试题解析：本题考查审核注册程序环节。在试点注册制安排方面，参照科创板的做法，在坚持规范、透明、公开，严把质量关的基础上，将审核注册程序分为交易所审核、中国证监会注册两个相互衔接的环节。

2. 2019 年 1 月 28 日，中国证监会公布了《关于在上海证券交易所设立科创板并试点注册制的实施意见》，并且制定了(　　)两个试行办法及招股说明书和上市申请文件两项信息披露内容与格式准则，搭建起科创板的制度框架。

A. 注册管理　　B. 持续监管　　C. 底线监管　　D. 审批管理

答案：AB

试题解析：本题考查注册制的监管制度框架。2019 年 1 月 28 日，中国证监会公布了《关于在上海证券交易所设立科创板并试点注册制的实施意见》，并且制定了注册管理、持续监管两个试行办法及招股说明书和上市申请文件两项信息披露内容与格式准则，搭建起科创板的制度框架。

3. 1999 年先后成立了信达、华融、长城、东方资产管理公司，负责(　　)从国有商业银行剥离出来的部分不良债权。

A. 收购　　B. 经营　　C. 管理　　D. 出售

答案：ABC

试题解析：1999年先后成立了信达、华融、长城、东方四家资产管理公司，负责收购、经营、管理从国有商业银行剥离出来的部分不良债权。

4. 中国当前的金融监管体制已经从“一行三会”过渡到了“一委一行两会”，“一委一行两会”中“两会”是指(　　)。

A. 中国银行监督管理委员会　　B. 中国保险监督管理委员会

C. 中国证券监督管理委员会　　D. 中国银行保险监督管理委员会

答案：CD

试题解析：中国当前的金融监管体制已经从“一行三会”过渡到了“一委一行两会”，即国务院金融稳定发展委员会、中国人民银行、中国证券监督管理委员会和中国银行保险监督管理委员会。

5. 目前，我国商品期货交易所有(　　)。

A. 上海期货交易所　　B. 大连商品交易所

C. 郑州商品交易所　　D. 北京期货交易所

答案：ABC

试题解析：目前，我国共有上海期货交易所、大连商品交易所、郑州商品交易所和广州期货交易所四大商品期货交易所。目前没有北京期货交易所。

6. 我国股票市场分为场内市场和场外市场，场内市场包括(　　)。

A. 沪深主板市场

B. 科创板市场

C. 创业板市场

D. 北京证券交易所和全国中小企业股份转让系统

答案：ABCD

试题解析：我国股票市场分为场内市场和场外市场，场内市场包括沪深主板市场、科创板市场、创业板市场、北京证券交易所和全国中小企业股份转让系统（新三板）。

7. 我国已经形成了多层次的金融中介机构体系，拥有(　　)，包括股份制商业银行、城市商业银行、农村商业银行、跨国银行、农村信用社在内的多层次银行机构体系。

A. 中央银行为主导　　B. 中央银行为主体

C. 国有商业银行为主导　　　　D. 国有商业银行为主体

答案：AD

试题解析：目前，我国已经形成了多层次的金融中介机构体系，拥有以中央银行为主导、国有商业银行为主体，包括股份制商业银行、城市商业银行、农村商业银行、跨国银行、农村信用社在内的多层次银行机构体系；拥有以证券公司、期货公司和证券投资基金管理公司为主，以各类投资咨询中介、信托机构为辅的多元化投资中介体系；拥有人寿保险公司、财产保险公司、再保险公司以及提供多种多样保险服务的保险中介体系。

8. 国务院金融稳定发展委员会的主要职责包括(　　)。

A. 落实党中央、国务院关于金融工作的决策部署

B. 审议金融业改革发展重大规划

C. 统筹金融改革发展与监管，协调货币政策与金融监管相关事项，统筹协调金融监管重大事项，协调金融政策与相关财政政策、产业政策等

D. 分析研判国际国内金融形势，做好国际金融风险应对，研究系统性金融风险防范处置和维护金融稳定重大政策

答案：ABCD

试题解析：国务院金融稳定发展委员会的主要职责包括五个方面，除选项 ABCD 外,还有指导地方金融改革发展与监管，对金融管理部门和地方政府进行业务监督和履职问责等。

9. 影响金融市场的宏观经济政策主要包括(　　)。

A. 支出政策　　　　B. 货币政策

C. 财政政策　　　　D. 收入政策

答案：BCD

试题解析：影响金融市场的宏观经济政策主要包括货币政策、财政政策、收入政策。

10. 影响金融市场运行的主要宏观经济变量包括(　　)。

A. 国内生产总值　　　　B. 经济周期

C. 通货膨胀与利率　　　　D. 汇率和国际资本流动

答案：ABCD

试题解析：影响金融市场运行的主要宏观经济变量包括以下四个：①国内生产总值。国内生产总值（GDP）是衡量一国经济状况的最佳指标。②经济周期。金融市场运行受到经济所处不同周期的影响，金融市场随着经济周期的复苏、繁荣、衰

退、萧条等不同阶段呈现出同期甚至超前的变化，金融市场是经济周期的直接构成者和最为敏感的反射物。③通货膨胀与利率。通货膨胀速度对金融市场投融资产生重要影响。④汇率和国际资本流动。

11. 以下属于中央银行资产类业务的是(　　)。

A. 国外资产　　B. 对政府债权

C. 政府存款　　D. 对其他存款性公司债权

答案：ABD

试题解析：中央银行的资产业务包括国外资产、对政府债权、对其他存款性公司债权、对其他金融性公司债权、对非金融性部门债权和其他资产。政府存款属于中央银行负债类业务。

12. 政府的银行，是指中央银行代表国家制定和执行货币政策，处理对外金融关系，为国家提供各种金融服务。作为“政府的银行”，其具体职能包括(　　)。

A. 代理国库收支　　B. 代理国家债券的发行

C. 垄断货币发行权　　D. 对政府提供信贷

答案：ABD

试题解析：政府的银行，是指中央银行代表国家制定和执行货币政策，处理对外金融关系，为国家提供各种金融服务。作为“政府的银行”，其具体职能包括：第一，代理国库收支；第二，代理国家债券的发行；第三，对政府提供信贷；第四，代表政府管理金融活动，制定、发布并监督执行有关金融监管和业务的命令及规章，负责金融业的统计、调查、分析和预测；第五，持有、管理、经营国家外汇储备和黄金储备；第六，代表政府参加国际金融组织活动，进行国际金融合作。“发行的银行”是指中央银行垄断货币发行权。

13. 货币政策中介目标的选取必须符合的标准有(　　)。

A. 可测性　　B. 可控性

C. 相关性　　D. 抗干扰性和适应性

答案：ABCD

试题解析：货币政策中介目标的选取必须符合以下标准：可测性、可控性、相关性、抗干扰性和适应性。

14. 选择性货币政策工具主要包括(　　)。

A. 消费者信用控制　　B. 证券市场信用控制

C. 不动产信用控制　　D. 直接信用控制和间接信用控制

答案：ABCD

试题解析： 选择性货币政策工具主要包括消费者信用控制、证券市场信用控制、不动产信用控制，除此之外，还有直接信用控制和间接信用控制。

15. 创新型货币政策工具主要包括（　　）。

A. 短期流动性调节工具（SLO）　　B. 常备借贷便利（SLF）

C. 抵押补充贷款（PSL）　　D. 中期借贷便利（MLF）

答案：ABCD

试题解析： 创新型货币政策工具主要包括短期流动性调节工具（SLO）、常备借贷便利（SLF）、抵押补充贷款（PSL）、中期借贷便利（MLF）、临时流动性便利（TLF）、临时准备金动用安排（CRA）以及定向中期借贷便利（TMLF）等。

16. 按照中央银行对货币政策的影响力、影响速度及施加影响的方式，货币政策目标可划分为（　　）。

A. 首要目标　　B. 最终目标　　C. 中介目标　　D. 操作目标

答案：BCD

试题解析： 按照中央银行对货币政策的影响力、影响速度及施加影响的方式，货币政策目标可划分为三个层次，即最终目标、中介目标和操作目标。

17. 新中国成立70多年来，金融体系的变化有（　　）。

A. 基本建成了与中国特色社会主义相适应的现代金融市场体系

B. 基本建成了以服务实体经济为目标、便民利民的金融服务体系

C. 基本建立了有效维护金融稳定的金融监管体系

D. 基本形成了一套有效的金融调控体系

答案：ABCD

试题解析： 新中国成立70年来，金融体系变化除选项ABCD外，还有基本确立了面向全球、平等竞争的对外开放体系。

18. 下列关于科创板退市制度的说法，正确的是（　　）。

A. 退市的标准更加多元客观，减少可调节、可粉饰的空间

B. 在交易类退市标准方面，指标体系更加丰富完整

C. 在其他合规指标方面，增加了信息披露或者规范运作存在重大缺陷等合规性退市指标

D. 在定量的基础上作定性规定，刻画“空心化”企业的基本特征

答案：ABC

试题解析： 本题考查科创板退市制度的特点。一是退市的标准更加多元客观，减少可调节、可粉饰的空间；二是在交易类退市标准方面，构建了一套由成交量、

股价、股东人数和市值四大类指标组成的交易类退市标准，指标体系更加丰富完整；三是在财务类指标方面，不再采用单一的连续亏损退市指标，而是在定性基础上作出定量规定，多维度刻画丧失持续经营能力的主业“空心化”企业的基本特征；四是在其他合规指标方面，增加了信息披露或者规范运作存在重大缺陷等合规性退市指标。

19. 各种经济理论对货币政策的传导机制有不同看法，以下货币政策的传导机制主要包括(　　)。

A. 利率传导机制　　B. 汇率传导机制

C. 信号传导机制　　D. 价格传导机制

答案：AB

试题解析：本题考查货币政策的传导机制。货币政策的传导机制有利率传导机制、信用传导机制、资产价格传导机制与汇率传导机制四种。

20. 下列关于利率传导机制的说法正确的是(　　)。

A. 核心变量为利率

B. 利率对收入的影响是直接的

C. 货币政策对货币供应量的影响，取决于基础货币和货币乘数

D. 投资水平对收入的影响，取决于投资乘数的大小

答案：ACD

试题解析：利率传导机制。以利率为渠道是传统凯恩斯主义学派货币政策传导机制的核心观点。在这一传导机制中，核心的变量为利率。货币政策的作用过程，先是通过货币供应量的变动影响利率水平，再经过利率水平的变动改变投资活动水平，最后导致收入和产出水平的变动。货币政策对收入水平影响的大小取决于：货币政策对货币供应量的影响，这取决于基础货币和货币乘数；利率对投资水平的影响；投资水平对收入的影响，这取决于投资乘数的大小。

21. 属于信用传导机制和资产价格传导机制共同变量的是(　　)。

A. 净值　　B. 托宾 q　　C. 股价　　D. 投资

答案：CD

试题解析：资产价格传导机制包括托宾 q 理论和财富效应，传导机制可以分别表示为：（1）托宾 q：货币供应量↑→股价↑→托宾 q↑→投资↑→总产出↑；（2）财富效应：货币供应量↑→股价↑→金融资产价值↑→财务困难的可能性↓→耐用消费品和住宅支出↑→总产出↑；（3）信用传导机制包括银行借贷渠道和资产负债渠道两种信用传导机制。银行信贷渠道的运行机制可表示为：货币供应量↑→银

行存款和贷款↑→投资↑→总产出↑；资产负债表渠道其传导机制可以表示为：货币供应量↑→股价↑→净值↑→逆向选择和道德风险↓→贷款↑→投资↑→总产出↑。

22. 信用传导机制包括(　　)。

A. 银行借贷渠道　　B. 托宾 q

C. 财富效应　　D. 资产负债渠道

答案：AD

试题解析：伯南克提出了银行借贷渠道和资产负债渠道两种信用传导机制。

23. 2018 年 4 月 11 日，中国人民银行行长易纲在博鳌亚洲论坛分论坛上提出了一整套金融领域的开放举措和明确的时间表，概括来说，主要有“三大原则”和“十二大措施”。“三大原则”是指(　　)。

A. 准入前国民待遇和负面清单原则

B. 金融业对外开放将与汇率形成机制改革和资本项目可兑换进程相互配合，共同推进

C. 在开放的同时要重视防范金融风险，要使金融监管能力与金融开放度相匹配

D. 取消银行和金融资产管理公司的外资持股比例限制，内外资一视同仁

答案：ABC

试题解析：取消银行和金融资产管理公司的外资持股比例限制，内外资一视同仁属于十二大措施。

24. 2019 年 9 月 30 日，国务院总理李克强签署国务院令，公布《国务院关于修改〈外资保险公司管理条例〉和〈外资银行管理条例〉的决定》，《外资银行管理条例》的主要修改内容为(　　)。

A. 取消拟设外商合资银行的唯一或者控股股东、拟设中外合资银行的外方唯一或者主要股东、拟设分行的外国银行在提出设立申请前一年年末总资产的条件，取消拟设中外合资银行的中方唯一或者主要股东应当为金融机构的条件

B. 规定外国银行可以在中国境内同时设立外商独资银行和外国银行分行，或者同时设立中外合资银行和外国银行分行

C. 放宽对外资银行业务的限制，允许其从事代理发行、代理兑付、承销政府债券以及代理收付款项业务

D. 改进对外国银行分行的监管措施，放宽外国银行分行持有一定比例非生息资产的要求，对资本充足率持续符合有关规定的外国银行在中国境内的分行，放宽其人民币资金份额与其人民币风险资产的比例限制

答案：BC

试题解析：A选项应为取消拟设外商独资银行的唯一或者控股股东、拟设中外合资银行的外方唯一或者主要股东、拟设分行的外国银行在提出设立申请前一年年末总资产的条件，取消拟设中外合资银行的中方唯一或者主要股东应当为金融机构的条件。注意是“独资银行”。D选项应为改进对外国银行分行的监管措施，放宽外国银行分行持有一定比例生息资产的要求。

25. 未来中国金融体系改革的重点是(　　)。

A. 增强金融服务实体经济能力　　B. 提高直接融资比重

C. 促进多层次资本市场健康发展　　D. 提高间接融资比重

答案：ABC

试题解析：未来中国金融体系改革的重点是增强金融服务实体经济能力，提高直接融资比重，促进多层次资本市场健康发展。

26. 创业板市场的特点包括(　　)。

A. 前瞻性　　B. 低风险

C. 监管要求严格　　D. 高技术产业导向

答案：ACD

试题解析：本题考查创业板市场特点。创业板市场是不同于主板市场的独特的资本市场，具有前瞻性、高风险、监管要求严格以及明显的高技术产业导向的特点。

27. 2020年4月27日，中央全面深化改革委员会第十三次会议审议通过了《创业板改革并试点注册制总体实施方案》。这次改革的指导思想是着眼于打造一个(　　)的资本市场。

A. 规范　　B. 透明　　C. 开放　　D. 有活力

E. 有韧性

答案：ABCDE

试题解析：本题考查创业板改革试点的指导思想。2020年4月27日，中央全面深化改革委员会第十三次会议审议通过了《创业板改革并试点注册制总体实施方案》。这次改革的指导思想是着眼于打造一个规范、透明、开放、有活力、有韧性的资本市场。

28. 创业板改革思路是“一条主线”“三个统筹”。下列关于“一条主线”“三个统筹”的说法正确的是(　　)。

A. “一条主线”，即实施以提升盈利为核心的股票发行注册制，提高透明度和

真实性，由投资者自主进行价值判断，真正把选择权交给市场

B. 统筹推进创业板改革与多层次资本市场体系建设，坚持创业板与其他板块错位发展，推动形成各有侧重、相互补充的适度竞争格局

C. 统筹推进试点注册制与其他基础制度建设，实施一揽子改革措施，健全配套制度

D. 统筹推进增量改革与存量改革，包容存量，稳定存量上市公司和投资者预期

答案：BCD

试题解析：本题考查创业板改革思路的内涵。在创业板改革思路上，把握好“一条主线”“三个统筹”。“一条主线”，即实施以信息披露为核心的股票发行注册制，提高透明度和真实性，由投资者自主进行价值判断，真正把选择权交给市场。“三个统筹”即 BCD 项。

29. 根据《上海证券交易所科创板股票上市规则》，发行人申请在上交所科创板上市，应当符合的条件包括(　　)。

A. 发行后股本总额不低于 3 000 万元人民币

B. 发行后股本总额不低于 2 000 万元人民币

C. 首次公开发行的股份达到公司股份总数的 25% 以上

D. 公司股本总额超过人民币 4 亿元的，首次公开发行股份的比例应在 10% 以上

答案：ACD

试题解析：本题考查科创板上市条件。发行人申请在上海证券交易所科创板上市，应当符合中国证监会和上海证券交易所规定的相关上市条件，其中主要的上市条件包含：（1）发行后股本总额不低于人民币 3 000 万元；（2）首次公开发行的股份达到公司股份总数的 25% 以上；（3）公司股本总额超过人民币 4 亿元的，首次公开发行股份的比例为 10% 以上；（4）市值和财务指标满足规定的标准等其他条件。

30. 下列关于《创业板首次公开发行股票注册管理办法（试行）》的表述中，错误的是(　　)。

A. 创业板首次公开发行股票的条件变得更复杂

B. 对注册程序作出制度安排，实现受理和审核全流程电子化和全流程公开，减轻企业负担，提高审核透明度

C. 强化信息披露要求，严格落实发行人等相关主体在信息披露方面的责任，制定针对创业板企业特点的差异化信息披露规则

D. 明确市场化发行承销的基本规则，并规定定价方式、投资者报价要求、最高报价剔除比例等事项应同时遵守深交所相关规定

答案：BCD

试题解析：本题考查《创业板首次公开发行股票注册管理办法（试行）》的主要内容。一是精简优化创业板首次公开发行股票的条件，将发行条件中可以由投资者判断的事项转化为更加严格的信息披露要求，强调按照重大性原则把握企业的法律合规性和财务规范性问题。故选项A错误。

31. 下列关于创业板的说法，正确的是(　　)。

A. 创业板市场又称二板市场

B. 创业板市场上主要是大型成熟的蓝筹企业

C. 是为具有高成长性的中小企业和高科技企业融资服务的资本市场

D. 具有前瞻性、高风险、监管要求严格以及明显的高技术产业导向的特点

答案：ACD

试题解析：本题考查创业板相关内容。创业板市场是为具有高成长性的中小企业和高科技企业融资服务的资本市场，选项B说法错误。创业板市场是不同于主板市场的独特的资本市场，具有前瞻性、高风险、监管要求严格以及明显的高技术产业导向的特点。

32. 关于创业板市场的作用，说法正确的是(　　)。

A. 承担风险资本的退出窗口　　B. 优化资源配置

C. 促进产业升级　　D. 宏观经济的晴雨表

答案：ABC

试题解析：本题考查创业板市场的作用。“宏观经济晴雨表”是主板市场的功能，选项D说法错误，其余正确。

33. 关于做市商制度，说法正确的是(　　)。

A. 做市商制度也称为报价驱动制度

B. 做市商向市场提供双向报价，投资者根据报价选择是否与做市商交易

C. 目前的场外交易市场早已不再单纯地采用集中报价、分散成交的做市商模式，而是掺杂自动竞价撮合，形成混合交易模式

D. 目前的场外交易市场仍单纯地采用集中报价、分散成交的做市商模式

答案：ABC

试题解析：本题考查做市商制度相关知识点。目前的场外交易市场早已不再单纯地采用集中报价、分散成交的做市商模式，而是掺杂自动竞价撮合，形成混

合交易模式。

34. 下列属于场外交易市场功能的是(　　)。

A. 拓宽融资渠道，改善中小企业融资环境

B. 为不能在证券交易所上市交易的证券提供流通转让的场所

C. 提供风险分层的金融资产管理渠道

D. 场外交易市场的活跃度能很好地反映我国宏观经济的运行状况

答案：ABC

试题解析：本题考查场外交易市场的功能。主板市场是资本市场中最重要的组成部分，很大程度上能够反映国家或地区的经济发展状况，有“宏观经济晴雨表”之称，选项D说法错误，其余正确。

35. 下列关于多层次资本市场的分层特性或内在逻辑，表述正确的是(　　)。

A. 资本市场的层次结构，是指资本市场根据企业在不同发展阶段的融资需求和融资特点，针对各种市场主体不同的、特定的需求，提供的具有不同内在逻辑次序、不同服务对象和不同内在特点的市场形式

B. 多层次资本市场是对现代资本市场复杂形态的一种表述，是资本市场有机联系的各要素总和，具有丰富的内涵

C. 多层次资本市场的各层次之间是单独平行、彼此隔离的

D. 为了满足投资者对不同投资品种的偏好，需要一个多层次的资本市场来容纳多样化的投资产品

答案：ABD

试题解析：本题考查多层次资本市场的分层特性和内在逻辑。多层次资本市场的各层次之间并不是单独平行、彼此隔离的，而是既互相区分、又相互交错并不断演进的结构，选项C错误。

36. 以下关于资本市场表述，正确的是(　　)。

A. 是长期金融市场或长期资金市场

B. 包括股票及衍生品市场、债券及衍生品市场、中长期资金借贷品市场

C. 同业拆借市场属于资本市场

D. 广义的资本市场还包括为国民经济发展和企业经营运行发挥稳定作用的期货市场

答案：ABD

试题解析：本题考查资本市场的概念和区分。同业拆借市场属于短期市场，选项C说法错误，其余正确。

37. 2021 年 3 月，“十四五”规划纲要中提出，(　　)。

A. 完善资本市场基础制度

B. 健全多层次资本市场体系

C. 大力发展机构投资者

D. 提高直接融资特别是股权融资比重。

答案：ABCD

试题解析： 本题考查“十四五”规划纲要中对资本市场发展的表述。2021 年 3 月，“十四五”规划纲要中提出，完善资本市场基础制度，健全多层次资本市场体系，大力发展机构投资者，提高直接融资特别是股权融资比重。

38. 按照发行和募集方式的不同，可以将资本市场划分为(　　)。

A. 一级市场　　B. 二级市场

C. 私募市场　　D. 公募市场

答案：CD

试题解析： 本题考查发行募集方式划分资本市场的方法。按照发行和募集方式的不同，可以将资本市场划分为私募市场和公募市场。

39. 下列关于改革后创业板与科创板，说法正确的有(　　)。

A. 改革后创业板的发行条件综合考虑了预计市值、收入、净利润三套上市标准，上市发行门槛较科创板有所降低

B. 改革后的创业板还从营业收入、复合增长率、同行业比较等维度，明确了红筹企业营收快速增长的三个具体判断标准，制定了更加包容的上市条件

C. 在交易制度方面，改革后的创业板全面向科创板靠拢，创业板股票涨跌幅限制比例由 10% 提高至 20%，并且同步放宽相关基金涨跌幅至 20%

D. 与科创板类似，创业板新股上市前 5 日同样不设涨跌幅限制，并设置 30%、60% 两档停牌指标以稳定价格，防止股价出现非理性波动

答案：ABCD

试题解析： 本题考查改革后创业板与科创板的变动。四种说法均正确。

40. 下列有关主板市场的说法错误的是(　　)。

A. 主板市场对发行人的营业期限、股本大小、盈利水平、最低市值等方面的要求标准较高

B. 主板上市的企业多为新兴产业领域的企业

C. 主板市场对发行人的营业期限、股本大小、盈利水平、最低市值等方面的要求相对较低

D. 相对主板市场而言，创业板市场是资本市场中最重要的组成部分

答案：BCD

试题解析：本题考查主板市场相关知识点。主板市场对发行人的营业期限、股本大小、盈利水平、最低市值等方面的要求标准较高，C说法错误；上市企业多为大型成熟企业，B说法错误；相对创业板市场而言，主板市场是资本市场中最重要的组成部分，D说法错误。

41. 下列属于场内市场的是(　　)。

A. 区域性股权市场　　B. 主板市场

C. 中小板市场　　D. 全国中小企业股份转让系统

答案：BCD

试题解析：本题考查场内市场与场外市场的区分和记忆。区域性股权市场是场外市场，其余三项均为场内市场。

42. 全国中小企业股份转让系统主要服务于(　　)类别的企业。

A. 创新型　　B. 成长型　　C. 中小微企业　　D. 创业型

答案：ABCD

试题解析：全国中小企业股份转让系统主要为创新型、创业型、成长型中小微企业发展提供服务。

43. 北交所的服务对象将会“更早、更小、更新”，即聚集于(　　)中小企业。

A. 专　　B. 精　　C. 特　　D. 新

E. 优

答案：ABCD

试题解析：本题考查北交所的服务对象企业的特点。北交所的服务对象将会“更早、更小、更新”，即聚集于“专、精、特、新”的中小企业。

44. 科创板重点服务的领域包括(　　)。

A. 新一代信息技术领域　　B. 新材料领域

C. 节能环保领域　　D. 新能源领域

E. 新生产技术

答案：ABCD

试题解析：本题考查科创板重点服务的行业或领域。一是新一代信息技术领域；二是高端装备领域；三是新材料领域；四是新能源领域；五是节能环保领域；六是生物医药领域；七是符合科创板定位的其他领域。

45. 下列关于场外市场的说法，正确的是(　　)。

A. 场外市场是指在集中的交易场所之外进行证券交易的市场

B. 场外市场没有集中的交易场所和市场制度

C. 交易产品多为标准化合约产品

D. 场外市场又称为店头市场或者柜台市场

答案：ABD

试题解析：本题考查场外市场的概念。场外市场是指在集中的交易场所之外进行证券交易的市场，没有集中的交易场所和市场制度，又称为店头市场或者柜台市场，主要是一对一交易，以交易非标准化的、私募类型的产品为主，选项C说法错误，其余正确。

46. 下列关于场外市场的特征，说法正确的是(　　)。

A. 挂牌标准相对较低，通常不对企业规模和盈利情况等进行要求

B. 信息披露要求较高

C. 交易制度通常采用做市商制度

D. 监管较为宽松

答案：ACD

试题解析：本题考查场外市场的特征。场外市场信息披露要求较低，选项B说法错误，其余正确。

47. 上市规则在共性的信息披露要求基础上，着重针对科创企业特点，强化(　　)等事项的信息披露

A. 行业信息　　B. 核心技术　　C. 经营风险　　D. 公司治理

E. 业绩波动

答案：ABCDE

试题解析：本题考查信息披露制度的改革措施。在共性的信息披露要求基础上，着重针对科创企业特点，强化行业信息、核心技术、经营风险、公司治理、业绩波动等事项的信息披露，并在信息披露量化指标、披露时点、披露方式、暂缓豁免披露商业敏感信息、非交易时间对外发布重大信息等方面，作出更具弹性的制度安排，保持科创企业的商业竞争力。

48. 场外市场的特征有(　　)。

A. 挂牌标准较低，通常不对企业规模和盈利能力等情况进行要求

B. 信息披露要求较低，监管较为宽松

C. 交易制度通常采用竞价交易制度

D. 交易制度通常采用做市商制度

答案：ABD

试题解析：本题考查场外市场的特征，场外市场挂牌标准相对较低，信息披露要求较低，监管较为宽松，交易制度通常采用做市商制度，ABD说法正确，C错误。

49. 下列关于区域性股权市场的说法正确的是(　　)。

A. 区域性股权市场是为其所在省级行政区域内中小微企业证券非公开发行、转让及相关活动提供设施与服务的场所

B. 地方其他各类交易场所均可以组织证券发行和转让活动

C. 区域性股权市场是多层次资本市场体系的重要组成部分，是地方人民政府扶持中小微企业政策措施的综合运用平台

D. 区域性股权市场能够促进企业特别是中小微企业股权交易和融资

答案：ACD

试题解析：本题考查区域性股权市场的概念和规则。除区域性股权市场外，地方其他各类交易场所不得组织证券发行和转让活动，B说法错误。

50. 下列关于区域性股权市场的交易规则说法正确的是(　　)。

A. 投资者买入后卖出或卖出后买入同一证券的时间间隔不得少于5个交易日

B. 单只证券持有人累计不得超过100人

C. 在区域性股权市场发行或转让证券的，限于股票、可转换为股票的公司债券以及国务院有关部门按程序认可的其他证券，不得违规发行或转让私募债券

D. 不得采用广告、公开劝诱等公开或变相公开方式发行证券

答案：ACD

试题解析：本题考查区域性股权市场的交易规则。在区域性股权市场发行或转让证券的，限于股票、可转换为股票的公司债券以及国务院有关部门按程序认可的其他证券，不得违规发行或转让私募债券；不得采用广告、公开劝诱等公开或变相公开方式发行证券，不得以任何形式非法集资；不得采取集中竞价、做市商等集中交易方式进行证券转让，投资者买入后卖出或卖出后买入同一证券的时间间隔不得少于5个交易日；单只证券持有人累计不得超过200人，法律、行政法规另有规定的除外；证券持有人名册和登记过户记录必须真实、准确、完整，不得隐匿、伪造、篡改或毁损。

51. 区域性股权市场实行合格投资者制度。下列属于合格投资者的有(　　)。

A. 持有股票市值30万元的刘先生

B. 持有未到期债券市值60万元的李先生

C. 银行活期存款100万元的张先生

答案：BC

试题解析： 本题考查区域性股权市场的合格投资者条件。区域性股权市场实行合格投资者制度。合格投资者应是依法设立且具备一定条件的法人机构、合伙企业，金融机构依法管理的投资性计划，以及具备较强风险承受能力且金融资产不低于50万元人民币的自然人。

52. 下列关于券商柜台市场的说法错误的是(　　)。

A. 券商柜台市场是场内市场

B. 券商柜台市场是指证券公司为与特定交易对手方在集中交易场所进行交易或为投资者在集中交易场所进行交易提供服务的场所或平台

C. 券商柜台市场，是指证券公司为与特定交易对手方在集中交易场所之外进行交易或为投资者在集中交易场所之外进行交易提供服务的场所或平台

D. 证券公司可以采取协议、报价、做市、拍卖竞价、标购竞价、集合竞价等方式发行、销售与转让私募产品

答案：ABD

试题解析： 本题考查券商柜台市场相关知识。券商柜台市场是场外市场，选项A说法错误；券商柜台市场，是指证券公司为与特定交易对手方在集中交易场所之外进行交易或为投资者在集中交易场所之外进行交易提供服务的场所或平台，选项B错误，选项C正确；证券公司可以采取协议、报价、做市、拍卖竞价、标购竞价等方式发行、销售与转让私募产品，不得采用集合竞价方式，法律行政法规有明确规定的除外，选项D错误。

53. 机构间私募产品报价与服务系统的特点包括(　　)。

A. 参与人制度，各类符合条件的机构均可参与报价系统

B. 一体化市场，发行交易与登记托管结算前中后台互为一体

C. 移动互联市场，基于互联网、证联网、深证通，7×24小时发行交易，日间多批次滚动结算

D. 行业公共平台，提供各类证券机构场外证券业务后台外包服务

答案：ABCD

试题解析： 本题考查机构间私募产品报价与服务系统的特点。报价系统的主要特点除选项ABCD外，还有（1）市场中的市场，与各类场外市场建立市场联盟；（2）分层分类风险管理，双层风险防控机制，前中后台业务隔离，设立专项风险监控指标。

54. 机构间私募产品报价与服务系统秉承(　　)的理念，是多层次资本市场基础金融设施之一。

A. 多元　　B. 开放　　C. 竞争　　D. 包容

E. 审慎

答案：ABCD

试题解析：本题考查机构间私募产品报价与服务系统的工作理念，报价系统秉承“多元、开放、竞争、包容”的理念。

55. 下列关于私募基金的说法，正确的是(　　)。

A. 私募基金不能进行公开发售和宣传推广

B. 投资金额要求高，投资者的资格和人数常常受到严格限制

C. 相对于公募基金，私募基金面临更严格的信息披露制度

D. 私募基金在运作上具有比公募基金更大的灵活性

答案：ABD

试题解析：本题考查私募基金的特点。相对于公募基金，私募基金的信息披露并不严格，选项C说法错误。

56. (　　)依据《证券投资基金法》和《私募投资基金监督管理暂行办法》，对私募基金实施行政监管，(　　)根据自律规则对会员机构进行自律管理。

A. 中国证监会　　B. 中国证券投资基金业协会

C. 证券交易所　　D. 市场监管局

答案：AB

试题解析：本题考查私募基金的监管主体。中国证监会依据《证券投资基金法》和《私募投资基金监督管理暂行办法》，对私募基金实施行政监管，中国证券投资基金业协会根据自律规则对会员机构进行自律管理。

57. 私募基金主要分为(　　)几种。

A. 私募证券基金　　B. 创业投资基金

C. 私募股权基金　　D. 其他类别私募基金

答案：ABCD

试题解析：本题考查私募基金的分类。私募基金主要分为私募证券基金、创业投资基金、私募股权基金、其他类别私募基金四种。

58. 私募基金采取的监管原则有(　　)。

A. 适度监管　　B. 底线监管　　C. 审慎监管　　D. 多重监管

答案：AB

试题解析：本题考查私募基金的监管原则。私募基金采取适度监管和底线监管原则。

59. 下列关于注册制说法正确的是(　　)。

A. 基本特点是以信息披露为中心

B. 通过要求证券发行人真实、准确、完整地披露公司信息，使投资者可以获得必要的信息对证券价值进行判断并作出是否投资的决策

C. 是一种比核准制审核更严格的制度

D. 证券监管机构对证券的价值好坏、价格高低不作实质性判断

答案：ABD

试题解析：本题考查注册制的相关内容。注册制是一种不同于审批制、核准制的证券发行监管制度，它的基本特点是以信息披露为中心，通过要求证券发行人真实、准确、完整地披露公司信息，使投资者可以获得必要的信息对证券价值进行判断并作出是否投资的决策，证券监管机构对证券的价值好坏、价格高低不作实质性判断。

60. 科创板的开板，标志着我国证券交易所市场逐步确立了由(　　)构成的多层次资本市场体系框架。

A. 主板　　B. 科创板　　C. 新三板　　D. 创业板

E. 区域性股权市场

答案：ABCD

试题解析：本题考查我国证券交易所市场的体系框架。科创板的开板，标志着我国证券交易所市场逐步确立了由主板、科创板、创业板、新三板构成的多层次资本市场体系框架。

61. 科创板主要的上市条件包括(　　)。

A. 发行后股本总额不低于人民币 3 000 万元

B. 首次公开发行的股份达到公司股份总数的 25% 以上

C. 公司股本总额超过人民币 4 亿元的，首次公开发行股份的比例为 10% 以上

D. 市值和财务指标满足规定的标准等其他条件

答案：ABCD

试题解析：本题考查科创板上市的主要条件。

62. 科创板发行定价市场化，与核准制的重要区别主要体现在(　　)。

A. 面向专业机构投资者进行询价定价

B. 充分发挥投资价值研究报告的作用

C. 鼓励战略投资者和发行人高管、核心员工参与新股发售

D. 空前严格的审核流程

答案：ABC

试题解析：本题考查科创板发行定价市场化的具体表现。在注册制试点过程中，股票发行的价格、规模、节奏主要通过市场化的方式，由发行人、保荐人、承销商、机构投资者等市场参与主体通过询价、定价、配售等市场机制加以确定，监管部门不设任何行政性限制。这和核准制有重大区别，主要体现在以下几方面：一是面向专业机构投资者进行询价定价；二是充分发挥投资价值研究报告的作用；三是鼓励战略投资者和发行人高管、核心员工参与新股发售。

63. 上市规则是规范科创板上市企业持续监管的主要规则，其所涉及的制度包括(　　)。

A. 更有针对性的信息披露制度

B. 更加合理的股份减持制度

C. 更加规范的差异化表决权制度

D. 更加严格的保荐机构持续督导职责

E. 更加灵活的股权激励制度

答案：ABCDE

试题解析：本题考查对科创板上市企业的监管规则。相对于现有的股票上市规则，着重设计了如下五方面制度：第一，更有针对性的信息披露制度；第二，更加合理的股份减持制度；第三，更加规范的差异化表决权制度；第四，更加严格的保荐机构持续督导职责；第五，更加灵活的股权激励制度。

64. 创业板改革对市场基础制度进行了完善，相关措施包括(　　)。

A. 构建市场化的发行承销制度

B. 完善创业板交易机制，放宽涨跌幅限制，优化转融通机制和盘中临时停牌制度

C. 构建符合创业板上市公司特点的持续监管规则体系，建立严格的信息披露规则体系并严格执行，提高信息披露的针对性和有效性

D. 完善退市制度，简化退市程序，优化退市标准

答案：ABCD

试题解析：本题考查创业板改革措施。

三、判断题。不选、错选均不得分。

1. 一般性货币政策工具中带有“告示效果”，向银行和公众传递中央银行货币政策的信号和方向的工具是再贴现政策。

答案：正确

试题解析：中央银行再贴现率的变动也会对市场利率产生直接影响，同时附带有“告示效果”，向银行和公众传递中央银行货币政策的信号和方向。

2. 目前，我国已经形成了多层次的金融中介机构体系，以商业银行为主导。

答案：错误

试题解析：目前，我国已经形成了多层次的金融中介机构体系，拥有以中央银行为主导、国有商业银行为主体，包括股份制商业银行、城市商业银行、农村商业银行、跨国银行、农村信用社在内的多层次银行机构体系。

3. 同业拆借是商业银行赖以生存和发展的基础，一般占负债总额的70%以上。

答案：错误

试题解析：吸收存款是商业银行赖以生存和发展的基础，一般占负债总额的70%以上。

4. 表外业务是指商业银行从事的，按照现行的会计准则不计入资产负债表内，不形成现实资产负债的业务。

答案：正确

试题解析：表外业务是指商业银行从事的，按照现行的会计准则不计入资产负债表内，不形成现实资产负债，但能够引起当期损益变动的业务，包括担保类、部分承诺类两种类型业务。

5. 中国当前的金融监管体制已经从“一行三会”过渡到了“一委一行两会”，“一委一行两会”中“两会”是指中国银行监督管理委员会和中国保险监督管理委员会。

答案：错误

试题解析：中国当前的金融监管体制已经从“一行三会”过渡到了“一委一行两会”，即国务院金融稳定发展委员会、中国人民银行、中国证券监督管理委员会和中国银行保险监督管理委员会。

6. 目前，我国商品期货交易所主要包括上海期货交易所、大连商品交易所、郑州商品交易所和北京期货交易所。

答案：错误

试题解析：目前，我国共有上海期货交易所、大连商品交易所、郑州商品交易所和广州期货交易所四大商品期货交易所。目前没有北京期货交易所。

7. 零准备金制度是银行创造信用货币的基本前提条件。

答案：错误

试题解析：存款准备金制度是银行创造信用货币的基本前提条件。

8. 选择性货币政策工具主要包括存款准备金制度、再贴现政策和公开市场业务三大工具。

答案：错误

试题解析：选择性货币政策工具主要包括消费者信用控制、证券市场信用控制、不动产信用控制，除此之外，还有直接信用控制和间接信用控制。

9. 按照中央银行对货币政策的影响力、影响速度及施加影响的方式，货币政策目标可划分首要目标、最终目标、中介目标和操作目标。

答案：错误

试题解析：按照中央银行对货币政策的影响力、影响速度及施加影响的方式，货币政策目标可划分为三个层次，即最终目标、中介目标和操作目标。

10. 各种经济理论对货币政策的传到机制有不同看法，货币政策的传导机制包括信号传导机制。

答案：错误

试题解析：本题考察货币政策的传导机制。货币政策的传到机制有利率传导机制、信用传导机制、资产价格传导机制与汇率传导机制四种。

11. “货币供应量↑→实际利率↓→汇率↓→净出口↑→总产出↑”属于利率传导机制。

答案：错误

试题解析：利率传导机制的作用过程，先是通过货币供应量的变动影响利率水平，再经过利率水平的变动改变投资活动水平，最后导致收入和产出水平的变动。其基本思路可以表示为：货币供应量↑→实际利率↓→投资↑→总产出↑。

12. 信用传导机制包括银行借贷渠道银行借贷渠道、财富效应和资产负债渠道。

答案：错误

试题解析：伯南克提出了银行借贷渠道和资产负债渠道两种信用传导机制。

13. 保险业监管框架方面，“偿一代”监管制度全面实施是我国金融行业已经具备开放的有利条件。

答案：错误

试题解析：我国金融行业已经具备开放的有利条件包括：一是我国已经成为全球重要的银行、保险和资本市场，具有较强的综合实力。二是我国的金融监管能力和监管水平在不断提升，在保险业监管框架方面，“偿二代”监管制度全面实施。三是我国采取了一系列保护投资者的举措。

14. 中国境内首家由境外股东控股的证券公司是摩根大通证券中国有限公司。

答案：错误

试题解析：2017 年 6 月成立的汇丰前海证券的外资股比例已经达到 51%，是中国境内首家由境外股东控股的证券公司。

15. 科创板发行定价市场化，与核准制的重要区别主要体现在面向专业机构投资者进行询价定、充分发挥投资价值研究报告的作用、鼓励战略投资者和发行人高管、核心员工参与新股发售和空前严格的审核流程。

答案：错误

试题解析：本题考查科创板发行定价市场化的具体表现。在注册制试点过程中，股票发行的价格、规模、节奏主要通过市场化的方式，由发行人、保荐人、承销商、机构投资者等市场参与主体通过询价、定价、配售等市场机制加以确定，监管部门不设任何行政性限制。这和核准制有重大区别，主要体现在以下几方面：一是面向专业机构投资者进行询价定价；二是充分发挥投资价值研究报告的作用；三是鼓励战略投资者和发行人高管、核心员工参与新股发售。不包括空前严格的审核流程。

16. 创业板市场的特点包括前瞻性、低风险、监管要求严格和高技术产业导向。

答案：错误

试题解析：本题考查创业板市场特点。创业板市场是不同于主板市场的独特的资本市场，具有前瞻性、高风险、监管要求严格以及明显的高技术产业导向的特点。

17. 科创板制度设计上的创新点包括上市标准多元化、发行审核注册制和交易机制差异化。

答案：正确

试题解析：本题考查科创板制度设计的创新点。具体包括上市标准多元化、发行审核注册制、发行定价市场化、交易机制差异化、针对性持续监管、退市制度从严化。

18. 中国证监会在科创板市场所主要承担的职责包括审核科创板上市公司的公司报告。

答案：错误

试题解析：本题考查中国证监会在科创板市场所主要承担的职责。中国证监会主要承担以下三个方面的职责：一是负责科创板股票发行注册；二是对上海证券交易所审核工作进行监督；三是实施事前、事中、事后全过程监管。

19. 我国首个实行注册制的场内市场是创业板市场。

答案：错误

试题解析：本题考查首个实行注册制的场内市场，我国首个实行注册制的场内市场是科创板市场。

20. 报价驱动制度是指集合竞价制度。

答案：错误

试题解析：本题考查做市商制度。做市商制度又称报价驱动制度。

21. 宏观经济晴雨表属于创业板市场的功能。

答案：错误

试题解析：本题考查创业板功能。“宏观经济晴雨表”是主板市场的功能。

22. 科创板完善了我国多层次资本市场体系、提升了资本市场服务实体经济的能力和有利于促进上海国际金融中心、科创中心建设。

答案：正确

试题解析：本题考查科创板的意义。科创板完善了我国多层次资本市场体系、提升了资本市场服务实体经济的能力和有利于促进上海国际金融中心、科创中心建设。

23. 同业拆借市场属于资本市场。

答案：错误

试题解析：本题考查资本市场的概念和特点。同业拆借市场属于短期市场，错误。

24. 2021年3月，“十四五”规划纲要中提出完善资本市场基础制度、健全多层次资本市场体系、大力发展机构投资者和提高直接融资特别是股权融资比重。

答案：正确

试题解析：本题考查“十四五”规划纲要中对资本市场发展的表述。

25. 按照发行和募集方式的不同，可以将资本市场划分为一级市场和二级市场。

答案：错误

试题解析：本题考查资本市场的划分方式。按照发行和募集方式的不同，可以将资本市场划分为公募市场和私募市场。

26. 2020年6月，副总理刘鹤首次对资本市场发展提出了“九字方针”，即要坚持“建制度、不干预、搭体系”。

答案：错误

试题解析：本题考查副总理刘鹤首次对资本市场发展提出的九字方针。副总理刘鹤首次对资本市场发展提出了“九字方针”，即要坚持“建制度、不干预、零容忍”，加快发展资本市场。

27. 区域性股权市场不属于场内市场。

答案：正确

试题解析：本题考查场内市场和场外市场的区分和记忆。区域性股权市场是场外市场。

28. 主板市场、中小板市场、全国中小企业股份转让系统和区域性股权市场属于场内市场。

答案：错误

试题解析：本题考查场内市场与场外市场的区分和记忆。区域性股权市场是场外市场。

29. 创业板市场上主要是大型成熟的蓝筹企业。

答案：错误

试题解析：本题主要考察创业板市场相关内容。创业板市场又称为二板市场，是为具有高成长性的中小企业和高科技企业融资服务的资本市场。

30. 创业板市场是为具有高成长性的中小企业和高科技企业融资服务的资本市场。

答案：正确

试题解析：本题考查创业板相关内容。创业板市场是为具有高成长性的中小企业和高科技企业融资服务的资本市场。

31. 上海证券交易所是经国务院批准设立的我国第一家公司制证券交易所。

答案：错误

试题解析：本题考察北京证券交易所的组织性质。北京证券交易所（简称北交所）是经国务院批准设立的我国第一家公司制证券交易所。

32. 2022 年 5 月 15 日，北交所注册成立。

答案：错误

试题解析：本题考查北交所注册成立的时间。北交所于 2021 年 9 月 3 日注册成立，聚焦打造服务创新型中小企业主阵地。

33. 北交所是深化金融供给侧结构性改革、完善多层次资本市场体系的重要内容。

答案：正确

试题解析：本题考查北交所的设立意义和作用。北交所的设立是对资本市场更好服务构建新发展格局、推动高质量发展作出的新的重大战略部署，是实施国家创新驱动发展战略、持续培育发展新动能的重要举措，也是深化金融供给侧结构性改革、完善多层次资本市场体系的重要内容，对于更好发挥资本市场功能作用、促进科技与资本融合、支持中小企业创新发展具有重要意义。

34. 场外市场的特征是信息披露要求较高。

答案：错误

试题解析：本题考查场外市场特征。场外市场信息披露要求较低，监管较为宽松，错误。

35. 场外市场的交易制度通常采用竞价交易制度。

答案：错误

试题解析：本题考查场外市场的特征，场外市场挂牌标准相对较低，信息披露要求较低，监管较为宽松，交易制度通常采用做市商制度，错误。

36. 区域性股权市场的交易规则规定单只证券持有人累计不得超过 100 人。

答案：错误

试题解析：本题考查区域性股权市场的交易规则。单只证券持有人累计不得超过 200 人，错误。

37. 券商柜台市场中证券公司可以采取协议、报价、做市、拍卖竞价、标购竞价、集合竞价等方式发行、销售与转让私募产品。

答案：正确

试题解析：本题考查券商柜台市场相关知识。证券公司可以采取协议、报价、做市、拍卖竞价、标购竞价等方式发行、销售与转让私募产品，不得采用集合竞价方式，法律行政法规有明确规定的除外。

38. 机构间私募产品报价与服务系统秉承多元、开放、竞争、包容的理念，是多层次资本市场基础金融设施之一。

答案：正确

试题解析：本题考查机构间私募产品报价与服务系统的工作理念，报价系统秉承“多元、开放、竞争、包容”的理念。

39. 相对于公募基金，私募基金面临更严格的信息披露制度。

答案：错误

试题解析：本题考查私募基金的特点。私募基金不能进行公开的发售和宣传推广，投资金额要求高，投资者的资格和人数常常受到严格的限制。相对于公募基金，私募基金在运作上具有较大的灵活性，它既可以投资于衍生金融产品进行买空卖空交易，也可以进行汇率、商品期货投机交易等。

40. 私募基金主要分为私募证券基金、创业投资基金、私募股权基金、其他类别私募基金。

答案：正确

试题解析： 本题考查私募基金的分类。

41. 中国证监会依据《证券投资基金法》和《私募投资基金监督管理暂行办法》，对私募基金实施行政监管，中国证监会根据自律规则对会员机构进行自律管理。

答案：错误

试题解析： 本题考查私募基金的监管主体。中国证监会依据《证券投资基金法》和《私募投资基金监督管理暂行办法》，对私募基金实施行政监管，中国证券投资基金业协会根据自律规则对会员机构进行自律管理。

42. 2015 年 12 月 27 日，全国人大授权国务院进行 A 股发行注册制改革，授权有效期确定为 3 年。

答案：错误

试题解析： 本题考查注册制改革的授权有效期。2015 年 12 月 27 日，全国人大授权国务院进行 A 股发行注册制改革，授权有效期确定为两年，即从 2016 年 3 月 1 日至 2018 年 2 月 28 日。

43. 科创板是我国首个实行审批制的场内市场，是我国多层次资本市场体系的重要组成部分。

答案：错误

试题解析： 本题考查科创板的上市制度。科创板将成为我国首个实行注册制的场内市场。

四、综合题。每问备选答案中有一项或多项符合题目要求，不选、错选均不得分。

（一）已知当前我国的法定准备金比率（Rd）为 0.3，超额准备金比率（Re）为 0.1，当前市场中现金流通为 2 000 亿元，存款（D）为 10 000 亿元，超额准备金（ER）为 1 000 亿元。根据材料回答以下问题：

1. 现金比率（c）为(　　)。

A. 0.2　　B. 0.3　　C. 0.4　　D. 0.5

答案：A

试题解析： 现金比率为现金除以存款的比值，因此 $c = 2\ 000/10\ 000 = 0.2$。

2. 货币乘数为(　　)。

A. 3.3　　B. 2.8　　C. 2.4　　D. 2.0

答案：D

试题解析： 货币乘数计算公式 m = (1 + Rc)/(Rd + Re + Rc)。m = (1 + 0.2)/(0.3 + 0.1 + 0.2) = 2.0

3. 商业银行的存款准备金包括(　　)。

A. 流通中的现金　　B. 法定存款准备金

C. 超额准备金　　D. 同业存款

答案：BC

试题解析： 商业银行的存款准备金包括法定存款准备金和超额准备金。

（二）2022年以来，我国高效统筹疫情防控和经济社会发展，有效实施宏观政策，最大程度稳住经济社会发展基本盘，国民经济明显回升。2022年第三季度国内生产总值（GDP）同比增长3.9%，比第二季度加快3.5个百分点，前三季度居民消费价格指数（CPI）同比上涨2.0%。在全球高通胀背景下继续保持物价形势的基本稳定。中国人民银行继续保持流动性合理充裕，运用再贷款再贴现、中期借贷便利（MLF）、公开市场操作等多种方式投放流动性。

1. 国内生产总值（GDP）同比增长，居民消费价格指数（CPI）同比上涨2.0%，在全球高通胀背景下继续保持物价形势的基本稳定，这是货币政策最终目标的哪两类目标(　　)。

A. 稳定物价　　B. 充分就业

C. 经济增长　　D. 国际收支平衡

答案：AC

试题解析： 货币政策最终目标包括稳定物价、充分就业、经济增长、国际收支平衡和金融稳定。上述提到的国民生产总值的增加属于经济增长，稳定物价是一般物价水平在短期内不发生显著的波动，用居民消费价格指数（CPI）变动衡量。

2. 中国人民银行公开市场操作的优点是(　　)。

A. 一种威力强大的货币政策工具

B. 带有“告示效果”，向银行和公众传递中央银行货币政策的信号和方向

C. 主动权完全在央行，可以进行经常性、连续性的操作

D. 具有不可逆转性

答案：C

试题解析： 公开市场操作的优点是主动权完全在央行，可以进行经常性、连续性的操作，可以较为准确地达到政策目标，且具有较强的可逆转性。

3. 中期借贷便利（MLF）属于哪类货币政策工具(　　)。

A. 一般性货币政策工具　　B. 选择性货币政策工具

C. 其他政策工具　　D. 创新型货币政策工具

答案：D

试题解析： 创新型货币政策工具主要包括短期流动性调节工具（SLO）、常备借贷便利（SLF）、抵押补充贷款（PSL）、中期借贷便利（MLF）、临时流动性便利（TLF）、临时准备金动用安排（CRA）以及定向中期借贷便利（TMLF）等。中期借贷便利（MLF）属于创新型货币政策工具。

（三）专家表示，进入2022年12月，降准释放大额资金叠加财政支出力度加大预计年底前流动性将维持充裕态势。中国人民银行将根据各时点的流动性供求和市场利率变化，灵活、准确地展开调控，继续保持流动性合理充裕。

2022年11月25日，中国人民银行发布消息，决定于同年12月5日降低金融机构存款准备金率0.25个百分点，本次下调后，金融机构加权平均存款准备金率约为7.8%。

2022年11月最后一天，中国人民银行开展1 700亿元逆回购操作，当日仅有20亿元央行逆回购到期，因此实现净投放1 680亿元。相比10月，11月市场资金面总体平稳，流动性供求保持平衡，中国人民银行仍增加了短期资金投放，为11月末流动性护航，表明了保持流动性合理充裕的态度。11月30日，银行间市场最具代表性的存款类金融机构7天债券回购利率（DR007）较前一日上行14点，报2.02%。

1. 降低存款准备金率属于(　　)。

A. 宽松的货币政策　　B. 紧缩的货币政策

C. 宽松的财政政策　　D. 紧缩的财政政策

答案：A

试题解析： 降低存款准备金率属于中央银行三大货币政策工具之一；降低存款准备金率，则存款性金融机构的可用资金将会增加，所以属于宽松的货币政策，故选A。

2. 上述材料体现中央银行货币政策的工具包括(　　)。

A. 存款准备金率　　B. 公开市场操作

C. 再贴现率　　D. 窗口指导

答案：AB

试题解析： 材料中提到降低存款准备金率，选项A当选；材料中提到的中国人民银行逆回购操作，是指中国人民银行在证券市场上先买入债券，进而投放流动性，因此属于公开市场操作，选项 B 当选。选项 C、D 在材料中没有体现。

3. 中央银行的主要职能包括(　　)。

A. 政府的银行　　B. 发行的银行

C. 银行的银行　　D. 普惠的银行

答案：ABC

试题解析： 一般来说，中央银行的主要职能包括：(1) 发行的银行；(2) 银行的银行；(3) 政府的银行。故本题选 ABC。

(四) 截至 2022 年 11 月末，A 股上市公司数量迈上 5000 大关。沪、深、京证券交易所官网数据显示，截至 11 月 21 日，上交所共有 A 股上市公司 2 153 家，深交所有2 721家，北交所有 126 家，A 股总计 5 000 家上市公司。与 2019 年底相比增长了近 1/3，与 10 年前相比更是翻了近一番。

5 000 家上市公司的背后，是资本市场基础制度的不断完善和资本市场服务实体经济功能的进一步优化。近年来，注册制改革后投融资渠道不断拓宽，多层次资本市场体系更具有包容性、适应性，一大批优秀企业源源不断汇聚到资本市场上。在数量增长的同时，上市公司高质量发展的基础更加牢固，代表高质量发展内涵的上市公司结构发生了深刻的变化，尤其体现在行业更新、规模更大、盈利更好、融资更平衡等方面。

1. 我国第一个实施注册制试点的板块是(　　)。

A. 主板　　B. 创业板　　C. 科创板　　D. 中小企业板

答案：C

试题解析： 2018 年 11 月 5 日，习近平主席在首届中国国际进口博览会开幕式上宣布，将在上海证券交易所设立科创板试点注册制，故选 C。

2. 下列关于注册制的说法正确的是(　　)。

A. 基本特点是以严格的注册材料审核为中心

B. 通过要求证券发行人真实、准确、完整地披露公司信息，使投资者可以获得必要的信息对证券价值进行判断并作出是否投资的决策

C. 是一种比核准制审核更严格的制度

D. 证券监管机构对证券的价值判断负有审核责任

答案：B

试题解析： 注册制的基本特点是以信息披露为中心，选项 A 错误；核准制的严格性要高于注册制，选项 C 错误；证券监管机构对证券的价值好坏、价格高低不做实质性的判断，选项 D 错误。

3. 我国多层次资本市场的意义包括(　　)。

A. 调动民间资本的积极性，将储蓄转化为投资，提升服务实体经济的能力

B. 创新宏观调控机制，提高间接融资比重，防范和化解经济金融风险

C. 促进科技创新、促进新兴产业的发展和经济转型

D. 促进产业整合，缓解产能过剩

答案：ABCD

试题解析：我国多层子资本市场的意义包括：(1) 调动民间资本的积极性，将储蓄转化为投资，提升服务实体经济的能力；(2) 创新宏观调控机制，提高间接融资比重，防范和化解经济金融风险；(3) 促进科技创新、促进新兴产业的发展和经济转型；(4) 促进产业整合，缓解产能过剩；(5) 满足日益增长的社会财富管理需求，改善民生，促进社会和谐；(6) 提高我国经济金融的国际竞争力等。故ABCD说法均正确。

第三章　证券市场主体

一、单项选择题。以下备选项中只有一项最符合题目要求，不选、错选均不得分。

1. 下列关于证券市场融资活动的概念的描述，正确的是(　　)。

A. 证券市场融资活动是指证券公司和普通投资者之间以有价证券为媒介，实现资金融通的金融活动

B. 证券市场融资活动是指证券发行单位和证券投资单位之间以有价证券为媒介，实现资金融通的金融活动

C. 证券市场融资活动是指公司（企业）和个人投资者之间以有价证券为媒介，实现资金融通的金融活动

D. 证券市场融资活动是指资金盈余单位和赤字单位之间以有价证券为媒介，实现资金融通的金融活动

答案：D

试题解析：本题考查证券市场融资活动的概念。证券市场融资活动，是指资金盈余单位和赤字单位之间以有价证券为媒介，实现资金融通的金融活动。

2. 下列不属于证券市场融资活动的特征的是(　　)。

A. 资金赤字单位和盈余单位直接接触，形成直接的权利和义务关系，而没有另外的权利义务主体介入其中

B. 是一种强市场性的融资活动

C. 是间接融资

D. 需在由各种证券中介机构及证券交易所等组成的证券服务体系的支持下完成

答案：C

试题解析：本题考查证券市场融资活动的特点。证券市场融资是直接融资：资金赤字单位和盈余单位直接接触，形成直接的权利和义务关系，而没有另外的权利义务主体介入其中。

3. 下列不属于证券发行人的是(　　)。

A. 政府及其机构　　　　　　　　B. 财务顾问

C. 金融机构　　　　　　　　　　D. 企业（公司）

答案：B

试题解析：本题考查证券发行人相关概念。证券发行人是指为筹措资金而发行债券、股票等证券的发行主体。证券发行人主要包括政府及其机构、企业（公司）和金融机构。

4. 关于机构投资者的表述，正确的是(　　)。

A. 合格境外机构投资者也是一类重要的机构投资者

B. 证券公司、私募投资公司等可接受投资者的资金，但不能成为基金公司的客户

C. 企业年金基金财产可以投资非流动性资产，但要控制在一定比例以内

D. 机构投资者主要包括基金公司、商业银行、保险公司等，暂不包括社保基金

答案：A

试题解析：本题考查机构投资者的概念。机构投资者，是指用自有资金或者从分散的公众手中筹集的资金，以获得证券投资收益为主要经营目的的专业团体机构或企业。

5. 下列不属于银行业金融机构的是(　　)。

A. 商业银行　　　　　　　　　　B. 农村信用合作社

C. 证券公司　　　　　　　　　　D. 政策性银行

答案：C

试题解析：本题考查银行业金融机构的概念。银行业金融机构包括商业银行、城市商业银行、农村信用合作社等吸收公众存款的金融机构以及政策性银行。

6. 经(　　)批准，证券公司可以为单一投资者设立单一资产管理计划，也可以为多个投资者设立集合资产管理计划，这些业务应与证券公司的自营业务相分离。

A. 国务院　　　　　　　　　　　B. 国务院证券监督管理机构

C. 中国证券监督管理委员会　　　D. 财政部

答案：C

试题解析：本题考查证券经营机构的概念。

7. 我国《证券法》规定，证券交易所的设立、变更和解散由(　　)决定。

A. 国务院　　　　　　　　　　　B. 国务院证券监督管理机构

C. 中国证券监督管理委员会　　　D. 财政部

答案：A

试题解析：本题考查证券交易所的组织形式。我国《证券法》规定，证券交易所的设立、变更和解散由国务院决定。设立证券交易所必须制定章程，证券交易所章程的制定和修改，必须经国务院证券监督管理机构批准。

8. 中国证监会规定，证券公司的各项风险控制指标符合规定标准；净资本不低于(　　)亿元人民币；净资本与净资产比例不低于(　　)。

A. 8；70%　　B. 5；70%　　C. 8；60%　　D. 5；60%

答案：A

试题解析：本题考查合格境内机构投资者的资格认定。证券公司：各项风险控制指标符合规定标准；净资本不低于8亿元人民币；净资本与净资产比例不低于70%；经营集合资产管理计划业务达1年以上；在最近一个季度末资产管理规模不少于20亿元人民币或等值外汇资产。

9. 中国证监会规定，基金管理公司：净资产不少于(　　)亿元人民币；经营证券投资基金管理业务达(　　)年以上。

A. 2；2　　B. 2；3　　C. 3；2　　D. 3；3

答案：A

试题解析：本题考查合格境内机构投资者的资格认定。基金管理公司：净资产不少于2亿元人民币；经营证券投资基金管理业务达2年以上；在最近一个季度末资产管理规模不少于200亿元人民币或等值外汇资产。

10. 中国证监会规定，基金管理公司经营证券投资基金（以下简称“基金”）管理业务达(　　)年以上；在最近一个季度末资产管理规模不少于(　　)亿元人民币或等值外汇资产。

A. 2；200　　B. 3；300　　C. 2；300　　D. 3；200

答案：A

试题解析：本题考查合格境内机构投资者的资格认定。

11. 投资银行活期存款、债券回购、货币型养老金产品，货币市场基金的比例合计不得低于养老基金资产净值的(　　)。

A. 10%　　B. 3%　　C. 8%　　D. 5%

答案：D

试题解析：本题考查养老金投资比例的规定。按照公允价值计算，养老金投资比例应当符合下列规定：投资银行活期存款、1年期以内（含1年）的定期存款、中央银行票据、剩余期限在1年期以内（含1年）的国债、债券回购、货币型养老金产品，货币市场基金的比例合计不得低于养老基金资产净值的5%。清算备付金、证券清算款以及一级市场证券申购资金视为流动性资产。

12. 投资混合型养老金产品，债券基金的比例合计不得高于养老基金资产净值的(　　)。其中，债券正回购的资金余额在每个交易日均不得高于养老基金资产净值的(　　)。

A. 135%；40%　　B. 135%；30%

C. 120%；40%　　D. 120%；30%

答案：A

试题解析：本题考查养老金投资比例的规定。

13. 投资股票、股票基金、混合基金、股票型养老金产品的比例，合计不得高于养老基金资产净值的(　　)。养老基金不得用于向他人贷款和提供担保，不得直接投资于权证，但因投资股票、分离交易可转换债等投资品种而衍生获得的权证，应当在权证上市交易之日起(　　)个交易日内卖出。

A. 30%；10　　B. 30%；15

C. 40%；15　　D. 40%；10

答案：A

试题解析：本题考查养老金投资比例的规定。

14. 投资国家重大项目和重点企业股权的比例，合计不得高于养老基金资产净值的(　　)。

A. 20%　　B. 30%　　C. 40%　　D. 10%

答案：A

试题解析：本题考查养老金投资比例的规定。投资国家重大项目和重点企业股权的比例，合计不得高于养老基金资产净值的20%。由于市场涨跌、资金划拨等原因出现被动投资比例超标的，养老基金投资比例调整应当在合同规定的交易日内完成。

15. 下列证券承销业务可以采取的方式是(　　)。

A. 统销和包销　　B. 包销和代销

C. 分销和代销　　D. 代销和统销

答案：B

试题解析：本题考查证券承销业务的方式。证券承销业务可以采取代销或者包销方式。证券包销，是指证券公司将发行人的证券按照协议全部购入或者在承销期结束时将售后剩余证券全部自行购入的承销方式，前者为全额包销，后者为余额包销。证券代销，是指证券公司代发行人发售证券，在承销期结束时，将未售出的证券全部退还给发行人的承销方式。

16. 下列对证券经纪业务的描述错误的是(　　)。

A. 证券经纪业务又称代理买卖证券业务，是指证券公司接受客户委托代客户买卖各类证券的业务

B. 在证券经纪业务中，证券公司只收取一定比例的佣金作为业务收入

C. 证券经纪业务分为柜台代理买卖证券业务和通过证券交易所代理买卖证券业务

D. 我国证券公司从事的经纪业务以通过证券交易所代理买卖证券业务为主

答案：A

试题解析：本题考查证券经纪业务的概念。证券经纪业务又称代理买卖证券业务，是指证券公司接受客户委托代客户买卖有价证券的业务。

17. 下列对证券投资咨询业务的描述，错误的是(　　)。

A. 证券投资咨询业务是指从事证券投资咨询业务的机构及其咨询人员为证券投资人或者客户提供证券投资分析、预测或者建议等直接或者间接有偿咨询服务的活动

B. 证券投资顾问业务是证券投资咨询业务的一种基本形式

C. 发布证券研究报告是证券投资咨询业务的一种基本形式

D. 证券研究报告主要包括涉及证券及证券相关产品的价值分析报告、行业研究报告，但不包括投资策略报告等

答案：D

试题解析：本题考查证券投资咨询业务的概念。证券研究报告主要包括涉及证券及证券相关产品的价值分析报告、行业研究报告、投资策略报告等。

18. 下列对财务顾问业务的描述，错误的是(　　)。

A. 财务顾问业务，是指与证券交易、证券投资活动有关的咨询、建议、策划业务

B. 财务顾问业务包括为企业申请证券发行和上市提供改制改组、资产重组、前期辅导等方面的咨询服务

C. 财务顾问业务不包括为企业申请证券发行和上市提供改制改组、资产重组、前期辅导等方面的咨询服务

D. 财务顾问业务包括为上市公司重大投资、收购兼并、关联交易等业务提供咨询服务

答案：C

试题解析： 本题考查财务顾问业务的概念。财务顾问业务具体除选项 B、D 外，还有：为法人、自然人及其他组织收购上市公司及相关的资产重组、债务重组等提供咨询服务；为上市公司完善法人治理结构、设计经理层股票期权、职工持股计划、投资者关系管理等提供咨询服务；为上市公司再融资、资产重组、债务重组等资本营运提供融资策划、方案设计、推介路演等方面的咨询服务；为上市公司的债权人、债务人对上市公司进行债务重组、资产重组、相关的股权重组等提供咨询服务以及中国证监会认定的其他业务形式。

19. 下列对证券公司主要业务的描述，错误的是(　　)。

A. 证券经纪业务又称代理买卖证券业务，是指证券公司接受客户委托代客户买卖有价证券的业务

B. 证券承销，是指证券公司代理证券发行人发行证券的行为

C. 证券自营业务，是指证券公司以自己的名义，以自有资金或者依法筹集的资金，为本公司买卖在境内证券交易所上市交易的证券，以获取盈利的行为

D. 证券承销业务可以采取代销或者统销方式

答案：D

试题解析： 本题考查证券公司的主要业务。证券承销业务可以采取代销或者包销方式。

20. 下列对证券公司的主要业务的描述，错误的是(　　)。

A. 融资融券业务是指证券公司指向客户出借资金供其买入证券或者出借证券供其卖出，并收取抵押物的经营活动

B. 证券公司可以为单一投资者设立单一资产管理计划，也可以为多个投资者设立集合资产管理计划

C. 资产管理业务是指银行、信托、证券、基金、期货、保险资产管理机构、金融资产投资公司等金融机构接受投资者委托，对受托的投资者财产进行投资和管理的金融服务

D. 证券做市交易业务是证券公司的主要业务

答案：A

试题解析： 本题考查证券公司的主要业务。

21. 下列不属于证券服务机构的是(　　)。

A. 会计师事务所　　　　B. 律师事务所

C. 资产评估机构　　　　D. 证券登记结算公司

答案：D

试题解析：本题考查证券服务机构的类别。证券服务机构，是指依法设立的从事证券服务业务的法人机构，包括会计师事务所、律师事务所以及从事资产评估、资信评级、财务顾问、信息技术系统服务的证券服务机构。

22. 下列不属于证券服务机构的是(　　)。

A. 会计师事务所　　B. 律师事务所

C. 资产评估机构　　D. 证券监督管理机构

答案：D

试题解析：本题考查证券服务机构的类别。证券服务机构，是指依法设立的从事证券服务业务的法人机构，包括会计师事务所、律师事务所以及从事资产评估、资信评级、财务顾问、信息技术系统服务的证券服务机构。

23. 下列有关证券金融公司信息披露和报送制度的描述，错误的是(　　)。

A. 证券金融公司应当自每一会计年度结束之日起 4 个月内，向证监会报送年度报告

B. 年度报告应当包含按照规定编制并经符合《证券法》规定的会计师事务所审计的财务会计报告

C. 自每月结束之日起 10 个工作日内，向证监会报送月度报告

D. 月度报告应当包含各项风险控制指标和转融通业务专项报表，以及中国证监会要求报送的其他信息

答案：C

试题解析：本题考查证券金融公司信息披露和报送制度。

24. 下列有关证券金融公司信息披露和报送制度的描述，错误的是(　　)。

A. 证券金融公司应当每个交易日公布转融资余额、转融券余额、转融通成交数据以及转融通费率

B. 证券金融公司应当自每一会计年度结束之日起 6 个月内，向证监会报送年度报告

C. 自每月结束之日起 7 个工作日内，向证监会报送月度报告

D. 发生影响或者可能影响公司经营管理的重大事件的，证券金融公司应当立即向证监会报送临时报告，说明事件的起因、目前的状态、可能产生的后果和应对措施

答案：B

试题解析：本题考查证券金融公司信息披露和报送制度。证券金融公司应当自每一会计年度结束之日起 4 个月内，向证监会报送年度报告。年度报告应当包含按

照规定编制并经符合《证券法》规定的会计师事务所审计的财务会计报告。自每月结束之日起7个工作日内，向证监会报送月度报告。

25. 下列有关证券金融公司信息披露和报送制度的描述，正确的是(　　)。

A. 证券金融公司应当每个交易日公布转融资余额、转融券余额、转融通成交数据以及转融通费率

B. 证券金融公司应当自每一会计年度结束之日起6个月内，向证监会报送年度报告

C. 自每月结束之日起10个工作日内，向证监会报送月度报告

D. 发生影响或者可能影响公司经营管理的重大事件的，证券金融公司不需要向证监会报送临时报告，说明事件的起因、目前的状态、可能产生的后果和应对措施

答案：A

试题解析：本题考查证券金融公司信息披露和报送制度。证券金融公司应当自每一会计年度结束之日起4个月内，向证监会报送年度报告，故选项B错误。自每月结束之日起7个工作日内，向证监会报送月度报告，故选项C错误。月度报告应当包含各项风险控制指标和转融通业务专项报表，以及中国证监会要求报送的其他信息，故选项D错误。

26. 下列有关证券金融公司风险控制指标的表述，正确的是(　　)。

A. 净资本与各项风险资本准备之和的比例不得低于100%

B. 对单一证券公司转融通的余额，不得超过证券金融公司净资本的40%

C. 净资本与各项风险资本准备之和的比例不得低于80%

D. 对单一证券公司转融通的余额，不得超过证券金融公司净资本的60%

答案：A

试题解析：本题考查证券金融公司风险控制指标。证券金融公司应当遵守以下风险控制指标规定：(1) 净资本与各项风险资本准备之和的比例不得低于100%；(2) 对单一证券公司转融通的余额，不得超过证券金融公司净资本的50%；(3) 融出的每种证券余额不得超过该证券上市可流通市值的10%；(4) 充抵保证金的每种证券余额不得超过该证券总市值的15%。

27. 下列有关证券金融公司风险控制指标的表述，正确的是(　　)。

A. 对单一证券公司转融通的余额，不得超过证券金融公司净资本的50%

B. 对单一证券公司转融通的余额，不得超过证券金融公司净资本的40%

C. 融出的每种证券余额不得超过该证券上市可流通市值的15%

D. 融出的每种证券余额不得超过该证券上市可流通市值的20%

答案：A

试题解析：本题考查证券金融公司风险控制指标。

28. 下列有关证券金融公司风险控制指标的表述，正确的是(　　)。

A. 对单一证券公司转融通的余额，不得超过证券金融公司净资本的60%

B. 对单一证券公司转融通的余额，不得超过证券金融公司净资本的40%

C. 融出的每种证券余额不得超过该证券上市可流通市值的10%

D. 融出的每种证券余额不得超过该证券上市可流通市值的20%

答案：C

试题解析：本题考查证券金融公司风险控制指标。

29. 下列关于合格境内机构投资者的表述，错误的是(　　)。

A. 合格境内机构投资者（QDII）汇回的资本利得、股息红利等经审核后可转为本币

B. 有限度地允许境内投资者投资境外证券市场的一项过渡性的制度安排

C. 《商业银行开办代客境外理财业务管理暂行办法》允许境内机构和居民个人委托境内商业银行在境外进行金融产品投资

D. 《合格境内机构投资者境外证券投资管理试行办法》规定，合格境内机构投资者是经中国证监会批准在境外募集资金，运用所募集的部分或者全部资金以资产组合方式进行境内证券投资管理的境内基金管理公司和证券公司等证券经营机构

答案：D

试题解析：本题考查合格境内机构投资者。2007 年 7 月 5 日颁布的《合格境内机构投资者境外证券投资管理试行办法》规定，合格境内机构投资者是经中国证监会批准在境内募集资金，运用所募集的部分或者全部资金以资产组合方式进行境外证券投资管理的境内基金管理公司和证券公司等证券经营机构。

30. 下列有关证券金融公司风险控制指标的表述，错误的是(　　)。

A. 净资本与各项风险资本准备之和的比例不得低于100%

B. 对单一证券公司转融通的余额，不得超过证券金融公司净资本的50%

C. 证券金融公司应当每年按照税后利润的15%提取风险准备金

D. 充抵保证金的每种证券余额不得超过该证券总市值的15%

答案：C

试题解析：本题考查证券金融公司风险控制指标。

31. 下列有关企业（公司）的表述，错误的是(　　)。

A. 企业的组织形式只有独资制、合伙制

B. 现代公司主要采取股份有限公司和有限责任公司两种形式

C. 企业（公司）直接融资活动主要有股票融资和债券融资两种方式

D. 公司发行股票所筹得的资金属于自有资本，而通过发行债券所筹集的资金属于借入资本

答案：A

试题解析：本题考查企业（公司）。企业的组织形式可分为独资制、合伙制和公司制。

32. 下列有关企业（公司）的表述，正确的是(　　)。

A. 企业的组织形式只有独资制、合伙制

B. 现代公司只有股份有限公司一种形式

C. 企业（公司）直接融资活动只有股票融资一种方式

D. 公司发行股票所筹得的资金属于自有资本，而通过发行债券所筹集的资金属于借入资本

答案：D

试题解析：本题考查企业（公司）。

33. 下列有关企业（公司）直接融资的方式的表述，错误的是(　　)。

A. 发行股票和长期企业（公司）债券是企业（公司）筹措长期资本的主要途径

B. 发行短期债券则是补充流动资金的重要手段

C. 企业（公司）直接融资活动包括股票融资

D. 股份有限公司和有限责任公司都可以发行股票

答案：D

试题解析：本题考查企业（公司）直接融资的方式。现代公司主要采取股份有限公司和有限责任公司两种形式，其中，只有股份有限公司才能发行股票。

34. 下列有关上市公司融资的途径的表述，错误的是(　　)。

A. 根据《公司法》，上市公司是指其股票在证券交易所上市交易的股份有限公司

B. 上市公司首次融资主要是指首次公开发行股票

C. 首次公开发行，是指拟上市公司首次面向不特定的社会公众投资者公开发行股票募集资金并上市的行为

D. 上市公司再融资指首次公开发行股票

答案：D

试题解析：本题考查上市公司融资的途径。上市公司首次融资主要是指首次公开发行股票，这区别于上市公司在股票发行上市后进行的包括配股、增发在内的股

权再融资。

35. 下列有关上市公司融资的途径的表述，错误的是(　　)。

A. 上市公司再融资，是指上市公司为达到增加资本和募集资金的目的而再发行股票或可转换债券的行为

B. 根据我国《上市公司证券发行管理办法》的规定，上市公司再融资的方式有向原股东配售股份、向不特定对象公开募集股份、发行可转换公司债券、非公开发行股票

C. 向原股东配售股份，简称“增发”

D. 向原股东配售股份，是公司按股东的持股比例向原股东分配公司的新股认购权，准其优先认购新股的方式

答案：C

试题解析：本题考查上市公司融资的途径。向原股东配售股份，简称“配股”，是公司按股东的持股比例向原股东分配公司的新股认购权，准其优先认购新股的方式，即按老股一股配售若干新股，以保护原股东的权益及其对公司的控制权。

36. 下列有关上市公司融资的途径的表述，错误的是(　　)。

A. 向不特定对象公开募集股份，是公司按股东的持股比例向原股东分配公司的新股认购权，准其优先认购新股的方式

B. 向原股东配售股份，简称“配股”

C. 增发的目的是向社会公众募集资金，扩大股东人数，分散股权，增强股票的流通性，并可避免股份过分集中

D. 公募增资的股票价格大都以市场价格为基础，是常用的增资方式

答案：A

试题解析：本题考查上市公司融资的途径。向原股东配售股份，简称“配股”(Rights Offering)，是公司按股东的持股比例向原股东分配公司的新股认购权，准其优先认购新股的方式，即按老股一股配售若干新股，以保护原股东的权益及其对公司的控制权。

37. 下列有关发行可转换公司债券的表述，错误的是(　　)。

A. 可转换公司债券，是指其持有者可以在一定时期内按一定比例或价格将之转换成一定数量的另一种证券的证券

B. 可转换公司债券通常优先转化为优先股

C. 公司发行可转换债券的主要动因是为了增强证券对投资者的吸引力，以较低的成本筹集到所需要的资金

D. 可转换债券一旦转换成普通股票，扩大了股本规模

答案：B

试题解析： 本题考查发行可转换公司债券。可转换公司债券，是指其持有者可以在一定时期内按一定比例或价格将之转换成一定数量的另一种证券的证券，通常是转化为普通股票。

38. 下列有关非公开发行股票的表述，错误的是（　　）。

A. 非公开发行股票也称定向增发

B. 是股份公司向特定对象发行股票的增资方式

C. 公司可以对认购者的持股期限有所限制

D. 增资方式不会直接影响公司原股东利益，不需经股东大会特别批准

答案：D

试题解析： 本题考查非公开发行股票。非公开发行股票，也称为定向增发，这种增资方式会直接影响公司原股东利益，需经股东大会特别批准。

39. 下列有关金融债券特点的表述，正确的是（　　）。

A. 金融债券不可以抵押和转让

B. 金融债券一般不记名、不挂失

C. 我国金融债券的发行对象主要为公司

D. 金融债券的利率不固定

答案：B

试题解析： 本题考查金融债券特点。金融债券作为债券的一种特殊类型，它具有以下特点：（1）金融债券表示的是银行等金融机构与金融债券持有者之间的债权债务关系；（2）金融债券一般不记名、不挂失，但可以抵押和转让；（3）我国金融债券的发行对象主要为个人，利息收入可免征个人收入所得税和个人收入调节税；（4）金融债券的利息不计复利，不能提前支取，延期兑付亦不计逾期利息；（5）金融债券的利率固定，一般都高于同期储蓄利率；（6）我国发行过金融债券所筹集的资金一般都专款专用，如建设银行曾发行的投资债券，其主要用途就是为国家大、中型建设项目筹措资金。

40. 下列有关金融债券特点的表述，正确的是（　　）。

A. 金融债券表示的是银行等金融机构与金融债券持有者之间的债权债务关系

B. 金融债券的利息不计复利，可以提前支取

C. 金融债券的利率低于同期储蓄利率

D. 我国金融债券的发行对象主要为个人，利息收入不可免征个人收入所得税

和个人收入调节税

答案：A

试题解析：本题考查金融债券特点。

41. 下列关于金融机构的表述，错误的是(　　)。

A. 通常将银行及非银行金融机构发行的证券称为金融证券

B. 欧美等西方国家将金融机构发行的证券归入公司证券

C. 日本把金融机构发行的债券定义为金融债券

D. 股份制的金融机构发行的股票也被定义为金融证券

答案：D

试题解析：本题考查金融机构。股份制的金融机构发行的股票并没有被定义为金融证券，而是归类于一般的公司股票。

42. 下列关于证券市场投资者的表述，错误的是(　　)。

A. 证券市场投资者不是证券市场的资金供给者

B. 证券市场投资者是指以取得利息、股息或资本收益为目的

C. 证券市场投资者的种类较多，既有个人投资者，也有机构投资者

D. 众多的证券市场投资者保证了证券发行和交易的连续性

答案：A

试题解析：本题考查证券市场投资者的概念及特点。证券市场投资者，是指以取得利息、股息或资本收益为目的，购买并持有有价证券，承担证券投资风险并行使证券权利的主体。证券市场投资者是证券市场的资金供给者。

43. 下列关于证券市场投资者的分类的表述，错误的是(　　)。

A. 根据投资者的心理因素，可以将证券市场投资者分为稳健型、冒险型和中庸型三类

B. 根据投资者身份，可以将证券投资者分为机构投资者和个人投资者

C. 机构投资者是证券市场最广泛的投资者

D. 根据持有证券时间的长短，可以将证券市场投资者分为短线投资者、中线投资者和长线投资者

答案：C

试题解析：本题考查证券市场投资者。个人投资者是证券市场最广泛的投资者。

44. 下列关于合格境外机构投资者的表述，错误的是(　　)。

A. 《人民币合格境外机构投资者境内证券投资试点办法》将参与 QFII 试点机

构的范围从中国香港扩大至试点国家和地区范围内的资产管理机构

B. 截至 2019 年，共有 20 个国家和地区获得 RQFII 国家和地区额度

C. 2019 年 9 月 10 日，国家外汇管理局决定取消合格境外机构投资者和人民币合格境外机构投资者投资额度限制

D. 2002 年 11 月 5 日，中国人民银行和中国证监会联合发布了《合格境外机构投资者境内证券投资管理暂行办法》，标志着我国正式实施 QFII 制度，中国证券市场开始有条件地向境外机构投资者开放

答案：A

试题解析：本题考查合格境外机构投资者。2013 年 2 月，中国证监会、中国人民银行、国家外汇管理局联合发布《人民币合格境外机构投资者境内证券投资试点办法》，将参与 RQFII 试点机构的范围从中国香港扩大至试点国家和地区范围内的资产管理机构。

45. 下列对合格境外机构投资者的表述，错误的是(　　)。

A. 合格境外机构投资者（QFII）制度下，其资本利得、股息等经审核后可转为外汇汇出

B. 实质是一种有限度地引进外资、开放证券市场的过渡性制度

C.《合格境外机构投资者境内证券投资管理暂行办法》发布，标志着我国正式实施 QFII 制度，中国证券市场开始有条件地向境外机构投资者开放

D.《基金管理公司、证券公司人民币合格境外机构投资者境内证券投资试点办法》开启了外币合格境外机构投资者（RQFII）的试点

答案：D

试题解析：本题考查合格境外机构投资者。2011 年 12 月 16 日，中国证监会、中国人民银行、国家外汇管理局联合发布《基金管理公司、证券公司人民币合格境外机构投资者境内证券投资试点办法》，开启了人民币合格境外机构投资者（RQFII）的试点。

46. 下列关于我国证券市场投资者结构及演化的表述，错误的是(　　)。

A. 国内股市投资者主要有四大类，即机构投资者、个人投资者、外资机构、一般法人

B. 与境外成熟股票市场相比，中国股市机构和外资有较大提升空间

C. 近年来专业投资机构持股市值占比有所降低

D. 我国当前股市投资者结构依然呈现散户比重大，机构比重低，市场开放程度较低的特征

答案：C

试题解析：本题考查我国证券市场投资者结构及演化。以股票市场为例，近年来专业投资机构持股市值占比有所提高，但我国当前股市投资者结构依然呈现散户比重大，机构比重低，市场开放程度较低的特征。

47. 下列对机构投资者的特点的表述，错误的是(　　)。

A. 机构投资者的资金实力雄厚

B. 在成熟资本市场，机构投资者往往在证券市场中居于主导地位

C. 通常机构投资者投资成功率及收益水平较个人投资者会更高

D. 证券市场是一个风险较高的市场，但机构投资者入市资金越多，承受的风险就越小

答案：D

试题解析：本题考查机构投资者的特点。证券市场是一个风险较高的市场，机构投资者入市资金越多，承受的风险就越大，而合理的投资组合能够有效分散非系统性风险，这也是机构投资者相对于个人投资者的一个突出优势。

48. 下列关于机构投资者的表述，错误的是(　　)。

A. 机构投资者不是具有独立法人地位的经济实体

B. 机构投资者要受到一系列法律法规的约束和政府监管部门、行业自律组织的监管

C. 机构投资者内部通常也设有董事会、监事会和股东会等组织形式

D. 内部的组织形式通过严格的程序对其投资行为进行相应的管理和风险控制

答案：A

试题解析：本题考查机构投资者的特点。机构投资者是具有独立法人地位的经济实体。

49. 下列关于机构投资者分类的表述，错误的是(　　)。

A. 战略投资者具有同行业或相关行业较强的重要战略性资源

B. 与战略投资者相比，一般机构投资者的条件，显然更为宽松

C. 战略投资者必须满足能够给上市公司带来国际国内领先的核心技术资源，显著增强上市公司的核心竞争力和创新能力，带动上市公司的产业技术升级，显著提升上市公司的盈利能力

D. 战略投资者与上市公司谋求双方协调互补的长期共同战略利益

答案：C

试题解析：本题考查机构投资者的分类。战略机构投资者是因机构投资者与股

票一级市场的配售关系演化而来的。中国证监会明确，战略投资者是指具有同行业或相关行业较强的重要战略性资源，与上市公司谋求双方协调互补的长期共同战略利益，愿意长期持有上市公司较大比例股份，愿意并且有能力认真履行相应职责，委派董事实际参与公司治理，提升上市公司治理水平，帮助上市公司显著提高公司质量和内在价值，具有良好诚信记录，最近3年未受到中国证监会行政处罚或被追究刑事责任的投资者。

50. 下列关于政府机构类投资者的表述，错误的是(　　)。

A. 政府机构类投资者，是指进行证券投资的政府机构

B. 政府机构类投资者的特点是通常很少考虑盈利，参与证券投资的目的主要是调剂资金余缺、实施宏观调控、实行特定产业政策等

C. 政府机构类投资者只有中央银行

D. 严格地说，政府买卖证券活动不具备完全的投资特征

答案：C

试题解析： 本题考查政府机构类投资者。政府机构类投资者的特点是通常很少考虑盈利，参与证券投资的目的主要是调剂资金余缺、实施宏观调控、实行特定产业政策等。各级政府及政府机构出现资金剩余时，可通过购买政府债券、金融债券投资于证券市场。因此，严格地说，政府买卖证券活动不具备完全的投资特征。政府机构类投资者主要包括两个：中央银行和我国国有资产管理部门或其授权部门。

51. 下列关于证券经营机构的表述，错误的是(　　)。

A. 在机构投资者中，证券经营机构是证券市场上最活跃的投资者

B. 我国证券经营机构主要为证券公司

C. 按照《证券法》的规定，证券公司可以通过从事证券自营业务和证券资产管理业务，以自己的名义或代其客户进行证券投资

D. 经中国证监会批准，证券公司只可以为单一投资者设立单一资产管理计划

答案：D

试题解析： 本题考查证券经营机构。经中国证监会批准，证券公司可以为单一投资者设立单一资产管理计划，也可以为多个投资者设立集合资产管理计划，这些业务应与证券公司的自营业务相分离。

52. 下列关于银行业金融机构的表述，错误的是(　　)。

A. 银行业金融机构包括商业银行、城市商业银行、农村信用合作社等吸收公众存款的金融机构以及政策性银行

B. 根据《商业银行法》的规定，银行业金融机构可用自有资金买卖政府债券

和金融债券

C. 除国家另有规定外，在中国境内不得从事信托投资和证券经营业务，不得向非自用不动产投资或者向非银行金融机构和企业投资

D. 外商独资银行、中外合资银行不可以买卖政府债券、金融债券，买卖股票以外的其他外币有价证券

答案：D

试题解析：本题考查银行业金融机构。《外资银行管理条例》规定，外商独资银行、中外合资银行可以买卖政府债券、金融债券，买卖股票以外的其他外币有价证券。

53. 下列关于保险经营机构的表述，错误的是(　　)。

A. 保险经营机构是全球最重要的机构投资者之一

B. 买卖债券、股票、证券投资基金份额等有价证券；属保险公司资金运用范围

C. 经国务院保险监督管理机构会同国务院证券监督管理机构批准，保险公司可以设立保险资产管理公司

D. 保险经营机构不能涉足基金和股票投资

答案：D

试题解析：本题考查保险经营机构。经国务院保险监督管理机构会同国务院证券监督管理机构批准，保险公司可以设立保险资产管理公司。

二、多项选择题。以下备选项中有两项或两项以上符合题目要求，多选、少选、错选均不得分。

1. 下列关于证券市场融资活动的形式的描述，正确的是(　　)。

A. 资金赤字单位在市场上向资金盈余单位发售有价证券，募得资金，资金盈余单位购入有价证券，获得有价证券所代表的财产所有权、收益权或债权

B. 证券持有者若要收回投资，可以通过市场将证券转让给其他投资者

C. 证券可以不断地转让流通，使投资者的资金得以灵活周转

D. 证券以虚拟票证为媒介

答案：ABC

试题解析：本题考查证券市场融资活动的基本形式。

2. 证券市场融资活动的方式主要包括(　　)。

A. 股票融资　　　　B. 债券融资

C. 衍生品融资　　　　　　　　　　D. 投资基金融资

答案：ABD

试题解析：本题考查证券市场融资活动的方式。一般来说，证券市场融资活动的方式主要包括股票融资和债券融资。另外，近年来，国内外兴起的投资基金融资也是证券融资的一种方式。

3. 下列对金融债券的描述正确的是(　　)。

A. 金融债券表示的是银行等金融机构与金融债券持有者之间的债权债务关系

B. 金融债券一般不记名、不挂失，但可以抵押和转让

C. 我国金融债券的发行对象主要为个人，利息收入可免征个人收入所得税和个人收入调节税

D. 金融债券的利息不计复利，不能提前支取，延期兑付亦不计逾期利息

答案：ABCD

试题解析：本题考查金融债券的特点。金融债券作为债券的一种特殊类型，它的特点除 ABCD 项外，还有：(1) 金融债券的利率固定，一般都高于同期储蓄利率；(2) 我国发行过金融债券所筹集的资金一般都专款专用，如建设银行曾发行的投资债券，其主要用途就是为国家大、中型建设项目筹措资金。

4. 下列关于机构投资者的特点的描述正确的是(　　)。

A. 投资资金规模化　　　　　　　　B. 投资管理专业化

C. 投资结构组合化　　　　　　　　D. 投资行为规范化

答案：ABCD

试题解析：本题考查机构投资者的特点。

5. 下列属于我国对申请合格境外投资者资格所应具备的条件要求的是(　　)。

A. 财务稳健，资信良好，具备证券期货投资经验

B. 治理结构、内部控制和合规管理制度健全有效，按照规定指定督察员负责对申请人境内投资行为的合法合规性进行监督

C. 经营行为规范，近 3 年或者自成立以来未受到监管机构的重大处罚

D. 不存在对境内资本市场运行产生重大影响的情形

答案：ABCD

试题解析：本题考查合格境外机构投资者相关概念。我国对申请合格境外投资者资格所应具备的条件要求除 ABCD 外，还有：境内投资业务主要负责人员应符合申请人所在境外国家或者地区有关从业资格的要求（如有）。

6. 下列属于合格境外投资者可以投资的金融工具的有(　　)。

A. 在证券交易所交易或转让的股票、存托凭证、债券、债券回购、资产支持证券

B. 在全国中小企业股份转让系统转让的股票等证券

C. 中国人民银行允许合格境外投资者投资的在银行间债券市场交易的产品以及债券类、利率类、外汇类衍生品

D. 公募证券投资基金

答案：ABCD

试题解析：本题考查合格境外机构投资者相关概念。参见《关于实施〈QFII、RQFII 办法〉有关问题的规定》。

7. 下列属于 QDII 制度在中国证券市场上主要具有的特点的是(　　)。

A. 合格境内机构投资者的资格认定较为严格

B. 许可投资的证券品种和比例存在一定限制

C. QDII 基金的境外投资需遵循一定的投资比例限制

D. 进出境资金受到监控

答案：ABCD

试题解析：本题考查 QDII 制度在中国证券市场上的特点。

8. QDII 可投资的金融产品或工具包括(　　)。

A. 银行存款、不可转让存单、银行承兑汇票、银行票据、商业票据、回购协议、短期政府债券等货币市场工具

B. 政府债券、公司债券、可转换债券、住房按揭支持证券、资产支持证券等及经中国证监会认可的国际金融组织发行的证券

C. 已与中国证监会签署双边监管合作谅解备忘录的国家或地区证券市场挂牌交易的普通股、优先股、全球存托凭证和美国存托凭证、房地产信托凭证

D. 在已与中国证监会签署双边监管合作谅解备忘录的国家或地区证券监管机构登记注册的公募基金

答案：BCD

试题解析：本题考查许可投资的证券品种和比例的限制。选项 A 中“不可转让存单”应为“可转让存单”。

9. 除中国证监会另有规定外，基金、集合计划不得有的行为是(　　)。

A. 购买不动产及房地产抵押按揭　　B. 购买贵重金属或代表贵重金属的凭证

C. 购买实物商品　　D. 参与未持有基础资产的卖空交易

答案：ABCD

试题解析：本题考查许可投资的证券品种和比例的限制。除中国证监会另有规定外，基金、集合计划不得有下列行为：购买不动产；购买房地产抵押按揭；购买贵重金属或代表贵重金属的凭证；购买实物商品；除应付赎回、交易清算等临时用途以外，借入现金。该临时用途借入现金的比例不得超过基金、集合计划资产净值的10%；利用融资购买证券，但投资金融衍生品除外；参与未持有基础资产的卖空交易；从事证券承销业务；中国证监会禁止的其他行为。

10. 基金类投资者包括(　　)。

A. 证券投资基金　　B. 社保基金

C. 企业年金　　D. 社会公益基金

答案：ABCD

试题解析：本题考查基金类投资者的概念。

11. 划入社保基金的货币资产的投资，按成本计算，应符合下列规定(　　)。

A. 银行存款和国债投资的比例不得低于50%

B. 企业债、金融债投资的比例不得高于10%

C. 证券投资基金、股票投资的比例不得高于40%

D. 企业债、金融债投资的比例不得高于20%

答案：ABC

试题解析：本题考查社保基金的概念。另外，全国社保基金境外投资的比例，按成本计算，不得超过全国社保基金总资产的20%。

12. 下列属于全国社保基金境外投资的投资品种或者工具有(　　)。

A. 银行存款

B. 外国政府债券、国际金融组织债券、外国机构债券和外国公司债券

C. 中国政府或者企业在境外发行的债券

D. 银行票据、大额可转让存单等货币市场产品

答案：ABCD

试题解析：本题考查社保基金的概念。除ABCD外，全国社保基金境外投资还包括下列投资品种或者工具：①股票；②基金；③掉期、远期等衍生金融工具；④财政部会同劳动保障部批准的其他投资品种或工具。

13. 下列属于个人投资者的特点的是(　　)

A. 资金规模有限

B. 专业知识相对匮乏

C. 投资行为具有随意性、分散性和短期性

D. 投资的灵活性强

答案：ABCD

试题解析：本题考查个人投资者的特点。

14. 下列属于证券公司的主要业务的是(　　)。

A. 证券经纪业务

B. 证券投资咨询业务

C. 与证券交易、证券投资活动有关的财务顾问业务

D. 证券承销与保荐业务

答案：ABCD

试题解析：本题考查证券公司的主要业务。根据《证券法》，我国证券公司的主要业务包括证券经纪业务，证券投资咨询业务，与证券交易、证券投资活动有关的财务顾问业务，证券承销与保荐业务，证券自营业务，证券资产管理业务，融资融券业务，证券做市交易业务，证券公司中间介绍（IB）业务，私募投资基金业务和另类投资业务等。

15. 下列属于证券公司的主要业务的有(　　)。

A. 证券自营业务　　B. 证券资产管理业务

C. 融资融券业务　　D. 证券做市交易业务

答案：ABCD

试题解析：本题考查证券公司的主要业务。

16. 下列属于与证券交易、证券投资活动有关的财务顾问业务的有(　　)。

A. 为企业申请证券发行和上市提供改制改组、资产重组、前期辅导等方面的咨询服务

B. 为上市公司重大投资、收购兼并、关联交易等业务提供咨询服务

C. 为法人、自然人及其他组织收购上市公司及相关的资产重组、债务重组等提供咨询服务

D. 为上市公司完善法人治理结构、设计经理层股票期权、职工持股计划、投资者关系管理等提供咨询服务

答案：ABCD

试题解析：本题考查与证券交易、证券投资活动有关的财务顾问业务。

17. 下列有关证券公司的主要业务的描述，正确的是(　　)。

A. 介绍经纪商，指机构或者个人接受期货经纪商的委托，介绍客户给期货经纪商并收取一定佣金的业务模式

B. 私募基金子公司根据税收、政策、监管、合作方需求等需要下设基金管理机构等特殊目的机构的，应当持有该机构25%以上的股权或出资，且拥有管理控制权

C. 证券公司不得直接或者间接为客户从事期货交易提供融资或者担保

D. 证券公司可以代理客户进行期货交易、结算或者交割

答案：AC

试题解析：本题考查证券公司的主要业务的描述。私募基金子公司根据税收、政策、监管、合作方需求等需要下设基金管理机构等特殊目的机构的，应当持有该机构35%以上的股权或出资，且拥有管理控制权。证券公司不得代理客户进行期货交易、结算或者交割。

18. 下列有关证券公司中间介绍业务的描述，正确的有(　　)。

A. 根据我国现行相关制度规定，证券公司可以直接代理客户进行期货买卖

B. 证券公司受期货公司委托从事中间介绍业务，应当提供的服务包括协助办理开户手续

C. 证券公司从事中间介绍业务，应当与期货公司签订书面委托协议

D. 证券公司可以从事期货交易的中间介绍业务

答案：BCD

试题解析：本题考查证券公司中间介绍业务的描述。根据我国现行相关制度规定，证券公司不能直接代理客户进行期货买卖，但可以从事期货交易的中间介绍业务。

19. 下列有关证券公司中间介绍业务的业务范围的描述，正确的有(　　)。

A. 证券公司不得代理客户进行期货交易、结算或者交割

B. 证券公司不得代期货公司、客户收付期货保证金

C. 证券公司不得利用证券资金账户为客户存取、划转期货保证金

D. 证券公司不得代理客户进行期货交易、结算或者交割

答案：ABCD

试题解析：本题考查证券公司中间介绍业务的业务范围。

20. 下列有关证券公司与期货公司签订委托协议的描述，正确的有(　　)。

A. 应介绍业务的范围

B. 应载明报酬支付及相关费用的分担方式

C. 应介绍业务对接规则

D. 应载明违约责任

答案：ABCD

试题解析：本题考查证券公司中间介绍业务的业务范围。证券公司从事中间介绍业务，应当与期货公司签订书面委托协议。除ABCD外，委托协议还应当载明下列事项：执行期货保证金安全存管制度的措施、客户投诉的接待处理方式、中国证监会规定的其他事项。

21. 下列有关证券公司中间介绍业务的业务规则的描述，正确的有(　　)。

A. 证券公司只能接受其全资拥有或者控股的，或者被同一机构控制的期货公司的委托从事中间介绍业务

B. 证券公司可以接受其他期货公司的委托从事中间介绍业务

C. 证券公司应当按照合规、审慎经营的原则

D. 证券公司与期货公司应当独立经营，保持财务、人员、经营场所等分开隔离

答案：ACD

试题解析：本题考查证券公司中间介绍业务的业务规则。证券公司不能接受其他期货公司的委托从事中间介绍业务。期货公司与证券公司应当建立中间介绍业务的对接规则，明确办理开户、行情和交易系统的安装维护、客户投诉的接待处理等业务的协作程序和规则。

22. 下列有关证券公司中间介绍业务的业务规则的描述，正确的有(　　)。

A. 证券公司为期货公司介绍客户时，应当向客户明示其与期货公司的介绍业务委托关系，解释期货交易的方式、流程及风险

B. 证券公司应当建立完备的协助开户制度，对客户的开户资料和身份真实性等进行审查

C. 证券公司不得代客户下达交易指令

D. 证券公司可以直接或者间接为客户从事期货交易提供融资或者担保

答案：ABC

试题解析：本题考查证券公司中间介绍业务的业务规则。证券公司为期货公司介绍客户时，不得直接或者间接为客户从事期货交易提供融资或者担保。

23. 下列有关证券公司中间介绍业务的业务规则的描述，正确的有(　　)。

A. 证券公司只能接受其全资拥有或者控股的，或者被同一机构控制的期货公司的委托从事中间介绍业务

B. 证券公司可以接受其他期货公司的委托从事中间介绍业务

C. 期货公司与证券公司应当建立中间介绍业务的对接规则

D. 期货公司与证券公司明确办理开户、行情和交易系统的安装维护、客户投诉的接待处理等业务的协作程序和规则

答案：ACD

试题解析：本题考查证券公司中间介绍业务的业务规则。

24.《证券公司私募投资基金子公司管理规范》规定，证券公司设立私募基金子公司，应当符合以下要求，正确的有(　　)。

A. 具有健全的公司治理结构，完善有效的内部控制机制、风险管理制度和合规管理制度，防范与私募基金子公司之间出现风险传递和利益冲突

B. 最近六个月各项风险控制指标符合中国证监会及中国证券业协会的相关要求，且设立私募基金子公司后，各项风险控制指标仍持续符合规定

C. 最近一年未因重大违法违规行为受到刑事或行政处罚，且不存在因涉嫌重大违法违规正受到监管部门和有关机关调查的情形

D. 公司章程有关对外投资条款中明确规定公司可以设立私募基金子公司，并经注册地中国证监会派出机构审批

答案：ABCD

试题解析：本题考查私募投资基金业务和另类投资业务设立要求。

25.《证券公司另类投资子公司管理规范》规定，证券公司设立另类子公司，应当符合以下要求，正确的有(　　)。

A. 具有健全的公司治理结构，完善有效的内部控制机制、风险管理制度和合规管理制度，防范与另类子公司之间出现风险传递和利益冲突

B. 具备中国证监会核准的证券自营业务资格

C. 最近六个月内各项风险控制指标符合中国证监会及协会的相关要求，且设立另类子公司后，各项风险控制指标仍持续符合规定

D. 最近一年未因重大违法违规行为受到刑事或行政处罚，且不存在因涉嫌重大违法违规正受到监管部门和有关机关调查的情形

答案：ABCD

试题解析：本题考查私募投资基金业务和另类投资业务设立要求。

26. 下列有关私募投资基金业务和另类投资业务范围的描述，正确的有(　　)。

A. 根据《证券公司私募投资基金子公司管理规范》，私募基金子公司不得从事与私募基金无关的业务

B. 根据《证券公司另类投资子公司管理规范》，证券公司另类子公司可以从事《证券公司证券自营投资品种清单》所列品种以外的金融产品、股权等另类投资业

务，也可以从事投资业务之外的业务

C. 私募基金子公司及其下设特殊目的机构可以以现金管理为目的管理闲置资金

D. 私募基金子公司及其下设特殊目的机构只能投资于依法公开发行的国债、央行票据、短期融资券、投资级公司债、货币市场基金及保本型银行理财产品等风险较低、流动性较强的证券

答案：ACD

试题解析：本题考查私募投资基金业务和另类投资业务范围。根据《证券公司另类投资子公司管理规范》，证券公司另类子公司从事《证券公司证券自营投资品种清单》所列品种以外的金融产品、股权等另类投资业务，不得从事投资业务之外的业务。

27. 下列有关证券服务机构的描述，正确的有（　　）。

A. 证券服务机构，是指依法设立的从事证券服务业务的法人或非法人机构

B. 包括会计师事务所、律师事务所以及从事资产评估、资信评级、财务顾问、信息技术系统服务的证券服务机构

C. 根据我国有关法规的规定，证券服务机构的设立需要按照工商管理法规的要求办理注册

D. 从事证券服务业务，应当报国务院证券监督管理机构和国务院有关主管部门备案

答案：BCD

试题解析：本题考查证券服务机构的类别。证券服务机构，是指依法设立的从事证券服务业务的法人机构，包括会计师事务所、律师事务所以及从事资产评估、资信评级、财务顾问、信息技术系统服务的证券服务机构。

28. 下列有关证券服务机构的描述，正确的有（　　）。

A. 会计师事务所、律师事务所向中国证监会备案

B. 中国证监会和国务院有关主管部门依法对证券服务机构从事证券服务业务的备案行为实施监督管理

C. 证券服务机构首次从事证券服务业务，应当在签订服务协议之日起10个工作日内备案

D. 证券服务机构首次从事证券服务业务的实际时间早于签订服务协议时间的，应当在实际从事证券服务业务之日起10个工作日内备案

答案：ABCD

试题解析：本题考查证券服务机构的类别。

29. 会计师事务所从事下列证券服务业务，应当按照规定向中国证监会和国务院有关主管部门备案，正确的是(　　)。

A. 为证券的发行、上市、挂牌、交易等证券业务活动制作、出具财务报表审计报告

B. 为证券的发行、上市、挂牌、交易等证券业务活动制作、出具盈利预测审核报告

C. 为证券公司及其资产管理产品制作、出具内部控制鉴证报告

D. 为证券公司及其资产管理产品制作、出具盈利预测审核报告

答案：ABCD

试题解析：本题考查会计师事务所的描述。会计师事务所从事下列证券服务业务，应当按照规定向中国证监会和国务院有关主管部门备案：（1）为证券的发行、上市、挂牌、交易等证券业务活动制作、出具财务报表审计报告、内部控制审计报告、内部控制鉴证报告、验资报告、盈利预测审核报告，以及中国证监会和国务院有关主管部门规定的其他文件；（2）为证券公司及其资产管理产品制作、出具财务报表审计报告、内部控制审计报告、内部控制鉴证报告、验资报告、盈利预测审核报告，以及中国证监会和国务院有关主管部门规定的其他文件。

30. 律师事务所为下列证券活动提供证券服务业务，制作、出具法律意见书，应当按照规定向中国证监会和国务院有关主管部门备案，正确的有(　　)。

A. 首次公开发行股票、存托凭证及上市

B. 上市公司发行证券及上市

C. 上市公司及非上市公众公司收购、重大资产重组及股份回购

D. 上市公司合并、分立及分拆

答案：ABCD

试题解析：本题考查律师事务所的描述。

31. 律师事务所为下列证券活动提供证券服务业务，制作、出具法律意见书，应当按照规定向中国证监会和国务院有关主管部门备案，正确的有(　　)。

A. 上市公司及非上市公众公司实行股权激励计划或者员工持股计划

B. 公开发行公司债券及上市交易

C. 境内企业直接或者间接到境外发行证券或者将其证券在境外上市交易（包括后续增发股份）

D. 股份有限公司股票向特定对象转让导致股东累计超过 100 人，以及股份有限公司申请股票在全国中小企业股份转让系统挂牌并公开转让

答案：ABC

试题解析：本题考查律师事务所的描述。选项 D 应为 200 人。

32. 律师事务所为下列证券活动提供证券服务业务，制作、出具法律意见书，应当按照规定向中国证监会和国务院有关主管部门备案，正确的有（　　）。

A. 上市公司及非上市公众公司实行股权激励计划或者员工持股计划

B. 股份有限公司向特定对象发行股票导致股东累计超过 200 人，股东人数超过 300 人的非上市公众公司向特定对象发行股票，以及向不特定合格投资者公开发行股票

C. 股份有限公司向特定对象发行股票导致股东累计超过 200 人，股东人数超过 200 人的非上市公众公司向特定对象发行股票，以及向不特定合格投资者公开发行股票

D. 股份有限公司股票向特定对象转让导致股东累计超过 200 人，以及股份有限公司申请股票在全国中小企业股份转让系统挂牌并公开转让

答案：ACD

试题解析：本题考查律师事务所的描述。除 ACD 外，律师事务所为下列证券活动提供证券服务业务，制作、出具法律意见书，应当按照规定向中国证监会和国务院有关主管部门备案：（1）首次公开发行股票、存托凭证及上市；（2）上市公司发行证券及上市；（3）上市公司及非上市公众公司收购、重大资产重组及股份回购；（4）上市公司合并、分立及分拆；（5）公开发行公司债券及上市交易；（6）境内企业直接或者间接到境外发行证券或者将其证券在境外上市交易（包括后续增发股份）。

33. 资产评估机构从事下列证券服务业务，应当按照规定向中国证监会和国务院有关主管部门备案，正确的是（　　）。

A. 为证券发行主体及其控制的主体、并购标的等制作、出具资产评估报告

B. 为证券公司及其资产管理产品制作、出具资产评估报告

C. 为证券挂牌、交易的主体及其控制的主体、并购标的等制作、出具中国证监会和国务院有关主管部门规定的其他文件

D. 为证券公司及其资产管理产品制作、出具中国证监会和国务院有关主管部门规定的其他文件

答案：ABCD

试题解析：本题考查资产评估机构的描述。

34. 资信评级机构从事下列证券服务业务，应当按照规定向中国证监会备案，

正确的是( )。

A. 为经中国证监会依法注册发行的债券、资产支持证券制作、出具资信评级报告及提供相关评级服务

B. 为在证券交易所、国务院批准的其他全国性证券交易场所等上市交易或者挂牌转让的债券、资产支持证券（国债除外）制作、出具资信评级报告及提供相关评级服务

C. 为上述两项规定的证券的发行人、发起机构、上市公司、非上市公众公司、证券公司制作、出具资信评级报告及提供相关评级服务

D. 为中国证监会规定的其他评级对象制作、出具资信评级报告及提供相关评级服务

答案：ABCD

试题解析：本题考查资信评级机构的描述。

35. 下列关于证券服务机构的描述，正确的是( )。

A. 财务顾问机构为上市公司收购、重大资产重组、合并、分立、分拆等对上市公司股权结构等具有重大影响的相关事项提供方案设计、出具专业意见等证券服务业务的，应当按照规定向中国证监会备案

B. 信息技术系统服务机构从事重要信息系统的开发、测试、集成及测评业务，应当按照规定向中国证监会备案

C. 信息技术系统服务机构从事重要信息系统的运维及日常安全管理，应当按照规定向中国证监会备案

D. 信息技术系统服务机构从事的重要信息系统，是指支撑证券交易场所、证券登记结算机构等证券市场核心机构、证券经营机构和证券专项业务服务机构关键业务系统出现异常将对证券市场和投资者产生重大影响的信息系统

答案：ABCD

试题解析：本题考查证券服务机构的描述。

36. 下列关于证券投资咨询机构的描述，正确的是( )。

A. 证券投资咨询，是指从事证券投资咨询业务的机构及其投资咨询人员为证券投资人或者客户提供证券投资分析、预测或者建议等直接或者间接有偿咨询服务的活动

B. 从事证券投资咨询业务，必须依法取得中国证监会的业务许可

C. 从事证券投资咨询业务，必须遵守有关法律、法规和中国证监会的有关规定，遵循客观、公正和诚实信用的原则

D. 证券投资咨询机构，是指依法设立的从事证券服务业务的法人机构

答案：ABC

试题解析：本题考查证券投资咨询机构的描述。证券投资咨询，是指从事证券投资咨询业务的机构及其投资咨询人员为证券投资人或者客户提供证券投资分析、预测或者建议等直接或者间接有偿咨询服务的活动。

37. 证券投资咨询包括以下形式，正确的有(　　)。

A. 接受投资人或者客户委托，提供证券投资咨询服务

B. 通过电话、传真、电脑网络等电信设备系统，提供证券投资咨询服务

C. 举办有关证券投资咨询的讲座、报告会、分析会等

D. 在报刊上发表证券投资咨询的文章、评论、报告，以及通过电台、电视台等公众传播媒体提供证券投资咨询服务

答案：ABCD

试题解析：本题考查证券投资咨询的形式。

38. 下列有关证券投资咨询机构及其投资咨询人员的行为规范的描述，正确的有(　　)。

A. 应当以行业公认的谨慎、诚实和勤勉尽责的态度，为投资人或者客户提供证券投资咨询服务

B. 应当完整、客观、准确地运用有关信息、资料向投资人或者客户提供投资分析、预测和建议，不得断章取义地引用或者篡改有关信息、资料

C. 引用有关信息、资料时，应当注明出处和著作权人

D. 不得以虚假信息、市场传言或者内幕信息为依据向投资人或者客户提供投资分析、预测或建议

答案：ABCD

试题解析：本题考查证券投资咨询机构及其投资咨询人员的行为规范。

39. 下列有关证券投资咨询机构及其投资咨询人员的行为规范的描述，正确的有(　　)。

A. 证券投资咨询人员在报刊上发表投资咨询文章时，必须注明所在证券投资咨询机构的名称但可以不注明个人真实姓名

B. 证券投资咨询机构向投资人或者客户提供的证券投资咨询传真件必须注明机构名称、地址、联系电话和联系人姓名

C. 证券投资咨询机构与报刊、电台、电视台合办或者协办证券投资咨询版面、节目或者与电信服务部门进行业务合作时，应当向证券监管部门备案

D. 证券投资咨询机构与报刊、电台、电视台合办或者协办证券投资咨询版面、节目或者与电信服务部门进行业务合作时，备案资料包括合作内容、起止时间、版面安排或者节目时间段、项目负责人等，并加盖双方单位的印鉴

答案：BCD

试题解析：本题考查证券投资咨询机构及其投资咨询人员的行为规范。证券投资咨询人员在报刊、电台、电视台或者其他传播媒体上发表投资咨询文章、报告或者意见时，必须注明所在证券投资咨询机构的名称和个人真实姓名，并对投资风险作充分说明。

40. 根据《证券法》，证券投资咨询机构及其从业人员从事证券服务业务不得有下列行为(　　)。

A. 代理委托人从事证券投资

B. 与委托人约定分享证券投资收益或者分担证券投资损失

C. 买卖本证券投资咨询机构提供服务的证券

D. 法律、行政法规禁止的其他行为

答案：ABCD

试题解析：本题考查证券投资咨询机构及其投资咨询人员的禁止行为。

41. 下列有关证券金融公司的定位的描述，正确的有(　　)。

A. 证券金融公司也称证券融资公司

B. 证券金融公司的产生源于委托代理交易的发展

C. 因为证券金融公司是基于开展信用交易的需要而存在的，所以其业务内容也都与信用交易中的大规模融资融券等活动相关

D. 证券金融公司是指依法设立的在证券市场上专门从事证券融资业务的法人机构

答案：ACD

试题解析：本题考查证券金融公司的定位。

42. 下列有关从事转融通业务的管理的描述，正确的有(　　)。

A. 转融通业务，是指证券金融公司将自有或者依法筹集的资金和证券出借给证券公司，以供其办理融资融券业务的经营活动

B. 开展转融通业务的目的是拓宽证券公司融资融券业务资金和证券来源

C. 从事转融通业务及相关活动，不得损害社会公共利益

D. 充抵保证金的每种证券余额不得超过该证券上市可流通市值的15%

答案：ABC

试题解析：本题考查转融通业务。充抵保证金的每种证券余额不得超过该证券总市值的15%。

43. 下列有关证券金融公司的概述，正确的有(　　)。

A. 证券金融公司的组织形式为股份有限公司，根据国务院的决定设立，其注册资本不少于人民币60亿元

B. 证券金融公司的注册资本应当为实收资本，其股东应当用货币出资

C. 证券金融公司可以以营利为目的

D. 证券金融公司因为开展转融通业务，所以有稳定的营业收入和利润

答案：ABD

试题解析：本题考查证券金融公司的概述。证券金融公司的组织形式为股份有限公司，根据国务院的决定设立，其注册资本不少于人民币60亿元。根据《转融通业务监督管理试行办法》（2020年修订），证券金融公司的注册资本应当为实收资本，其股东应当用货币出资。我国证券金融公司虽规定不以营利为目的，但是因为其开展转融通业务，所以有稳定的营业收入和利润。

44. 下列有关证券金融公司开展转融通业务的资金和证券的来源，正确的有(　　)。

A. 可以使用自有资金和证券

B. 可以使用通过证券交易所的业务平台融入的资金和证券

C. 可以使用通过证券金融公司的业务平台融入的资金

D. 可以使用依法筹集的其他资金和证券

答案：ABCD

试题解析：本题考查证券金融公司开展业务的资金和证券的来源。证券金融公司开展转融通业务，可以使用自有资金和证券，通过证券交易所的业务平台融入的资金和证券，通过证券金融公司的业务平台融入的资金或者依法筹集的其他资金和证券。

45. 下列有关证券金融公司开展业务的资金和证券的来源，正确的有(　　)。

A. 可以发行公司债券

B. 可以向股东或者其他特定投资者借入次级债

C. 借入次级债，应当事先向中国证监会报告

D. 对于借入的次级债，参照中国证监会对证券公司借入次级债的有关规定，计入权益资本

答案：ABC

试题解析：本题考查证券金融公司开展业务的资金和证券的来源。证券金融公司借入次级债，应当事先向中国证监会报告，对于借入的次级债，参照中国证监会对证券公司借入次级债的有关规定，计入净资本。

46. 下列有关证券金融公司开立转融通的证券资金账户的业务规则，正确的有(　　)。

A. 证券金融公司开展转融通业务，应当以自己的名义，在证券登记结算机构分别开立转融通专用证券账户、转融通担保证券账户和转融通证券交收账户

B. 转融通证券交收账户用于记录证券金融公司持有的拟向证券公司融出的证券和证券公司归还的证券

C. 转融通担保证券账户用于记录证券公司委托证券金融公司持有、担保证券金融公司因向证券公司转融通所生债权的证券

D. 转融通专用证券账户用于办理证券金融公司与转融通业务有关的证券结算

答案：AC

试题解析：本题考查证券金融公司开立转融通的证券资金账户的业务规则。转融通专用证券账户用于记录证券金融公司持有的拟向证券公司融出的证券和证券公司归还的证券。转融通证券交收账户用于办理证券金融公司与转融通业务有关的证券结算。

47. 下列有关证券金融公司开立转融通的证券资金账户的业务规则，正确的有(　　)。

A. 证券金融公司开展转融通业务，应当以自己的名义，在商业银行开立转融通专用资金账户，在证券登记结算机构分别开立转融通担保资金账户和转融通资金交收账户

B. 转融通专用资金账户用于存放证券金融公司拟向证券公司融出的资金及证券公司归还的资金

C. 转融通担保资金账户用于记录证券公司交存的、担保证券金融公司因向证券公司转融通所生债权的资金

D. 转融通资金交收账户用于办理证券金融公司与转融通业务有关的资金结算

答案：ABCD

试题解析：本题考查证券金融公司开立转融通的证券资金账户。

48. 下列有关证券公司开立转融通证券资金明细账户的业务规则，正确的有(　　)。

A. 证券金融公司与证券公司签订转融通业务合同后，应当根据证券公司的申

请，以证券公司的名义，为其开立转融通担保证券明细账户和转融通担保资金明细账户

B. 转融通担保证券明细账户是转融通担保证券账户的二级账户，用于记载证券公司委托证券金融公司持有的担保证券的明细数据

C. 转融通担保证券明细账户是转融通担保证券账户的一级账户，用于记载证券公司委托证券金融公司持有的担保证券的明细数据

D. 证券金融公司可以委托证券登记结算机构根据清算、交收结果等，对证券公司转融通担保证券明细账户和转融通担保资金明细账户内的数据进行变更

答案：ABD

试题解析：本题考查证券公司开立转融通证券资金明细账户的业务规则。转融通担保证券明细账户是转融通担保证券账户的二级账户，用于记载证券公司委托证券金融公司持有的担保证券的明细数据。

49. 下列属于国务院证券监督管理机构的权限的有（　　）。

A. 查阅、复制当事人和与被调查事件有关的单位和个人的证券交易记录、登记过户记录、财务会计资料及其他相关文件和资料；对可能被转移、隐匿或者毁损的文件和资料，可以予以封存、扣押

B. 通知出境入境管理机关依法阻止涉嫌违法人员、涉嫌违法单位的主管人员和其他直接责任人员出境

C. 查询当事人和与被调查事件有关的单位和个人的资金账户、证券账户、银行账户以及其他具有支付、托管、结算等功能的账户信息，可以对有关文件和资料进行复制

D. 在调查操纵证券市场、内幕交易等重大证券违法行为时，经国务院证券监督管理机构主要负责人或者其授权的其他负责人批准，可以限制被调查事件当事人的证券买卖，但限制的期限不得超过 3 个月；案情复杂的，可以延长 3 个月

答案：ABCD

试题解析：本题考查国务院证券监督管理机构的权限。

50. 下列有关证券公司开立转融通业务的保证金规定，正确的有（　　）。

A. 证券金融公司开展转融通业务，应当向证券公司收取一定比例的保证金

B. 保证金可以证券充抵，但货币资金占应收取保证金的比例不得低于 15%

C. 证券金融公司应当确定并公布可充抵保证金证券的种类和折算率

D. 证券金融公司可以委托证券登记结算机构代为管理保证金

答案：ABCD

试题解析：本题考查证券公司开立转融通业务的保证金规定。

51. 下列有关证券公司开立转融通业务的保证金规定，正确的有(　　)。

A. 证券金融公司应当逐日计算证券公司交存的保证金价值与其所欠债务的比例

B. 保证金可以证券充抵，但货币资金占应收取保证金的比例不得低于25%

C. 证券金融公司应当确定并公布可充抵保证金证券的种类和折算率

D. 证券公司采取设立信托的方式向证券金融公司交存保证金

答案：ACD

试题解析：本题考查证券公司开立转融通业务的保证金规定。证券金融公司开展转融通业务，应当向证券公司收取一定比例的保证金。保证金可以证券充抵，但货币资金占应收取保证金的比例不得低于15%。

52. 国务院证券监督管理机构根据《证券法》依法履行职责，有权采取(　　)措施。

A. 对证券发行人进行现场检查

B. 进入涉嫌违法行为发生场所调查取证

C. 询问当事人和与被调查事件有关的单位和个人，要求其对与被调查事件有关的事项作出说明

D. 复制与被调查事件有关的财产权登记资料

答案：ABCD

试题解析：国务院证券监督管理机构根据《证券法》依法履行职责，有权采取下列措施：(1) 对证券发行人、证券公司、证券服务机构、证券交易场所、证券登记结算机构进行现场检查；(2) 进入涉嫌违法行为发生场所调查取证；(3) 询问当事人和与被调查事件有关的单位和个人，要求其对与被调查事件有关的事项作出说明；或者要求其按照指定的方式报送与被调查事件有关的文件和资料；(4) 查阅、复制与被调查事件有关的财产权登记、通讯记录等文件和资料。

53. 下列有关证券公司开立转融通业务的保证金规定，正确的有(　　)。

A. 证券金融公司与证券公司应当约定，转融通担保证券账户内的证券和转融通担保资金账户内的资金，均为担保证券金融公司因向证券公司转融通所生债权的信托财产

B. 证券金融公司应当逐日计算证券公司交存的保证金价值与其所欠债务的比例

C. 经证券公司书面同意，证券金融公司可以有偿使用证券公司交存的保证金

D. 司法机关依法对证券公司转融通担保证券明细账户或者转融通担保资金明

细账户记载的权益采取财产保全或者强制执行措施的，证券金融公司应当处分保证金

答案：ABCD

试题解析：本题考查证券公司开立转融通业务的保证金规定。证券金融公司开展转融通业务，应当向证券公司收取一定比例的保证金。保证金可以证券充抵，但货币资金占应收取保证金的比例不得低于15%。证券金融公司应当确定并公布可充抵保证金证券的种类和折算率。证券金融公司可以与证券登记结算机构签订合同，委托证券登记结算机构代为管理保证金。

54. 下列有关证券金融公司担保证券的记录以及发行人权利的行使的描述，正确的有(　　)。

A. 证券登记结算机构根据转融通担保证券账户内的记录，确认证券金融公司受托持有证券的事实，并以登记结算机构为名义持有人，登记于证券持有人名册

B. 证券金融公司对转融通担保证券账户内记录的证券，由证券金融公司以自己的名义，行使对证券发行人的权利（请求召开证券持有人会议、参加证券持有人会议、提案、表决、配售股份的认购、请求分配投资收益等因持有证券而产生的权利）

C. 证券金融公司行使对证券发行人的权利，应当事先征求委托其持有该证券的证券公司意见，并按照其意见办理

D. 证券金融公司行使对证券发行人的权利，可以不用征求委托其持有该证券的证券公司意见，自行办理

答案：BC

试题解析：本题考查担保证券的记录以及发行人权利的行使的描述。证券登记结算机构根据转融通担保证券账户内的记录，确认证券金融公司受托持有证券的事实，并以证券金融公司为名义持有人，登记于证券持有人名册，故选项A错误。证券金融公司行使对证券发行人的权利，应当事先征求委托其持有该证券的证券公司意见，并按照其意见办理，故选项D错误。

55. 下列有关证券金融公司投资收益的处分的描述，正确的有(　　)。

A. 证券登记结算机构受证券发行人委托以证券或者现金形式分派投资收益的，应当分别将分派的证券记录在转融通担保资金账户内

B. 证券登记结算机构受证券发行人委托以证券或者现金形式分派投资收益的，应当相应变更证券公司转融通担保证券明细账户或者转融通担保资金明细账户的数据

C. 证券金融公司融入证券后、归还证券前，证券发行人分配投资收益、向证

券持有人配售或者无偿派发证券、发行证券持有人有优先认购权的证券的，证券金融公司或者证券公司应当按照约定向融出方支付与所融入证券可得利益相等的证券或者资金

D. 证券公司向证券金融公司融入证券后、归还证券前，证券发行人分配投资收益、向证券持有人配售或者无偿派发证券、发行证券持有人有优先认购权的证券的，证券金融公司或者证券公司应当按照约定向融出方支付与所融入证券可得利益相等的证券或者资金

答案：BCD

试题解析：本题考查投资收益的处分。证券登记结算机构受证券发行人委托以证券或者现金形式分派投资收益的，应当分别将分派的证券或者现金记录在转融通担保证券账户或者转融通担保资金账户内，并相应变更证券公司转融通担保证券明细账户或者转融通担保资金明细账户的数据。

56. 下列有关证券金融公司监督管理的描述，正确的有(　　)。

A. 证券金融公司应当建立合规管理机制，保证公司的经营管理及工作人员的执业行为合法合规，不得为他人的债务提供担保

B. 证券金融公司应当建立风险控制机制，有效识别、评估、控制公司经营管理中的各类风险

C. 证券金融公司应当建立信息系统安全管理机制，保障公司信息系统安全、稳定运行，妥善保存履行《转融通业务监督管理试行办法》规定职责所形成的各类文件、资料，保存期限不少于20年

D. 证券金融公司应当建立合规管理机制，保证公司的经营管理及工作人员的执业行为合法合规，可以为他人的债务提供担保

答案：ABC

试题解析：本题考查证券金融公司监督管理描述。证券金融公司应当建立合规管理机制，保证公司的经营管理及工作人员的执业行为合法合规，不得为他人的债务提供担保。

57. 下列有关证券金融公司风险控制指标的表述，正确的有(　　)。

A. 充抵保证金的每种证券余额不得超过该证券总市值的15%

B. 证券金融公司应当每年按照税后利润的10%提取风险准备金

C. 融出的每种证券余额不得超过该证券上市可流通市值的10%

D. 充抵保证金的每种证券余额不得超过该证券上市可流通市值的15%

答案：ABC

试题解析：本题考查证券金融公司风险控制指标。

58. 下列有关证券发行人的表述，正确的有(　　)。

A. 证券发行人是指为筹措资金而发行债券、股票等证券的发行主体

B. 政府（中央政府和地方政府）和中央政府直属机构已成为证券发行的重要主体之一，但政府发行的证券品种一般仅限于债券

C. 中央银行是代表一国政府发行法偿货币、制定和执行货币政策、实施金融监管的重要机构

D. 中央银行作为证券发行主体，主要涉及一类证券即中央银行股票

答案：ABC

试题解析：本题考查证券发行人。中央银行作为证券发行主体，主要涉及两类证券：第一类是中央银行股票；第二类是中央银行出于调控货币供给量目的而发行的特殊债券。

59. 下列有关政府发行债券所筹集的资金的目的，正确的有(　　)。

A. 用于协调财政资金短期周转

B. 用于弥补财政赤字

C. 用于兴建政府投资的大型公益性的建设项目

D. 用于实施某种特殊的政策，在战争期间还可以用于弥补战争费用的开支

答案：ABCD

试题解析：本题考查政府和政府机构。政府发行债券所筹集的资金既可以用于协调财政资金短期周转、弥补财政赤字、兴建政府投资的大型基础性的建设项目。

60. 下列有关中央银行的表述，正确的有(　　)。

A. 中央银行是代表一国政府发行法偿货币、制定和执行货币政策、实施金融监管的重要机构

B. 中央银行作为证券发行主体，主要涉及两类证券：第一类是中央银行股票；第二类是中央银行出于调控货币供给量目的而发行的特殊债券

C. 中国人民银行从 2003 年起开始发行中央银行票据，期限从 3 个月到 3 年不等

D. 中国人民银行发行中央银行票据，主要用于对冲金融体系中过多的风险性

答案：ABC

试题解析：本题考查政府和政府机构。中国人民银行从 2003 年起开始发行中央银行票据，期限从 3 个月到 3 年不等，主要用于对冲金融体系中过多的流动性。

三、判断题。不选、错选均不得分。

1. 有限责任公司和股份有限公司都可以发行股票。

答案：错误

试题解析：本题考查企业（公司）。现代公司主要采取股份有限公司和有限责任公司两种形式，其中，只有股份有限公司才能发行股票。

2. 目前，我国对证券交易所达成的多数证券交易均采取多边全额结算方式。

答案：错误

试题解析：本题考查净额结算制度。目前，我国对证券交易所达成的多数证券交易均采取多边净额结算方式。

3. 证券交易结算方式可分为全额结算和净额结算。

答案：正确

试题解析：本题考查证券交易结算方式。

4. 全额结算是指交易双方对所达成的交易实行逐笔清算，并逐笔转移证券和资金。

答案：正确

试题解析：本题考查全额结算。

5. 净额结算是指交易双方对所达成的交易实行轧差清算，并对轧抵之后的证券和资金的净额进行交付。

答案：正确

试题解析：本题考查净额结算。

6. 保护基金公司是负责保护基金筹集、管理和使用，不以营利为目的的国有独资公司，由国务院证券监督管理机构管理。

答案：错误

试题解析：本题考查证券投资者保护基金公司。保护基金公司是负责保护基金筹集、管理和使用，不以营利为目的的国有独资公司，由中国证监会管理。

7. 国务院证券监督管理机构负责对保护基金公司向其借用再贷款资金的合规使用情况进行检查监督。

答案：错误

试题解析：本题考查证券投资者保护基金的监督管理。中国证监会负责保护基金公司的业务监管，监督基金的筹集、管理与使用。财政部负责保护基金公司的国有资产管理和财务监督。中国人民银行负责对保护基金公司向其借用再贷款资金的合规使用情况进行检查监督。

8. 按照我国相关证券业法律的规定，证券服务机构属于证券自律管理机构。

答案：错误

试题解析：本题考查自律性组织。按照《证券法》的规定，我国的证券自律管理机构是证券交易所、国务院批准的其他全国性证券交易场所、证券业协会。根据《证券登记结算管理办法》，我国的证券登记结算机构实行行业自律管理。

9. 证券交易所是证券买卖双方公开交易的场所，是一个高度组织化、集中进行证券交易的市场，它是整个证券市场的核心。

答案：正确

试题解析：本题考查证券交易所定义。证券交易所本身并不进行证券买卖，也不决定证券价格，而是为证券交易提供场所和设施，配备必要的管理和服务人员，并对证券交易进行周密的组织和严格的管理，使证券交易顺利进行且有一个稳定、公开、高效的系统。有固定的交易场所和交易时间。

10. 证券交易所的组织形式有两种，一种是公司制，另一种是会员制。

答案：正确

试题解析：本题考查证券交易所的组织形式。

11. 成员公司的股东、高级职员、雇员可以担任证券交易所的高级职员。

答案：错误

试题解析：本题考查公司制证券交易所。公司制证券交易所是以股份有限公司形式组织并以营利为目的的法人团体，一般由金融机构及各类民营公司组建。交易所章程中明确规定作为股东的证券经纪商和证券自营商的名额、资格和公司存续期限。同时，任何成员公司的股东、高级职员、雇员都不能担任证券交易所的高级职员，以保证交易的公正性。

12. 在公司制证券交易所中，监事会负责日常的经营管理活动。

答案：错误

试题解析：本题考查公司制证券交易所。公司制证券交易所组织机构与普通股份有限公司相似，由股东大会、董事会、监事会和经理层构成。股东大会是公司制证券交易所的最高权力机构，董事会是股东大会的执行机构和经营决策机构，监事会是监督机构，经理层负责日常的经营管理活动。

13. 我国内地两家证券交易所——上海证券交易所和深圳证券交易所均采用公司制组织形式。

答案：错误

试题解析： 本题考查会员制证券交易所。会员制证券交易所是一个由会员自愿组成的、不以营利为目的的社会法人团体。会员制证券交易所设会员大会、理事会、总经理和监事会。我国内地两家证券交易所——上海证券交易所和深圳证券交易所均采用会员制组织形式，是非营利性的事业法人。

14. 会员制证券交易所是以营利为目的的社会法人团体。

答案：错误

试题解析： 本题考查会员制证券交易所。会员制证券交易所是一个由会员自愿组成的、不以营利为目的的社会法人团体。

15. 会员大会作为证券交易所的最高权力机构，行使的职权包括审定总经理提出的工作计划。

答案：错误

试题解析： 本题考查会员大会行使的职权。会员大会作为证券交易所的最高权力机构，行使下列职权：（1）制定和修改证券交易所章程；（2）选举和罢免会员理事、会员监事；（3）审议和通过理事会、监事会和总经理的工作报告；（4）审议和通过证券交易所的财务预算、决算报告；（5）法律、行政法规、部门规章和证券交易所章程规定的其他重大事项。

16. 会员大会结束15个工作日内，证券交易所应当将全部文件及有关情况向中国证监会报告。

答案：错误

试题解析： 本题考查会员大会行使的职权。会员大会每年召开一次，由理事会召集，理事长主持。理事长因故不能履行职责时，由理事长指定的副理事长或者其他理事主持。会员大会应当有2/3以上的会员出席，其决议须经出席会议的会员过半数表决通过。会员大会结束10个工作日内，证券交易所应当将全部文件及有关情况向中国证监会报告。

17. 有下列情形之一的，应当召开临时会员大会：①理事人数不足规定的最低人数；② 1/3 以上会员提议；③理事会或者监事会认为必要。

答案：正确

试题解析： 本题考查会员大会行使的职权。

18. 理事会是证券交易所的决策机构，审定业务细则及其他制度性规定不属于理事会行使的职权。

答案：正确

试题解析： 本题考查理事会行使的职权。审定业务细则及其他制度性规定是总经理行使的职权。

19. 理事会行使的职权包括审定证券交易所业务规则；审定证券交易所上市新的证券交易品种或者对现有上市证券交易品种作出较大调整；审定证券交易所收费项目、收费标准及收费管理办法。

答案：正确

试题解析：本题考查理事会行使的职权。

20. 我国《证券法》规定，证券交易所的设立、变更和解散由国务院决定。设立证券交易所必须制定章程，证券交易所章程的制定和修改，必须经国务院证券监督管理机构批准。

答案：正确

试题解析：本题考查会员制证券交易所。

21. 证券交易所、国务院批准的其他全国性证券交易场所为证券集中交易提供场所和设施，组织和监督证券交易，实行自律管理，依法登记，取得法人资格。

答案：正确

试题解析：本题考查证券交易所定义。

22. 我国《证券法》在借鉴他国经验的基础上，将原由政府部门行使的一部分权力授予了证券交易所，从而确认了证券交易所的组织特性和监管特性。

答案：正确

试题解析：本题考查证券交易所定义。

23. 证券交易所本身并不进行证券买卖，也不决定证券价格，而是为证券交易提供场所和设施，配备必要的管理和服务人员，并对证券交易进行周密的组织和严格的管理，使证券交易顺利进行且有一个稳定、公开、高效的系统。

答案：正确

试题解析：本题考查证券交易所定义。

24. 在证券交易所参加交易者为具备会员资格的证券经营机构，交易采取经纪制度，即一般投资者不能直接进入交易所买卖证券，只能委托会员作为经纪人间接进行交易。

答案：正确

试题解析：本题考查证券交易所特征。（1）有固定的交易场所和交易时间；（2）参加交易者为具备会员资格的证券经营机构，交易采取经纪制度；（3）交易的对象限于合乎一定标准的上市证券；（4）通过公开竞价的方式决定交易价格；（5）集中证券的供求双方，具有较高的成交速度和成交率；（6）实行“公开、公平、公正”原则，并对证券交易进行严格管理。

25. 证券交易所组织和监督证券交易，实施自律管理，应当遵循社会公共利益优先原则。

答案：正确

试题解析：本题考查证券交易所主要职能。

26. 新《证券法》明确了在我国全面推行证券发行注册制度的相关规定，优化了有关上市条件和退市情形的规定，对证券交易所的职能定位提出了新的要求。

答案：正确

试题解析：本题考查新《证券法》。

27. 中国证监会于2020年3月20日发布了修订后的《证券交易所管理办法》，新增证券交易所依法审核公开发行证券申请的职能要求，取消决定暂停上市和恢复上市职能。

答案：正确

试题解析：本题考查证券交易所主要职能。

28. 中国证监会于2020年3月20日发布了修订后的《证券交易所管理办法》，规定交易所应对突发性事件采取技术性停牌、临时停市等处置措施，以及采取取消交易、暂缓交收等措施的相关内容。

答案：正确

试题解析：本题考查证券交易所主要职能。

29. 证券交易所理事长可以兼任证券交易所总经理。

答案：错误

试题解析：本题考查理事会的规定。理事会设理事长1人、副理事长1至2人。总经理应当是理事会成员，理事长是证券交易所的法定代表人。理事长不得兼任证券交易所总经理。

30. 理事会会议至少每季度召开1次，会议须有2/3以上理事出席，其决议应当经出席会议的2/3以上理事表决同意方为有效。

答案：正确

试题解析：本题考查理事会的规定。

31. 证券交易所的总经理、副总经理、首席专业技术管理人员每届任期5年。

答案：错误

试题解析：本题考查证券交易所总经理的规定。证券交易所的总经理、副总经理、首席专业技术管理人员每届任期3年。总经理由中国证监会任免。副总经理按照中国证监会相关规定任免或聘任。

32. 检查证券交易所财务属于证券交易所总经理职权。

答案：错误

试题解析：本题考查证券交易所总经理行使的职权。检查证券交易所财务是监事会行使的职权。

33. 证券交易所总经理行使的职权有：拟订证券交易所年度财务预算、决算方案；审定业务细则及其他制度性规定；审定除取消会员资格以外的其他纪律处分；审定除应当由理事会审定外的其他财务管理事项。

答案：正确

试题解析：本题考查总经理行使的职权。

34. 检查证券交易所风险基金的使用和管理属于证券交易所监事会行使的职权。

答案：正确

试题解析：本题考查监事会行使的职权。

35. 证券交易所监事会的会员监事由会员大会选举产生，职工监事由职工大会、职工代表大会或者其他形式民主选举产生，专职监事由中国证监会委派。

答案：正确

试题解析：本题考查证券交易所监事会的描述。证券交易所监事会人员不得少于5人，其中会员监事不得少于2名，职工监事不得少于2名，专职监事不得少于1名。会员监事由会员大会选举产生，职工监事由职工大会、职工代表大会或者其他形式民主选举产生，专职监事由中国证监会委派。证券交易所理事、高级管理人员不得兼任监事。

36. 证券交易所监事会至少每3个月召开一次会议。

答案：错误

试题解析：本题考查证券交易所监事会的描述。监事会设监事长1人。监事长负责召集和主持监事会会议。监事会至少每6个月召开一次会议。监事长、1/3以上监事可以提议召开临时监事会会议。

37. 我国最早的证券交易所开创于清朝光绪末年。

答案：正确

试题解析：本题考查旧中国的证券交易所。

38. 中国证券业协会正式成立于1991年8月28日。

答案：正确

试题解析：本题考查中国证券协会成立的时间。

39. 依据《证券法》和《社会团体登记管理条例》的有关规定设立的证券业自律性组织，是非营利性社会团体法人。

答案：正确

试题解析：本题考查中国证券协会的性质。

40. 中国证券业协会的最高权力机构是由全体会员组成的会员大会，理事会为其执行机构。

答案：正确

试题解析：本题考查本题考查中国证券协会的组织机构。

41. 中国证券业协会实行会长负责制。

答案：正确

试题解析：本题考查本题考查中国证券协会的组织机构。

42. 中国证券业协会会员由单位会员构成，包括法定会员、普通会员和特别会员，另设观察员。

答案：正确

试题解析：本题考查本题考查中国证券协会的组织机构。

43. 中国证券协会组织机构中的法定会员是依法从事证券市场相关业务的证券投资咨询机构、证券资信评级机构、证券公司私募投资基金子公司、证券公司另类投资子公司等机构。

答案：错误

试题解析：本题考查本题考查中国证券协会的组织机构。法定会员是经中国证监会批准设立的证券公司。

44. 中国证券协会组织机构中的普通会员是依法从事证券市场相关业务的证券投资咨询机构、证券资信评级机构、证券公司私募投资基金子公司、证券公司另类投资子公司等机构。

答案：正确

试题解析：本题考查本题考查中国证券协会的组织机构。

45. 中国证券协会组织机构中的特别会员包括申请加入中国证券业协会的证券交易所，金融期货交易所，证券登记结算机构，证券投资者保护基金公司，融资融券转融通机构，各省、自治区、直辖市、计划单列市的证券业自律组织，依法设立的区域性股权市场运营机构，以及协会认可的其他机构。

答案：正确

试题解析：本题考查本题考查中国证券协会的组织机构。

46. 中国证券协会组织机构中的观察员是指申请加入中国证券业协会的依法从事证券市场相关业务的信用增进机构、债券受托管理人、网下机构投资者、境外证券类驻华代表处等机构。

答案：正确

试题解析：本题考查本题考查中国证券协会的组织机构。

47. 中国证券市场实行地方登记制度。

答案：错误

试题解析：本题考查证券登记结算公司的基础知识。中国证券市场实行中央登记制度，即证券登记结算业务全部由中国证券登记结算有限责任公司承接，中国证券登记结算有限责任公司提供沪、深证券交易所上市证券的存管、清算和登记服务。

48. 根据《证券法》，设立证券登记结算公司应当具备下列条件：（1）自有资金不少于人民币 2 亿元；（2）具有证券登记、存管和结算服务所必需的场所和设施；（3）国务院证券监督管理机构规定的其他条件。

答案：正确

试题解析：本题考查证券登记结算公司的设立条件。

49. 设立证券登记结算公司必须经国务院证券监督管理机构批准。

答案：正确

试题解析：本题考查证券登记结算公司的设立条件。

50. 通常证券登记结算公司直接为投资者开立资金结算账户。

答案：错误

试题解析：本题考查证券账户、结算账户的设立。通常由证券公司等开户代理机构代理证券登记结算公司为投资者开立证券账户。证券公司直接为投资者开立资金结算账户。

51. 证券交易所上市证券的清算和交收由证券公司集中完成。

答案：错误

试题解析：本题考查证券交易的清算和交收。证券交易所上市证券的清算和交收由证券登记结算公司集中完成。

52. 中央银行以公开市场操作作为政策手段，通过买卖政府债券或次级债券，影响货币供应量进行宏观调控。

答案：错误

试题解析：中央银行以公开市场操作作为政策手段，通过买卖政府债券或金融债券，影响货币供应量进行宏观调控。

四、综合题。每问备选答案中有一项或多项符合题目要求，不选、错选均不得分。

（一）合格境内机构投资者（QDII）制度，是指经一国金融管理当局审批通过、获准直接投资境外股票或者债券市场的国内机构投资者，在一定规定下通过基金形式募集一定额度的人民币资金，通过严格监管的专门账户投资国外证券市场，其汇回的资本利得、股息红利等经审核后可转为本币的一种市场开发机制。和 QFII 制度一样，它也是在货币没有实现完全可自由兑换、资本项目尚未开放的情况下，有限度地允许境内投资者投资境外证券市场的一项过渡性的制度安排。

1. 合格境内机构投资者的资格认定较为严格，合格境内机构投资者申请人的财务稳健，资信良好，资产管理规模、经营年限等条件符合中国证监会的规定。下列属于对基金管理公司的要求的是(　　)。

A. 净资产不少于 2 亿元人民币

B. 经营证券投资基金管理业务达 2 年以上

C. 在最近一个季度末资产管理规模不少于 200 亿元人民币或等值外汇资产

D. 净资本与净资产比例不低于 70%

答案：ABC

试题解析： 本题考查合格境内机构投资者的资格认定。基金管理公司：净资产不少于 2 亿元人民币；经营证券投资基金管理业务达 2 年以上；在最近一个季度末资产管理规模不少于 200 亿元人民币或等值外汇资产。

2. 合格境内机构投资者的资格认定较为严格，合格境内机构投资者申请人的财务稳健，资信良好，资产管理规模、经营年限等条件符合中国证监会的规定。下列属于对证券公司的要求的是(　　)。

A. 经营集合资产管理计划业务达 1 年以上

B. 净资本不低于 8 亿元人民币

C. 在最近一个季度末资产管理规模不少于 20 亿元人民币或等值外汇资产

D. 净资本与净资产比例不低于 70%

答案：ABCD

试题解析： 本题考查合格境内机构投资者的资格认定。证券公司：各项风险控制指标符合规定标准；净资本不低于 8 亿元人民币；净资本与净资产比例不低于 70%；经营集合资产管理计划业务达 1 年以上；在最近一个季度末资产管理规模不少于 20 亿元人民币或等值外汇资产。

3. 许可投资的证券品种和比例存在一定限制，QDII 可投资于下列金融产品或工具(　　)。

A. 银行存款、可转让存单、银行承兑汇票、银行票据、商业票据、回购协议、短期政府债券等货币市场工具

B. 政府债券、公司债券、可转换债券、住房按揭支持证券、资产支持证券等及经中国证监会认可的国际金融组织发行的证券

C. 已与中国证监会签署双边监管合作谅解备忘录的国家或地区证券市场挂牌交易的普通股、优先股、全球存托凭证和美国存托凭证、房地产信托凭证

D. 在已与中国证监会签署双边监管合作谅解备忘录的国家或地区证券监管机构登记注册的公募基金

答案：ABCD

试题解析：本题考查合格境内机构投资者的资格认定。选项 ABCD 均是 QDII 可投资的金融产品或工具。

4. 除中国证监会另有规定外，基金、集合计划不得有下列行为(　　)。

A. 购买不动产

B. 购买房地产抵押按揭

C. 购买贵重金属或代表贵重金属的凭证

D. 购买实物商品

答案：ABCD

试题解析：本题考查合格境内机构投资者的资格认定。除中国证监会另有规定外，基金、集合计划不得有下列行为：①购买不动产；购买房地产抵押按揭。②购买贵重金属或代表贵重金属的凭证。③购买实物商品；除应付赎回、交易清算等临时用途以外，借入现金。该临时用途借入现金的比例不得超过基金、集合计划资产净值的 10%。④利用融资购买证券，但投资金融衍生品除外。⑤参与未持有基础资产的卖空交易。⑥从事证券承销业务。⑦中国证监会禁止的其他行为。

（二）中证中小投资者服务中心有限责任公司（以下简称“投服中心”）是经中国证监会批准设立并直接管理的证券金融类公益机构，经国家工商总局登记，于 2014 年 12 月在上海注册成立。投服中心为公司制法人单位。股东单位为上海证券交易所、深圳证券交易所、上海期货交易所、中国金融期货交易所和中国证券登记结算有限责任公司。

新《证券法》设置了“投资者保护”专章，建立上市公司股东权利代为行使征集制度，明确上市公司董事会、独立董事、持有 1% 以上有表决权股份的股东或者投资者保护机构可以作为征集人代为出席股东大会，并代为行使提案权、表决权

等股东权利；进一步完善派生诉讼制度，规定持有发行人股份的投资者保护机构提起派生诉讼的，不受《公司法》有关需连续180日以上持股1%以上的限制；探索了适应我国国情的证券民事诉讼制度，规定投资者保护机构可以作为诉讼代表人，按照“明示退出、默示加入”的原则，依法为受害投资者提起民事损害赔偿诉讼。投服中心作为依据国务院证券监督管理机构设立的投资者保护机构，可根据《证券法》开展相关投资者保护工作。

1. 投服中心的主要业务包含(　　)。

A. 投资者教育　　B. 持股行权　　C. 纠纷调解　　D. 维权服务

答案：ABCD

试题解析：本题考查投服中心的主要业务。

2. 投服中心纠纷调解工作由(　　)承担。中证法律服务中心是经(　　)批准设立的全国性证券期货纠纷公益调解机构，由投服中心全额出资，于2020年1月17日在上海注册设立。

A. 中证资本市场法律服务中心有限公司

B. 全国证券期货中心

C. 中国证监会

D. 国务院

答案：AC

试题解析：本题考查投服中心纠纷调解工作。

3. 维权服务主要包括(　　)。

A. 证券民事诉讼　　B. 证券特别代表人诉讼

C. 支持诉讼　　D. 股东诉讼

答案：BCD

试题解析：本题考查维权服务。维权服务主要包括证券特别代表人诉讼、支持诉讼、股东诉讼。

（三）为了有效防范和化解证券市场风险，促进证券市场健康发展，各国都致力于建立全国统一的证券市场体系和与之相适应的集中统一的监管体制，把营造公开、公平、公正的市场环境和保护投资者利益作为市场监管的主要任务。我国及时总结证券市场发展的经验教训，确立了指导证券市场健康发展的“法制、监管、自律、规范”的八字方针，形成了有中国特色的集中统一的监管体系。

1. 证券市场监管的原则有(　　)。

A. 依法监管原则　　B. 保护投资者利益原则

C. “三公”原则　　　　　　　　　　D. 监督与自律相结合的原则

答案：ABCD

试题解析：本题考查证券市场监管的原则。

2. 为保护投资者的合法权益，必须坚持“(　　)”的原则，加强对证券市场的监管，只有这样，才便于投资者充分了解证券发行人的资信、证券的价值和风险状况，从而使投资者能够比较正确地选择投资对象。

A. 公开　　　B. 公平　　　C. 公正　　　D. 自主

答案：ABC

试题解析：本题考查证券市场监管的意义。

3. 国际证监会组织于1998年制定的《证券监管目标和原则》公布了证券监管的三个目标，即(　　)。

A. 保护投资者利益

B. 保证证券市场的公平、效率和透明

C. 降低系统性风险

D. 提高投资者收益

答案：ABC

试题解析：本题考查证券监管的三个目标。

4. 借鉴国际标准并根据我国的具体情况，我国证券市场的监管目标是(　　)。

A. 运用和发挥证券市场机制的积极作用，限制其消极作用

B. 保护投资者利益，保障合法的证券交易活动，监督证券中介机构依法经营

C. 防止人为操纵、欺诈等不法行为，维持证券市场的正常秩序

D. 根据国家宏观经济管理的需要，运用灵活多样的方式，调控证券市场与证券交易规模，引导投资方向，使之与经济发展相适应

答案：ABCD

试题解析：本题考查我国证券市场的监管目标。

5. 证券市场监管手段包括(　　)。

A. 法律手段　　　　　　　　　　B. 科技手段

C. 经济手段　　　　　　　　　　D. 行政手段

答案：ACD

试题解析：本题考查证券市场的监管手段。

(四) 我国证券市场经过20多年的发展，逐步形成了以国务院证券监督管理机构、国务院证券监督管理机构的派出机构、证券交易所、国务院批准的其他全国性证

券交易场所、行业协会和证券投资者保护基金为一体的监管体系和自律管理体系。

1. 我国证券市场监管机构是国务院证券监督管理机构。国务院证券监督管理机构由(　　)组成。

A. 中国证券监督管理委员会

B. 中国证券监督管理委员会的派出机构

C. 证券交易所

D. 行业协会

答案：AB

试题解析：本题考查国务院证券监督管理机构。国务院证券监督管理机构由中国证券监督管理委员会及其派出机构组成。

2. 中国证监会在省、自治区、直辖市和计划单列市设立了 36 个证券监管局，以及(　　)证券监管专员办事处。

A. 北京　　B. 上海　　C. 广州　　D. 深圳

答案：BD

试题解析：本题考查中国证监会派出机构。中国证监会在省、自治区、直辖市和计划单列市设立了 36 个证券监管局，以及上海、深圳证券监管专员办事处。

（五）在大多数国家，社保基金分为两个层次：一是国家以社会保障税等形式征收的全国性社会保障基金；二是由企业定期向员工支付并委托基金公司管理的企业年金。由于资金来源不一样，且最终用途不一样，这两种形式的社保基金管理方式亦完全不同。全国性社会保障基金属于国家控制的财政收入，主要用于支付失业救济和退休金，是社会福利网的最后一道防线，对资金的安全性和流动性要求非常高。而由企业控制的企业年金的资金运作周期长，对账户资产增值有较高要求，但对投资范围限制不多。

在我国，社保基金主要由两部分组成：一部分是全国社会保障基金，另一部分为社会保险基金。同样，二者资金来源性质和用途不同，因此，投资运行和资产配置方式也不相同。

1. 全国社会保障基金是由(　　)构成，其性质为国家社会保障储备基金，用于人口老龄化高峰时期的养老保险等社会保障支出的补充、调剂。

A. 中央财政预算拨款

B. 国有资本划转

C. 基金投资收益

D. 以国务院批准的其他方式筹集的资金

答案：ABCD

试题解析：本题考查全国社会保障基金的构成。

2. 划入社保基金的货币资产的投资，按成本计算，应符合下列规定(　　)。

A. 银行存款和国债投资的比例不得低于50%

B. 企业债、金融债投资的比例不得高于10%

C. 证券投资基金、股票投资的比例不得高于40%

D. 全国社保基金境外投资的比例，按成本计算，不得超过全国社保基金总资产的20%

答案：ABCD

试题解析：本题考查划入社保基金的货币资产的投资规定。

（六）在我国，早期对各类证券类机构的监管职责主要由中国人民银行承担，与股份制试点和证券市场试验有关的部门和地方政府也承担了相应的监管职责。证券交易所设立后，开始对证券上市与交易行为实施一线监管。

在长期的实践探索基础上，对证券公司实施有效监管的基础性制度已经基本形成，主要包括证券公司业务许可制度、以诚信与资质为标准的市场准入制度、分类监管制度、以净资本和流动性为核心的风险监控和预警制度、合规管理制度、客户交易结算资金第三方存管制度、信息报送与披露制度等。

1. 对证券公司信息报送与披露方面的监管要求包括(　　)。

A. 信息报送制度　　B. 信息公开披露制度

C. 年报审计监管　　D. 董事会会议内容公开制度

答案：ABC

试题解析：本题考查对证券公司信息报送与披露方面的监管要求。

2. 2006年7月，中国证监会首次发布实施了《证券公司风险控制指标管理办法》(以下简称《风控办法》)，确立了以净资本为核心的证券公司风险控制指标制度。该制度具有(　　)特点。

A. 建立了公司业务范围与净资本充足水平动态挂钩的机制

B. 建立了公司业务规模与风险资本准备动态挂钩的机制

C. 建立了风险资本准备与净资本水平动态挂钩的机制

D. 建立了公司业务范围与风险资本准备动态挂钩的机制

答案：ABC

试题解析：本题考查以净资本为核心的证券公司风险控制指标制度。

3. 中国证监会先后在2008年、2016年、2020年三次根据实际情况对《风控办法》进行了修订，其中2016年修订的《风控办法》首次提出建立以净资本和流动性为核心的风险控制指标体系。《风控办法》还通过资本杠杆率对公司杠杆进行约束，综合考虑流动性风险监管指标要求，从(　　)核心指标，构建合理有效的风险指标体系，进一步促进证券行业长期健康发展。

A. 风险覆盖率　　B. 资本杠杆率

C. 流动性覆盖率　　D. 净稳定资金率

答案：ABCD

试题解析：本题考查《证券公司风险控制指标管理办法》。

第四章　股票

一、单项选择题。以下备选项中只有一项最符合题目要求，不选、错选均不得分。

1. 世界上最早出现的股份有限公司成立于(　　)。

A. 英国　　B. 美国　　C. 荷兰　　D. 印度

答案：C

试题解析：世界上最早出现的股份有限公司是1602年在荷兰成立的东印度公司。

2. 世界上最早于(　　)年出现股份有限公司。

A. 1678　　B. 1774　　C. 1620　　D. 1602

答案：D

试题解析：世界上最早出现的股份有限公司是1602年在荷兰成立的东印度公司。

3. 依据(　　)，可将优先股分为累积优先股和非累积优先股。

A. 优先股能否由原发性的股份公司出价赎回

B. 优先股在公司盈利较多的年份里，除了获得固定的股息以外，能否参与或部分参与本期剩余盈利的分配

C. 优先股在一定条件下能否转换成其他品种

D. 优先股股息在当年未能足额分配时，能否在以后年度补发

答案：D

试题解析：本题考查优先股的分类。根据公司因当年可分配利润不足而未向优先股股东足额派发股息，差额部分是否累积到下一会计年度，可分为累积优先股和非累积优先股。

4. 股份公司只能以(　　)支付红利。

A. 留存收益　　B. 其他资本公积

C. 资本公积　　D. 专项储备

答案：A

试题解析： 本题考查股利支付的相关规定。普通股票股东行使资产收益权有一定的限制条件。法律上的限制一般原则是：股份公司只能用留存收益支付红利；红利的支付不能减少其注册资本；公司在无力偿债时不能支付红利。

5. 在中国境内注册，在香港上市，但主要业务在内地或大部分股东权益来自内地的股票称为(　　)。

A. 潜力股　　B. 红筹股　　C. 蓝筹股　　D. 绩优股

答案：B

试题解析： 本题考查红筹股的概念。红筹股是指在中国境外注册、在香港上市，但主要业务在中国内地或大部分股东权益来自中国内地公司的股票。需要说明的是，红筹股不属于外资股。

6. 普通股票股东要求分配公司资产的权力不是任意的，必须是在(　　)的时候。

A. 出席股东大会的股东所持表决权的 2/3 以上通过

B. 公司解散清算

C. 公司连续 5 年亏损

D. 股东大会做出减少公司注册资本的决议

答案：B

试题解析： 本题考查公司剩余资产分配权。普通股票股东的要求分配公司资产的权力不是任意的，必须是在公司解散清算的时候。

7. 优先股的特征不包括(　　)。

A. 收益相对固定

B. 可以先于普通股获得股息

C. 清偿顺序先于普通股，而次于债权人

D. 权利范围大

答案：D

试题解析： 本题考查优先股的特征。优先股通常具有以下四个特征：(1) 优先股收益相对固定；(2) 优先股可以先于普通股获得股息；(3) 优先股的清偿顺序先于普通股，而次于债权人；(4) 优先股的权利范围小。

8. 下列不属于境外上市外资股特点的是(　　)。

A. 记名股票　　B. 外币认购买卖

C. 人民币标明股票面值　　D. 公司支付鼓励是以外币计价

答案：D

试题解析： 本题考查境外上市外资股的特点。境外上市外资股是指股份有限公司向境外投资者募集并在境外上市的股份。①采取记名股票形式，以人民币标明面值，以外币认购。②在境外上市时，可以采取境外存股凭证形式或者股票的其他派生形式。在境外上市的外资股除了应符合我国有关法规外，还须符合上市所在地国家或者地区证券交易所制定的上市条件。③依法持有境外上市外资股、其姓名或者名称登记在公司股东名册上的境外投资人，为公司的境外上市外资股股东。④公司向境外上市外资股股东支付股利及其他款项，以人民币计价和宣布，以外币支付。

9. 普通股票和特别股票是按(　　)分类的。

A. 是否记载股东姓名　　B. 股东享有的权利

C. 股票的价值　　D. 是否在股票票面上标明金额

答案：B

试题解析： 本题考查股票的分类。按股东享有权利的不同，股票可以分为普通股票和特别股票。

10. 股票实质上代表了股东对股份公司的(　　)。

A. 债权　　B. 使用权　　C. 物权　　D. 所有权

答案：D

试题解析： 本题考查股票的定义。股票是一种有价证券，它是股份有限公司在筹集资本时向投资者签发的证明股东所持股份和享有权益的凭证。股票实质上代表了股东对股份公司净资产的所有权。

11. 如果一股拆分为两股，则拆分后股票价格为分拆前的(　　)。

A. 1/2　　B. 2 倍　　C. 1/3　　D. 2/3

答案：A

试题解析： 本题考查拆股后的股价。如果把 1 股分拆为 2 股，则分拆后股价应为分拆前的一半；同样，若把 2 股并为 1 股，并股后股价应为此前的 2 倍。

12. 关于股票，下列说法错误的是(　　)。

A. 股票是有价证券　　B. 股票是要式证券

C. 股票是证权证券　　D. 股票是现实资本

答案：D

试题解析： 本题考查股票的性质。股票具有以下五个性质：(1) 股票是有价证券；(2) 股票是要式证券；(3) 股票是证权证券；(4) 股票是资本证券；(5) 股票是综合权利证券。

13. 关于股票的性质，下列描述正确的是(　　)。

A. 股票是设权证券

B. 股票只是把已存在的股东权利表现为证券的形式

C. 股票所代表的权利本来不存在

D. 股票所代表的权利的发生是以股票的制作和存在为条件的

答案：B

试题解析：本题考查股票的性质。股票代表的是股东权利，其发行是以股份的存在为条件的，股票只是把已存在的股东权利表现为证券的形式，它的作用不是创造股东的权利，而是证明股东的权利。所以说股票是证权证券。证权证券市值证券是权力的一种物化的外在形式，是权利的载体，权利是已经存在的。因此，股票所代表的权利本来存在。

14. 下面关于境外上市外资股的阐述正确的是(　　)。

A. 以人民币标明面值，以外币认购

B. 采取无记名股票形式

C. H股市值注册地在我国内地、上市地在我国香港的外资股，不属于境外上市外资股

D. 公司向境外上市外资股股东支付股利及其他款项，以外币计价和宣布，以人民币支付

答案：A

试题解析：本题考查境外上市外资股的内容。境外上市外资股是指股份有限公司向境外投资者募集并在境外上市的股份。它也采取记名股票形式，以人民币标明面值，以外币认购。在境外上市时，可以采取境外存股凭证形式或者股票的其他派生形式。依法持有境外上市外资股、其姓名或者名称登记在公司股东名册上的境外投资人，为公司的境外上市外资股股东。公司向境外上市外资股股东支付股利及其他款项，以人民币计价和宣布，以外币支付。

15. 对于A股，我国证券交易所是在(　　)对该证券做除权处理。

A. 权益登记日　　B. 权益登记日的次一交易日

C. 除权前的最后交易日　　D. 权益登记日的前一交易日

答案：B

试题解析：本题考查除权的相关内容。除权是指证券不再含有最近已宣布的送股、配股及转增权益。除息除权日，通常为股权登记日之后的1个工作日，本日之后（含本日）买入的股票不再享有本期股利。

16. 无面额股票的价值与公司净资产(　　)。

A. 相等　　B. 同方向变化

C. 无关　　D. 反方向变化

答案：B

试题解析：本题考查无面额股票的相关内容。无面额股票的价值随股份公司每股净资产和预期每股收益的增减而相应增减。公司净资产和预期收益增加，每股价值上升；反之，公司净资产和预期收益减少，每股价值下降。

17. 股利收入由国有资产管理部门监督收缴，依法纳入国有资产经营预算并根据国家有关规定安排使用的股票类型为(　　)。

A. 国有股　　B. 法人股　　C. 社会公众股　　D. 外资股

答案：A

试题解析：本题考查国有股的规定。国有股股利收入由国有资产管理部门监督收缴，依法纳入国有资产经营预算，并根据国家有关规定安排使用。

18. 下列关于国家股的说法，错误的是(　　)。

A. 国家股权原则上不可以转让，转让须经国家权力机关严格审批

B. 国家股权可由国家授权投资的机构持有

C. 国家股是国有股权的一个组成部分

D. 国有资产管理部门是国有股权行政管理的专职机构

答案：A

试题解析：本题考查国家股的相关内容。国家股是指有权代表国家投资的部门或机构以国有资产向公司投资形成的股份，包括公司现有国有资产折算成的股份。国有股股利收入由国有资产管理部门监督收缴，依法纳入国有资产经营预算，并根据国家有关规定安排使用。国家股股权可以转让，但转让应符合国家的有关规定。

19. 下列不属于股票特征的是(　　)。

A. 收益性　　B. 风险性　　C. 保本性　　D. 流动性

答案：C

试题解析：本题考查股票的特征。股票的特征有收益性、价格波动性和风险性、流动性、永久性、参与性。

20. (　　)是将原本属于股东权益的资本公积金转为实收资本，股东权益总量和每位股东占公司的股份比例均不变化，但是发行在外的总股数增加。

A. 增发　　B. 配股

C. 资本公积金转增资本　　D. 股份回购

答案：C

试题解析：本题考查资本公积金转增股本的概念。资本公积金转增股本是在股东权益内部，把资本公积金转入股本账户，并按照投资者所持有公司股份份额比例的大小分到各个投资者的账户中，以此增加每个投资者的投入资本。资本公积金转增股本以后，股东权益总量和每位股东占公司的股份比例均未发生变化，唯一的变动是发行在外的股份总数增加了。

21. 王某购买了A公司股票，由于做生意急需资金，王某将股票转卖给了丁某而非向A公司要求退股，这是由于股票的(　　)特性。

A. 参与性　　B. 风险性　　C. 永久性　　D. 流动性

答案：C

试题解析：本题考查股票的特征。股票的有效期与股份公司的存续期间相联系，二者是并存的关系。这种关系实质上反映了股东与股份公司之间比较稳定的经济关系。股票代表着股东的永久性投资，当然，股票持有者可以出售股票而转让其股东身份；而对于股份公司来说，因为股东不能要求退股，所以通过发行股票募集到的资金，在公司存续期间是一笔稳定的自有资本。

22. 上市公司最常见、最主要的资本公积金来源是(　　)。

A. 股票发行溢价　　B. 接受的赠予

C. 资产增值　　D. 因合并而接受其他公司资产净额

答案：A

试题解析：本题考查公司资本公积金的来源。股份公司的资本公积金主要来源于股票发行的溢价收入、接受的赠予、资产增值、因合并而接受其他公司资产净额等。其中，股票发行溢价是上市公司最常见、最主要的资本公积金来源。

23. 普通股股东基于股票的持有而享有股东权，是一种综合权利，其中首要的权利是(　　)。

A. 优先认股权或配股权

B. 股东持有的股份可依法转让

C. 公司资产收益权和剩余资产分配权

D. 可以以股东身份参与股份公司的重大事项决策

答案：D

试题解析：本题考查普通股股东的权利。普通股股东基于股票的持有而享有股东权，这是一种综合权利，其中首要的是可以以股东身份参与股份公司的重大事项决策。

24. 股票的实际收益可能高于或低于预先的估计，这反映了股票的(　　)特点。

A. 风险性　　B. 参与性　　C. 收益性　　D. 流动性

答案：A

试题解析：本题考查股票的特点。股票具有以下几个特点：收益性、价格波动性和风险性、流动性、永久性和参与性。股票风险的内涵是股票收益的不确定性，或者说实际收益与预期收益之间的偏离。

25. 我国《公司法》规定，有面额股票发行价格的最低界限是股票的(　　)。

A. 账面价格　　B. 票面金额　　C. 市场价格　　D. 理论价格

答案：B

试题解析：本题考查股票的发行价格。我国《公司法》规定，股票发行价格可以按票面金额，也可以超过票面金额，但不得低于票面金额。这样，有面额股票的票面金额就成为股票发行价格的最低界限。

26. 下列关于优先股的特征，说法错误的有(　　)。

A. 优先股收益相对固定

B. 优先股可以先于普通股获得股息

C. 优先股的权利范围小

D. 优先股的清偿顺序先于普通股和债权人

答案：D

试题解析：本题考查优先股的特征。优先股通常具有以下四个特征：(1) 优先股收益相对固定；(2) 优先股可以先于普通股获得股息；(3) 优先股的清偿顺序先于普通股，而次于债权人；(4) 优先股的权利范围小。

27. 《公司法》规定股份有限公司向起人、法人发行的股票应当为(　　)。

A. 无记名股　　B. 优先股票　　C. 记名股票　　D. 法人股

答案：C

试题解析：本题考查记名股票的相关内容。股份有限公司向发起人、法人发行的股票，应当为记名股票，并应当记载该发起人、法人的名称或者姓名，不得另立户名或者以代表人姓名记名。

28. 以下不属于我国证券交易所集合竞价成交价确定原则的是(　　)。

A. 低于该成交价的所有卖出委托全部成交的价格

B. 高于该成交价的所有买入委托全部成交的价格

C. 可实现最大成交量的价格

D. 使集合竞价期内的所有委托全部成交的价格

答案：D

试题解析：本题考查集合竞价的定价原则。集合竞价是指在规定的一段时间内接受的买卖申报一次性集中撮合的竞价方式。根据我国证券交易所的相关规定，集合竞价确定成交价的原则为：（1）可实现最大成交量的价格；（2）高于该价格的买入申报与低于该价格的卖出申报全部成交的价格；（3）与该价格相同的买方或卖方至少有义方全部成交的价格。

29. 证券公司将投资者交给其保管的证券以及自身持有的证券统一交给证券登记结算机构保管，并由后者代为处理有关证券权益事务的行为的是(　　)。

A. 托管　　B. 存管　　C. 证券转移　　D. 证券回购

答案：B

试题解析：本题考查证券存管的概念。证券存管是指证券公司将投资者交给其保管的证券以及自身持有的证券统一交给证券登记结算机构保管，并由后者代为处理有关证券权益事务的行为。

30. 甲公司公开发行股票5亿股，有效报价投资者的数量最少为(　　)家。

A. 5　　B. 10　　C. 15　　D. 20

答案：D

试题解析：本题考查公司公开发行股票的规定。根据法律规定，公司公开发行股票数量在4亿股以上的，有效报价投资者的数量不少于20家；公开发行股票数量在4亿股（含）以下的，有效报价投资者的数量不少于10家。

31. 下列关于首次公开发行股票行为的说法，正确的是(　　)。

A. 网上发行应当早于网下发行

B. 网下投资者在申购时需缴付申购资金

C. 网上投资者在申购时需缴付申购资金

D. 投资者不得同时参与网上或者网下发行

答案：D

试题解析：本题考查首次公开发行股票的发行方式。首次公开发行股票的网下发行应和网上发行同时进行，网下和网上投资者在申购时无须缴付申购资金。投资者应当自行选择参与网下或网上发行，不得同时参与。

32. 在创业板首次公开发行股票并上市，发行人最近两年连续盈利，应当符合最近两年净利润累计不少于(　　)万元。

A. 500　　B. 1 500　　C. 2 000　　D. 1 000

答案：D

试题解析：本题考查首次公开发行股票并在创业板上市的规定。中国证监会发布的《首次公开发行股票并在创业板上市管理办法》，首次公开发行股票并在创业板上市应满足的条件之一是：最近两年连续盈利，最近两年净利润累计不少于1 000万元；或者最近一年盈利，最近一年营业收入不少于5 000万元。净利润以扣除非经常性损益前后孰低者为计算依据。

33. (　　)的特点是证券监管机构对申报文件的真实性、准确性、完整性和及时性作合规性的形式审查，而将发行人的质量留给证券交易所和中介机构来判断和决定。

A. 审批制　　B. 核准制　　C. 注册制　　D. 审定制

答案：C

试题解析：本题考查股票发行监管制度的特点。

34. 上市公司向原股东配售股票，应当向(　　)配售，且配售比例应当相同。

A. 财富投资者　　B. 股权登记日登记在册的股东

C. 战略投资者　　D. 机构投资者

答案：B

试题解析：本题考查上市公司股票配售的方式。上市公司配股，应当向股权登记日登记在册的股东配售，且配售比例应当相同。

35. 证券交易所、中介机构和证监会分担实质性审核职责的是(　　)。

A. 审批制　　B. 核准制　　C. 审核制　　D. 注册制

答案：B

试题解析：本题考查注册制的发行监管性质。在核准制中，证券交易所、中介机构和中国证监会分担实质性审核职责。

36. 战略投资者不参与网下询价，且应当承诺获得本次配售的股票持有期限不少于(　　)，持有期自本次公开发行的股票上市之日起计算。

A. 12 个月　　B. 6 个月　　C. 24 个月　　D. 18 个月

答案：A

试题解析：本题考查向战略投资者配售的相关内容。战略投资者不参与网下询价，且应当承诺获得本次配售的股票持有期限不少于12 个月，持有期自本次公开发行的股票上市之日起计算。

37. 科创板上市公司向特定对象发行证券，发行对象应当符合股东大会决议规定的条件，且每次发行对象不超过(　　)名。

A. 35　　B. 5　　C. 10　　D. 15

答案：A

试题解析：科创板上市公司向特定对象发行证券，发行对象应当符合股东大会决议规定的条件，且每次发行对象不超过35名。

38. 主板上市公司非公开发行股票，本次发行的股份自发性结束之日起，(　　)个月内不得转让。

A. 6　　B. 10　　C. 12　　D. 24

答案：A

试题解析：本题考查定向发行股票的相关规定。根据中国证监会发布的《上市公司证券发行管理办法（2020年修订）》，上市公司非公开发行股票，应当符合下列规定：发行价格不低于定价基准日前20个交易日公司股票均价的80%；本次发行的股份自发行结束之日起，6个月内不得转让；控股股东、实际控制人及其控制的企业认购的股份，18个月内不得转让。

39. 主板上市公司非公开发行股票的特定对象不得超过(　　)。

A. 5名　　B. 35名　　C. 20名　　D. 10名

答案：B

试题解析：本题考查主板（中小企业板）上市公司非公开发行股票的条件。根据中国证监会发布的《上市公司证券发行管理办法（2020年修订）》，非公开发行股票的特定对象应当符合下列规定：特定对象符合股东大会决议规定的条件；发行对象不超过35名。发行对象为境外战略投资者的，应当遵守国家的规定。

40. 公开发行股票数量在2 000万股且无老股转让计划的，应当通过下列(　　)方式确定发行价格。

A. 网下投资者询价　　B. 向目标投资者询价

C. 向战略投资者询价　　D. 直接定价

答案：D

试题解析：本题考查首次公开发行股票的发行方式。首次公开发行股票，可以通过向网下投资者询价的方式确定股票发行价格，也可以通过发行人与主承销商自主协商直接定价等其他合法可行的方式确定发行价格。公开发行股票数量在2 000万股（含）以下且无老股转让计划的，可以通过直接定价的方式确定发行价格。发行人和主承销商应当在招股意向书（或招股说明书）和发行公告中披露本次发行股票的定价方式。上市公司发行证券的定价，应当符合中国证监会关于上市公司证券发行的有关规定。

41. 根据我国《证券发行与承销管理办法》的规定，首次公开发行股票数量在(　　)亿股以上的，可以向战略投资者配售股票。

A. 1　　B. 5　　C. 3　　D. 4

答案：D

试题解析： 本题考查向战略投资者配售股票的相关规定。首次公开发行股票数量4亿股以上的，可以向战略投资者配售。发行人应当与战略投资者事先签署配售协议。

42. 主板上市公司非公开发行股票，其发行价格不低于定价基准日前(　　)个交易日公司股票均价的(　　)。

A. 20；80%　　B. 10；90%　　C. 20；90%　　D. 10；80%

答案：A

试题解析： 本题考查股票非公开发行的规定。上市公司非公开发行股票确定发行价格和持股期限，应当符合下列规定：（1）发行价格不低于定价基准日（发行底价的基准日）前20个交易日公司股票均价的80%；（2）向特定对象发行股票的定价基准日为发行期首日。上市公司应当以不低于发行底价的价格发行股票。

43. 关于当前我国首次公开发行股票网上申购的说法，正确的是(　　)。

A. 投资者须具备丰富的投资经验和良好的定价能力

B. 可全权委托证券公司进行新股申购

C. 须缴付一定数量的申购资金

D. 持有一定数量非限售股份的投资者能参与网上申购

答案：D

试题解析： 本题考查首次公开发行股票的网上申购。首次公开发行股票，持有一定数量非限售股份或存托凭证的投资者才能参与网上申购。网上投资者应当自主表达申购意向，不得全权委托证券公司进行新股申购。采用其他方式进行网上申购和配售的，应当符合中国证监会的有关规定。

44. 甲公司公开发行股票5亿股，有效报价投资者的数量最少为(　　)家。

A. 5　　B. 10　　C. 15　　D. 20

答案：D

试题解析： 本题考查公司公开发行股票的规定。公开发行股票数量在4亿股（含）以下的，有效报价投资者的数量不少于10家；公开发行股票数量在4亿股以上的，有效报价投资者的数量不少于20家。剔除最高报价部分后有效报价投资者数量不足的，应当中止发行。

45. 科创板上市公司可能退市的情况不包括(　　)。

A. 欺诈类强制退市　　B. 交易类强制退市

C. 规范类强制退市　　D. 重大违法类强制退市

答案：A

试题解析：本题考查科创板不能上市公司可能强制退市的情形。

46. B股采取(　　)股票形式。

A. 纸质　　B. 实物　　C. 不记名　　D. 记名

答案：D

试题解析：本题考查B股采取的形式。B股采取记名股票形式，以人民币标明股票面值，以外币认购、买卖，在境内证券交易所上市交易。

47. (　　)是股份公司向特定对象发行股票的增资方式。

A. 配股　　B. 增发

C. 发行可转换公司债券　　D. 定向增发

答案：D

试题解析：本题考查定向增发的概念。定向增发是股份公司向特定对象发行股票的增资方式。

48. 下列关于股票交易程序的说法错误的是(　　)。

A. 开户包括开立证券账户和开立资金账户

B. 证券账户用来记载投资者所持有的证券种类、数量和相应的变动情况

C. 资金账户用来记载和反映投资者买卖证券的货币收付和结存数额

D. 投资者申请开立证券账户时，不需要采集投资者证券账户信息

答案：D

试题解析：本题考查股票的首要交易程序开户。投资者申请开立证券账户时，开户代理机构应当按规定采集投资者证券账户信息。

49. 下列关于委托受理的手续和过程的说法错误的是(　　)。

A. 委托受理的手续和过程包括委托受理、委托执行和委托撤销

B. 证券经纪商在收到客户委托后，应对委托人委托卖出的实际证券数量及委托买入的实际资金余额等进行审查

C. 证券经纪商接受客户买卖证券的委托，应当按照证券交易所交易规则代理买卖证券

D. 在委托成交之后，客户有权变更和撤销委托。证券营业部申报竞价成交后，买卖即告成立，成交部分不得撤销

答案：D

试题解析：本题考查委托受理的手续和过程。在委托未成交之前，客户有权变更和撤销委托。证券营业部申报竞价成交后，买卖即告成立，成交部分不得撤销，故选项D错误。

50. 下列关于竞价与成交的说法错误的是(　　)。

A. 证券交易所内的证券竞价交易按“价格优先、时间优先”的原则撮合成交

B. 目前，我国证券交易所只采用集合竞价方式

C. 集合竞价是指对在规定的一段时间内接受的买卖申报一次性集中撮合的竞价方式

D. 集合竞价确定成交价的原则为：可实现最大成交量的价格；高于该价格的买入申报与低于该价格的卖出申报全部成交的价格；与该价格相同的买方或卖方至少有一方全部成交的价格

答案：B

试题解析：本题考查委竞价与成交。目前，我国证券交易所采用两种竞价方式：集合竞价方式和连续竞价方式。

51. 下列关于竞价与成交的说法正确的是(　　)。

A. 竞价的结果有两种可能：成交、不成交

B. 客户在委托买卖证券时，由证券公司支付多项费用和税收

C. 客户的委托如果未能成交，证券经纪商在委托有效期内可继续执行，等待机会成交，直到有效期结束

D. 深圳证券交易所创业板股票竞价交易实行价格涨跌幅限制，涨跌幅限制比例为10%

答案：C

试题解析：本题考查委竞价与成交。根据《深圳证券交易所创业板交易特别规定》，创业板股票竞价交易实行价格涨跌幅限制，涨跌幅限制比例为20%。创业板首次公开发行上市的股票，上市后的前5个交易日不设价格涨跌幅限制。竞价的结果有三种可能：全部成交、部分成交、不成交。客户在委托买卖证券时，需支付多项费用和税收，如佣金、过户费、印花税等。

52. 股票市场价格的最直接影响因素是(　　)，并且其他因素都是通过作用于该因素而影响股票价。

A. 宏观经济因素　　　　B. 公司经营状况

C. 政治因素　　　　D. 供求关系

答案：D

试题解析：股票的市场价格一般是指股票在二级市场上交易的价格。股票的市场价格由股票的价值决定，但同时受许多其他因素的影响。其中，供求关系是最直接的影响因素，其他因素都是通过作用于供求关系而影响股票价格的。

53. 证券存管是指证券公司将投资者交给其保管的证券以及自身持有的证券统一交给(　　)保管，并由后者代为处理有关证券权益事务的行为，发生主体为证券公司与证券登记结算机构。

A. 中国证监会　　B. 中国证券业协会

C. 证券登记结算机构　　D. 证券发行机构

答案：C

试题解析：证券存管是指证券公司将投资者交给其保管的证券以及自身持有的证券统一交给证券登记结算机构保管，并由后者代为处理有关证券权益事务的行为，发生主体为证券公司与证券登记结算机构。

54. 个人投资者开通科创板股票交易权限的，应符合的条件是(　　)。

A. 申请权限开通前10个交易日证券账户及资金账户内的资产日均不低于人民币50万元（不包括该投资者通过融资融券融入的资金和证券）

B. 参与证券交易24个月以上

C. 申请权限开通前20个交易日证券账户及资金账户内的资产日均不低于人民币50万元（包括该投资者通过融资融券融入的资金和证券）

D. 参与证券交易12个月以上

答案：B

试题解析：个人投资者开通科创板股票交易权限的，应当符合下列条件：(1) 申请权限开通前20个交易日证券账户及资金账户内的资产日均不低于人民币50万元(不包括该投资者通过融资融券融入的资金和证券)；(2) 参与证券交易24个月以上。

55. 通过限价申报买卖科创板股票的，单笔申报数量应当不小于(　　)股。

A. 100　　B. 200　　C. 300　　D. 500

答案：B

试题解析：通过限价申报买卖科创板股票的，单笔申报数量应当不小于200股，但不超过10万股；通过市价申报买卖的，单笔申报数量应当不小于200股，且不超过5万股。卖出时，余额不足200股的部分，应当一次性申报卖出。

56. 科创板股票竞价交易实行价格涨跌幅限制，涨跌幅比例为(　　)，其中，科创板首次公开发行上市的股票，上市后的前5个交易日不设价格涨跌幅限制。

A. 10%　　B. 15%　　C. 20%　　D. 25%

答案：C

试题解析：科创板股票竞价交易实行价格涨跌幅限制。涨跌幅比例为20%，其中，科创板首次公开发行上市的股票，上市后的前5个交易日不设价格涨跌幅限制。

57. 根据我国现行的有关制度的规定，证券交易的过户费一部分属于(　　)的收入。

A. 证券交易所　　B. 国家税务部门

C. 中国结算公司　　D. 国家财政部门

答案：C

试题解析：证券交易的过户费一部分属于中国结算公司的收入，一部分由证券公司留存，由证券公司在同客户清算交收时代为扣收。

58. 有甲、乙、丙、丁投资者四人，均申报卖出X股票，申报价格和申报时间分别为：甲的卖出价10.70元，时间13∶35；乙的卖出价10.40元，时间13∶40；丙的卖出价10∶75元，时间13∶25；丁的卖出价10.40元，时间13∶38。那么这四位投资者交易的优先顺序为(　　)。

A. 甲、乙、丙、丁　　B. 乙、甲、丁、丙

C. 丁、乙、甲、丙　　D. 丙、丁、甲、乙

答案：C

试题解析：证券交易所内的证券交易按"价格优先、时间优先"原则竞价成交，在申报卖出时，价格越低，排名越优先，按价格从低到高的顺序为乙、丁、甲、丙，其中乙、丁排序一样；在价格相同的情况下，谁申报的时间越早越优先，丁早于乙，因此，这四位投资者交易的优先顺序为丁、乙、用、丙。本题的最佳答案是选项C。

59.《证券账户管理规则》规定，(　　)设置投资者证券总账户（一码通账户）及子账户。

A. 证券公司　　B. 中国结算公司

C. 中国人民银行　　D. 中国证监会

答案：B

试题解析：根据《中国证券登记结算有限责任公司证券账户管理规则》中国证券登记结算有限任公司设置投资者证券总账户（一码通账户）及子账户，投资者的证券账户由一码通账户及关的子账户共同组成。

60. 在采用证券经纪商场内交易员进行申报的情况下，场内交易员操作确定客户撤单的委托指令后，应(　　)将执行结果告知客户。

A. 在当天交易时间结束前　　B. 在1个工作日内

C. 立即　　D. 在1个交易日内

答案：C

试题解析：在委托未成交之前，客户变更或撤销委托，在采用证券经纪商场内交易员进行申报的情况下，证券经纪商营业部业务员须即刻通知场内交易员，经场内交易员操作确认后，立即将执行结果告知客户。

61. 沪深证券交易所现行的开盘集合竞价时间为每个交易日上午(　　)。

A. 9：15～9：25　　B. 9：00～9：30

C. 9：10～9：25　　D. 9：25～9：30

答案：A

试题解析：上海证券交易所规定，采用竞价交易方式的，每个交易日的9：15～9：25为开盘集合竞价时间，9：30～11：30、13：00～14：57为连续竞价时间，14：57～15：00为收盘集合竞价时间。

62. 下列自然人和法人中，(　　)可以在转融通交易中借入证券。

A. 资深股民王某　　B. 国有石油企业甲公司

C. 证券金融公司财务总监张某　　D. 小型证券公司丙公司

答案：D

试题解析：转融通交易是指证券金融公司将自有或者依法筹集的资金和证券出借给证券公司。

63. 投资者委托中国香港经纪商，经由香港联合交易所在上海设立的证券交易服务公司，向上海证券交易所进行申报（买卖盘传递），买卖沪港通规定范围内的上海证券交易所上市的股票，该描述指的是(　　)。

A. 沪股通　　B. 港股通　　C. 深股通　　D. 中证通

答案：A

试题解析：本题考查沪股通的定义。沪股通，是指投资者委托香港经纪商，经由香港联合交易所在上海设立的证券交易服务公司，向上海证券交易所进行申报（买卖盘传递），买卖沪港通规定范围内的上海证券交易所上市的股票。

64. 目前，投资者在我国证券市场上进行证券交易时采用(　　)。

A. 实名制　　B. 匿名制　　C. 代号制　　D. 代码制

答案：A

试题解析：目前，投资者在我国证券市场上进行证券交易时采用实名制。

65. 投资者将持有的证券委托给证券公司保管并由证券公司代为处理有关证券权益事务指的是(　　)。

A. 证券托管　　B. 证券委托　　C. 证券存管　　D. 证券托存

答案：A

试题解析：证券托管是指投资者将持有的证券委托给证券公司保管，并由后者代为处理有关证券权益事务的行为。证券存管是指证券公司将投资者交给其保管的证券以及自身持有的证券统一交给证券登记结算机构保管，并由后者代为处理有关证券权益事务的行为。

66. 证券交易所交易价格由交易双方公开竞价确定，实行的竞价成交原则是(　　)。

A. 时间优先　　B. 价格优先

C. 价格优先、时间优先　　D. 时间优先、价格优先

答案：C

试题解析：证券交易所交易价格由交易双方公开竞价确定，实行“价格优先、时间优先”的竞价成交原则。

67. 下列股票能被选入沪深300指数的有(　　)。

A. 甲股票是创业板股票，上市时间为1年，虽总市值不高，但是涨势良好

B. 乙股票为主板上市股票，由于年度报告未及时披露等问题，被暂停上市

C. 丙股票为主板上市的蓝筹股，但是由于政策影响，近期涨势低迷

D. 丁股票为主板上市股票，由于连年亏损被认定为ST股票，但从近期季度财务报告来看，本年有望扭亏为盈

答案：C

试题解析：沪深300指数样本空间由同时满足以下条件的沪深A股组成：第一，非创业板股票，要求上市时间超过一个季度，除非该股票自上市以来日均A股总市值在全部沪深A股（非创业板股票）中排在前30位；创业板股票，要求上市时间超过三年，第二，非ST/＊ST股票，非暂停上市股票。

68. 参与上海证券交易所证券买卖的投资者必须事先指定一家会员作为其买卖证券的受托人，通过该会员参与本所市场证券的买卖，这种制度称为(　　)。

A. 会员制　　B. 托管制

C. 全面指定交易制　　D. 存管制

答案：C

试题解析：全面指定交易是指参与上海证券交易所证券买卖的投资者必须事先指定一家会员作为其买卖证券的受托人，通过该会员参与本所市场证券的买卖。

69. 中证指数有限公司是由(　　)。

A. 上海证券交易所出资成立

B. 深圳证券交易所出资成立

C. 上海证券交易所和深圳证券交易所共同出资成立

D. 上海证券交易所、深圳证券交易所和香港证券交易所共同出资成立

答案：C

试题解析：中证指数有限公司由上海证券交易所和深圳证券交易所共同出资成立，是一家从事指数编制、运营和服务的专业性公司。

70. 沪、深证券交易所对股票交易实行价格涨跌幅限制，涨跌幅比例为(　　)。

A. 5%　　B. 8%　　C. 10%　　D. 15%

答案：C

试题解析：沪、深证券交易所对股票交易实行价格涨跌幅限制，涨跌幅比例为10%。

71. 股票及其他有价证券的理论价格是以一定的(　　)计算。

A. 无风险利率　　B. 定期存款利息率

C. 存款准备金率　　D. 必要收益

答案：D

试题解析：股票及其他有价证券的理论价格是根据现值理论而来的。现值理论认为，人们之所以愿意购买股票和其他证券，是因为它能够为它的持有人带来预期收益，因此，它的价值取决于未来收益的大小。股票及其他有价证券的理论价格就是以一定的必要收益率计算出来的未来收入的现值。

72. 股票及其他有价证券的理论价格是根据(　　)确定的。

A. 预期理论　　B. 流动性理论

C. 合理收益理论　　D. 现值理论

答案：D

试题解析：股票及其他有价证券的理论价格是根据现值理论而来的。现值理论认为，人们之所以愿意购买股票和其他证券，是因为它能够为它的持有人带来预期收益，因此，它的价值取决于未来收益的大小。

73. 上市公司股票的市场价格一般是指(　　)。

A. 股票在二级市场上交易的价格　　B. 股票的账面价值

C. 股票的票面价值　　D. 股票的发行价格

答案：A

试题解析：股票的市场价格一般是指股票在二级市场上交易的价格。根据价值规律，股票的市场价格是由股票的内在价值决定的，但同时也受许多其他因素的影响。

74. 一般情况下，中央银行采取宽松的货币政策将导致股价水平(　　)。

A. 不变　　B. 盘整　　C. 下降　　D. 上升

答案：D

试题解析：中央银行采取宽松的货币政策，增加了货币供给，使股市的资金增加，从而使市场对股票的需求增加，股价上升。

75. 某公司某年度末总资产为180 000万元，流动负债为40 000万元，长期负债为60 000万元，该公司发行在外的股份有20 000万股，每股股价为24元，则该公司每股净资产为(　　)元。

A. 7　　B. 4　　C. 9　　D. 6

答案：B

试题解析：每股净资产也称为每股账面价值或每股权益。在没有优先股的条件下，每股账面价值等于公司净资产除以发行在外的普通股票的股数。在这里可以认为没有优先股，因此：

每股净资产 = 年末净资产 ÷ 发行在外的年末普通股股数

= （年末总资产 - 流动负债 - 长期负债）÷ 发行在外的年末普通股

= （180 000 - 40 000 - 60 000）÷ 20 000 = 4（元）

76. 下列不属于货币政策手段的是(　　)。

A. 法定存款准备金比率　　B. 公开市场业务

C. 再贴现率　　D. 转移支付

答案：D

试题解析：货币政策手段的一般性政策工具主要包括公开市场业务、存款准备金率和再贴现率等。转移支付属于财政政策手段。

77. 股票未来收益的现值是股票的(　　)。

A. 账面价值　　B. 票面价值　　C. 清算价值　　D. 内在价值

答案：D

试题解析：股票内在价值即股票未来收益的现值，取决于预期股息收入和市场收益率。

78. 以下关于经济周期循环的说法错误的是(　　)。

A. 股票价格的变动往往与实际经济的繁荣或衰退同步运行

B. 经济周期循环对股票市场的影响非常显著

C. 经济景气变动从根本上决定了股票价格的长期变动趋势

D. 股票价格水平通常是经济周期变动的先导性指标

答案：A

试题解析：股票价格的变动通常比实体经济的繁荣或衰退领先一步，即在经济高涨后期，股价已率先下跌；在经济尚未全面复苏之际，股价已先行上涨。

79. 以下不属于影响股票价格的行业因素的是(　　)。

A. 行业可持续性　　B. 行业或产业竞争结构

C. 抗外部冲击能力　　D. 管理层质量

答案：D

试题解析：常见的行业因素有行业或产业竞争结构、行业的可持续性、抗外部冲击的能力、监管及税收待遇——政府关系、劳资关系、财务与融资问题、行业估值水平。选项D，管理层质量属于公司经营状况因素的影响。

80. 股票及其他有价证券的理论价格是根据现值理论而来的。现值理论认为，人们之所以愿意购买股票和其他证券，是因为它能够为它的持有人带来(　　)，因此，它的价值取决于(　　)的大小。

A. 实际收益；未来收益　　B. 实际收益；目前收益

C. 预期收益；未来收益　　D. 预期收益；目前收益

答案：C

试题解析：股票及其他有价证券的理论价格是根据现值理论而来的。现值理论认为，人们之所以愿意购买股票和其他证券，是因为它能够为它的持有人带来预期收益，因此，它的价值取决于未来收益的大小。

81. 股票的理论价格是(　　)经过折现后的现值之和。

A. 股票价值　　B. 股票未来收益

C. 股票账面价值　　D. 股票内在价值

答案：B

试题解析：股票的理论价格是股票未来收益经过折现后的现值之和。

82. 根据价值规律，股票的市场价格是由股票的(　　)决定的，但同时也受许多其他因素的影响。其中(　　)是最直接的影响因素，其他因素都是通过作用于供求关系而影响股票价格的。

A. 内在价值；公司盈利状况　　B. 内在价值；供求关系

C. 账面价值；公司盈利状况　　D. 账面价值；供求关系

答案：B

试题解析：根据价值规律，股票的市场价格是由股票的内在价值决定的，但同时也受许多其他因素的影响。其中，供求关系是最直接的影响因素，其他因素都是通过作用于供求关系而影响股票价格的。

83. 公司盈利水平高低及(　　)是股东权益的基本决定因素。

A. 未来发展趋势　　B. 股票价格高低

C. 抗风险能力强弱　　D. 决策能力强弱

答案：A

试题解析：公司盈利水平高低及未来发展趋势是股东权益的基本决定因素，盈利水平高的绩优股和未来盈利增长趋势强劲的高增长股票，它们在股票市场上通常会有较好的表现。

84. 股票之所以有价格，可以买卖和转让，是因为它能给持有人带来(　　)。

A. 预期利润　　B. 高额收益　　C. 剩余价值　　D. 预期收益

答案：D

试题解析：股票只是投入企业的现实资本的纸质复本本身并没有价值。它之所以有价格，可以买卖和转让，是因为它能给持有人带来预期收益。

85. 从会计角度说，公司净资产是公司资产总额减去负债总额后的净值等于(　　)。

A. 股东利润　　B. 股东收益

C. 股东权益价值　　D. 股东红利

答案：C

试题解析：公司净资产是公司资产总额减去负债总额后的净值，从会计角度说，等于股东权益价值。

86. 只有当清算时公司资产实际出售价款与财务报表上的账面价值一致时，每一股份的清算价值才与(　　)一致。但在公司清算时其资产往往只能折价出售，再加上必要但数目颇高的清算费用，绝大多数公司的实际清算价值是低于其(　　)的。

A. 实际价值；账面价值　　B. 实际价值；内在价值

C. 账面价值；账面价值　　D. 账面价值；内在价值

答案：C

试题解析：本题考查账面价值与清算价值的关系。只有当清算时公司资产实际出售价款与财务报表上的账面价值一致时，每一股份的清算价值才与账面价值一致。但在公司清算时其资产往往只能折价出售，再加上必要但数目颇高的清算费用，绝大多数公司的实际清算价值是低于其账面价值的。

87. 股票的(　　)决定股票的市场价格。

A. 清算价值　　B. 账面价值　　C. 内在价值　　D. 票面价值

答案：C

试题解析： 股票的内在价值即理论价值，即股票未来收益的现值。股票的内在价值决定股票的市场价格，股票的市场价格总是围绕其内在价值波动。

88. 影响股票投资价值的内部因素是(　　)。

A. 行业或区域竞争结构　　B. 股利政策

C. 宏观经济　　D. 市场波动

答案：B

试题解析： 影响股票投资价值的内部因素主要包括公司净资产、盈利水平、股利政策、股份分割、增资和减资以及并购重组等。其余选项属于影响股票投资价值的外部因素。

89. 衡量公司的财务安全性通常采用的指标是(　　)。

A. 周转率　　B. 杠杆比率

C. 销售利润率　　D. 净资产收益率

答案：B

试题解析： 公司的财务安全性主要是指公司偿还债务从而避免破产的特性，通常用公司的负债与公司资产和资本金相联系来反映公司的财务稳健性或安全性。而这类指标同时也反映了公司自有资本与总资产之间的杠杆关系，因此也称为杠杆比率。

90. 反映一家公司的股票市值对其净资产的倍数的指标是(　　)。

A. 市净率　　B. 市盈率

C. 市销率　　D. 企业价值/息税前利润

答案：A

试题解析： 考查市净率的含义。市净率（P/B）反映了一家公司的股票市值对其净资产的倍数。市盈率（P/E）反映了一家公司的股票价值对其净利润的倍数。

91. 对于一些无利润甚至亏损的企业，经营性现金流也为负，账面价值比较低，此时采用(　　)估值会比较实用。

A. 市盈率法　　B. 市净率法

C. 市销率法　　D. 企业价值/息税前利润法

答案：C

试题解析： 考查市销率法的适用情形。对于一些无利润甚至亏损的企业，经营性现金流也为负，且账面价值比较低。此时，市盈率法、企业价值/息税前利润法、企业价值/息税折旧摊销前利润法、市净率法都无法用来估值，对此类公司，市销率法可能比较实用。

92. 以下不属于股票投资分析方法中基本分析法的是(　　)。

A. 宏观经济分析　　　　B. 行业和区域分析

C. 公司分析　　　　D. K线理论

答案：D

试题解析： 基本分析主要包括宏观经济分析、行业和区域分析、公司分析三大内容。选项D，K线理论属于技术分析法，技术分析法主要有K线理论、切线理论形态理论、技术指标理论、波浪理论和循环周期理论。

二、多项选择题。以下备选项中有两项或两项以上符合题目要求，多选、少选、错选均不得分。

1. 股票具有以下(　　)特征。

A. 流动性　　B. 风险性　　C. ③永久性　　D. ④参与性

答案：ABCD

试题解析： 本题考查股票的特征。股票具有收益性、价格波动性和风险性、流动性、永久性、参与性。

2. 下列关于国家股、法人股、社会公众股和外资股的说法，正确的有(　　)。

A. 国有资产管理部门是国有股权行政管理的专职机构

B. 法人持股所形成的也是所有权关系，是法人经营自身财产的一种投资行为

C. 在社会募集方式下，股份公司发行的股份，除了由发起人认购一部分外，其余部分应该向社会公众公开发行

D. 外资股指股份有限公司向境外投资者募集并在境外上市的股份

答案：ABC

试题解析： 本题考查我国股票的类型。在我国，按投资主体的不同性质，可以将股票划分为国家股、法人股、社会公众股和外资股等不同类型。国有股权可由国家授权投资的机构持有，也可由国有资产管理部门持有或由国有资产管理部门代政府委托其他机构或部门持有。法人股股票以法人记名。外资股是指股份公司向外国和我国香港、澳门、台湾地区投资者发行的股票。境外上市外资股是指股份有限公司向境外投资者募集并在境外上市的股份。

3. 关于股票的简称，下列说法正确的有(　　)。

A. N股代表新加坡股　　　　B. L股代表伦敦股

C. B股代表境内上市外资股　　　　D. H股代表港股

答案：BCD

试题解析： 本题考查外资股的简称。境外上市外资股主要由H股、N股、L股和S股等构成。H股是指在中国内地注册的公司在香港上市的外资股，认购和交易均用港币。在纽约、新加坡、伦敦上市的外资股分别称为“N股”“S股”“L股”。

4. 以下关于股票合并的说法，正确的有(　　)。

A. 股票合并又称并股

B. 股票合并通常会刺激股价上升

C. 并股常见于高价股

D. 股票合并又称拆细

答案：AB

试题解析： 本题考查股票合并的相关内容。股票合并又称并股，是将若干股股票合并为1股。若把2股并为1股，并股后股价应为此前的2倍。并股则常见于低价股。

5. 普通股股东的义务有(　　)。

A. 应当遵守法律、行政法规和公司章程

B. 公司股东滥用股东权利给公司或者其他股东造成损失的，应当依法承担赔偿责任

C. 不得滥用股东权利损害公司和其他股东利益

D. 不得滥用公司法人独立地位和股东有限责任损害公司债权人的利益

答案：ABCD

试题解析： 本题考查普通股股东的义务。按照我国《公司法》的规定，除选项ABCD外，普通股股东还负有出资义务：股东可以用货币出资，也可以用实物、知识产权、土地使用权等可以用货币估价并可以依法转让的非货币财产作价出资。以发起设立方式设立股份公司的，发起人应当书面认足公司章程规定其认购的股份，并按照公司章程规定缴纳出资。以非货币财产出资的，应当依法办理其财产权的转移手续。发起人不依照规定缴纳出资的，应当按照发起人协议承担违约责任。

6. 有限售条件股份是指股份持有人依照法律、法规规定或按承诺有转让限制的股份，包括(　　)。

A. 因股权分置改革暂时锁定的股份

B. 内部职工股

C. 高级管理人员持有的股份

D. 董事、监事持有的股份

答案：ABCD

试题解析： 本题考查有限售条件股份的含义。有限售条件股份是指股份持有人依照法律、法规规定或按承诺有转让限制的股份，包括因股权分置改革暂时锁定的股份，内部职工股，董事、监事、高级管理人员持有的股份等。

7. 下列关于股票风险性的表述，正确的有(　　)。

A. 股票的风险性和收益性是彼此独立的

B. 股票的风险性和收益性是并存的

C. 股东能否获得预期的股息红利收益，主要取决于公司的盈利情况

D. 股东能否获得预期的股息红利收益，与公司的盈利情况无关

答案：BC

试题解析：本题考查股票的风险性和收益性。股票的风险性和收益性是高度联系的，股票的风险性越大，所要求的回报也就越高。然而股东能否获得预期的股息红利收益，很大程度上取决于公司的盈利状况。

8. 下列关于无记名股票的说法，正确的有(　　)。

A. 无记名股票发行时一般留有存根联

B. 发行无记名股票的公司应该记载其股票数量、编号、发行日期

C. 无记名股票是指在股票票面和股份公司股东名册上均不记载股东姓名的股票

D. 存根联一部分是股票的主体，记载公司的有关事项；另一部分是股息票

答案：ABCD

试题解析：本题考查无记名股票的相关内容。

9. 以下关于派发股利的说法，正确的有(　　)。

A. 股权登记日，即统计和确认参加本期股利分配的股东的日期

B. 除息股权日，通常为股权登记日之后的 3 个工作日

C. 股利宣布日，即公司董事会将分红派息的消息公布于众的时间

D. 股利派发日，即股利正式发放给股东的日期

答案：ACD

试题解析：本题考查股利分配的四个相关日期。①股利宣告日，即公司董事会将分红派息的消息公布于众的时间。②股权登记日，在此日期持有公司股票的股东方能享受股利发放。③除息除权日，通常为股权登记日之后的 1 个工作日，本日之后（含本日）买入的股票不再享有本期股利。

10. 下列关于优先股的说法，正确的有(　　)。

A. 优先股作为一种股权证书，代表着对公司的所有权

B. 优先股的风险小于普通股

C. 公司破产清算时，优先股股东可优先于普通股股东分配公司剩余资产

D. 优先股股东与普通股股东拥有一样的表决权

答案：ABC

试题解析：本题考查优先股的内容。优先股也兼有债券的若干特点，它在发行时事先确定固定的股息率，像债券的利息率事先固定一样。普通股票的红利是不固定的，它取决于股份公司的经营状况和盈利水平；优先股票有固定的股息率，而且优先股的清偿顺序先于普通股，所以优先股的风险小于普通股。优先股的清偿顺序先于普通股，而次于债权人。优先股股东对公司日常经营管理的一般事项没有表决权；仅在股东大会表决与优先股股东自身利益直接相关的特定事项时，例如，修改公司章程中与优先股相关的条款，优先股股东才有投票权。

11. 下列属于无面额股票特点的有(　　)。

A. 发行价格比较灵活　　B. 便于分割

C. 转让价格较灵活　　D. 分割时需要办理面额变更手续

答案：ABC

试题解析：本题考查无面额股票的特点。无面额股票有如下特点：第一，发行或转让价格较灵活。因为没有票面金额，所以发行价格不受票面金额的限制；在转让时，投资者也不易受股票票面金额影响，而更注重分析每股的实际价值。第二，便于股票分割。如果股票有面额，分割时就需要办理面额变更手续。由于无面额股票不受票面金额的约束，发行该股票的公司能够比较容易地进行股票分割。

12. 非柜台委托主要有(　　)等形式。

A. 现场委托　　B. 人工电话委托或传真委托

C. 自助和电话自动委托　　D. 网上委托

答案：BCD

试题解析：非柜台委托主要有人工电话委托或传真委托、自助和电话自动委托、网上委托等形式。

13. 普通股股东的权利包括(　　)。

A. 出席股东大会，参与公司重大决策

B. 查阅公司债券存根、股东大会会议记录等

C. 在股份公司破产时，有权要求取得公司的剩余财产

D. 依法转让其所拥有的公司股份

答案：ABD

试题解析：本题考查普通股股东的权利。按照我国《公司法》的规定，普通股股东享有以下权利：（1）公司重大决策参与权；（2）公司资产收益权和剩余资产分配权；（3）其他权利除了上述两种基本权利外，普通股股东还可以享有由法律和

公司章程所规定的其他权利，主要有知情权、处置权、优先认股权。

14. 股利政策是指股份有限公司对公司经营获得的盈余公积和应付利润采取(　　)等方式回馈股东的制度与政策。

A. 现金分红　　B. 派息

C. 发放红利　　D. 股息分割

答案：ABC

试题解析：本题考查股利政策的定义。股利政策是指股份公司对公司经营获得的盈余公积和应付利润采取现金分红或派息、发放红股等方式回馈股东的制度与政策。股票分割属于股份变动，不属于股利政策。

15. 公司股利分配的常见形式有(　　)。

A. 现金股利　　B. 股票股利

C. 负债股利　　D. 认购股权股利

答案：AB

试题解析：本题考查股利分配的常见形式。股利分配的形式主要有现金红利和股票红利两种。

16. 以下关于股票分割与合并的说法，正确的有(　　)。

A. 理论上，股票分割与合并通常会刺激股价下降或上升

B. 从理论上说，股票分割与合并都不会影响股东所持有股票的市值

C. 股票分割通常适用于高价股，股票合并常见于低价股

D. 股票是分割还是合并，均不影响每位股东所持股东权益占公司全部股东权益的比重

答案：ABCD

试题解析：本题考查股票分割与合并。股票分割又称为拆股、拆细，是将1股股票均等地拆成若干股。股票合并又称为并股，是将若干股股票合并为1股。从理论上说，不论是分割还是合并，将增加或减少股份总数和股东持有股票的数量，但并不改变公司的实收资本和每位股东所持股东权益占公司全部股东权益的比重。

17. 股票包销分为(　　)。

A. 代销　　B. 全额包销　　C. 余额包销　　D. 限额包销

答案：BC

试题解析：本题考查股票包销的内容。包销是指承销商将发行人的股票按照协议全部购入或者在承销期结束时将售后剩余股票全部自行购入的承销方式。包销可分为全额包销和余额包销两种。全额包销，是指由承销商先全额购入发行人该次发

行的股票，再发售给投资者的承销方式。余额包销，是指承销商按照协议到销售截止日将未售出的剩余股票全部自行购入的承销方式。

18. 深股通的股票包括(　　)。

A. 联交所恒生综合大型股指数

B. 市值60亿元人民币及以上的深证成分指数和深证中小创新指数的成分股

C. 深圳证券交易所上市的A+H股公司股票

D. 同时在联交所、上交所上市的A+H股公司股

答案：BC

试题解析：深股通的股票范围是成分股定期调整考查截至日前6个月A股日均市值不低于人民币60亿元的深证成分指数和深证中小创新指数的成分股，以及A+H股上市公司在深交所上市的A股。AD两项，联交所恒生综合大型股指数和同时在联交所、上交所上市的A+H股公司股票属于沪港通下港股通的股票范围。除这两项外，还包括恒生综合中型股指数成分股。

19. (　　)应当采用代销方式发行。

A. 上市公司非公开发行股票未采用需自行销售方式的

B. 上市公司公开发行股票未采用自行销售方式的

C. 上市公司向原股东配售股份的

D. 上市公司增发股份的

答案：AC

试题解析：本题考查股票的发行方式。我国《证券发行与承销管理办法》第三十九条规定，证券公司承销证券，应当依照《证券法》第二十八条的规定采用报销或者代销方式。上市公司非公开发行股票未采用自行销售方式或者上市公司配股的，应当采用代销方式。

20. 保荐人的保荐责任期包括(　　)。

A. 发行上市全过程

B. 对发行的股票承担终身责任

C. 发行上市后一段时间

D. 递交上市申请材料期间

答案：AC

试题解析：本题考查保荐责任期。保荐制度的重点是明确保荐机构和保荐代表人的责任，并建立责任追究机制。保荐人的保荐责任期包括发行上市全过程以及上市后的一段时期。

21. 根据《上海证券交易所科创板上市规则》，科创板上市公司可能退市的情形有(　　)。

A. 重大违法强制退市　　　　B. 财务类强制退市

C. 规范类强制退市　　　　D. 交易类强制退市

答案：ABCD

试题解析：本题考查科创板退市的特别规定。根据《上海证券交易所科创板股票上市规则》（2020 年修订版），科创板上市公司可能强制退市的情形主要包括：

一是重大违法强制退市，包括信息披露重大违法和公共安全重大违法行为。

二是交易类强制退市，包括累计股票成交量低于一定指标，股票收盘价、市值、股东数量持续低于一定指标等。

三是财务类强制退市，即明显丧失持续经营能力，包括：主营业务大部分停滞或者规模极低；经营资产大幅减少导致无法维持日常经营；营业收入或者利润主要来源于不具备商业实质的交易；营业收入或者利润主要来源于与主营业务无关的业务；其他明显丧失持续经营能力的情形。

四是规范类强制退市，包括公司财务重大报告差错与虚假记录、信息披露、定期报告发布、公司股本总额或股权分布发生变化、依法被强制解散、公司重整、破产和清算等方面触及相关合规性指标等。

22. 证券市场有效性的要求主要包括（　　）。

A. 时间效率　　　　B. 证券市场的高效率

C. 证券市场的信息效率　　　　D. 证券市场的低成本

答案：BCD

试题解析：证券市场的有效性包含两方面的要求：一是证券市场的高效率；二是证券市场的低成本。高效率包含两方面内容：首先是证券市场的信息效率，即要求证券价格能准确、迅速、充分反映各种信息。根据证券价格对信息的反映程度，可以将证券市场分为强式有效市场、半强式有效市场和弱式有效市场。其次是证券市场的运行效率，即证券交易系统硬件的工作能力，如交易系统的处理速度、容量等。

23. 下列首次公开发行股票的行为中，错误的是（　　）。

A. 网上发行应当早于网下发行

B. 网下投资者在申购时需缴付申购资金面

C. 网上投资者在申购时需缴付申购资金

D. 投资者不得同时参与网上或者网下发行

答案：ABC

试题解析：本题考查首次公开发行股票的发行方式。首次公开发行股票的网下发行应和网上发行同时进行，网下和网上投资者在申购时无须缴付申购资金。投资者应当自行选择参与网下或网上发行，不得同时参与。

24. 我国股票发行制度的演变主要体现在(　　)方面。

A. 发行监管制度　　B. 发行方式

C. 发行期限　　D. 发行定价

答案：ABD

试题解析：本题考查我国股票发行制度的演变。我国股票发行制度演变主要体现在发行监管制度、发行方式与发行定价三个方面。

25. 证券发行的承销方式主要有(　　)。

A. 全额包销　　B. 余额包销　　C. 自销　　D. 代销

答案：ABD

试题解析：本题考查证券发行的承销方式。承销方式有包销和代销两种。(1) 包销是指承销商将发行人的股票按照协议全部购入或者在承销期结束时将售后剩余股票全部自行购入的承销方式。包销可分为全额包销和余额包销两种。(2) 代销是指承销商代发行人发售股票，在承销期结束时，将未售出的股票全部退还给发行人的承销方式。

26. 港股通股票包括(　　)。

A. 恒生综合大型股指数的成分股

B. 恒生综合中型股指数的成分股

C. A + H 股上市公司的 H 股

D. 在联交所以国外货币报价以港币交易的股票

答案：ABC

试题解析：沪港通下的港股通的股票范围是联交所恒生综合大型股指数成分股、恒生综合中型股指数成分股和 A + H 股上市公司的 H 股。香港证监会要求参与港股通的境内投资者仅限于机构投资者及证券账户及资金账户资产合计不低于 50 万元人民币的个人投资者。

27. 下列(　　)情形属于公开发行证券。

A. 向不特定对象发行证券

B. 向累计超过 200 人的特定对象发行证券

C. 依法实施员工持股计划的员工人数不计算在内

D. 依法实施年金计划的员工人数不计算在内

答案：ABC

试题解析：本题考查公开发行证券的情形。公开发行股票，是指发行人向不特定对象发行股票或向特定对象发行股票累计超过200人，但依法实施员工持股计划的员工人数不计算在内或法律、行政法规规定的其他发行行为。

28. 下列关于沪深300指数的说法正确的有(　　)。

A. 反映了中国证券市场股票价格变动的概貌

B. 反映了中国证券市场股票价格变动的运行状况

C. 成分股数量为300只

D. 基点为975.47点

答案：ABC

试题解析：选项D，沪深300指数的基点应为1 000点。

29. 根据委托价格限制，委托指令可分为(　　)。

A. 买进委托　　B. 卖出委托　　C. 市价委托　　D. 限价委托

答案：CD

试题解析：根据不同的依据，委托指令有多种分类。根据委托订单的数量，可分为整数委托和零数委托；根据买卖证券的方向，可分为买进委托和卖出委托；根据委托价格限制，可分为市价委托和限价委托；根据委托时效限制，可分为当日委托、当周委托、无期限委托、开市委托和收市委托等。

30. 根据《上市公司证券发行管理办法》，上市公司存在下列(　　)情形，不得公开发行证券。

A. 本次发行申请文件有虚假记载

B. 擅自改变前次公开发行证券募集资金的用途而未作纠正

C. 上市公司及其控股股东或实际控制人最近24个月内存在未履行向投资者作出的公开承诺的行为

D. 上市公司现任高级管理人员因涉嫌犯罪被司法机关立案侦查

答案：ABD

试题解析：本题考查上市公司不得公开发行证券的情形。上市公司存在下列情形之一的，不得公开发行证券：①本次发行申请文件有虚假记载、误导性陈述或重大遗漏；②擅自改变前次公开发行证券募集资金的用途而未作纠正；③上市公司最近12个月内受到过证券交易所的公开谴责；④上市公司及其控股股东或实际控制人最近12个月内存在未履行向投资者作出的公开承诺的行为；⑤上市公司或其现任董事、高级管理人员因涉嫌犯罪被司法机关立案侦查或涉嫌违法违规被中国证监会立案调查；⑥严重损害投资者的合法权益和社会公共利益的其他情形。

31. 下列关于保荐制度的说法，正确的有(　　)。

A. 保荐制度是指有资格的证券公司推荐符合条件的公司公开发行股票和上市

B. 保荐制度主要内容包括建立保荐机构资格核准制度

C. 上保荐制度的重点是明确保荐机构和保荐代表人的责任

D. 保荐人的保荐责任期仅为发行上市全过程

答案：ABC

试题解析： 本题考查保荐制度的相关内容。保荐人的保荐责任期包括发行上市全过程以及上市后的一段时期。

32. 股票发行制度主要有(　　)。

A. 审批制　　B. 核准制　　C. 注册制　　D. 监管制

答案：ABC

试题解析： 本题考查股票的发行制度。股票的发行制度主要有审批制、核准制和注册制三种。

33. 下列属于上市公司应强制退市的情形有(　　)。

A. 上市公司构成欺诈发行，被证券交易所依法作出暂停、终止公司股票上市交易的决定

B. 上市公司社会公众持股比例不足公司股份总数的25%，且在证券交易所规定的期限内仍不能达到上市条件

C. 上市公司股票连续15个交易日（不含停牌交易日）每日股票收盘价均低于股票面值

D. 上市公司被法院宣告破产

答案：ABD

试题解析： 本题考查上市公司强制退市的情形。

34. 关于首次公开发行股票，下列表述正确的有(　　)。

A. 网下发行应与网上发行同步进行

B. 投资者参与网下申购同时，也可以进行网上申购

C. 采用直接定价方式的，不得进行网下询价和配售

D. 网下投资者申购数量低于网下初始发行量的，可将网下发行部分向网上回拨

答案：AC

试题解析： 本题考查首次公开发股票的发行方式。首次公开发行股票的网下发行应和网上发行同时进行，网下和网上投资者在申购时无须缴付申购资金。投资者

应当自行选择参与网下或网上发行，不得同时参与。首次公开发行股票采用直接定价方式的，全部向网上投资者发行，不进行网下询价和配售。首次公开发行股票网下投资者申购数量低于网下初始发行量的，发行人和主承销商不得将网下发行部分向网上回拨，应当中止发行。

35. 按照《上市公司证券发行管理办法》，主板（中小板）上市公司的配股应当满足的条件包括(　　)。

A. 控股股东应当在股东大会召开前公开承诺认配股份的数量

B. 最近三年及一期财务报表未被注册会计师出具否定意见的审计报告

C. 采用《证券法》规定的包销方式发行

D. 拟配售股份数量不超过本次配售股份前股本总额的30%

答案：ABD

试题解析： 本题考查主板（中小板）上市公司的配股应满足的条件。(1) 拟配售股份数量不超过本次配售股份前股本总额的30%；(2) 控股股东应当在股东大会召开前公开承诺认配股份的数量；(3) 采用《证券法》规定的代销方式发行。控股股东不履行认配股份的承诺，或者代销期限届满，原股东认购股票的数量未达到拟配售数量70%的，发行人应当按照发行价并加算银行同期存款利息返还已经认购的股东。

36. 根据《证券法》的规定，公司首次公开发行新股，下列条件中说法正确的有(　　)。

A. 最近3年财务会计报告被出具无保留意见审计报告

B. 具有持续经营能力

C. 经国务院证券监督管理机构批准的证券交易所规定的其他条件

D. 发行人及其控股股东、实际控制人最近5年不存在贪污、贿赂、侵占财产、挪用财产或者破坏社会主义市场经济秩序的刑事犯罪

答案：AB

试题解析： 本题考查首次公开发行新股的条件。我国新《证券法》(2020年3月1日起施行）规定，公司首次公开发行新股，应当具备健全且运行良好的组织机构，具有持续经营能力，最近三年财务会计报告被出具无保留意见审计报告，发行人及其控股股东、实际控制人最近三年不存在贪污、贿赂、侵占财产、挪用财产或者破坏社会主义市场经济秩序的刑事犯罪，以及经国务院批准的国务院证券监督管理机构规定的其他条件。其中，新《证券法》对于公司发行新股中原有的“具有持续盈利能力，财务状况良好”这一条件变更为“具有持续经营能力”。新《证券法》施行前，财务指标是主板、中小板和创业板IPO标准中的重要条件，将“盈利”变更为“经营”。

37. 证券交易机制的主要目标包括(　　)。

A. 流动性　　B. 稳定性　　C. 有效性　　D. 效益性

答案：ABC

试题解析：本题考查证券交易机制的目标。证券交易机制的目标是多重的。主要的目标有流动性、稳定性、有效性。

38. 证券交易必须遵循(　　)原则。

A. 自主　　B. 公正　　C. 公开　　D. 公平

答案：BCD

试题解析：本题考查证券交易的原则。为了保障证券交易功能的发挥，以利于证券交易的正常运行，我国《证券法》规定，证券交易必须实行公开、公平、公正的原则。

39. 公司赋予股东优先认股权的目的是(　　)。

A. 保证普通股票股东在股份公司中保持原有的持股比例

B. 保护普通股股东的利益和持股价值

C. 吸引更多的投资者

D. 维护新投资者的利益

答案：AB

试题解析：本题考查赋予股东由现任股权的目的。赋予股东优先认购权主要有两个目的：一是能保证普通股股东在股份公司中保持原有的持股比例；二是能保护原普通股股东的利益和持股价值。因为当公司增资扩股后，在一段时间内，公司的每股税后净利会因此而摊薄，原普通股股东以优惠价格优先购买一定数量的新股，可从中得到补偿或取得收益。

40. 我国按投资主体的不同性质，将股票划分为(　　)。

A. 国家股　　B. 法人股

C. 社会公众股　　D. 外资股

答案：ABCD

试题解析：本题考查股票按投资主体性质分类。在我国，按投资主体的不同性质，可以将股票划分为国家股、法人股、社会公众股和外资股等不同类型。

41. 相对于普通股票，优先股票持有人的优先权力有(　　)。

A. 分配公司盈利　　B. 参与公司经营权

C. 分配清算后剩余资产权　　D. 优先认股权

答案：AC

试题解析：本题考查优先股股东的权利。优先股既像债券，又像股票，其“优先”主要体现在：一是通常具有固定的股息（类似债券），并须在派发普通股股息之前派发；二是在破产清算时，优先股股东对公司剩余财产的权利先于普通股股东，但在债权人之后。

42. 下列关于普通股票股东义务的叙述正确的有(　　)。

A. 公司股东滥用股东权利给公司或者其他股东造成损失的，应当依法承担赔偿责任

B. 公司股东滥用法人独立地位和股东有限责任，逃避责任，严重损害公司债权人利益的，应当对公司债务承担连带责任

C. 公司的控股股东、实际控制人不得利用其关联关系损害公司利益

D. 公司股东不得滥用股东权利损害公司或者其他股东的利益

答案：ACD

试题解析：本题考查普通股票股东的义务。

43. 下列关于红筹股，描述正确的是(　　)。

A. 红筹股不属于外资股

B. 红筹股是指在中国境外注册、在香港上市，但主要业务在中国内地或大部分股东权益来自中国内地公司的股票

C. 红筹股已经成为内地企业进入国际资本市场筹资的一条重要渠道

D. 红筹股属于境外上市外资股

答案：ABC

试题解析：本题考查红筹股的相关内容。早期的红筹股，主要是由一些中资公司收购香港的中小型上市公司后重组而形成的；此后出现的红筹股，主要是由内地一些省市或中央部委将其在香港的窗口公司改组并在香港上市后形成的。

44. 关于记名股票的特点，下列说法正确的是(　　)。

A. 对于记名股票来说，只有记名股东或其正式委托授权的代理人，才能行使股东权利

B. 缴纳股款是股东基于认购股票而承担的义务

C. 记名股票不得私自转让

D. 记名股票与记名股东的关系是特定的

答案：ACD

试题解析：本题考查记名股票的特点。记名股票有如下特点：第一，股东权利归属于记名股东。第二，可以一次或分次缴纳出资。第三，转让相对复杂或受限

制。我国《公司法》规定，记名股票由股东以背书方式或者法律、行政法规规定的其他方式转让；转让后由公司将受让人的姓名或者名称及住所记载于股东名册。

45. 国家股从资金来源看，主要有(　　)。

A. 现有国有企业改组为股份公司时所拥有的净资产

B. 现阶段有权代表国家投资的政府部门向新组建的股份公司的投资

C. 经授权代表国家投资的投资公司、资产经营公司、经济实体性总公司等机构向新组建的股份公司的投资

D. 国有法人单位以其依法占用的法人资产向独立于自己的股份公司的投资

答案：ABC

试题解析：本题考查国家股的主要资金来源。

46. 下列属于普通股票股东行使资产收益权的限制条件的是(　　)。

A. 公司进入资本市场获得资金的能力

B. 股东所处的地位

C. 公司的经营环境

D. 法律上的限制

答案：ABCD

试题解析：本题考查普通股票股东行使资产收益权的限制条件。普通股票股东行使资产收益权有一定的限制条件。第一，法律上的限制。一般原则是：股份公司只能用留存收益支付红利；红利的支付不能减少其注册资本；公司在无力偿债时不能支付红利。我国有关法律规定，公司缴纳所得税后的利润，在支付普通股票的红利之前，应按如下顺序分配：弥补亏损，提取法定公积金，提取任意公积金。可见，普通股票股东能否分到红利以及分得多少，取决于公司的税后利润多少以及公司未来发展的需要。第二，其他方面的限制。如公司对现金的需要、股东所处的地位、公司的经营环境、公司进入资本市场获得资金的能力等。

47. 委托指令应当包括(　　)。

A. 证券账户号码　　B. 证券代码

C. 买卖方向　　D. 委托数量

答案：ABCD

试题解析：本题考查委托指令的内容。在委托指令中，不管是采用填写委托单还是自助委托方式，都需要反映客户买卖证券的具体要求，这些要求主要体现在委托指令的内容中。委托指令应当包括下列内容：证券账户号码、证券代码、买卖方向、委托数量、委托价格、交易所及其会员要求的其他内容。

48. 股票价格指数的编制步骤正确的是(　　)。

A. 选择样本股

B. 选定某基期，并以一定方法计算基期平均股价或市值

C. 计算计算期平均股价或市值，并作必要的修正

D. 指数化

答案：ABCD

试题解析：股票价格指数是用以反映整个市场上各种股票市场价格的总体水平及其变动情况的指标。

49. 中证指数是以剔除了(　　)等基本不流通股份后的流通股本为权益计算的。

A. 公司创建者、家族和高级管理者长期持有的股份

B. 受限的员工持股

C. 战略投资者持股

D. 冻结股份

答案：ABCD

试题解析：上市公司公告明确的限售股份以及下属四类股东及其一致行动人持股超过5%的股份，都被视为非自由流通股本：公司创建者、家族、高级管理者等长期持有的股份，国有股份，战略投资者持有的股份，员工持股计划、冻结股份、交叉持股。

50. 行业因素包括定性因素和定量因素，常见的有(　　)。

A. 行业或产业竞争结构　　B. 抗外部冲击的能力

C. 经济周期循环　　D. 行业估值水平

答案解析：ABD

试题解析：除选项ABD外，常见的行业因素还包括：（1）行业可持续性；（2）监管及税收待遇政府关系；（3）劳资关系；（4）财务与融资问题。

51. (　　)等都会影响上市公司未来的收益，进而引起股票内在价值的变化。

A. 注册资本　　B. 经济形势的变化

C. 宏观经济政策的调整　　D. 供求关系的变化

答案：BCD

试题解析：经济形势的变化、宏观经济政策的调整、供求关系的变化等都会影响上市公司未来的收益，进而引起股票内在价值的变化。

52. 从理论上分析，公司经营状况和股票价格的关系是(　　)。

A. 公司经营状况好，股价上升　　B. 公司经营状况好，股价下降

C. 公司经营状况差，股价上升　　D. 公司经营状况差，股价下降

答案：AD

试题解析：考查公司经营状况和股票价格的关系。从理论上分析，公司经营状况与股票价格正相关。

53. 下列属于经济指标中的同步性指标的有(　　)。

A. 利率水平　　B. 国内生产总值

C. 个人收入　　D. 企业工资支出

答案：BCD

试题解析：本题考查同步性指标的具体内容。同步性指标例如个人收入、企业工资支出、国内生产总值、社会商品销售额等。

54. 基本分析法的特征包括(　　)。

A. 以价值分析理论为基础

B. 以统计方法为主要分析手段

C. 使用大量数据

D. 以现值计算方法为主要分析手段

答案：ABD

试题解析：本题考查基本分析法的基本特征。基本分析法体现了以价值分析理论为基础、以统计方法和现值计算方法为主要分析手段的基本特征。

55. 根据杜邦公式，净资产收益率通常可以分解为(　　)的乘积。

A. 资产周转率　　B. 杠杆比率

C. 每股收益　　D. 销售利润率

答案：ABD

试题解析：本题考查杜邦公式的基本含义。净资产收益率等于销售利润率、资产周转率和杠杆比率三者的乘积。

56. 股票分析方法中，进行技术分析的假设包括(　　)。

A. 市场的行为包含一切信息　　B. 价格沿趋势移动

C. 股票的价值决定价格　　D. 历史会重复

答案：ABD

试题解析：本题考查股票分析法技术分析的三个假设。技术分析的三个假设是：市场的行为包含一切信息、价格沿趋势移动、历史会重复。

57. 在考虑影响公司股价变动的因素时，进行行业分析通常会考虑(　　)。

A. 产业竞争结构　　B. 劳资关系

C. 市场利率　　D. 行业可持续性

答案：ABD

试题解析：考查影响股价变动的行业分析因素。行业因素包括定性因素和定量因素，常见的有：有行业或产业竞争结构、行业可持续性、抗外部冲击的能力、监管及税收待遇政府关系、劳资关系、财务与融资问题、行业估值水平等。

58. 关于深圳证券交易所股价指数，下列说法正确的有(　　)。

A. 深证成分股指数以总股本为权数

B. 深证成分股指数采用加权平均法

C. 深证综合指数以总股本为权数

D. 深证综合指数采用派氏加权法

答案：BCD

试题解析：深证成分指数选取深圳证券市场中市值规模与流动性综合排名前500位的A股组成样本股。深证成分股指数由深圳证券交易所编制，以成分股的可流通股数为权数，采用加权平均法编制而成。

59. 下列属于经济指标中的滞后性指标的有(　　)。

A. 失业率　　B. 库存量

C. 银行未收回贷款规模　　D. 消费者预期

答案：ABC

试题解析：滞后性指标的变化一般滞后于国民经济的变化，如失业率、库存量、银行未收回贷款规模等。经济政策主要包括货币政策、财政政策、信贷政策、债务政策、税收政策、利率与汇率政策、产业政策、收入分配政策等。消费者预期属于先行性指标。

60. 股票投资分析的基本分析法，其假设是(　　)。

A. 股票的价值决定价格　　B. 股票的价格决定价值

C. 股票的价格围绕价值波动　　D. 股票的价值围绕价格波动

答案：AC

试题解析：基本分析法的两个假设为：股票的价值决定其价格和股票的价格围绕价值波动。因此，价值成为测量价格合理与否的尺度。

61. 股票投资的主要分析方法包括(　　)。

A. 基本分析法　　B. 定性分析法

C. 技术分析法　　D. 量化分析法

答案：ACD

试题解析： 股票投资分析方法主要有三大类：基本分析法、技术分析法、量化分析法。

62. 发行人首次公开发行股票应该符合的条件是(　　)。

A. 近一年内财务亏损

B. 具备健全且运行良好的组织机构

C. 最近三年财务会计报告被出具无保留意见审计报告

D. 具有持续经营能力

答案：BCD

试题解析：《证券法》规定，公司首次公开发行新股，除选项 BCD 外还应当符合下列条件：(1) 发行人及其控股股东、实际控制人最近三年不存在贪污、贿赂、侵占财产、挪用财产或者破坏社会主义市场经济秩序的刑事犯罪；(2) 经国务院批准的国务院证券监督管理机构规定的其他条件。

63. 配股除了应当符合上市公司公开发行新股的一般条件之外，《上市公司证券发行管理办法》对于上市公司配股还有以下的特别规定，即(　　)。

A. 拟配售股份数量不超过本次配售股份前股本总额的 30%

B. 控股股东应当在股东大会召开前公开承诺认配股份的数量

C. 采用证券法规定的代销方式发行

D. 采用《证券投资基金法》规定的代销方式发行

答案：ABC

试题解析： 配股应当采用《证券法》规定的代销方式发行。

64. 2022 年 12 月 31 日，W 公司拟冲击 IPO，于中小企业板上市，但该公司如出现下列(　　)情况会导致其无法成功上市。

A. W 公司最近 3 年内主营业务和董事、高级管理人员没有发生重大变化，实际控制人没有发生变更

B. W 公司于 2021 年 1 月设立

C. W 公司与 Z 公司产生了严重的版权纠纷诉讼，W 公司的主要收入大多源于该版权

D. W 公司的财务总监与其销售主管为夫妻关系，最近三个会计年度净利润均为正数且累计为 3 200 万元

答案：BC

试题解析： 本题考查无法成功上市的情形。首次公开发行股票并在主板（中小企业板）上市所需满足的条件：发行人依法设立且持续经营时间在 3 年以上，发行

人不存在影响持续经营的担保、诉讼以及仲裁等重大或有事项。

65. 首次公开发行股票时，发行人和主承销商可以自主协商确定(　　)。

A. 网下询价投资者的条件　　B. 有效报价条件

C. 最低报价金额　　D. 配售方式和配售原则

答案：ABD

试题解析：首次公开发行股票时，发行人和主承销商可以自主协商确定参与网下询价投资者的条件、有效报价条件、配售方式和配售原则。

66. 按照《上市公司证券发行管理办法》主板（中小板）上市公司的配股应当满足的条件包括(　　)。

A. 控股股东应当在股东大会召开前公开承诺认配股份的数量

B. 最近三年及一期财务报表未被注册会计师出具保留意见、否定意见或无法表示意见的审计报告

C. 采用《证券法》规定的包销方式发行

D. 拟配售股份数量不超过本次配售股份前股本总额的30%

答案：ABD

试题解析：主板（中小板）上市公司的配股应当满足的条件。

67. 上市公司发生下列(　　)情形，应当被强制退市。

A. 上市公司股票在一定期限内累计成交量低于证券交易所规定的最低限额

B. 上市公司连续10个交易日（不含停牌交易日）每日股票收盘价均低于股票面值

C. 上市公司在证券交易所规定期限内，未改正财务会计报告中的重大差错

D. 法定期限届满后，上市公司在证券交易所规定的期限内未能披露半年度报告

答案：ACD

试题解析：考查上市公司发生被强制退市的情形上市公司连续20个交易日（不含停牌交易日）每日股票收盘价均低于股票面值，会被强制退市。故选项B错误，不选。

68. 以下属于股票的绝对估值方法的有(　　)。

A. 股权自由现金流贴现模型　　B. 企业自由现金流贴现模型

C. 红利贴现模型　　D. 市盈率法

答案：ABC

试题解析：股票的绝对估值方法包括股权自由现金流贴现模型、企业自由现金

流贴现模型和红利贴现模型。选项D市盈率法是股票的相对估值方法。

69. 由于(　　)的不确定性，各种价值模型计算出的股票“内在价值”只是股票真实的内在价值的估计值。

A. 未来收益　　B. 账面价值　　C. 年度预算　　D. 市场利率

答案：AD

试题解析：股票的内在价值即理论价值，也即股票未来收益的现值。由于未来收益及市场利率的不确定性，各种价值模型计算出来的内在价值只是股票真实的内在价值的估计值。

70. 关于股票的内在价值，下列说法正确的有(　　)。

A. 宏观经济政策的调整会影响股票未来的收益，但内在价值不会变

B. 股票的市场价格总是围绕其内在价值波动

C. 股票的内在价值即理论价值，也即股票未来收益的现值

D. 各种价值模型计算出来的“内在价值”只是股票真实的内在价值的估算值

答案：BCD

试题解析：经济形势的变化、宏观经济政策的调整、供求关系的变化等都会影响上市公司未来的收益，进而引起股票内在价值的变化。

71. 对于股票价值，下列表述正确的是(　　)。

A. 票面价值是在股票票面上标明的金额

B. 没有优先股的情况下，每股账面价值等于公司净资产除以发行在外的普通股票的股数

C. 大多数公司的实际清算价值总是高于账面价值

D. 内在价值即理论价值，也即股票未来收益的现值

答案：ABD

试题解析：选项C，从理论上说，股票的清算价值应与账面价值一致，但公司清算时，其资产往往只能折价出售，再加上必要的清算费用，所以大多数公司的实际清算价值是低王其账面价值的。

72. 股票账面价值又称(　　)。

A. 股票面值　　B. 股票内在价值

C. 股票净值　　D. 每股净资产

答案：CD

试题解析：股票的账面价值又称股票净值或每股净资产，在没有优先股的条件下，每股账面价值等于公司净资产除以发行在外的普通股票的股数。

73. 关于股票的票面价值，下列说法错误的有(　　)。

A. 如果以票面价值作为发行价，称为平价发行

B. 股票的票面价值又称面值，即股票交易时的价格

C. 溢价发行，募集资金中等于面值总和的部分记入资本账户

D. 股票的票面价值在初次发行时没有参考意义

答案：AD

试题解析：选项A，股票的票面价值又称面值，即股票票面上标明的金额。选项D，股票的票面价值在初次发行时有一定的参考意义。如果以面值作为发行价，称为平价发行；如果发行价格高于面值，则称为溢价发行。

74. 计算股票的理论价格需要考虑的因素包括(　　)。

A. 票面金额　　B. 必要收益率

C. 预期股息　　D. 二级市场交易价格

答案：BC

试题解析：股票的未来股息收入、资本利得收入是股票的未来收益，亦可称为期值。将股票的期值按必要收益率和有效期限折算成今天的价值，即为股票的现值。股票及其他有价证券的理论价格就是以一定的必要收益率计算出来的未来收入的现值。

75. 关于股票的价值和价格，下列表述正确的有(　　)。

A. 股票内在价值是股票未来收益的现值

B. 股票只是一张资本凭证

C. 股票的市场价格理论上由股票的价值决定

D. 股票价格是对过去收益的评定

答案：ABC

试题解析：股票交易实际上是对未来收益权的转让买卖，股票价格就是对未来收益的评定。

76. 根据行业周期理论，任何产业或行业通常要经历的阶段有(　　)。

A. 幼稚期　　B. 成长期　　C. 成熟期　　D. 衰退期

答案：ABCD

试题解析：根据行业周期理论，任何产业或行业通常都要经历幼稚期、成长期、成熟期、衰退期四个阶段。即使行业不同，处于相同生命周期阶段的行业，其所属股票价格通常也会呈现相似的特征。

77. 以下措施属于财政政策的有(　　)。

A. 再贴现政策

B. 扩大财政赤字、发行国债，增加财政支出

C. 提高税率

D. 提高法定存款准备金率

答案：BC

试题解析：B、C 两项属于财政政策的内容。A、D 两项属于货币政策工具。

78. 财政政策对股票价格造成影响的途径包括(　　)。

A. 中央银行采取紧缩性货币政策，促使股价下跌

B. 扩大财政赤字，增加财政支出，刺激经济发展

C. 调节税率，影响企业利润和股息

D. 干预资本市场各类交易适用的税率

答案：BCD

试题解析：本题考查财政政策对股票价格的影响。选项 A 属于货币政策的影响。

79. 关于委托指令及其有效期，以下说法正确的有(　　)。

A. 委托指令有效期可以分为当日有效与约定日有效

B. 委托指令部分成交后，委托指令失效

C. 委托有效期满，委托指令自然失效

D. 我国现行规定的委托期为当日有效

答案：ABD

试题解析：客户的委托如果未能全部成交，证券经纪商在委托有效期内可继续执行，直到有效期结束。

80. 在“客户交易结算资金第三方存管”制度框架下，证券公司与客户之间的资金清算交收，需要由(　　)配合完成。

A. 指定商业银行　　B. 证券公司

C. 证券登记结算公司　　D. 客户

答案：AB

试题解析：在客户交易结算资金第三方存管制度框架下，证券公司与客户之间的资金清算交收，需要由证券公司与指定商业银行（即与证券公司及其客户建立客户交易结算资金三方存管关系、签订客户交易结算资金存管合同的商业银行，简称指定商业银行）配合完成。

81. 涉及证券持有人变更的下列情形中，可以申请办理非交易过户登记的有(　　)。

A. 张三的父亲去世，所继承遗产中包含的债券

B. 张三因帮助过李四，接受了李四赠予他的股票（不含非流通股）

C. 王麻子与妻子离婚，从共同财产中分得的A股流通股票

D. 赵柳捡到的股票

答案：ABC

试题解析：登记在中国证券登记结算有限责任公司开立的证券账户（不含开放式基金账户）中的股票（不含非流通股）、存托凭证、债券、基金等在证券交易所全国中小企业股份转让系统交易的证券品种，若发生继承、捐赠、依法进行的财产分割、法人资格丧失、私募资产管理等情形涉及的证券非交易过户业务，则继承、法人资格丧失所涉证券过户的，由过入方作为申请人提交过户业务申请；捐赠、离婚。私募资产管理所涉证券过户的，由过出方、过入方作为申请人共同提交过户业务申请。

三、判断题。不选、错选均不得分。

1. 股票价格指数是用以反映整个市场上各种股票市场价格的总体水平及其变动情况的指标。

答案：正确

试题解析：本题考核股票价格指数概念。

2. 供求关系是影响股票市场价格最直接的因素。

答案：正确

试题解析：股票的市场价格一般是指股票在二级市场上交易的价格。其中，供求关系是最直接的影响因素，其他因素都是通过作用于供求关系而影响股票价格的。

3. 开户包括开立证券账户和开立资金账户。其中证券账户用来记载和反映投资者买卖证券的货币收付和结存数额。

答案：错误

试题解析：本题考查开户的相关概念。证券账户用来记载投资者所持有的证券种类、数量和相应的变动情况；资金账户则用来记载和反映投资者买卖证券的货币收付和结存数额。

4. 证券托管是指证券公司将投资者交给其保管的证券以及自身持有的证券统一交给证券登记结算机构保管，并由后者代为处理有关证券权益事务的行为。

答案：错误

试题解析：本题考查证券托管和证券存管的概念。证券托管是指投资者将持有的证券委托给证券公司保管，并由后者代为处理有关证券权益事务的行为。

5. 在委托指令中，分为填写委托单和自助委托方式，只有填写委托单需要反映客户买卖证券的具体要求。

答案：错误

试题解析：本题考查委托指令的内容。在委托指令中，不管是采用填写委托单还是自助委托方式，都需要反映客户买卖证券的具体要求。

6. 成交时价格优先的原则为：较高价格买入申报优先于较低价格买入申报，较低价格卖出申报优先于较高价格卖出申报。

答案：正确

试题解析：本题考查价格优先的竞价原则。

7. 算术平均法编制股票价格指数是指选定具有代表性的样本股票，以某年某月某日为基期，并确定基期指数，然后计算某一日样本股票的价格平均数，将该平均数与基期对应的平均数相比，最后乘以基期指数即得出该日的股票价格平均指数。

答案：正确

试题解析：本题考查算术平均法的概念。

8. 为反映市场中实际流通股份的股价变动情况，沪深300指数不剔除上市公司股本中的不流通股份。

答案：错误

试题解析：本题考查沪深300指数的相关概念。沪深300指数剔除了上市公司股本中的不流通股份，以及由于战略持股或其他原因导致的基本不流通股份，剩下的股本被称为自由流通股本，即自由流通量。

9. 上证50指数是在上证380指数的样本股中挑选规模最大、流动性最好的50只股票，反映最具市场影响力的一批龙头企业的状况，于2004年1月发布。

答案：错误

试题解析：上证50指数是在上证150指数的样本股中挑选，而不是在上证380指数的样本股中挑选。

10. 标准普尔500指数是世界上最早、最享盛誉和最有影响的股价指数，被认为是反映美国政治、经济和社会状况最灵敏的指标。

答案：错误

试题解析：道琼斯工业股价平均数是世界上最早、最享盛誉和最有影响的股价指数，被认为是反映美国政治、经济和社会状况最灵敏的指标。

11. 沪股通股票范围仅包括上证180指数成分股、上证380指数成分股。

答案：错误

试题解析： 本题考查沪股通股票范围。沪股通股票包括上证 180 指数成分股、上证 380 指数成分股和 A + H 股上市公司的上交所上市 A 股。

12. 通常情况下，股票账面价值等于股票的市场价格。

答案：错误

试题解析： 通常情况下，股票账面价值并不等于股票的市场价格。主要原因有两点：一是会计价值通常反映的是历史成本或者按某种规则计算的公允价值，并不等于公司资产的实际价值；二是账面价值并不反映公司的未来发展前景。

13. 股票的内在价值决定股票的市场价格，股票的市场价格总是围绕其内在价值波动。

答案：正确

试题解析： 本题考查股票内在价值的概念。

14. 在股票投资主要分析方法中，技术分析法的其中一个假设是历史不会重复。

答案：错误。

试题解析： 技术分析法是仅从股票的市场行为来分析股票价格未来变化趋势的方法。技术分析的三个假设是：市场的行为包含一切信息；价格沿趋势移动；历史会重复。技术分析理论的内容就是市场行为的内容。

15. 货币的时间价值是指处于社会生产中的货币随时间的推移而发生的增值。

答案：正确

试题解析： 本题考查货币时间价值的概念。

16. 公司的股利政策直接影响股票投资价值。一般来说，股票价格与股利水平成反比。

答案：错误

试题解析： 本题考查股利政策对股价的影响。一般来说，股票价格与股利水平成正比。股利水平越高，股票价格越高；股利水平越低，股票价格越低。

17. 内部收益率实际上是使得未来股息流折现值恰好等于股票内在价值的折现率。

答案：错误

试题解析： 本题考查内部收益率的概念。内部收益率实际上是使得未来股息流折现值恰好等于股票市场价格的折现率。

18. 如果某只股票的内部收益率大于具有同等风险水平股票的必要收益率，则可以考虑购买。

答案：正确

试题解析： 本题考查内部收益率的概念。

19. 市盈率（P/E）反映了一家公司的股票市值对其净资产的倍数。

答案：错误

试题解析： 本题考查市盈率概念。市盈率（P/E）反映了一家公司的股票价值对其净利润的倍数。

20. 在委托成交之后，客户有权变更和撤销委托。证券营业部申报竞价成交后，买卖即告成立，成交部分不得撤销。

答案：错误

试题解析： 本题考查委托受理的手续和过程。在委托未成交之前，客户有权变更和撤销委托。证券营业部申报竞价成交后，买卖即告成立，成交部分不得撤销。

21. 目前，我国证券交易所采用两种竞价方式：集合竞价方式和非集合竞价方式。

答案：错误

试题解析： 本题考查委竞价与成交。目前，我国证券交易所采用两种竞价方式：集合竞价方式和连续竞价方式。

22. 证券交易申报时间的先后顺序按证券交易所交易系统接受申报的时间确定。

答案：错误

试题解析： 证券交易申报时间的先后顺序按证券交易所交易主机接受申报的时间确定。

23. 如果有两个以上申报价格符合集合竞价确定成交价的原则，上海证券交易所规定的成交价格为可实现成交价格的最低价格。

答案：错误

试题解析： 本题考查集合竞价。集合竞价时，如果有两个以上申报价格符合集合竞价确定成交价的原则，上海证券交易所规定的成交价格为使未成交量最小的申报价格。

24. 货币随时间的推移而发生的增值是货币的时间价值。

答案：正确

试题解析： 本题考查货币时间价值的概念

25. 在证券分析中，对宏观经济和证券市场运行状况因素的分析称为基本面分析。

答案：错误

试题解析： 宏观经济和证券市场运行状况、行业前景以及公司经营状况是影响投资者对将来股价预期，从而影响当前买卖决策并最终导致当前股价变化的最主要原因。在证券分析中，通常把这三类因素统称为基本因素，对这些因素的分析就是基本分析或基本面分析。

26. 股票投资分析方法主要有基本分析法、定性分析法、技术分析法、量化分析法。

答案：错误

试题解析：股票投资分析方法主要有三大类：基本分析法、技术分析法、量化分析法。

27. 首次公开发行股票时，发行人和主承销商可以自主协商确定最低报价金额。

答案：错误

试题解析：首次公开发行股票时，发行人和主承销商可以自主协商确定参与网下询价投资者的条件、有效报价条件、配售方式和配售原则。

28. 市盈率倍数法是股票的绝对估值方法。

答案：错误

试题解析：股票的绝对估值方法包括股权自由现金流贴现模型、企业自由现金流贴现模型和红利贴现模型。市盈率倍数法是股票的相对估值方法。

29. 经济形势的变化、宏观经济政策的调整、供求关系的变化等都会影响股票未来的收益，但内在价值不会变。

答案：错误

试题解析：本题考查股票的内在价值。经济形势的变化、宏观经济政策的调整、供求关系的变化等都会影响上市公司未来的收益，进而引起股票内在价值的变化。

30. 根据行业周期理论，任何产业或行业通常都要经历幼稚期、成长期、成熟期、衰退期四个阶段。

答案：正确

试题解析：本题考查行业周期理论。

31. 再贴现政策属于财政政策。

答案：错误

试题解析：再贴现政策属于货币政策工具。

32. 财政政策对股票价格造成影响的途径包括调节税率，影响企业利润和股息。

答案：正确

试题解析：考查财政政策对股票价格的影响。财政政策通过干预资本市场各类交易适用的税率，例如利息税、资本利得税、印花税等，直接影响市场交易和价格。

33. 小明在上海证券交易所委托卖出1 000股交易竞价结果不可能为全部未成交。

答案：错误

试题解析： 证券交易竞价结果有三种可能：全部成交、部分成交、不成交。

34. 影响股票投资价值的外部因素包括并购重组。

答案：错误

试题解析： 一般来讲，影响股票投资价值的外部因素主要包括宏观经济因素、行业因素及市场因素。并购重组属于内部因素。

35. 证券市场有效性的要求主要包括时间效率和证券市场的高效率。

答案：错误

试题解析：证券市场的有效性包含两方面的要求：一是证券市场的高效率；二是证券市场的低成本。高效率包含两方面内容：首先是证券市场的信息效率；其次是证券市场的运行效率。

36. 关于委托指令及其有效期，如果委托有效期满，则委托指令自然失效。

答案：错误

试题解析： 客户的委托如果未能全部成交，证券经纪商在委托有效期内可继续执行，直到有效期结束。

37. 我国股票发行价格可以按票面金额，也可以超过票面金额或低于票面金额。

答案：错误

试题解析： 根据《公司法》的相关规定，股票发行价格可以按票面金额，也可以超过票面金额，但不得低于票面金额。

38. 股票溢价发行时，高于面值的部分计入盈余公积。

答案：错误

试题解析： 本题考查股票溢价部分的处理。发行价格高于面值称为溢价发行，募集的资金中等于面值总和的部分计入资本账户，以超过股票票面金额的发行价格发行股份所得的溢价款列为公司资本公积金（资本公积）。

39. 由于影响股票价格的因素复杂多变，股票的市场价格呈现出复杂性的特征。

答案：错误

试题解析： 本题考查股票市场价格的变化特征。由于影响股票价格的因素复杂多变，股票的市场价格呈现出高低起伏的波动性特征。

40. 股东自由现金流（FCFE），指公司经营活动中产生的现金流量，在扣除公司业务发展的投资需求和对其他资本提供者的分配后，可分配给股东的现金流量。

答案：正确

试题解析：本题考查股东自由现金流的概念。

41. 在股票估值中，如果 NPV >0，则意味着所有预期的现金流入的现值之和小于投资成本，即这种股票被高估价格。

答案：错误

试题解析：如果 NPV >0，则意味着所有预期的现金流入的现值之和大于投资成本，即这种股票被低估价格。

42. 如果市值回报增长比（PEG）大于 1，则这只股票的价值就可能被高估，或市场认为这家公司的业绩成长性会高于市场的预期。

答案：正确

试题解析：本题考查市值回报增长比的概念。市值回报增长比（PEG）即市盈率对公司利润增长率的倍数。

43. 沪深 300 指数的基点为 975.47 点。

答案：错误

试题解析：本题考查沪深 300 指数。其基点为 1000 点。

44. 关于深圳证券交易所股价指数，深证成分股指数以总股本为权数。

答案：错误

试题解析：深证成分指数选取深圳证券市场中市值规模与流动性综合排名前 500 位的 A 股组成样本股。深证成分股指数由深圳证券交易所编制，以成分股的可流通股数为权数，采用加权平均法编制而成。

45. 影响股价变动的基本因素中，行业因素包括定性因素和定量因素，其中包括行业估值水平。

答案：正确

试题解析：本题考查影响股价变动的基本因素中的行业因素。行业因素包括定性因素和定量因素，常见的有企业或产业竞争结构、行业可持续性、抗外部冲击的能力、监管及税收待遇、劳资关系、财务与融资问题、行业估值水平。

46. 除息除权日，通常为股权登记日之后的两个工作日。

答案：错误

试题解析：除息除权日，通常为股权登记日之后的一个工作日，本日之后（含本日）买入的股票不再享有本期股利。

47. 优先股股东权利是受限制的，最主要的是表决权限制。

答案：正确

试题解析：优先股的权利范围小。优先股股东对公司日常经营管理的一般事项没有表决权；仅在股东大会表决与优先股股东自身利益直接相关的特定事项时，例如，修改公司章程中与优先股相关的条款，优先股股东才有投票权。同时，为了保护优先股股东利益，如果公司在约定的时间内未按规定支付股息，优先股股东按约定恢复表决权；如果公司支付了所欠股息，已恢复的优先股表决权终止。

48. 我国国有资产管理部门或其授权部门持有国有股，履行国有资产的保值增值和通过国家控股、参股来支配更多社会资源的职责。

答案：正确

试题解析：国有股权可由国家授权投资的机构持有，也可由国有资产管理部门持有或由国有资产管理部门代政府委托其他机构或部门持有。

49. 上市公司增发新股，不可以面向少数特定机构或个人。

答案：错误

试题解析：上市公司增发新股可以采用定向增发非公开发行股票，也称为定向增发，是指上市公司采用非公开方式向特定对象发行股票的行为。

50. 我国有关法律规定，在支付普通股票的红利之前，公司分配税后利润的顺序是提取任意公积金、提取法定公积金、弥补亏损。

答案：错误

试题解析：我国有关法律规定，在支付普通股票的红利之前，应按如下顺序分配：弥补亏损，提取法定公积金，提取任意公积金。

51. 股份公司在提供优先认购股权时会设定一个股权登记日，在此日期持有普通股票的股东享有优先认购权。

答案：正确

试题解析：股份公司在提供优先认购股权时会设定一个股权登记日，在此日期持有普通股票的股东享有优先认购权。

52. 股票发行人定期支付利息并到期偿付本金。

答案：错误

试题解析：股票实质上代表了股东对股份公司净资产的所有权。

53. 股东的表决权不可以集中使用。

答案：错误

试题解析：累积投票制，是指股东大会选举董事或者监事时，每一股份拥有与应选董事或者监事人数相同的表决权，股东拥有的表决权可以集中使用。

54. 剩余资产分配权是在公司依法宣告破产时股东按照其持有的股份比例获取剩余财产的权利。

答案：错误

试题解析： 剩余资产分配权是在公司解散清算时股东按照其持有的股份比例获取剩余财产的权利。

55. 公司对与优先股股东利益切身相关的重大事项进行表决时，优先股股东享有表决权，而且与普通股分类表决，这类表决可以被称为优先股股东“固有的表决权”。

答案：正确

试题解析： 根据《国务院关于开展优先股试点的指导意见》，优先股股东在两种情况下具有表决权。除题干外，另一种情况是由于公司长期未按约定分配股息，优先股股东恢复到与普通股股东同样的表决权，可以参与公司经营决策，与普通股一同参加投票，这类表决权可以被称为优先股“恢复的表决权”。

56. 按照一定条件下能否转换成其他品种为依据，优先股可分为可转换优先股和不可转换优先股。

答案：正确

试题解析： 根据优先股是否可以转换成普通股，可分为可转换优先股和不可转换优先股。可转换优先股是指在规定的时间内，优先股股东或发行人可以按照一定的转换比率把优先股换成该公司普通股；否则是不可转换优先股。

57. 证权证券所代表的权利本来不存在，而是随着证券的制作而产生，权利的发生是以政权的制作和存在为条件的。

答案：错误

试题解析： 设权证券是指证券所代表的权利本来不存在，而是随着证券的制作而产生，即权利的发生是以证券的制作和存在为条件的。

58. 股东权是一种综合权利，股东依法享有的权利包括资产收益、重大决策参与权、选择管理者。

答案：正确

试题解析： 按照我国《公司法》的规定，普通股股东除了上述三种基本权利外，普通股股东还可以享有由法律和公司章程所规定的其他权利，主要有知情权、处置权、优先认股权、

59. 国家股利收入依法纳入中央财政经营预算，并根据国家有关规定安排使用。

答案：错误

试题解析： 国有股股利收入由国有资产管理部门监督收缴，依法纳入国有资产

经营预算，并根据国家有关规定安排使用。

60. 暂未能合理股价的古董字画资产可以作为股东出资的资产。

答案：错误

试题解析： 股东可以用货币出资，也可以用实物、知识产权、土地使用权等可以用货币估价并可以依法转让的非货币财产作价出资。但是，法律、行政法规规定不得作为出资的财产除外。

61. 某公司拟上市发行股票，已知股票每股面额为 1 元，按照我国《公司法》的要求，该公司的股票发行价格可以是 0.5 元。

答案：错误

试题解析： 我国《公司法》规定，股票发行价格可以按票面金额，也可以超过票面金额，但不得低于票面金额。这样，有面额股票的票面金额就成为股票发行价格的最低界限。

62. 普通股股东在股份公司解散清算时，有权要求取得公司按规定清偿后的剩余财产。

答案：正确

试题解析： 资产收益权和剩余资产分配权直接体现了普通股股东对股份公司的剩余索取权。资产收益权是股东按照其持有的股份比例分取股利的权利。剩余资产分配权是在公司解散清算时股东按照其持有的股份比例获取剩余财产的权利。

63. 股东大会作出决议，必须经出席会议的股东代表所持表决权的 2/3 以上通过。

答案：错误

试题解析： 股东大会作出决议，必须经出席会议的股东所持表决权过半数通过。但是，股东大会作出修改公司章程、增加或者减少注册资本的决议，以及公司合并、分立、解散或者变更公司形式的决议，必须经出席会议的股东所持表决权的 2/3 以上通过。

64. 股票的收益主要有两类，股息、红利，以及资本利得。

答案：正确

试题解析： 股票的收益来源可分成两类：一是来自股份公司。认购股票后，持有者即对发行公司享有经济权益，其实现形式是公司派发的股息、红利，数量多少取决于股份公司的经营状况和盈利水平。二是来自股票流通。股票持有者可以持股票到依法设立的证券交易场所进行交易，当股票的市场价格高于买入价格时，卖出股票就可以赚取差价收益。这种差价收益被称为资本利得。

65. 股票属于有价证券，本身具有价值。

答案：错误

试题解析：股票独立于真实资本之外，在股票市场上进行着独立的价值运动，是一种虚拟资本。

66. 股东大会做出普通决议，必须经过出席会议股东表决权的过半数通过。

答案：正确

试题解析：股东大会作出决议，必须经出席会议的股东所持表决权过半数通过。但是，股东大会作出修改公司章程、增加或者减少注册资本的决议，以及公司合并、分立、解散或者变更公司形式的决议，必须经出席会议的股东所持表决权的2/3以上通过。

67. 为股票发行价格的确定提供依据属于无面额股票特点。

答案：错误

试题解析：无面额股票有如下特点：第一，发行或转让价格较灵活。第二，便于股票分割。

68. 按照目前的投资者构成，境内上市外资股的投资者包括外国的自然人、法人和其他组织；我国香港、澳门、台湾地区的自然人、法人和其他组织；定居在国外的中国公民。

答案：正确

试题解析：境内上市外资股原来是指股份有限公司向境外投资者募集并在我国境内上市的股份，投资者限于：外国的自然人、法人和其他组织；我国香港、澳门、台湾地区的自然人、法人和其他组织；定居在国外的中国公民等。

69. 境内居民个人可以用外币现钞从事B股交易。

答案：错误

试题解析：从2001年2月对境内居民个人开放B股市场后，境内投资者逐渐成为B股市场的重要投资主体，B股的外资股性质发生了变化。境内居民个人可以用现汇存款和外币现钞存款以及从境外汇入的外汇资金从事B股交易，但不允许使用外币现钞。

70. 股东按照持股比例无偿领取股票，叫作无偿配股。

答案：正确

试题解析：股东按照持股比例无偿领取股票叫作无偿配股。

71. 股票按照股东享有权利的不同，可以分为记名股票和无记名股票。

答案：错误

试题解析：按股东享有权利的不同，股票可以分为普通股票和特别股票。

72. 无面额股票只注明它在公司总股本中所占的比例。

答案：正确

试题解析：无面额股票也被称为比例股票或份额股票，是指在股票票面上不记载股票面额，只注明它在公司总股本中所占比例的股票。

73. 增发股票不会影响每位股东所持股东权益占公司全部股东权益的比重。

答案：错误

试题解析：增发或定向增发之后，公司注册资本和股份相应增加。增发或定向增发之后，若会计期内增量资本未能产生相应效益，将导致每股收益下降，则被称为稀释效应，会促成股价下跌；若增发价格高于增发前每股净资产，则增发后可能会导致公司每股净资产提升，有利于股价上涨；若增发总体上增加了发行在外的股票总量，短期内增加了股票供给，若无相应需求增长，股价可能下跌。

74. 股票分割不会影响每位股东所持股东权益占公司全部股东权益的比重。

答案：正确

试题解析：不论是分割还是合并，将增加或减少股份总数和股东持有股票的数量，但并不改变公司的实收资本和每位股东所持股东权益占公司全部股东权益的比重。

75. 证券的持有者对公司的财产有直接支配处理的证券是物权证券。

答案：正确

试题解析：物权证券是指证券持有者对公司的财产有直接支配处理权的证券。

76. 上市公司利用自有资金，从公开市场上买回发行在外的股票属于股份回购。

答案：正确

试题解析：股份回购是股份公司利用自有资金买回发行在外股份的行为。

77. 股份有限公司向发起人、法人发行的股票，应当为记名股票，应当记载该发起人、法人的持股票的编号。

答案：错误

试题解析：我国《公司法》规定，公司发行的股票可以为记名股票，也可以为无记名股票。股份有限公司向发起人、法人发行的股票，应当为记名股票，并应当记载该发起人、法人的名称或者姓名，不得另立户名或者以代表人姓名记名。

78. 公司进入成熟期，优先股票的股息收益可能会大大高于普通股票。

答案：错误

试题解析：持有优先股并不总是有利的，比如，在公司经营有方、盈利丰厚的情况下，优先股的股息收益可能会大大低于普通股。

79. 享有优先认股权的股东，仅有两种选择：行使此权利来认购新发行的普通股或者放弃此权利。

答案：错误

试题解析：享有优先认股权的股东可以有三种选择：一是行使此权利来认购新发行的普通股；二是将该权利转让给他人，从中获得一定的报酬；三是不行使此权利而听任其过期失效。

80. 我国的《公司法》允许发行无面额股票。

答案：错误

试题及解析：20 世纪早期，美国纽约州最先通过法律，允许发行无面额股票，以后美国其他州和其他一些国家也相继仿效，但目前世界上很多国家（包括中国）的公司法规定不允许发行这种股票。

81. B 股采取记名股票形式。

答案：正确

试题解析：B 股采取记名股票形式，以人民币标明股票面值，以外币认购、买卖，在境内证券交易所上市交易。

82. 公司进入资本市场获得资金的能力、股东所处的地位、公司的经营环境、法律上的限制属于普通股票股东行使资产收益权的限制条件。

答案：正确

试题解析：普通股票股东行使资产收益权有一定的限制条件。

83. 在我国，H 股、N 股、S 股等为境外上市外资股的简称。

答案：正确

试题解析：境外上市外资股是指股份有限公司向境外投资者募集并在境外上市的股份。境外上市外资股主要由 H 股、N 股、L 股和 S 股等构成。

84. 公司实际分配的股息总是等于税后净利润。

答案：错误

试题解析：一般来说，税后净利润是股份公司分配股息的基础和最高限额，但因要作必要的公积金的扣除，公司实际分配的股息总是少于税后净利润。

85. 因股权分置改革暂时锁定的股份属于限售条件的股份。

答案：正确

试题解析：有限售条件股份是指股份持有人依照法律、法规规定或按承诺有转让限制的股份，包括因股权分置改革暂时锁定的股份，内部职工股，董事、监事、高级管理人员持有的股份等。

86. 李某持有乙公司 5 000 股优先股，因公司 2021 年盈利不佳，本应发放的优先股股息暂未发放，2022 年末，公司将当年股息连同 2021 年股息一同发放给李某，这说明李某持有的是固定股息优先股。

答案：错误

试题解析：累积优先股制度下，公司在某一时期所获盈利不足，导致当年可分配利润不足以支付优先股股息时，则将应付股息累积到次年或以后某一年盈利时，在普通股的股息发放之前，连同本年优先股股息一并发放。

87. 股票代表着股东的永久性投资，显然股票持有者不能转让其股东身份。

答案：错误

试题解析：永久性是指股票所载有权利的有效性是始终不变的，因为它是一种无期限的法律凭证。股票代表着股东的永久性投资，当然，股票持有者可以出售股票而转让其股东身份；而对于股份公司来说，因为股东不能要求退股，所以通过发行股票募集到的资金，在公司存续期间是一笔稳定的自有资本。

88. 关于优先股和永续债两者区别，从发行人角度，支付计入权益的永续债利息和优先股股息都不可以在税前扣除。

答案：正确

试题解析：与永续债相比，从发行人角度，支付不计入权益的永续债利息可在税前扣除，支付计入权益的永续债利息不能在税前扣除，而优先股股息都不能在税前扣除。

89. 保荐人的保荐责任期包括发行上市全过程以及对发行的股票承担终身责任。

答案：错误

试题解析：保荐制度的重点是明确保荐机构和保荐代表人的责任，并建立责任追究机制。保荐人的保荐责任期包括发行上市全过程以及上市后的一段时期。

四、综合题。每问备选答案中有一项或多项符合题目要求，不选、错选均不得分。

（一）甲机构投资者与乙证券公司签订了证券交易委托代理协议，按照证券交易品种开立了股票交易账户，并且也开立了用于证券交易资金清算的专用资金账户。根据该案例，回答以下问题：

1. 在该机构投资者签订的证券交易委托代理协议中，乙证券公司承担证券（　　）角色。

A. 承销商　　B. 交易商　　C. 经纪商　　D. 做市商

答案：C

试题解析：证券经纪业务又被称为代理买卖证券业务，是指证券公司接受客户委托代客户买卖有价证券的业务。因此，在该机构投资者签订的证券交易委托代理协议中，该证券公司承担的是证券经纪商的角色。

2. 在此业务中，乙证券公司的收入来源是(　　)。

A. 销售证券　　B. 佣金

C. 证券买卖价差　　D. 垫付资金利息

答案：B

试题解析：在证券经纪业务中，证券公司只收取一定比例的佣金作为业务收入。

3. 如果甲机构投资者是在10：00～11：00委托交易，起股票成交价的竞价是(　　)。

A. 集合竞价　　B. 连续竞价

C. 投标经纪　　D. 招标竞价

答案：B

试题解析：采用竞价交易方式的，每个交易日的9：15～9：25为开盘集合竞价时间，其余为连续竞价时间。

（二）为维护银行体系流动性合理充裕，10日人民银行以利率招标方式开展了20亿元逆回购操作，中标利率2.00%。10日有930亿元逆回购到期，因此单日净回笼910亿元。根据该案例，回答以下问题：

1. 此案例中，中国人民银行开展的逆回购操作属于(　　)。

A. 公开市场操作　　B. 票据再贴现政策

C. 存款准备金政策　　D. 直接信用控制

答案：A

试题解析：中国人民银行公开市场业务债券交易主要包括回购交易、债券交易和发行中央银行银行票据。其中，回购交易分为正回购和逆回购两种。

2. 关于正回购和逆回购的说法，正确的是(　　)。

A. 正回购指卖出有价证券，并约定在未来特定日期买回有价证券的行为

B. 逆回购指卖出有价证券，并约定在未来特定日期买回有价证券的行为

C. 正回购指买入有价证券，并约定在未来特定日期卖出有价证券的行为

D. 逆回购指买入有价证券，并约定在未来特定日期卖出有价证券的行为

答案：AD

试题解析：正回购为中国人民银行向一级交易商卖出有价证券，并约定在未来

特定日期买回有价证券的交易行为。正回购为央行从市场收回流动性的操作，正回购到期则为央行向市场投放流动性的操作。逆回购为央行向一级交易商购买有价证券，并约定在未来特定日期将有价证券卖给一级交易商的交易行为，逆回购为央行向市场上投放流动性的操作，逆回购到期则为央行从市场收回流动性的操作。

（三）假定A公司在未来每期支付的每股股息为8元，必要收益率为10%，此时股票价格为65元。运用零增长模型回答以下问题。

1. 下列关于零增长模型说法错误的是（　　）。

A. 零增长模型可用于计算投资于零增长证券的内部收益率

B. 零增长模型假定股息增长率等于零，即未来的股息按一个固定数量支付

C. 零增长模型是指股息以固定不变的绝对值增长

D. 零增长模型在决定优先股的内在价值时这种模型相当有用，因为大多数优先股支付的股息是固定的。

答案：C

试题解析：本题考查零增长模型。股息以固定不变的绝对值增长是不变增长模型的一种。

2. 运用零增长模型，可知该公司股票的价值为（　　）元。

A. 50　　B. 65　　C. 75　　D. 80

答案：D

试题解析：运用零增长模型，可知该公司股票的价值为80元（=8÷0.1）。

3. 根据价值投资理论，我们应该（　　）该公司股票。

A. 买入　　B. 卖出　　C. 持有　　D. 无法判断

答案：A

试题解析：此时股票价格为65元，每股股票净现值为15元（=80－65）。这说明该股票被低估15元，因此可以购买该种股票。

（四）2022年某公司支付每股股息为1.80元，预计在未来日子里该公司股票的股息按每年5%的速率增长。假定必要收益率是11%，根据不变增长模型回答以下问题：

1. 关于不变增长模型，下列说法正确的有（　　）。

A. 零增长模型实际上是不变增长模型的一个特例

B. 不变增长模型可以分为两种形式：股息按照不变的增长率增长、股息以固定不变的绝对值增长

C. 利用不变增长模型不可以用于求解股票的内部收益率

D. 虽然不变增长的假设比零增长的假设有较小的应用限制，但是在许多情况下仍然被认为是不现实的

答案：ABD

试题解析：利用不变增长模型同样可以用于求解股票的内部收益率。

2. 根据不变增长模型可知，该公司股票的价值为(　　)元。

A. 28.0　　B. 29.5　　C. 31.0　　D. 31.5

答案：D

试题解析：该公司价值 = 1.80 ×（1 + 5%）+（11% − 5%）= 31.50（元）

（五）某公司的企业公司上年度自由现金流为 5 000 000 元，预计今年自由现金流增长率为 5%，公司的负债比率（负债/总资产）为 20%，股票投资者必要收益率为 16%，负债的税前成本为 8%，税率为 25%，公司负债市场价值 11 200 000 元，公司现有 2 000 000 股普通股发行在外。

1. 下列说法错误的是(　　)。

A. 自由现金流量是在不影响公司持续发展的前提下可供分配给企业资本供应者收的最大现金额

B. 自由现金流可分为企业自由现金流（FCFF）和股东自由现金流（FCFE）两种

C. 企业自由现金流折现模型采用企业加权平均资本成本（WACC）为折现率

D. 企业自由现金流折现模型采用股东要求的必要回报率作为折现率

答案：D

试题解析：股东自由现金流折现模型采用股东要求的必要回报率作为折现率。

2. 计算该公司股价所使用的折现率（WACC）为(　　)。

A. 13%　　B. 14%　　C. 15%　　D. 16%

答案：B

试题解析：根据计算公式 $WACC = EE + D \times KE + DE + D \times KD \times (1 - T)$，则有：

$0.8 \times 16\% + 0.2 \times 8\% \times (1 - 25\%) = 12.8\% + 1.2\% = 14\%$

3. 该公司的公司价值为(　　)元。

A. 52 500 000　　B. 53 636 000

C. 58 333 333　　D. 59 333 333

答案：C

试题解析：由题知，$FCFF_0 = 5\ 000\ 000$，$g_{FCFF} = 5\%$，则：

$FCFF_1 = FCFF_0 \times (1 + g_{FCFF}) = 5\ 250\ 000$(元)

公司价值 $VA = FCFF_1(WACC - g_{FCFF}) = 58\ 333\ 333$（元）。

4. 该公司的每股内在价值为(　　)元。

A. 24.00　　B. 23.57　　C. 24.32　　D. 22.25

答案：B

试题解析： 公司的股权价值＝58 333 333－11 200 000＝47 133 333（元）

因为发行在外的股票数量为 2 000 000 股，所以：

每股的内在价值＝47 133 333÷2 000 000＝23.57（元）

（六）某公司去年股东自由现金流 FCFE 为 1 347 000 元，预计今年增长 5%。公司现有 2 000 000 股普通股发行在外，股东要求的必要回报率为 8%。据此回答以下问题。

1. 关于股票估值，下列说法错误的有(　　)。

A. 股票估值可分为相对估值法和绝对估值法

B. 市盈率倍数法属于绝对估值法的一种

C. 绝对估值法的基本原理在于：假设价值来源于未来流入的现金流，将这一系列现金流以一定比率折现到现在，再进行加总就得到了相应价值

D. 相对估值法的基本原理是以可以比较的其他公司（可比公司）的价格为基础，来评估目标公司的相应价值

答案：B

试题解析： 市盈率法属于相对估值法的一种。市盈率（P/E）反映了一家公司的股票价值对其净利润的倍数。市盈率＝每股市价/每股收益。

2. 关于相对估值法，下列说法正确的有(　　)。

A. “企业价值/息税前利润”没有剔除资本结构的影响

B. 对于折旧摊销影响比较大的公司（如重资产公司），比较适合用“企业价值/息税折旧摊销前利润”

C. 市净率比较适用于资产流动性较低的金融机构

D. 对于一些无利润甚至亏损的企业，经营性现金流也为负，且账面价值比较低。此类公司，市销率可能比较实用

答案：BD

试题解析： 选项 A，“企业价值/息税前利润”剔除了资本结构的影响。选项 C，市净率比较适用于资产流动性较高的金融机构，因为这类公司的资产账面价值更加接近市场价值。

3. 该公司的未来现金流为(　　)元。

A. 1 414 300　　B. 1 413 350

C. 1 414 350　　D. 1 414 400

答案：C

试题解析： $FCFE_1$ = 1 347 000 ×（1 + 5%）= 1 414 350（元）

4. 该公司股票的内在价值为(　　)元。

A. 14.5　　B. 25.95　　C. 22.65　　D. 23.57

答案：D

试题解析： 根据固定增长模型进行折现，计算公司股权价值为 47 145 000 元：股票的内在价值 = 47 145 000 ÷ 2 000 000 = 23.57（元）

（七）2020 年 6 月 12 日，中国证监会同意苏州华兴源创科技股份有限公司发行股份购买资产并募集配套资金的注册申请，这是首单科创板上市公司重大资产重组项目。上海证券交易所于 2020 年 3 月 27 日受理该公司重大资产重组申请，6 月 9 日提请中国证监会注册。中国证监会于 6 月 12 日按法定程序同意其注册，用时仅 4 个交易日。

1. 注册制的特点是证券监管机构对申报文件的(　　)作合规性的形式审查，而将发行人的质量留给证券交易所和中介机构来判断和决定。

A. 真实性　　B. 准确性　　C. 完整性　　D. 及时性

答案：ABCD

试题解析： 注册制的特点是证券监管机构对申报文件的真实性、准确性、完整性和及时性作合规性的形式审查，而将发行人的质量留给证券交易所和中介机构来判断和决定。

2. 根据科创板上市公司并购重组落实注册制试点要求，由交易所对申报材料进行审核，中国证监会在收到交易所审核意见后(　　)个交易日内作出审查决定。

A. 4　　B. 5　　C. 7　　D. 10

答案：B

试题解析： 中国证监会在收到交易所审核意见后 5 个交易日内作出审查决定。

3. 下列说法正确的有(　　)。

A. 审批制在市场化程度较高的成熟股票市场所普遍采用的一种发行制度

B. 审批制是指发行人申请发行股票时，必须依法将公开的各种资料完全准确地向证券交易所申报

C. 核准制对发行人的营业性质、财力、素质、发展前景、发行数量和发行价格等条件进行实质性审查

D. 审批制是采用行政计划的办法分配股票发行的指标和额度，由地方或行业主管部门根据指标推荐企业发行股票的一种发行制度

答案：CD

试题解析： 注册制是在市场化程度较高的成熟股票市场所普遍采用的一种发行制度。证券监管部门公布股票发行的必要条件，只要达到所公布条件要求的企业即可发行股票。2020 年 3 月 1 日起，中国开始全面推行注册制。未经依法注册，任何单位和个人不能公开发行证券。同时，考虑到注册制改革是一个渐进的过程，新《证券法》授权国务院对证券发行注册制的具体范围、实施步骤进行规定，为有关板块和证券品种分步实施注册制留出了必要的法律空间。发行人申请发行股票时，必须依法将公开的各种资料完全准确地向证券监管机构申报。证券监管机构或者国务院授权的部门依照法定条件负责证券发行申请的注册。证券交易所等可以审核公开发行证券申请，判断发行人是否符合发行条件、信息披露要求，督促发行人完善信息披露内容，发行人的质量由证券交易所和证券中介机构来判断和决定。证券监管机构的职责是对申报文件的真实性、准确性、完整性和及时性进行合规性的形式审查。这种股票发行制度对发行人、证券交易所、证券中介机构和投资者的要求都比较高。

4. 保荐人的保荐责任期包括(　　)。

A. 发行上市全过程

B. 对发行的股票承担终身责任

C. 发行上市后一段时间

D. 递交上市申请材料期间

答案：ABCD

试题解析： 保荐制度的重点是明确保荐机构和保荐代表人的责任，并建立责任追究机制。保荐人的保荐责任期包括发行上市全过程以及上市后的一段时期。

5. 证券交易所、中介机构和证监会分担实质性审核职责的是(　　)。

A. 注册制　　B. 审核制　　C. 审批制　　D. 核准制

答案：D

试题解析： 在核准制中，证券交易所、中介机构和中国证监会分担实质性审核职责。

(八) 某公司的企业上市公司上年度自由现金流为 5 000 000 元，预计今年自由现金流增长率为 5%，公司的负债率（负债/总资产）为 20%，股票的投资者必要收益率为 16%，负债的税前成本为 8%，税率为 25%，公司负债市场价值 11 200 000 元，公司现有 2 000 000 股普通股发行在外。

1. 该公司的现金流是(　　)元。

A. 5 250 000　　B. 5 000 000

C. 250 000　　D. 58 333 333

答案：A

试题解析：$FCFF_1 = 5\ 000\ 000 \times (1 + 5\%) = 5\ 250\ 000$（元）

2. 该公司的加权折现率 WACC 是(　　)。

A. 12.8%　　B. 1.2%　　C. 14%　　D. 14.4%

答案：C

试题解析：$WACC = 0.8 \times 16\% + 0.2 \times 8\% \times (1 - 25\%) = 14\%$

3. 该公司价值是(　　)元。

A. 11 200 000　　B. 58 333 333

C. 55 555 556　　D. 37 500 000

答案：B

试题解析：公司价值 $VA = 5\ 250\ 000/(14\% - 5\%) = 58\ 333\ 333$（元）

4. 该公司股权价值是(　　)元。

A. 26 300 000　　B. 47 133 333

C. 44 355 556　　D. 69 533 333

答案：B

试题解析：公司股权价值 $VE = 58\ 333\ 333 - 11\ 200\ 000 = 47\ 133\ 333$（元）

5. 该公司股票内在价值是(　　)元。

A. 13.15　　B. 22.18　　C. 34.77　　D. 23.57

答案：D

试题解析：每股内在价值 $= 47\ 133\ 333/2\ 000\ 000 = 23.57$（元）

第五章 债券

一、单项选择题。以下备选项中只有一项最符合题目要求，不选、错选均不得分。

1. 下列关于债券的定义说法错误的是(　　)。

A. 债券是一种有价证券

B. 债券是社会各类经济主体为筹集资金而向债券投资者出具的债权债务凭证

C. 债券是承诺按一定利率定期支付利息并到期偿还本金的债权债务凭证

D. 债券规定了所借贷货币资金的所有权关系

答案：D

试题解析：本题考查债券的定义。债券是一种有价证券，是社会各类经济主体为筹集资金而向债券投资者出具的、承诺按一定利率定期支付利息并到期偿还本金的债权债务凭证。

2. 下列不属于债券票面要素的是(　　)。

A. 债券票面价值　　B. 债券发行日

C. 债券名义利率　　D. 债券发行者名称

答案：B

试题解析：本题考查债券的票面要素。债券的票面要素包括债券的票面价值、债券的到期期限、债券的票面利率、债券发行者名称。

3. 下列关于债券的分类说法错误的是(　　)。

A. 政府债券　　B. 公司债券

C. 公募债券　　D. 金融债券

答案：C

试题解析：本题考查债券的分类。债券的分类包括政府债券、金融债券、公司债券。

4. 根据债券券面形态，下列错误的选项是(　　)。

A. 凭证式债券　　B. 记账式债券

C. 发票式债券　　D. 实物债券

答案：C

试题解析：本题考查债券券面形态。债券券面形态包括实物债券、凭证式债券、记账式债券。

5. 关于债券与股票的相同点，下列说法错误的是(　　)。

A. 债券与股票都属于有价证券

B. 债券和股票是各国证券市场的两大支柱类交易工具

C. 债券和股票都是筹资人向资金供给者直接发行的有价证券

D. 债券和股票都是间接融资工具

答案：D

试题解析：本题考查债券与股票的相同点。债券和股票都是直接融资工具。

6. 关于公开发行公司债券的主体，下列不符合条件的是(　　)。

A. 具备健全且运行良好的组织机构

B. 最近 5 年平均可分配利润足以支持公司债券一年的利息

C. 具有合理的资产负债结构和正常的现金流量

D. 国务院规定的其他条件

答案：B

试题解析：本题考查公开发行公司债券的条件：(1) 具备健全且运行良好的组织机构；(2) 最近三年平均可分配利润足以支付公司债券一年的利息；(3) 具有合理的资产负债结构和正常的现金流量；(4) 国务院规定的其他条件。

7. 债券代表债券投资者的权利是(　　)。

A. 债权　　　　B. 直接支配财产权

C. 资产所有权　　　　D. 财产使用权

答案：A

试题解析：本题考查债券所代表的权利的含义。债券代表债券投资者的权利，这种权利不是直接支配财产权，也不是资产所有权的表现，而是一种债权。拥有债券的人是债权人，债权人不同于公司股东，是公司的外部利益相关者。

8. 根据债券券面形态分类，下列错误的是(　　)。

A. 实物债券　　　　B. 记账式债券

C. 凭证式债券　　　　D. 金融债券

答案：D

试题解析：本题考查债券全面形态的内容。根据债券券面形态可以分为实物债券、凭证式债券和记账式债券。

9. 下列债券中属于实物形态的债券是(　　)。

A. 无记名国债　　　　B. 凭证式债券

C. 记账式债券　　　　D. 附息债券

答案：A

试题解析：本题考查实物债券的含义。无记名国债就属于这种实物债券，它以实物券的形式记录债权、面值等，不记名，不挂失，可上市流通。

10. 中期债券的期限时长说法错误的是(　　)。

A. 1 年　　　　B. 1 年以上

C. 10 年以下（包括 10 年）　　　　D. 5 年以下

答案：D

试题解析：本题考查中期债券的期限。期限在 1 年或 1 年以上、10 年以下（包括 10 年）的为中期债券。

11. 国债的分类错误的是(　　)。

A. 赤字国债　　B. 建设国债　　C. 战争国债　　D. 普通国债

答案：D

试题解析：本题考查国债的分类。根据举借债务对筹集资金使用方向的规定，国债可以分为赤字国债、建设国债、战争国债和特种国债。

12. 下列关于贴现国债的说法错误的是(　　)。

A. 贴现国债发行时按规定的折扣率也低于债券面值的价格发行

B. 贴现国债的发行价格与其面值的差额即为债券的利息

C. 贴现国债指国债券面上附有息票

D. 贴现是国债通常期限在 1 年以下（含 1 年）

答案：C

试题解析：本题考查贴现国债的定义。贴现国债指国债券面上不附有息票，发行时按规定的折扣率，以低于债券面值的价格发行，到期按面值支付本息的国债。

13. 假设当前 1 年期零息债券的到期收益率为 5%，2 年期零息债券的到期收益率为 8%，那么根据利率期限结构理论，明年 1 年期零息债券的到期收益率是(　　)。

A. 16%　　B. 12.31%　　C. 11.09%　　D. 8%

答案：C

试题解析：本题考查期限结构理论。

明年 1 年期零息债券的到期收益率 = $(1+8\%)^2/(1+5\%)-1=11.09\%$

14. 下列关于市场分割理论的说法错误的是(　　)。

A. 在市场分割理论下，利率期限结构取决于短期资金市场供求状况与长期资金市场供求状况的比较，或者说取决于短期资金市场供需曲线交叉点的利率与长期资金市场供需曲线交叉点的利率对比

B. 如果短期资金市场供需曲线交叉点利率高于长期资金市场供需曲线交叉点利率，利率期限结构则呈现向下倾斜的趋势

C. 如果短期资金供需曲线交叉点利率低于长期资金市场供需曲线交叉点利率，利率期限结构则呈现向下倾斜的趋势

D. 这样的结果使市场划分为两大部分：一部分是短期资金市场；另一部分是长期资金市场

答案：C

试题解析：本题考查市场分割理论。如果短期资金供需曲线交叉点利率低于长期资金市场供需曲线交叉点利率，利率期限结构则呈现向上倾斜的趋势。

15. 证券公司发行的债务类融资工具不包括(　　)。

A. 普通债券　　B. 证券公司次级债券

C. 证券公司次级债务　　D. 证券公司长期融资券

答案：D

试题解析：本题考查债券公司债务工具内容。证券公司目前可以发行的债务类融资工具包括证券公司普通债券、证券公司短期融资券、证券公司次级债券、证券公司次级债务。

16. 下列关于我国企业债券的品种不正确的是(　　)。

A. 不可续期企业债券　　B. 普通企业债券

C. 中小企业集合债券　　D. 项目收益债券

答案：A

试题解析：本题考查我国企业债券的品种的内容。我国企业债券品种有：普通企业债券、中小企业集合债券、小微企业征信集合债券与创投企业债券、可续期企业债券、项目收益债券、专项债券。

17. 下列关于银行间债券市场非金融企业债务融资工具特点的描述错误的是(　　)。

A. 融资工具发行对象均为作为银行间债券市场成员的机构投资者

B. 融资工具发行参与方包括审计师事务所等中介服务机构

C. 定价市场化，融资工具的发行利率根据企业和融资工具级别，银行间市场

资金面情况等要素，由发行人自由决定，通常低于银行贷款基准利率

D. 发行方式市场化，依照中国银行间市场交易商协会相关工作指引注册发行，通常一次注册拟发行的全部额度，此后可根据资金需求及市场情况分批发行，无须再作审批，但需要将相关分期发行信息上报备案

答案：C

试题解析：本题考查银行间债券市场的非金融企业债务融资工具的特点。银行间债券市场的非金融企业债务融资工具定价市场化，融资工具的发行利率根据企业和融资工具级别、银行间市场资金面情况等要素，由发行人和主承销商协商决定，通常低于银行贷款基准利率。

18. 关于可转换债券，下列说法错误的是(　　)。

A. 可转换债券是指其持有者可以在一定时期内，按一定的比例或价格将之转换成一定数量的另一种证券的证券

B. 可转换债券是指证券持有者依据一定的转换条件，可将信用债券转换成为发行人普通股票的证券

C. 在可转换债券中投资者可自行选择是否转股，并为此承担转债利率较低的机会成本

D. 可转换债券通常附有赎回条款，可转再发人拥有是否实施赎回条款的选择权，并为此要支付比没有赎回条款的转债更低的利率

答案：D

试题解析：本题考查可转换债券方面的内容。可转换债券通常附有赎回条款，可转债发行人拥有是否实施赎回条款的选择权，并为此要支付比没有赎回条款的转债更高的利率。

19. 下列不属于金融债券的是(　　)。

A. 政策性金融债券　　B. 商业银行债券

C. 公司证券　　D. 保险公司债券

答案：C

试题解析：本题考查金融证券的内容。我国的金融债券包括政策性金融债券、商业银行债券、证券公司债券、保险公司债券、财务公司债券和金融租赁公司债券等。

20. 下列不属于商业银行发行金融债券具备的条件的是(　　)。

A. 具有良好的公司治理机制　　B. 核心资本充足率不低于4%

C. 最近5年连续盈利　　D. 贷款损失计提充足

答案：C

试题解析：本题考查商业银行发行金融债券的条件。商业银行发行金融债券应具备以下条件：具有良好的公司治理机制；核心资本充足率不低于4%；最近3年连续盈利；贷款损失准备计提充足；风险监管指标符合监管机构的有关规定；最近3年没有重大违法、违规行为；中国人民银行要求的其他条件。

21. 下列属于商业银行发行金融债权具备的条件的是(　　)。

A. 核心资本充足率不低于3%　　B. 连续5年连续盈利

C. 贷款损失准备计提充足　　D. 最近5年没有重大违法

答案：C

试题解析：本题考查商业银行发行金融债券的条件。

22. 下列不符合商业银行以私募方式发行次级债券的条件的是(　　)。

A. 世行贷款五级分类偏差小　　B. 核心资本充足率不低于4%

C. 贷款损失准备计提充足　　D. 最近5年没有重大违法违规行为

答案：D

试题解析：本题考查商业银行以私募方式发行次级债券的条件。商业银行以私募方式发行次级债券或募集次级定期债务应符合以下条件：实行贷款五级分类，贷款五级分类偏差小；核心资本充足率不低于4%；贷款损失准备计提充足；具有良好的公司治理结构与机制；最近3年没有重大违法、违规行为。

23. 下列关于银行业金融机构发行资本补充债券应满足的条件是(　　)。

A. 公司治理机制偿债能力较低

B. 偿债能力良好，且成立满5年

C. 以服务实体经济为导向，遵守国家产业政策和信贷政策

D. 满足宏观审慎管理要求，且主要金融监管指标符合监管部门的有关规定

答案：D

试题解析：本题考查银行业金融机构发行资本补充债券应满足的条件。银行业金融机构发行资本补充债券，应满足以下条件：具有完善的公司治理机制；偿债能力良好，且成立满3年；经营稳健，资产结构符合行业特征，以服务实体经济为导向，遵守国家产业政策和信贷政策；满足宏观审慎管理要求，且主要金融监管指标符合监管部门的有关规定。

24. 证券公司目前可发行的载物类融资工具不包括(　　)。

A. 证券公司普通债券　　B. 证券公司短期融资券

C. 证券公司次级债券　　D. 证券公司长期债务

答案：D

试题解析：本题考查证券公司目前可以发行的债券类融资工具的内容。证券公司目前可以发行的债务类融资工具包括证券公司普通债券、证券公司短期融资券、证券公司次级债券、证券公司次级债务。

25. 下列关于公司债券常见的分类的说法不正确的是(　　)。

A. 信用公司债券　　B. 不动产抵押公司债券

C. 普通公司债券　　D. 保证公司债券

答案：C

试题解析：本题考查公司债券常见的分类的知识点。公司债券可以划分为很多种类，常见的分类包括：按担保抵押情况分为信用公司债券、不动产抵押公司债券、保证公司债券。

26. 下列属于公司债券常见分类的是(　　)。

A. 收益公司债券　　B. 普通公司债券

C. 可交换公司债券　　D. 保证公司债券

答案：D

试题解析：本题考查公司债券常见的分类的知识点。公司债券可以划分为很多种类，常见的分类包括按担保抵押情况分为信用公司债券、不动产抵押公司债券、保证公司债券。

27. 下列属于公司按债券按发行方式分类的是(　　)。

A. 公募公司债券　　B. 信用公司债券

C. 不动产抵押公司债券　　D. 普通公司债券

答案：A

试题解析：本题考查公司债券按发行方式的分类。按发行方式可分为公募公司债券和私募公司债券等。

28. 公司债券的期限为 1 年以上的，在债券有效存续期间，应当每年至少向市场公布(　　)次定期跟踪评级报告。

A. 1　　B. 2　　C. 3　　D. 4

答案：A

试题解析：本题考查公司债券信用评级。公司债券的期限为 1 年以上的，在债券有效存续期间，应当每年至少向市场公布 1 次定期跟踪评级报告。

29. 下列说法错误的是(　　)。

A. 债券募集资金占项目总投资比例放宽至 80%

B. 发行绿色债券的企业不受发债指标限制

C. 在资产负债率低于80%的前提下，核定发债发展规模时不考查企业其他公司信用类产品的规模

D. 鼓励上市公司及其子公司发行绿色债券

答案：C

试题解析：本题考查关于《关于全面加强企业债券风险防范的若干意见》的内容。《关于全面加强企业债券风险防范的若干意见》中规定的部分准入条件之一是，在资产负债率低于75%的前提下，核定发债规模时不考查企业其他公司信用类产品的规模。

30. 公开发行公司债券的募集说明书自最后签署之日起(　　)个月内有效。

A. 3　　B. 6　　C. 9　　D. 12

答案：B

试题解析：本题考查公开发行公司债券有效期。公开发行公司债券的募集说明书自最后签署之日起6个月内有效。发行人应当及时更新债券募集说明书等公司债券发行文件，并在每期发行前报证券交易所备案。

31. 下列关于可转换债券的内容中说法错误的是(　　)。

A. 其持有者可以在一定时期内按一定的比例或价格将之转换成一定数量的另一种证券

B. 通常转换成优先股

C. 富有转股权

D. 具有双重选择性

答案：B

试题解析：本题考查可转换债券的内容。可转换债券通常是转换成普通股票，当股票价格上涨时，可转换债券的持有人行使转换权比较有利。

32. 下列关于可交换债券发行的条件中不正确的是(　　)。

A. 公司组织机构健全，运行良好，不存在重大缺陷

B. 公司最近一期末的净资产额不少于人民币5亿元

C. 本次发行后累计公司债券余额不超过最近一期末净资产额的40%

D. 公司最近三个会计年度实现的年均可分配利润不少于公司债券一年的利息

答案：B

试题解析：本题考查关于可交换债券发行的条件。申请发行可交换债券，应当符合下列规定：(1) 申请人应当是符合《公司法》《证券法》规定的有限责任公司或者股份有限公司。(2) 公司组织机构健全，运行良好，内部控制制度不存在重大

缺陷。(3) 公司最近一期末的净资产额不少于人民币3亿元。(4) 公司最近三个会计年度实现的年均可分配利润不少于公司债券一年的利息。(5) 本次发行后累计公司债券余额不超过最近一期末净资产额的40%。(6) 本次发行债券的金额不超过预备用于交换的股票按募集说明书公告日前20个交易日均价计算的市值的70%，且应当将预备用于交换的股票设定为本次发行的公司债券的担保物。(7) 经资信评级机构评级，债券信用级别良好。(8) 不存在《公司债券发行试点办法》第八条规定的不得发行公司债券的情形。

33. 下列关于国际债券的定义的说法，错误的一项是(　　)。

A. 一国借款人在国际证券市场上以外国货币为面值、向外国投资者发行

B. 国际债券是一种跨国发行的债券，涉及两个或两个以上的国家

C. 国际债券的发行人主要是各国政府、政府所属机构等

D. 国际债券的投资者主要是银行或其他金融机构等

答案：B

试题解析： 本题考查国际债券的定义。

34. 下列关于国际债券的特征的说法正确的是(　　)。

A. 资金发行规模小

B. 不存在汇率风险

C. 以自由兑换货币作为计量货币

D. 没有国家主权保障

答案：C

试题解析： 本题考查国际债券的特征。

35. 下列关于资产证券化兴起的经济动因，从发起人的角度看不正确的一项是(　　)。

A. 增加资产的流动性

B. 提升资产负债管理能力

C. 实现高成本融资

D. 增加收入来源

答案：C

试题解析： 本题考查资产证券化兴起的经济动因。从发起人的角度增加资产的流动性，提高资本使用效率；提升资产负债管理能力，优化财务状况；实现低成本融资；增加收入来源。

36. 下列关于竞争性招标方式投标限定的内容错误的是(　　)。

A. 投标标位变动幅度

B. 投标标尾差

C. 投标剔除

D. 中标标位差

答案：D

试题解析： 竞争性招标方式投标限定内容有投标标位变动幅度、投标标位差、

投标剔除、中标剔除、单一标位限制、最高投标限额。

37. 下列关于影响国债销售价格的因素的描述，错误的是(　　)。

A. 市场利率趋于上升，会限制承销商确定销售价格的空间

B. 市场利率趋于下降，为承销商确定销售价格拓宽了空间

C. 国债销售的价格一般低于承销商与发行人的结算价格

D. 国债承销中，承销商可获得其承销金额一定比例的手续费收入

答案：C

试题解析：本题考查影响国债销售价格的因素。市场利率的高低及其变化对国债销售价格起着显著的导向作用。国债销售的价格一般不应低于承销商与发行人的结算价格；反之，就有可能发生亏损。

38. 下列关于凭证式国债的承销程序的描述，错误的是(　　)。

A. 是一种不可上市流通的储蓄型债券

B. 财政部和中国人民银行一般每两年确定一次凭证式国债承销团资格

C. 财政部一般委托中国人民银行分配承销数额

D. “随买随卖”、利率按实际持有天数分档计付

答案：B

试题解析：本题考查凭证式国债的承销程序。财政部和中国人民银行一般每年确定一次凭证式国债承销团资格，各类商业银行、邮政储蓄银行均有资格申请加入凭证式国债承销团。

39. 根据流动性偏好理论，预期利率下降的幅度较小，其利率期限结构将出现(　　)的趋势。

A. 上升　　B. 下降　　C. 不变　　D. 先上升后下降

答案：A

试题解析：本题考查流动性偏好理论。在流动性偏好理论中，如果预期利率上升，其利率期限结构是向上倾斜的；如果预期利率下降较多，其利率期限结构是向下倾斜的。

40. 下列关于场外分销的程序描述，错误的一项是(　　)。

A. 在发行期内，承销商也可以在场外确定分销商或客户，并在当期国债的上市交易日前向证券交易所申请办理非交易过户

B. 证券交易所根据承销商的要求，将原先注册在承销商托管账户中的国债依据承销商指定的数量过户至分销商或客户的账户内，完成债券的认购登记手续

C. 国债认购款的支付时间和方式由买卖双方在场外协商确定

D. 在发行过程中，承销人的分销总额以其承销总额为限

答案：D

试题解析：本题考查场外分销的程序。

41. 下列关于国债（电子式）发行额度管理的描述，错误的一项是(　　)。

A. 发行期内，承销团成员可于每日8：30～16：30通过与财政部储蓄国债（电子式）业务管理信息系统联网方式申请抓取机动代销额度

B. 承销团成员申请机动代销额度的单笔上限为自身当期国债基本代销额度的15%，同一期国债两次申请时间间隔不少于5分钟

C. 国债系统按照接收时间优先原则处理机动代销额度抓取申请，并向承销团成员反馈处理结果

D. 对于符合规定的抓取申请，如财政部未分配机动代销额度大于承销团成员申请抓取额，按申请额向其分配

答案：B

试题解析：本题考查国债（电子式）发行额度管理。承销团成员申请机动代销额度的单笔上限为自身当期国债基本代销额度的15%，同一期国债两次申请时间间隔不少于1分钟。

42. 下列关于竞争性投标方式的投标限定的描述，错误的一项是(　　)。

A. 投标标位变动幅度。标位变动幅度为0.01%

B. 国债承销团甲类成员最高投标限额为当期（次）国债竞争性招标额的35%，国债承销团乙类成员最高投标限额为当期（次）国债竞争性招标额的25%

C. 国债承销团甲类成员最低投标为当期（次）国债竞争性招标额的5%，乙类为1.5%

D. 国债承销团甲类成员最低承销额（含追加承销部分）为当期（次）国债竞争性招标额的1%，乙类为0.2%

答案：C

试题解析：本题考查竞争性投标方式的投标限定。国债承销团甲类成员最低投标为当期（次）国债竞争性招标额的4%，乙类为1.5%。

43. 下列关于资产证券化证券化产品的属性分类，说法错误的是(　　)。

A. 股权型证券化　　B. 债权型证券化

C. 信贷资产证券化　　D. 混合型证券化

答案：C

试题解析：本题考查资产证券化证券化产品的属性分类。根据证券化产品的属

性分类。根据证券化产品的金融属性不同，可以分为股权型证券化、债权型证券化和混合型证券化。

44. 下列关于资产证券化根据基础资产分类，说法错误的是(　　)。

A. 债券组合证券化　　B. 债权型证券化

C. 信贷资产证券化　　D. 未来收益证券化

答案：B

试题解析：本题考查资产证券化根据基础资产分类。根据证券化的基础资产不同，可以将资产证券化划分为不动产证券化、应收账款证券化、信贷资产证券化、未来收益证券化（如高速公路收费）、债券组合证券化等类别。

45. 下列债券的风险溢价从高到低的顺序为(　　)。

A. 政府债券、金融债券、公司债券

B. 政府债券、公司债券、金融债券

C. 金融债券、公司债券、政府债券

D. 公司债券、金融债券、政府债券

答案：D

试题解析：本题考查债券信用溢价。一般来说，国债被认为是无风险债券、地方政府债券信用风险次之，公司债券的信用溢价最高。

46. 财政部代理发行地方政府债券承销团甲类成员最高投标限额分别为当期地方债招标额的(　　)。

A. 40%　　B. 30%　　C. 25%　　D. 20%

答案：B

试题解析：本题考查债券发行的相关规定。财政部代理发行地方政府债券承销团甲类、乙类成员最高投标限额分别为当期地方债招标额的30%、10%。

47. 下列关于地方政府自行债券的相关规定错误的是(　　)。

A. 各地可以在一般债券承销商中择优选择主承销商，主承销商为一般债券提供发行定价、登记托管、上市交易等咨询服务

B. 地方政府一般债券单一期限债券的发行规模不得超过一般债券当年发行规模的50%

C. 一般债券发行利率采用承销、招标等方式确定。采用承销或招标方式的，发行利率在承销或招标日前1~5个工作日相同待偿期记账式国债的平均收益率之上确定

D. 一般债券应当在中央国债登记结算有限责任公司办理总登记托管，在国家

规定的证券登记结算机构办理分登记托管

答案：B

试题解析：本题考查地方政府自行发债中一般债券相关规定。地方政府一般债券单一期限债券的发行规模不得超过一般债券当年发行规模的30%。

48. 下列关于商业银行发行金融债券的相关规定正确的是(　　)。

A. 商业银行的核心资本充足率不低于3%

B. 商业银行最近2年连续盈利

C. 商业银行最近2年没有重大违法、违规行为

D. 商业银行具有良好的公司治理机制

答案：D

试题解析：本题考查金融债券发行相关规定。根据《全国银行间债券市场金融债券发行管理办法》(中国人民银行2005年4月27日发布)，商业银行发行金融债券应具备以下条件：具有良好的公司治理机制；核心资本充足率不低于4%；最近3年连续盈利；贷款损失准备计提充足；风险监管指标符合监管机构的有关规定；最近3年没有重大违法、违规行为；中国人民银行要求的其他条件。根据商业银行的申请，中国人民银行可以豁免前款所规定的个别条件。

49.《中国银监会关于企业集团财务公司发行金融债券有关问题的通知》规定财务公司发行金融债券后，资本充足率不应低于(　　)。

A. 5%　　B. 8%　　C. 10%　　D. 12%

答案：C

试题解析：本题考查金融债券发行相关规定。根据《中国银监会关于企业集团财务公司发行金融债券有关问题的通知》(银监发〔2007〕58号)的规定，企业集团财务公司发行金融债券后，资本充足率不低于10%。

50. 企业债券的利率不得高于银行相同期限居民储蓄定期存款利率的(　　)。

A. 20%　　B. 30%　　C. 40%　　D. 50%

答案：C

试题解析：本题考查企业债券发行利率的规定。《企业债券管理条例》规定，企业债券的利率不得高于银行相同期限居民储蓄定期存款利率的40%。

51. 下列关于短期融资券注册会议错误的是(　　)。

A. 债务融资工具发行注册实行注册会议制度

B. 注册会议原则上每周召开一次，由5名注册委员会委员参加

C. 3名以上(含3名)委员认为企业没有真实准确、完整、及时披露信息，或

中介机构没有勤勉尽责的，交易商协会不接受发行注册

D. 企业的主体信用级别低于发行注册时信用级别的，短期融资券发行注册自动失效，交易商协会将有关情况进行公告

答案：C

试题解析： 会委员应对是否接受债务融资工具的发行注册作出独立判断。2 名以上（含 2 名）委员认为企业没有真实准确、完整、及时披露信息，或中介机构没有勤勉尽责的，交易商协会不接受发行注册。

52. 企业集合票据是指 2 个（含）以上、(　　)个（含）以下具有法人资格的中小非金融企业，在银行间债券市场以统一产品设计、统一券种冠名、统一信用增进、统一发行注册方式共同发行的，约定在一定期限还本付息的债务融资工具。

A. 5　　B. 10　　C. 13　　D. 15

答案：B

试题解析： 本题考查企业集合票据概念。

53. 国际开发机构发行人民币债券时的发行利率由(　　)进行管理。

A. 中国人民银行　　B. 国家外汇管理局

C. 财政部外资管理部门　　D. 中国证监会

答案：A

试题解析： 本题考查国际开发机构人民币债券发行审批相关规定。中国人民银行对人民币债券发行利率进行管理。

54. 国际开发机构申请在中国境内发行人民币债券下列条件正确的是(　　)。

A. 经两家以上（含两家）评级公司评级，其中至少应有一家评级公司在中国境内注册且具备人民币债券评级能力，人民币债券信用级别为 AAA 级以上

B. 已为中国境内项目或企业提供的贷款和股本资金在 5 亿美元以上，经国务院批准予以豁免的除外

C. 所募集资金用于向中国境内的建设项目提供中长期固定资产贷款或提供股本资金，投资项目符合中国国家产业政策、利用外资政策和固定资产投资管理规定

D. 国际开发机构申请在中国境内发行人民币债券应提交近 3 年经审计的财务报表及附注

答案：C

试题解析： 本题考查国际开发机构人民币债券发行审批相关规定。经两家以上（含两家）评级公司评级，其中至少应有一家评级公司在中国境内注册且具备人民币债券评级能力，人民币债券信用级别为 AA 级以上；已为中国境内项目或企业提

供的贷款和股本资金在10亿美元以上，经国务院批准予以豁免的除外；国际开发机构申请在中国境内发行人民币债券应提交近2年经审计的财务报表及附注。

55. 债券买卖双方（资金融入方和资金融出方）在成交的同时，约定于未来某一时间以某一约定价格双方再进行反向交易称为(　　)。

A. 现券交易　　B. 回购交易　　C. 远期交易　　D. 期货交易

答案：B

试题解析：本题考查债券交易类型。回购交易，是指债券买卖双方（资金融入方和资金融出方）在成交的同时，约定于未来某一时间以某一约定价格双方再进行反向交易的行为。

56. 下列关于债券报价的说法错误的是(　　)。

A. 对话报价是询价交易方式下特有的“讨价还价”过程

B. 双边报价在买入或卖出报价的券面总额为零时，可以对为零的一方的报价进行修改

C. 小额报价要素和对话报价基本相同，只是少了对手方和对手方交易员两项

D. 小额报价发出后能修改，对未成交的部分可予撤销

答案：D

试题解析：本题考查债券报价规则。小额报价发出后不能修改，对未成交的部分可予撤销。

57. 资信评级机构开展债券评级应满足，有(　　)名以上熟悉资信评级业务有关的专业知识，且通过资质测试的高级管理人员。

A. 2　　B. 3　　C. 4　　D. 5

答案：B

试题解析：本题考查资信评级机构开展业务规定。资信评级机构应3名以上熟悉资信评级业务有关的专业知识，且通过资质测试的高级管理人员。

58. 债券评级项目组组长应当具备从事证券业务所需的专业能力，且从事资信评级业务(　　)年以上。

A. 1　　B. 2　　C. 3　　D. 4

答案：C

试题解析：本题考查债券信用评级的程序。根据受评级机构或受评级证券发行人所处行业特点、企业规模及复杂程度组建评级项目组。项目组实行组长负责制，至少由两名评级分析人员组成。项目组组长应当具备从事证券业务所需的专业能力，且从事资信评级业务3年以上。

59. 市场预期理论认为，如果预期未来即期利率上升，则利率期限结构将出现(　　)的趋势。

A. 上升　　B. 不变　　C. 下降　　D. 先上升后下降

答案：A

试题解析：本题考查市场预期理论的概念。如果预期未来即期收益率上升，则利率期限结构将出现上升的变化趋势。

60. 银行间债券市场短期债券信用评级概念错误的是(　　)。

A. A-1 级还本付息能力最强，安全性最高

B. A-2 级还本付息能力较强，安全性较高

C. B 级还本付息能力较低，有一定的违约风险

D. C 级不能按期还本付息

答案：D

试题解析：本题考查银行间债券市场短期债券信用评级。银行间债券市场短期债券信用评级 C 级含义不能按期还本付息。

61. 假定有两个投资决策，决策一：购买一年期债券，持有另一个一年期债券；决策二，购买两年期债券，一直持有至到期日。如果这两个投资决策是无差异的，那么两年期债券的利率(　　)两个一年期债券利率的平均值。

A. 大于　　B. 等于　　C. 小于　　D. 不确定

答案：B

试题解析：本题考查市场预期理论概念。市场预期理论的前提假定是完全替代的债券具有相等的预期收益率。

62. 财政部发行的部分国债和代理地方政府发行的地方政府债在(　　)挂牌交易。

A. 银行间市场　　B. 上海证券交易所

C. 深圳证券交易所　　D. 商业银行柜台

答案：D

试题解析：本题考查商业银行柜台债券市场的发展情况。财政部发行的部分国债和代理地方政府发行的地方政府债在商业银行柜台挂牌买卖。

63. 银行间债券市场询价交易方式下，最低交易量为券面总额(　　)万元，交易量最小变动单位为券面总额(　　)万元。

A. 5；5　　B. 10；5　　C. 10；10　　D. 20；10

答案：C

试题解析： 本题考查银行间债券市场的交易方式概念。询价交易方式下，最低交易量为券面总额10万元，交易量最小变动单位为券面总额10万元。

64. 下列哪种债券融资工具由中央国债登记结算有限责任公司托管(　　)。

A. 国债　　B. 同业存单

C. 大额存单　　D. 结构性产品等创新金融产品

答案：A

试题解析： 本题考查银行间债券市场托管方式。中央国债登记结算有限责任公司是指定的中央债券存管机构，负责对在银行间债券市场发行和流通的国债、政策性金融债、次级债、企业债、中期票据、短期融资券、资产支持证券等券种进行登记与托管

65. 交易所市场实行“中央登记、二级托管”的制度，市场二级托管机构是指(　　)。

A. 中国证券登记结算有限责任公司　　B. 中国证监会

C. 有资格的证券公司　　D. 中央国债登记结算有限责任公司

答案：C

试题解析： 本题考查交易所债券市场托管方式。二级托管是指投资者参与证券市场必须通过有资格的证券公司，并将资产事实上托管给证券公司代理交易结算。

66. 银行间市场采用(　　)结算方式。

A. 实时全额逐笔结算机制　　B. 中央对手方的净额结算机制

C. 特种账户结算方式　　D. 纯券过户方式

答案：A

试题解析： 本题考查交易所债券市场结算方式。我国银行间市场的债券结算采用实时全额逐笔结算机制，统一通过中央国债登记结算有限责任公司的中央债券综合业务系统完成。

67. 债券转托管的收费。从银行间转到交易所，参考中国证券登记结算有限责任公司官网，转托管费按转出国债面值金额的(　　)计算；从交易所转到银行间，参考上海证券交易所债券交易收费标准为国债面值的(　　)。

A. 0.02%；0.05%　　B. 0.005%；0.05%

C. 0.005%；0.01%　　D. 0.01%；0.01%

答案：A

试题解析： 本题考查债券转托管的收费。从银行间转到交易所，参考中国证券登记结算有限责任公司官网，转托管费按转出国债面值金额的0.005%计算，单笔

（单只）转托管费用最低为10元，最高为10 000元。从交易所转到银行间，参考上海证券交易所债券交易收费标准为国债面值的0.01%。

68. 下列不属于债券溢价风险的是(　　)。

A. 操作风险　　B. 违约风险（信用风险）

C. 流动性风险　　D. 汇率风险

答案：B

试题解析：本题考查促进债券溢价风险。风险溢价根据各种债券的风险大小而定，是投资者因承担投资风险而获得的补偿。债券投资的主要风险因素包括违约风险（信用风险）、流动性风险、汇率风险等。

69. 下列债券面值与债券价值的关系正确的是(　　)。

A. 面值越大，债券价值越大　　B. 面值越小，债券价值越大

C. 面值越大，债券价值越小　　D. 债券面值和债券价值没关系

答案：A

试题解析：本题考查影响债券价值的基本因素和主要表现。债券面值越大，债券价值越大（同向）。

70. 2022年3月5日，某年息6%、面值100元、每半年付息1次的1年期债券，上次付息为2021年12月31日。如市场净价报价为96元，则实际支付价格为(　)元，利息累计天数则分为按实际天数（ACT）计算（ACT/360、ACT/180）计算。

A. 97.07　　B. 97.05　　C. 97.04　　D. 96

答案：B

试题解析：本题考查短期债券定价。计算过程：

ACT/180：累计天数（算头不算尾）=31天（1月）+28天（2月）+4天（3月）=63（天）

累计利息=100×6%/2×63/180=1.05（元）

实际支付价格=96+1.05=97.05（元）

71. 2022年3月5日，某年息8%、每年付息1次，面值为100元的国债，上次付息日为2021年12月31日。如净价报价为103.45元，则按实际天数计算的实际支付价格为(　　)元，利息累计天数则分为按实际天数（ACT）计算（ACT/365）计算。

A. 104.83　　B. 103.45　　C. 104.85　　D. 106.25

答案：A

试题解析：本题考查短期债券定价。计算过程：

ACT/365：累计天数（算头不算尾）=31天（1月）+28天（2月）+4天（3月）

=63（天）

累计利息 $=100\times 8\%\times 63/365=1.38$（元）

实际支付价格 $=103.45+1.38=104.83$（元）

72. 2019年1月10日，财政部发行3年期贴现式债券，面值为100元，2022年1月10日到期，发行价格为85元。2021年3月5日，该债券净价报价为87元，则实际支付价格计算为（　　）元。

A. 97.73　　B. 98.25　　C. 96.30　　D. 94.30

答案：A

试题解析：本题考查贴现债券定价，闰年2月29日也计利息。计算过程：

累计利息 $=(100-85)\div 1\ 096\times 784=10.73$（元）

实际支付价格 $=87+10.73=97.73$（元）

73. 2022年1月1日，中国人民银行发行1年期中央银行票据，每张面值为100元人民币，年贴现率为4%，则理论价格为（　　）元。

A. 96.15　　B. 97.15　　C. 95.15　　D. 96

答案：A

试题解析：本题考查零息债券定价。计算过程：

理论价格 $=10\div(1+4\%)=96.15$（元）

74. 2022年1月1日，中国人民银行发行1年期中央银行票据，每张面值为100元人民币，年贴现率为4%，到2022年6月30日央银行票据年贴现率变为3.5%，则其理论价格变为（　　）元。

A. 96.62　　B. 96.15　　C. 96.5　　D. 98.29

答案：D

试题解析：本题考查零息债券定价。计算过程：

累计利息 $=P=100\div(1+3.5\%)^{0.5}=98.29$（元）

75. 2022年3月31日，财政部发行的某期国债距到期日还有3年，面值100元，票面利率年息3.75%，每年付息1次，下次付息日在1年以后。1年期、2年期、3年期贴现率分别为4%、4.5%、5%。该债券理论价格（P）为（　　）元。

A. 96.10　　B. 96.66　　C. 99.31　　D. 98.32

答案：B

试题解析：本题考查零息债券定价。计算过程：

$P=3.75\div(1+4\%)+3.75\div(1+4.5\%)^2+103.75\div(1+5\%)^3=96.66$（元）

76. 2022年3月31日，财政部发行的3年期国债，面值100元，票面利率年息3.75%，按单利计息，到期利随本清。3年期贴现率5%，则其理论价格为(　　)元。

A. 111.25　　B. 96.10　　C. 96.66　　D. 96.61

答案：B

试题解析：本题考查零息债券定价。计算过程：

到期还本付息 $=100\times(1+3\times3.75\%)=111.25$（元）

理论价格（P）$=111.25\times(1+5\%)\times3=96.10$（元）

77. 在关于利率期限结构的各种理论中，认为债券的收益率曲线在多数情况下向右上方倾斜的理论是(　　)。

A. 完全预期理论　　B. 有偏预期理论

C. 流动性偏好理论　　D. 集中偏好理论

答案：C

试题解析：本题考查期限结构理论。流动性偏好理论中，大多情况下，流动溢价的存在使收益率曲线向上倾斜。

78. 下表A、B、C、D、E相关信息已知，则1.5年的即期利率是(　　)。

五种债券相关信息

债券	债券本金（元）	距到期期限（年）	年息票（元）	债券价格（元）
A	100	0.25	0	97.5
B	100	0.50	0	94.9
C	100	1.00	0	90.0
D	100	1.50	8	96.0
E	100	2.00	12	101.6

A. 10.66%　　B. 11.04%　　C. 11.11%　　D. 14.28%

答案：D

试题解析：本题考查即期收益率计算。计算过程：对于A、B、C三只零息债券，即期利率分别满足：

0.25年期利率：$97.5=100(1+y_{0.25})^{0.25}\Leftrightarrow y_{0.25}=10.66\%$

0.5年期利率：$94.9=100(1+y_{0.50})^{0.50}\Leftrightarrow y_{0.50}=11.04\%$

1年期利率：$90=100(1+y_{1.00})^{1.00}\Leftrightarrow y_{1.00}=11.11\%$

计算1.5年期即期利率时，我们会发现，此时能够获得的债券价格（D债券）

不能直接用于计算，因为D债券是附息债券。假设D债券每年付息1次，距下次付息正好半年，则可以将该债券下次付息视为本金为8元、半年后到期的零息债券，而1.5年后的还本付息（108元）视为本金为108元、1.5年后到期的零息债券。于是，债券D就分拆为两只零息债券，其价格也就等于两只零息债券的价格之和，于是有：

$96 = 8/(1+y_{0.5})^{0.5} + 108/(1+y_{1.5})^{1.5} = 8/(1+11.04\%)^{0.5} + 108/(1+y_{1.5})^{1.5}$

$\Leftrightarrow y_{1.50} = 14.28\%$

79. 某投资者按100元价格平价购买了年息8%、每年付息1次的债券，持有2年后按106元价格卖出，该投资者持有期收益率计算为(　　)。

A. 9.34%　　B. 9.54%　　C. 10.52%　　D. 10.85%

答案：D

试题解析：本题考查持有期收益率的计算。计算过程：

$100 = 8\ (1+y_h)\ + 8 + 106\ (1+y_h)^2$

$\Leftrightarrow y_h = 10.85\%$

这是一个关于到期收益率 y_h 的一元五次方程，计算得到：$y_h = 10.85\%$。

80. 某债券的票面价值为1 000元，息票利率为5%，期限为4年，现以950元的发行价向全社会公开发行，2年后债券发行人以1 050元的价格赎回，第一赎回日为付息日后的第一个交易日，则赎回收益率为(　　)。

A. 9.12%　　B. 9.45%　　C. 10.25%　　D. 10.85%

答案：C

试题解析：本题考查赎回收益率计算。计算过程：

$950 = 1\ 250/(1+y)^1 + 1\ 050/\ (1+y)^2$

这是一个关于到期收益率 y_h 的一元五次方程，计算得到：$y_h = 10.25\%$。

81. 下列关于利率风险结构决定因素违约风险说法错误的是(　　)。

A. 违约风险是指当债券到期时，债券发行人无力或不愿意兑现债券本息而给投资者带来损失的可能性

B. 信用工具的违约风险越大，利率越低

C. 公司债券利率总是高于国库券利率

D. BBB级债券利率总是高于AAA级债券

答案：B

试题解析：本题考查违约风险概念。信用工具的违约风险越大，利率越高；反之，利率越低。

82. 利率期限结构呈现向上倾斜的曲线表示(　　)。

A. 期限越长的债券利率越高

B. 期限越长的债券利率越低

C. 不同期限的债券利率相等

D. 期限相对较短的债券，利率与期限呈正向关系；期限相对较长的债券，利率与期限呈反向关系

答案：A

试题解析：本题考查违约风险概念。一条向上倾斜的正向利率曲线，表示期限越长的债券利率越高。

83. 下列哪项不是影响利率期限结构形状的因素(　　)。

A. 对未来利率变动方向的预期

B. 债券预期收益中可能存在的流动性溢价

C. 市场效率低下或者资金从长期（或短期）市场向短期（或长期）市场流动可能存在的障碍

D. 市场上债券交易总量

答案：D

试题解析：本题考查利率期限结构影响因素。任一时点上，都有以下三种因素影响期限结构的形状：对未来利率变动方向的预期、债券预期收益中可能存在的流动性溢价、市场效率低下或者资金从长期（或短期）市场向短期（或长期）市场流动可能存在的障碍。

二、多项选择题。以下备选项中有两项或两项以上符合题目要求，多选、少选、错选均不得分。

1. 关于债券特征说法正确的有(　　)。

A. 偿还性　　B. 流动性　　C. 安全性　　D. 收益性

答案：ABCD

试题解析：本题考查债券的特征。债券有以下四个特征：偿还性、流动性、安全性和收益性。

2. 债券按发行主体分类，可分为(　　)。

A. 政府证券　　B. 零息证券　　C. 金融证券　　D. 公司证券

答案：ACD

试题解析：本题考查债券的分类。根据发行主体的不同，债券可以分为政府债

券、金融债券和公司债券等主要类型。

3. 债券按利率是否固定分类，可分为(　　)。

A. 固定利率债券　　B. 半浮动利率债券

C. 浮动利率证券　　D. 可调利率债券

答案：ACD

试题解析：本题考查债券的分类。按利率是否固定分类，债券可以分为固定利率债券、浮动利率债券和可调利率债券。

4. 债券按信用状况分类，可分为(　　)。

A. 公募债券　　B. 利率债　　C. 私募债券　　D. 信用债

答案：BD

试题解析：本题考查债券的分类。债券按信用状况分可以分为利率债和信用债。

5. 债券所规定的借贷双方的权利义务关系包含那些的含义(　　)。

A. 发行人必须在约定的时间付息还本

B. 发行人是借入资金的经济主体

C. 债券反映了发行者和投资者之间的债权债务关系，而且是这一关系的法律凭证

D. 投资者是出借资金的经济主体

答案：ABCD

试题解析：本题考查债券所规定的借贷双方的权利义务关系包含的含义。

6. 债券的票面要素有(　　)。

A. 债券的票面价值　　B. 债券的到期期限

C. 债券的实际利率　　D. 债券发行者名称

答案：ABD

试题解析：本题考查的是债券的票面要素。债券票面上有四个基本要素：债券的票面价值、债券的到期期限、债券的票面利率、债券发行者名称。

7. 债券按债券形态可分为(　　)。

A. 实物债券　　B. 凭证式证券　　C. 记账式债券　　D. 公司债券

答案：ABC

试题解析：本题考查的是债券的分类。债券有不同的形式，根据债券券面形态可以分为实物债券、凭证式债券和记账式债券。

8. 债券按发行方式可分为(　　)。

A. 公司债券　　B. 公募债券　　C. 政府债券　　D. 私募债券

答案：BD

试题解析：本题考查的是债券的分类。债券按发行方式可分为公募债券和私募债券。

9. 下列对长期次级债描述正确的是(　　)。

A. 到期期限在 2 年以上，原则上按 50% 的比例计入净资本

B. 到期期限在 3 年以上，原则上按 100% 的比例计入净资本

C. 到期期限在 2 年以上，原则上按 70% 的比例计入净资本

D. 到期期限在 1 年以上，原则上按 30% 的比例计入净资本

答案：BC

试题解析：本题考查长期次级债的概念。长期次级债可按一定比例计入净资本，到期期限在 3 年、2 年、1 年以上的，原则上分别按 100%、70%、50% 的比例计入净资本。

10. 证券公司目前可以发行的债务类融资工具包括(　　)。

A. 证券公司普通债券　　B. 证券公司短期融资券

C. 证券公司次级债券　　D. 证券公司次级债务

答案：ABCD

试题解析：本题考查证券公司债务工具。证券公司目前可以发行的债务类融资工具包括证券公司普通债券、证券公司短期融资券、证券公司次级债券、证券公司次级债务。

11. 对于政府的特征描述正确的是(　　)。

A. 安全性高　　B. 流通性强　　C. 收益稳定　　D. 免税待遇

答案：ABCD

试题解析：本题考查政府债券的特征。政府的特征包括安全性高、流通性强、收益稳定和免税待遇。

12. 中央政府债券按资金用途分为(　　)。

A. 赤字国债　　B. 建设国债　　C. 战争国债　　D. 特种国债

答案：ABCD

试题解析：本题考查中央政府债券的分类。政府通过国债筹集的资金可用于各项开支。根据举借债务对筹集资金使用方向的规定，国债可以分为赤字国债、建设国债、战争国债和特种国债。

13. 中央政府债券按流通与否分为(　　)。

A. 流通国债　　B. 本币国债　　C. 非流通国债　　D. 外币国债

答案：AC

试题解析：本题考查中央政府债券的分类。流通性是债券的特征之一，也是国债的基本特点，但也有一些国债是不能流通的，因此，国债可以分为流通国债和非流通国债。

14. 储蓄国债（电子式）的特点包括(　　)。

A. 采用实名制，不可流通转让

B. 针对个人投资者，不向机构投资者发行

C. 收益安全稳定，由财政部负责还本付息，免缴利息税

D. 购买方便、变现灵活

答案：ABC

试题解析：本题考查储蓄国债（电子式）的特点。储蓄国债（电子式）是2006年推出的国债新品种，具有以下特点：针对个人投资者，不向机构投资者发行；采用实名制，不可流通转让；采用电子方式记录债权；收益安全稳定，由财政部负责还本付息，免缴利息税；鼓励持有到期；手续简化；付息方式较为多样。

15. 储蓄国债（凭证式）和储蓄国债（电子式）的区别有(　　)。

A. 申请购买手续不同　　B. 到期兑付方式不同

C. 债权记录方式不同　　D. 发行对象不同

答案：ABCD

试题解析：本题考查储蓄国债（凭证式）和储蓄国债（电子式）的区别。储蓄国债（凭证式）和储蓄国债（电子式）都在商业银行柜台发行，不能上市流通，但都是信用级别最高的债券，以国家信用作保证，而且免缴利息税。不同之处在于：申请购买手续不同，债权记录方式不同，付息方式不同，到期兑付方式不同，发行对象不同，承办机构不同。

16. 储蓄国债（电子式）和记账式国债的区别有(　　)。

A. 发行利率确定机制不同　　B. 到期兑付方式不同

C. 流通或变现方式不同　　D. 发行对象不同

答案：ACD

试题解析：本题考查储蓄国债（电子式）和记账式国债的区别。储蓄国债（电子式）与记账式国债都以电子记账方式记录债权，但具有下列不同之处：发行对象不同；发行利率确定机制不同；流通或变现方式不同；记账式国债二级市场交易价格是由市场决定的，到期前市场价格（净价）有可能高于或低于发行面值。

17. 下列关于地方政府债券定义的说法正确的是(　　)。

A. 也称地方公债或地方债

B. 考虑本地区经济发展和资金需求状况

C. 以承担还本付息责任为前提

D. 向社会筹集资金的债务凭证

答案：ABCD

试题解析：本题考查地方政府债券的定义。

18. 根据2021年发布的《公司债券发行与交易管理办法》第六十四条的规定，发行人可采取内外部增信机制、偿债保障措施，提高偿债能力，控制公司债券风险。内外部增信机制、偿债保障措施包括但不限于下列方式（　　）。

A. 第三方担保　　B. 商业保险

C. 质押担保　　D. 限制发行人债务及对外担保规模

答案：ABCD

试题解析：本题考查公司债券。《公司债券发行与交易管理办法》规定内外部增信机制、偿债保障措施包括但不限于下列方式：第三方担保、商业保险、资产抵押、质押担保、限制发行人债务及对外担保规模、限制发行人对外投资规模、限制发行人向第三方出售或抵押主要资产、设置债券回售条款。

19. 金融债券按债券票面利率是否变动分为（　　）。

A. 固定利率债券　　B. 浮动利率债券

C. 累进利率债券　　D. 附有选择权的债券

答案：ABC

试题解析：本题考查金融债券的分类。根据债券票面利率是否变动划分为固定利率债券、浮动利率债券和累进利率债券。

20. 下面对政策性金融债券描述正确的是（　　）。

A. 可在全国银行间债券市场和交易所债券市场公开发行

B. 可在全国银行间债券市场和交易所债券市场定向发行

C. 发行人可以采取一次足额发行

D. 发行人可以采取限额内分期发行

答案：ABCD

试题解析：本题考查政策性金融证券的性质。政策性金融债券可在全国银行间债券市场和交易所债券市场公开发行或定向发行，发行人可以采取一次足额发行或限额内分期发行的方式。

21. 根据《商业银行次级债券发行管理办法》，商业银行发行金融债券应具备的条件有(　　)。

A. 具有良好的公司治理机制　　B. 核心资本充足率不低于4%

C. 最近3年连续盈利　　D. 贷款损失准备计提充足

答案：ABCD

试题解析： 本题考查商业银行金融债券的发行条件。

22. 商业银行以私募方式发行次级债券或募集次级定期债务应符合哪些条件(　　)。

A. 实行贷款五级分类，贷款五级分类偏差小

B. 核心资本充足率不低于5%

C. 贷款损失准备计提充足

D. 最近3年没有重大违法、违规行为

答案：ACD

试题解析： 本题考查商业银行以私募方式发行次级债券或募集次级定期债务应符合的条件。

23. 下面对资本补充债券的描述正确的有(　　)。

A. 银行业金融机构为满足资本监管要求而发行的债券

B. 特指无固定期限资本债券

C. 包括无固定期限资本债券和二级资本债券

D. 对特定触发事件下债券偿付事宜作出约定的金融债券

答案：ACD

试题解析： 本题考查资本补充债券的定义。资本补充债券是指银行业金融机构为满足资本监管要求而发行的、对特定触发事件下债券偿付事宜作出约定的金融债券，包括但不限于无固定期限资本债券和二级资本债券。

24. 保险公司次级债务与商业银行次级债务的区别(　　)。

A. 保险公司次级债务的偿还只有在确保偿还次级债务本息后偿付能力充足率不低于100%的前提下，募集人才能偿付本息

B. 保险公司次级债务的偿还只有在确保偿还次级债务本息后偿付能力充足率不低于90%的前提下，募集人才能偿付本息

C. 保险公司次级债务的偿还只有在确保偿还次级债务本息后偿付能力充足率不低于70%的前提下，募集人才能偿付本息

D. 募集人在无法按时支付利息或偿还本金时，债权人无权向法院申请对募集人实施破产清偿

答案：AD

试题解析：本题考查保险公司次级债务与商业银行次级债务的区别。与商业银行次级债务不同的是，按照《保险公司次级定期债务管理办法》，保险公司次级债务的偿还只有在确保偿还次级债务本息后偿付能力充足率不低于100%的前提下，募集人才能偿付本息；并且，募集人在无法按时支付利息或偿还本金时，债权人无权向法院申请对募集人实施破产清偿。

25. 下列关于金融租赁公司和汽车金融公司的金融债券的说法正确的是(　　)。

A. 经原中国银监会批准设立的、以经营融资租赁业务为主的非银行金融机构

B. 符合条件的金融租赁公司和汽车金融公司可以在银行间债券市场发行和交易金融债券

C. 金融租赁公司发行金融债券后，资本充足率均不低于8%

D. 汽车金融公司发行金融债券后，资本充足率均不低于5%

答案：ABC

试题解析：本题考查金融租赁公司和汽车金融公司的金融债券。金融租赁公司和汽车金融公司发行金融债券后，资本充足率均应不低于8%。

26. 公司债券按担保抵押情况分为(　　)。

A. 信用公司债券　　B. 不动产抵押公司债券

C. 收益公司债券　　D. 保证公司债券

答案：ABD

试题解析：本题考查公司债券的分类。公司债券按担保抵押情况分为信用公司债券、不动产抵押公司债券、保证公司债券。

27. 下列对于债券的描述正确的是(　　)。

A. 信用公司债券是一种以公司资产作担保而发行的债券

B. 信用公司债券属于无担保证券范畴

C. 政府债券无须提供担保

D. 金融债券大多数可免除担保

答案：BCD

试题解析：本题考查信用公司债券的内容。信用公司债券是一种不以公司任何资产作担保而发行的债券，属于无担保证券范畴。一般来说，政府债券无须提供担保，因为政府掌握国家资源，可以征税，所以政府债券安全性最高。金融债券大多数也可免除担保，因为金融机构作为信用机构，本身就具有较高的信用。

28. 下列对于收益公司债券的描述正确的是(　　)。

A. 收益公司债券是一种具有特殊性质的债券

B. 其利息只有在公司有盈利时才支付

C. 清偿时债权排列顺序先于股票

D. 如果余额不足支付，未付利息不可累加

答案：ABC

试题解析：本题考查收益公司债券的内容。收益公司债券是一种具有特殊性质的债券，与一般的债券相似，有固定到期日，清偿时债权排列顺序先于股票。但它又与一般的债券不同，其利息只有在公司有盈利时才支付，即发行公司的利润扣除各项固定支出后的余额用作债券利息的来源。如果余额不足支付，未付利息可以累加，待公司收益增加后再补发。所有应付利息付清后，公司才可对股东分红。

29. 下列对于可转换公司债券的描述正确的是(　　)。

A. 发行人依照法定程序发行、在一定期限内依据约定的条件可以转换成股份的公司债券

B. 兼有债权投资和股权投资的双重优势

C. 包含赎回条款和回售条款

D. 当公司股票价格在一段时间内连续高于转换价格达到一定幅度时，公司可以按照现价买回发行在外尚未转股的可转换债券

答案：ABC

试题解析：本题考查可转换公司债券的内容。当公司股票价格在一段时间内连续高于转换价格达到一定幅度时，公司可以按照事先约定的赎回价格买回发行在外尚未转股的可转换债券。

30. 可转债的转换价格在哪些情况下可以进行调整(　　)。

A. 当公司发生派送股票股利、转增股本、增发新股或配股、派送现金股利等情况（不包括因可转债转股而增加的股本）时，将按相关公式进行转股价格的调整

B. 是在可转债存续期间，当公司股票在任意连续30个交易日中有15个交易日的收盘价低于当期转股价格一定比例（70%～75%）时

C. 是在可转债存续期间，当公司股票在任意连续30个交易日中有15个交易日的收盘价低于当期转股价格一定比例（80%～85%）时

D. 当公司发生股份回购、合并、分立或任何其他情形使公司股份类别、数量或股东权益发生变化从而可能影响可转债持有人的债权利益或转股衍生权益时

答案：ACD

试题解析：本题考查可转换公司债券的内容。

31. 下列关于附认股权证的公司债券的说法正确的是(　　)。

A. 债券的购买者可以按预先规定的条件在公司发行股票时享有优先购买权

B. 预先规定的条件主要是指股票的购买价格、认购比例和认购期间

C. 分离交易的可转换公司债券，发行时是组合在一起的

D. 附认股权证的公司债券是公司发行的一种附有认购该公司股票权利的债券

答案：ABCD

试题解析：本题考查附认股权证的公司债券的内容。

32. 关于可交换债券与可转换债券之间的区别，描述正确的是(　　)。

A. 发行主体是上市公司本身

B. 股份来源是发行人持有的其他公司已发行在外的股份

C. 转股会使标的股票总股本扩大

D. 股份来源通常是发行人本身未来将发行的新股

答案：BD

试题解析：本题考查的是可交换债券与可转换债券之间的区别。发行主体不同：可交换债券的发行主体是上市公司的股东，而可转换债券的发行主体是上市公司本身；用于转股的股份来源不同：可交换债券的股份来源是发行人持有的其他公司已发行在外的股份，而可转换债券的股份来源通常是发行人本身未来将发行的新股；转股对公司股本的影响不同：可交换债券的转股不会影响标的股票总股本的数量，而可转换债券的转股会使标的股票总股本扩大。

33. 《企业债券管理条例》（2011 年修订）规定企业债券的发行主体包括(　　)。

A. 股份有限公司　　B. 有限责任公司

C. 尚未改制为公司制的企业法人　　D. 上市公司

答案：ABC

试题解析：本题考查的是企业债券的发行主体。《企业债券管理条例》（2011 年修订）规定，企业债券是指"企业依照法定程序发行、约定在一定期限内还本付息的有价证券"。该条例适用于"中华人民共和国境内具有法人资格的企业在境内发行的债券。但是，金融债券和外币债券除外"。从该条例出发，企业债券发行主体可以是股份有限公司和有限责任公司，也可以是尚未改制为公司制的企业法人。

34. 下列对竞争性招标方式的投标限定阐述正确的是(　　)。

A. 标位变动幅度为 0.1%

B. 每一国债承销团成员最高、最低投标标位差不得大于当期（次）国债发行

文件规定的投标标位差

C. 单一标位最低投标限额为 0.1 亿元

D. 国债承销团甲类成员最高投标限额为当期（次）国债竞争性招标额的 35%。国债承销团乙类成员最高投标限额为当期（次）国债竞争性招标额的 25%

答案：BCD

试题解析：本题考查的是竞争性招标方式的投标限定。（1）投标标位变动幅度。标位变动幅度为 0.01%；（2）投标标位差。每一国债承销团成员最高、最低投标标位差不得大于当期（次）国债发行文件规定的投标标位差；（3）投标剔除。背离全场加权平均投标利率或价格一定数量以上（不含本数）的标位为无效投标，全部落标，不参与全场加权平均中标利率或价格的计算；（4）中标剔除。标的为利率时，高于全场加权平均中标利率一定数量以上（不含本数）的标位，全部落标；标的为价格时，低于全场加权平均中标价格一定数量以上（不含本数）的标位，全部落标；（5）单一标位限制。单一标位最低投标限额为 0.1 亿元。当期（次）国债竞争性招标额在 500 亿元以上（不含本数）时，单一标位最高投标限额为当期（次）国债竞争性招标额的 10%；当期（次）国债竞争性招标额在 500 亿元以下（含本数）时，单一标位最高投标限额为 50 亿元。投标量变动幅度为 0.1 亿元的整数倍；（6）最高投标限额。国债承销团甲类成员最高投标限额为当期（次）国债竞争性招标额的 35%。国债承销团乙类成员最高投标限额为当期（次）国债竞争性招标额的 25%。上述比例均计算至 0.1 亿元，0.1 亿元以下四舍五入。

35. 下列对于产业债的描述正确的是(　　)。

A. 具有自主经营能力的大中型国有及民营企业发行的

B. 具有盈利能力及现金流产生能力的大中型国有及民营企业发行的

C. 对政府及政策依赖性相对较强的大中型国有及民营企业发行的

D. 募集资金投向与其生产经营相关领域的债券

答案：ABC

试题解析：本题考查产业债的定义。产业债是一个相对于城投债而言的概念，主要指具有自主经营能力、盈利能力及现金流产生能力，对政府及政策依赖性相对较弱的大中型国有及民营企业发行的、募集资金投向与其生产经营相关领域的企业债券。

36. 创新型企业债券包括(　　)。

A. 养老产业专项债券　　B. “双创”孵化专项债券

C. 可续期债券　　D. 小微企业增信集合债券

答案：ABCD

试题解析： 本题考查的是创新型企业债券的分类。近年来，国家发改委积极推出各种创新型企业债券品种，除选项 ABCD 外，还包括城市地下综合管廊建设专项债券、战略性新兴产业专项债券、城市停车场建设专项债券、配电网建设改造专项债券、绿色债券、项目收益债券、创投企业债券、债贷组合等。

37. 下列关于中小企业集合债券的描述正确的是(　　)。

A. 同一区域内由当地政府国资部门等政府职能部门作为牵头人组织

B. 以多个中小企业构成联合发行主体

C. 若干个中小企业共同确定债券发行额度

D. 使用统一的债券名称

答案：ABD

试题解析： 本题考查中小企业集合债券的定义。中小企业集合债券是指同一区域内由当地政府国资部门（或发改委、金融办、中小企业服务局）等政府职能部门作为牵头人组织、以多个中小企业构成联合发行主体，若干个中小企业各自确定债券发行额度，采用集合债券的形式，使用统一的债券名称，形成一个总发行额度而发行的约定到期还本付息的一种企业债券。

38. 关于企业资产 ABS 说法正确的是(　　)。

A. 监管机构中国证监会

B. 审核方式是交易所审核 + 中国证券投资基金业协会备案

C. 发起人是非金融企业

D. SPV 是特定目的信托

答案：AB

试题解析： 本题考查企业资产 ABS 的内容。

项目	信贷资产 ABS	企业资产 ABS	资产支持票据
监管机构	央行、原中国银监会	中国证监会	交易商协会
审核方式	央行注册 + 原中国银监会备案	交易所审核 + 中国证券投资基金业协会备案	注册制
发起人	银行业金融机构	未明确规定	非金融企业
SPV	特定目的信托	证券公司/基金子公司	SPT/SPC/发起机构自身
基础资产	信贷资产	负面清单制，各类债权和收益权	与企业 ABS 类似
发行方式	公募/私募	私募	公募/私募
流通场所	银行间债券市场	交易所、报价系统、券商柜台等	银行间债券市场

39. 下列关于短期融资券和超级短期融资券的说法正确的有(　　)。

A. 短期融资券是指具有法人资格的非金融企业在银行间债券市场发行的，约定在2年内还本付息的债务融资工具

B. 短期融资券是指具有法人资格的非金融企业在银行间债券市场发行的，约定在1年内还本付息的债务融资工具

C. 超短期融资券是指具有法人资格的非金融企业在银行间债券市场发行的，约定在180天以内还本付息的债务融资工具

D. 超短期融资券是指具有法人资格的非金融企业在银行间债券市场发行的，约定在270天以内还本付息的债务融资工具

答案：BD

试题解析：本题考查短期融资券和超级短期融资券的定义。

40. 下列关于中小非金融企业集合票据的说法正确的有(　　)。

A. 发行主体是2个（含）以上、10个（含）以下具有法人资格的企业

B. 以统一产品设计、券种冠名、信用增进、发行注册方式发行

C. 约定在一定期限还本付息的债务融资工具

D. 募集资金应用于符合国家相关法律法规要求的企业生产经营活动

答案：ABCD

试题解析：本题考查中小非金融企业集合票据的内容。其中，中小非金融企业是指国家相关法律法规及政策界定为中小企业的非金融企业。中小非金融企业发行集合票据募集的资金应用于符合国家相关法律法规及政策要求的企业生产经营活动。

41. 下列关于可交换债券的描述正确的有(　　)。

A. 可交换债券具有转股权利、双重选择权的特征

B. 可交换债券的期限最短为1年，最长为5年

C. 自发行结束之日起6个月后方可交换为预备交换的股票

D. 公司债券交换为每股股份的价格应当不低于公告募集说明书日前20个交易日公司股票均价和前一个交易日的均价

答案：AD

试题解析：本题考查可交换债券的内容。与可转换债券类似，可交换债券同样具有转股权利、双重选择权等特征。根据中国证监会发布的《上市公司股东发行可交换公司债券试行规定》，可交换债券的期限最短为1年，最长为6年；自发行结束之日起12个月后方可交换为预备交换的股票；公司债券交换为每股股份的价格

应当不低于公告募集说明书日前20个交易日公司股票均价和前一个交易日的均价。

42. 下列关于可交换债券发行条件的描述正确的是(　　)。

A. 公司组织机构健全，运行良好，内部控制制度不存在重大缺陷

B. 公司最近三个会计年度实现的年均可分配利润不少于公司债券一年的利息

C. 本次发行后累计公司债券余额不超过最近一期末净资产额的40%

D. 经资信评级机构评级，债券信用级别良好

答案：ABCD

试题解析：本题考查可交换债券发行条件的内容。申请发行可交换债券，除选项ABCD外，还应当符合下列规定：(1) 申请人应当是符合《公司法》《证券法》规定的有限责任公司或者股份有限公司。(2) 公司最近一期末的净资产额不少于人民币3亿元。(3) 本次发行债券的金额不超过预备用于交换的股票按募集说明书公告日前20个交易日均价计算的市值的70%，且应当将预备用于交换的股票设定为本次发行的公司债券的担保物。(4) 不存在《公司债券发行试点办法》第八条规定的不得发行公司债券的情形。

43. 资产证券化按证券化产品的属性分类包括(　　)。

A. 股权型证券化　　B. 债权型证券化

C. 混合型证券化　　D. 未来收益证券化

答案：ABC

试题解析：本题考查资产证券化的分类。根据证券化产品的金融属性不同，可以分为股权型证券化、债权型证券化和混合型证券化。

44. 受托人的主要职能包括(　　)。

A. 把服务机构存入SPV账户中的现金流转付给投资者

B. 对没有立即转付的款项进行再投资

C. 监督证券化中交易各方的行为，定期审查有关资产组合情况的信息，确认服务机构提供的各种报告的真实性，并向投资者披露

D. 公布违约事宜，并采取保护投资者利益的法律行为

答案：ABCD

试题解析：本题考查受托人的主要职能。受托人托管资产组合以及与之相关的一切权利，代表投资者行使职能。其主要职能还包括当服务机构不能履行其职责时，替代服务人履行其职责。

45. 下列关于财政部代理发行地方政府债券的相关规定正确的是(　　)。

A. 每一承销团成员最高、最低标值差为30个标位，无须连续投标

B. 承销团甲类、乙类成员最低投标量分别为当期地方债招标额的4%、1%

C. 在招标结束后30分钟内，各中标承销团成员应通过招标系统填制债权托管申请书，在中央国债登记结算有限责任公司和中国证券登记结算有限责任公司上海分公司、深圳分公司选择托管

D. 地方债采取场内挂牌、场外签订分销合同的方式分销

答案：ACD

试题解析：本题考查财政部代理发行地方政府债券。

46. 下列关于企业集团财务公司发行金融债券相关规定正确的是(　　)。

A. 财务公司设立1年以上，经营状况良好，申请前1年利润率不低于行业平均水平，且有稳定的盈利预期

B. 申请前1年，不良资产率低于行业平均水平，资产损失准备拨备充足

C. 申请前1年，注册资本金不低于3亿元，净资产不低于行业平均水平

D. 近3年无重大违法违规记录

答案：ABD

试题解析：本题考查金融债券发行相关规定。企业集团财务公司发行金融债券规定，申请前1年，注册资本金不低于3亿元，净资产不低于行业平均水平。

47. 下列关于次级债务的说法正确的是(　　)。

A. 商业银行不得向目标债权人指派，不得在对外营销中使用“储蓄”字样

B. 保险公司次级定期债务本金和利息的清偿顺序列于保单责任和其他负债之后

C. 证券公司长期次级债可按一定比例计入净资本，到期期限在3年的，原则上按80%计入净资本

D. 保险公司次级债务的偿还只有在确保偿还次级债务本息后偿付能力充足率不低于100%的前提下，募集人才能偿付本息

答案：ABD

试题解析：本题考查次级债券发行相关规定。证券公司长期次级债可按一定比例计入净资本，到期期限在3年、2年、1年以上的，原则上分别按100%、70%、50%的比例计入净资本。

48. 专业投资者和普通投资者可以参与认购的公开发行公司债券发行人资信标准正确的是(　　)。

A. 发行人最近三年无债务违约或者延迟支付本息的事实

B. 发行人最近三年平均可分配利润不少于债券一年利息的1.5倍

C. 发行人最近一期末净资产规模不少于250亿元

D. 发行人最近36个月内累计公开发行债券不少于3期，发行规模不少于80亿元

答案：ABC

试题解析：本题考查公司债券发行人资信标准。发行人最近36个月内累计公开发行债券不少于3期，发行规模不少于100亿元。

49. 以下关于公司债券非公开发行的相关规定，说法正确的有(　　)。

A. 应当向专业投资者发行，每次发行对象不得超过200人

B. 承销机构或自行销售的发行人应当在每次发行完成后5个工作日内向中国证券业协会报备

C. 仅限于在专业投资者范围内转让

D. 不能申请在证券交易场所、证券公司柜台转让

答案：ABC

试题解析：本题考查公司债券非公开发行文件规定。根据2021年发布的《公司债券发行与交易管理办法》第三十七条的规定，非公开发行公司债券，可以申请在证券交易场所、证券公司柜台转让。

50. 下列关于短期融资券发行操作说法正确的是(　　)。

A. 短期融资券在债权债务登记日次3个工作日即可在全国银行间债券市场机构投资者之间流通转让

B. 中央结算公司每月汇总债务融资工具发行、登记、托管、结算、兑付等情况，向交易商协会报送

C. 企业发行债务融资工具应由在中国境内注册且具备债券评级资质的评级机构进行信用评级

D. 为债务融资工具提供服务的承销机构严格遵守执业规范和职业道德

答案：BCD

试题解析：本题考查短期融资券的发行文件规定。短期融资券在债权债务登记日次1个工作日即可在全国银行间债券市场机构投资者之间流通转让。

51. 下列关于企业集合票据说法错误的是(　　)。

A. 集合票据由多家中小企业构成的联合发行人作为债券发行主体集合发行，各发行企业作为独立负债主体，在各自的发行额度内承担按期还本付息的义务，并按照相应比例承担发行费用

B. 《银行间债券市场中小非金融企业集合票据业务指引》规定集合债券发行

期限固定

C. 中小企业集合票据发行主体通常信用级别较低，设立投资者保护机制就变得尤为必要

D. 任一企业集合票据待偿还余额不得超过该企业净资产的50%，任一企业集合票据募集资金额不超过2亿元，单只集合票据注册金额不超过10亿元

答案：BD

试题解析：本题考查企业集合票据发行规定。集合票据发行期限灵活；任一企业集合票据待偿还余额不得超过该企业净资产的40%。

52. 下列关于利率期限结构理论的观点中，属于分割市场理论观点的有(　　)。

A. 不同到期期限的债券根本无法相互替代是该理论的假设条件

B. 不同期限的债券市场是完全独立和分割开来的市场

C. 到期期限不同的每种债券的利率取决于该债券的供给与需求

D. 收益率曲线不同的形状可由不同到期期限的债券的供求因素解

答案：BCD

试题解析：本题考查市场分割理论。在贷款或融资活动进行时，贷款者和借款者并不能自由地在利率预期的基础上将证券从一个偿还期部分替换成另一个偿还期部分，并非完全。

53. 下列债券报价方式中属于询价交易的有(　　)。

A. 公开报价　　B. 对话报价　　C. 双边报价　　D. 小额报价

答案：AB

试题解析：本题考查债券交易类型。债券买卖交易中有公开报价、对话报价、双边报价和小额报价四种报价方式，前二者属于询价交易方式的范畴，后二者可通过点击确认、单向撮合的方式成交。

54. 债券交易公开报价要素包含(　　)。

A. 全价金额　　B. 清算速度　　C. 清算账户　　D. 债券待偿期

答案：ABC

试题解析：本题考查债券报价包含的要素。债券待偿期是对话报价的要素比公开报价多的要素。

55. 债券交易竞价原则包括(　　)。

A. 价格优先　　B. 时间优先

C. 操作优先　　D. 客户委托优先

答案：ABD

试题解析：本题考查债券交易的原则。这一程序必须遵循特殊的原则，即竞价原则。这种竞价原则的主要内容是“三先”，即价格优先、时间优先、客户委托优先。

56. 下列关于债券登记、托管、兑付及付息的相关规定正确的是(　　)。

A. 债券登记是指债券登记结算机构为债券发行人建立和维护债券持有人名册的行为

B. 在中央结算公司、银行间市场清算所股份有限公司（上海清算所）和中国结算公司的债券托管账户按实名制原则以自己名义开立

C. 一般情况下，债券有到期兑付、提前兑付、债券替换、分期兑付和转换为普通股兑付五种兑付方式

D. 债券利息的支付方式主要有息票方式（剪息票方式）、折扣利息、本息合一方式三种

答案：ABCD

试题解析：本题考查债券登记、托管、兑付及付息的有关规定。

57. 下列(　　)因素对期限结构形成有影响。

A. 未来利率变化预期　　B. 流动性溢价

C. 市场完善程度　　D. 资本流向市场的形式

答案：ABCD

试题解析：本题考查市场分割理论。期限结构的形成主要是由对未来利率变化方向的预期决定的，流动性溢价可起一定作用，但期限在 1 年以上的债券的流动性溢价大致是相同的，这使期限 1 年或 1 年以上的债券虽然价格风险不同，但预期利率却大致相同。有时，市场的不完善和资本流向市场的形式也可能起到一定作用，使期限结构的形状暂时偏离按未来利率变化方向进行估计所形成的形状。

58. 银行间市场的债券交易方式包括(　　)。

A. 询价交易方式　　B. 竞价撮合方式

C. 点击成交交易方式　　D. 间接交易

答案：AC

试题解析：本题考查银行间债券市场的交易方式。中国人民银行发布的《全国银行间债券市场债券交易规则》规定，银行间市场的交易方式包括询价交易方式和点击成交交易方式。

59. 银行间市场的债券询价交易报价方式包括(　　)。

A. 意向报价　　B. 双向报价

C. 点击成交交易方式　　D. 对话报价

答案：ACD

试题解析： 本题考查银行间债券市场询价交易的报价方式。询价交易方式下可用意向报价、双向报价（仅适用资产支持证券）和对话报价。

60. 下列关于交易所固定收益电子平台的说法正确的有(　　)。

A. 交易商之间的市场，采用报价制和询价制

B. 包括交易商与普通投资者之间的市场，采用协议交易的模式，通过成交申报进行交易

C. 交易所的固定收益电子平台定位于个人投资者，为大额现券交易提供服务

D. 交易所市场的竞价和询价本系统内债券实行 T+0 交易模式，跨系统实行 T+1 交易模式

答案：ABD

试题解析： 本题考查交易所固定收益电子平台概念。交易所的固定收益电子平台定位于机构投资者，为大额现券交易提供服务。

61. 下列关于银行间债券市场托管方式的说法正确的有(　　)。

A. 银行间债券市场成员分为直接结算成员和间接结算成员

B. 直接结算成员中，可以以间接结算成员的名义，代理间接结算成员在中央国债登记结算有限责任公司开立托管账户

C. 银行间债券市场为不同类型的投资者提供多种参与市场的方式

D. 中央国债登记结算有限责任公司必须为客户保守商业秘密

答案：ABCD

试题解析： 本题考查交易所固定收益电子平台概念。

62. 中国证券登记结算有限责任公司设立电子化债券存管系统，统一管理债券的存管业务。以下规定正确的有(　　)。

A. 拟持有或买卖上海证券交易所上市国债的投资者办理的指定交易一经确认，其与指定交易证券经营机构的托管关系即建立

B. 拟持有或买卖上海证券交易所上市企业债券或深圳证券交易所上市企业债券的投资者，在选定的证券经营机构根据其委托买入债券成功后，其与该证券经营机构的托管关系即建立

C. 认购通过其他方式发行的债券，其债券由交易所指定的证券经营机构托管

D. 投资者在进行债券交易前，必须与其选定的证券公司签订债券托管协议，或者在与其选定的证券公司签订的委托买卖协议中，明确双方的权利和义务

答案：ABD

试题解析：本题考查交易所债券市场托管方式。如认购通过其他方式发行的债券，其债券由投资者指定的证券经营机构托管。

63. 下列关于银行间市场和交易所市场的结算方式正确的有(　　)。

A. 全额结算也称为逐笔结算，指每笔结算单独交收，各笔结算之间可以相互抵销

B. 全额结算采用券款对付的结算方式，同步办理券和款的交割和清算、结算

C. 中央对手方的净额结算机制，由中国证券登记结算有限责任公司作为交易双方共同的对手方提供交收担保

D. 在固定收益电子平台实现的成交，清算模式有两种：交易商之间达成的交易和交易商与客户达成的交易

答案：BCD

试题解析：本题考查银行间市场交易所交易所市场结算方式。银行间市场的结算方式全额结算也称为逐笔结算，指每笔结算单独交收，各笔结算之间不得相互抵销。

64. 下列关于债券市场转托管的定义及条件的说法，正确的是(　　)。

A. 债券市场转托管是指同一投资人开立的两个托管账户之间的托管债券的转移

B. 投资人办理转托管业务时，须持本人有效身份证件、债券交易卡、债券账户卡

C. 银行间市场必须在16：00前完成转入或转出指令的录入，才能保证客户在次一个工作日可以使用转入或转出的债券

D. 目前，最快的国债转托管能实现T+1日到账，其他大部分债券只能实现T+2日甚至T+3日到账

答案：ABD

试题解析：本题考查债券市场转托管的定义及条件。银行间市场可在工作日内的8：30～16：30实时办理转出、转入业务，但交易所市场必须在15：00前完成转入或转出指令的录入，才能保证客户在次一个工作日可以使用转入或转出的债券。

65. 债券发行条款规定了债券的现金流，在不发生违约事件的情况下，债券发行人应按照发行条款向债券持有人定期偿付利息和本金。下列关于债券现金流的说法正确的是(　　)。

A. 票面利率通常采用年复利表示

B. 每期利息支付金额等于票面利率乘以付息间隔和债券面值

C. 短期债券一般不付息，而是到期一次性还本，因此要折价交易

D. 少数债券在到期日按面值还本

答案：BC

试题解析：本题考查债券的面值和票面利率的概念。除少数本金逐步摊还的债券外，多数债券在到期日按面值还本。票面利率通常采用年单利表示，票面利率乘以付息间隔和债券面值即得到每期利息支付金额。短期债券一般不付息，而是到期一次性还本，因此要折价交易。

66. 债券必要回报率主要决定因素有(　　)。

A. 真实无风险收益率　　B. 预期通货膨胀率

C. 债券违约风险　　D. 汇率风险

答案：ABCD

试题解析：本题考查债券必要回报率。

债券必要回报率 = 真实无风险收益率 + 预期通货膨胀率 + 风险溢价

67. 影响债券价值的基本因素包括(　　)。

A. 面值　　B. 票面利率

C. 折现率　　D. 到期时间

答案：ABCD

试题解析：本题考查影响债券价值的基本因素。

68. 关于债券票面利率与债券价值的关系，下列说法正确的是(　　)。

A. 票面利率越大，债券价值越大　　B. 票面利率越小，债券价值越小

C. 票面利率越小，债券价值越大　　D. 票面利率越大，债券价值越小

答案：CD

试题解析：本题考查影响债券价值的基本因素。票面利率越大，债券价值越大。

69. 下列债券票面折现率与债券价值的关系正确的是(　　)。

A. 折现率越大，债券价值越大　　B. 折现率越小，债券价值越小

C. 折现率越小，债券价值越大　　D. 折现率越大，债券价值越小

答案：CD

试题解析：本题考查影响债券价值的基本因素。折现率越大，债券价值越小。

70. 到期时间与债券价值关系说法正确的是(　　)。

A. 对于平息债券（付息期无限小），当折现率一直保持至到期日不变时，随着到期时间的缩短，债券价值逐渐接近其票面价值

B. 对于溢价债券，随着到期时间的缩短，债券价值逐渐上升

C. 对于平价债券，随着到期时间的缩短，债券价值不变（水平直线）

D. 对于折价债券，随着到期时间的缩短，债券价值逐渐下降

答案：AC

试题解析： 本题考查到期时间与债券价值关系。对于溢价债券，随着到期时间的缩短，债券价值逐渐下降；对于平价债券，随着到期时间的缩短，债券价值不变（水平直线）；对于折价债券，随着到期时间的缩短，债券价值逐渐上升。债券价值最终都向面值靠近。

71. 下列关于短期债券和中长期付息债券定价的说法正确的是(　　)。

A. 我国交易所市场对附息债券的计息规定是全年天数统一按 365 天计算

B. 短期债券通常全年天数定为 360 天，半年定为 180 天

C. 利息累计天数规则是按实际天数计算，算头不算尾，闰年 2 月 29 日不计息

D. 中长期债券累计利息天数只计实际天数

答案：ABC

试题解析： 本题考查债券报价和结算。中长期全年天数有的定为实际全年天数，也有的定为 365 天。

72. 下列关于债券估值定价的说法正确的是(　　)。

A. 我国目前对于平价发行的零息债券按照实际天数计算累计利息，闰年 2 月 29 日也计利息

B. 付息债券利息累计天数规则是按实际天数计算，算头不算尾，闰年 2 月 29 日不计息

C. 零息债券不计利息，折价发行，到期还本，通常 1 年期以内的债券为零息债券

D. 附息债券可以视为一组零息债券的组合长期债券累计利息天数只计实际天数

答案：BCD

试题解析： 本题考查债券定价。我国目前对于贴现发行的零息债券按照实际天数计算累计利息，闰年 2 月 29 日也计利息。

73. 下列关于债券估值定价的说法正确的是(　　)。

A. 附息债券可以视为一组零息债券的组合

B. 累息债券规定到期一次性还本付息

C. 累息债券按复利计息

D. 付息债券单利计息

答案：ABD

试题解析： 本题考查债券定价。累息债券可按复利计息也可按单利计息。

74. 下列关于债券收益率定义的说法正确的有(　　)。

A. 当期收益率定义为债券的年利息收入与买入债券的实际价格的比率

B. 到期收益率是使债券未来现金流现值等于当前价格所用的相同的贴现率

C. 即期利率也称为零利率，是零息票债券到期收益率的简称

D. 持有期收益率，是指买入债券到卖出债券期间所获得的年平均收益

答案：ABCD

试题解析： 本题考查收益率定义。

75. 下列关于可转换债券的说法错误的是(　　)。

A. 可转换债券的期限最短为 2 年

B. 可转换债券的期限最长为 6 年

C. 自发行结束之日起 3 个月方可转换为公司股票

D. 转换期限，债券从发行之日起至偿清本息之日止的存续时间

答案：ACD

试题解析： 本题考查可转换债券的概念。《上市公司证券发行管理办法》规定，可转换债券的期限最短为 1 年，最长为 6 年，自发行结束之日起 6 个月后方可转换为公司股票。

76. 可转换债券价格修正情况包括(　　)。

A. 送股、配股　　B. 股票增发、分立

C. 股票合并、拆分　　D. 债券赎回

答案：ABC

试题解析： 本题考查可转换债券价格修正的概念。转换价格修正，是指发行公司在发行可转换债券后，由于公司的送股、配股、增发股票、分立、合并、拆细及其他原因导致发行人股份发生变动，引起公司股票名义价格下降时而对转换价格所进行的必要调整。

77. 利率风险结构指具有相同到期期限但是(　　)等条件不同的债券利率的相互关系。

A. 违约风险　　B. 流动性

C. 税收因素　　D. 发售数量

答案：ABC

试题解析：本题考查利率风险结构的概念。利率的风险结构是指具有相同的到期期限但是具有不同违约风险、流动性和税收条件的金融工具收益率之间的相互关系，多数情况下具有较低的流动性。

78. 下列关于债券利率风险结构与其决定因素的关系正确的是(　　)。

A. 信用工具的违约风险越大，利率越高

B. 流动性越弱，利率越高

C. 债券持有人真正关心的是债券的税后实际利率

D. 国债利率与债券利率有关

答案：ABCD

试题解析：本题考查利率风险结构的决定因素。

79. 下列关于收益率曲线的基本类型的说法正确的是(　　)。

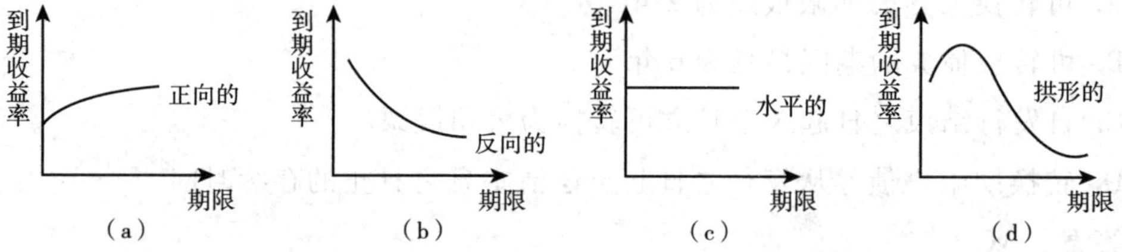

A. 图（a）显示的是一条向上倾斜的利率曲线，表示期限越长的债券利率越高

B. 图（b）显示的是一条向下倾斜的利率曲线，表示期限越长的债券利率越低。这种曲线形状称为相反的或反向的利率曲线

C. 水平曲线通常是正利率曲线与反利率曲线转化过程中出现的暂时现象

D. 在经济周期的不同阶段可以观察到所有这四种利率曲线

答案：ABCD

试题解析：本题考查利率期限的结构。

80. 市场预期理论的前提假设包括(　　)。

A. 投资者对债券的期限没有偏好

B. 期限不同的债券实施完全替代的

C. 不完全替代的债券具有相等的预期收益率

D. 投资者的行为取决于预期收益率的变动

答案：ABD

试题解析：本题考查市场预期理论的前提假设。市场预期理论的前提假定为：投资者对债券的期限没有偏好；期限不同的债券实施完全替代的；投资者的行为取决于预期收益率的变动；完全替代的债券具有相等的预期收益率。

81. 下列关于市场预期理论的说法正确的是(　　)。

A. 如果预期未来即期利率上升，则利率期限结构呈上升趋势

B. 如果预期未来即期利率下降，则利率期限结构呈下降趋势

C. 在特定时期内，市场上预计所有债券都取得相同的即期收益率，市场是均衡的

D. 市场预期理论的局限在于不能解释收益率拱形曲线

答案：ABC

试题解析：本题考查市场预期理论的概念。市场预期理论的局限在于不能解释收益率曲线通常是向上倾斜的。

82. 下列关于流动性偏好理论的说法正确的是(　　)。

A. 如果预期利率上升，其利率期限结构是向上倾斜的

B. 如果预期利率下降的幅度较小，其利率期限结构虽然是向上倾斜的，但两条曲线趋向于重合

C. 如果预期利率下降较多，其利率期限结构是向下倾斜的

D. 流动性偏好理论不能解释期限结构上升的情况要多于期限结构下降的情况

答案：ABC

试题解析：本题考查市场预期理论的概念。流动性偏好理论能解释期限结构上升的情况要多于期限结构下降的情况。按照该理论，在预期利率水平上升和下降的时期大体相当的条件下，期限结构上升的情况要多于期限结构下降的情况。

83. 下列关于流动性偏好理论的说法正确的是(　　)。

A. 债券即期利率由各种期限的债券市场决定

B. 债券期限越长，流动性溢价越大

C. 远期利率不再只是对未来即期利率的无偏估计

D. 不同期限债券不相关

答案：BC

试题解析：本题考查流动性偏好理论。

84. (　　)假设市场参与者会按照他们的利率预期从债券市场的一个偿还期部分自由地转移到另一个偿还期部分，而不受任何阻碍。

A. 市场预期理论　　　　B. 期限结构理论

C. 市场分割理论　　　　D. 流动性偏好理论

答案：AD

试题解析：本题考查流动性偏好理论。市场预期理论和流动性偏好理论都假设

市场参与者会按照他们的利率预期从债券市场的一个偿还期部分自由地转移到另一个偿还期部分，而不受任何阻碍。

85. 下列关于市场分割理论的表述，正确的有(　　)。

A. 即期利率水平完全由各个期限市场上的供求关系决定

B. 该理论可以解释长期债券市场利率随短期债券市场利率波动呈现的明显有规律性变化的现象

C. 短期债券市场的均衡利率水平低于长期债券市场的均衡利率水平，债券收益率曲线向上倾斜

D. 该理论认为不同期限的债券市场互不相关

答案：ACD

试题解析：本题考查市场分割理论。市场分割理论最大的缺陷在于该理论认为不同期限的债券市场互不相关。因此，该理论无法解释不同期限债券的利率所体现的同步波动现象，也无法解释长期债券市场利率随短期债券市场利率波动呈现的明显有规律性变化的现象。

三、判断题。不选、错选均不得分。

1. 债券反映了发行者的债权债务关系，而且是这一关系的法律凭证。

答案：错误

试题解析：本题考查的是债券所规定的借贷双方的权利义务关系的含义。发行人是借入资金的经济主体；投资者是出借资金的经济主体；发行人必须在规定的时间付息还本；债券反映了发行者和投资者之间的债权债务关系，而且是这一关系的法律凭证。

2. 能发行股票的经济主体是公司企业。

答案：错误

试题解析：本题考查股票发行主体。发行债券的经济主体很多，中央政府、地方政府、金融机构、公司企业等一般都可以发行债券，但能发行股票的经济主体只有股份有限公司。

3. 债券所规定的资金借贷双方的权责关系包括：所借贷货币资金的数额、借贷的时间、在借贷时间内的资金成本或应有的补偿。

答案：正确

试题解析：本题考查的是债券所规定的资金借贷双方的权责关系。

4. 记账式债券的发行和交易具有发行时间短，发行效率高，交易手续简便，

成本较高、交易安全的特点。

答案：错误

试题解析：本题考查记账式债券的特点。因为记账式债券的发行和交易均为无纸化，所以发行时间短，发行效率高，交易手续简便，成本低，交易安全。

5. 债券是债务的表现。

答案：错误

试题解析：本题考查债券的基本性质。债券有以下三个基本性质：债券属于有价证券；债券是一种虚拟资本；债券是债权的表现。

6. 根据债券发行条款中是否规定在约定期限向债券持有人支付利息，债券可分为零息债券、附息债券、息票累积债券三类。

答案：正确

试题解析：本题考查债券的分类。

7. 债券与股票之间具有众多不同：权利不同、目的不同、主体不同、期限不同、收益不同、风险不同。

答案：正确

试题解析：本题考查股票与债券之间的区别。

8. 在实际经济活动中，债券收益可以表现为三种形式：一是利息收入；二是资本损益；三是投资收益。

答案：错误

试题解析：债券收益可表现为再投资收益，即投资债券所获现金流量再投资的利息收入，受市场收益率变化的影响，而非投资收益。

9. 债券按期限长短可分为短期债券和中长期债券。

答案：错误

试题解析：本题考查债券的分类。据偿还期限的不同，债券可分为长期债券、短期债券和中期债券。

10. 除了利率，发行人的信用是影响利率债的重要因素。

答案：错误

试题解析：除了利率，发行人的信用是影响信用债的重要因素。

11. 中长期国债常被用作政府投资的资金来源。

答案：错误

试题解析：本题考查长期国债的特点。长期国债因为期限长，政府短期内无偿还的负担，而且可以较长时间占用国债认购者的资金，所以常被用作政府投资的资金来源。

12. 付息国债的利息支付方式，一般在偿还期内按期付息

答案：正确

试题解析：本题考查付息国债的定义

13. 一般来说，金融债券的安全性较低。

答案：错误

试题解析：本题考查金融债券的知识。金融债券的资信通常高于其他非金融机构债券，违约风险相对较小，具有较高的安全性。

14. 企业债券也称公司债券，与公司债券没有区别。

答案：错误

试题解析：本题考查切债券和公司债券的区别的内容。发行主体不同；发行制度和监管机构不同；募集资金用途不同；发行期限不同；发行定价方式不同；担保要求不同；发行市场不同。

15. 中央政府债券按偿还期限分为短期国债和中长期国债。

答案：错误

试题解析：本题考查中央政府债券的分类。国债的偿还期限是国债的存续时间，以此为标准，习惯上把国债分为短期国债、中期国债和长期国债。

16. 我国发行的普通国债有记账式国债、储蓄国债。

答案：正确

试题解析：本题考查普通国债的内容。目前我国发行的普通国债有记账式国债、储蓄国债（凭证式）和储蓄国债（电子式）。

17. 我国普通国债发行情况如下：规模越来越大、期限趋于多样化、债券种类多元化、发行方式趋于市场化。

答案：错误

试题解析：本题考查我国普通国债的发行情况。我国普通国债发行情况如下：规模越来越大、期限趋于多样化、发行方式趋于市场化。

18. 特别国债是为了特定的政策目标而发行的、具有明确用途的国债，具有专款专用、用途灵活、列入财政赤字、即收即支的特点。

答案：错误

试题解析：本题考查特别国债的定义。特别国债是为了特定的政策目标而发行的、具有明确用途的国债，具有专款专用、用途灵活、不列入财政赤字、即收即支的特点。

19. 根据利息支付方式不同，金融债券可分为累进利息金融债券、付息金融债券和贴现金融债券。

答案：错误

试题解析：本题考查金融债券的分类。根据利息支付方式不同，金融债券可分为附息金融债券和贴现金融债券。

20. 商业银行公开发行次级债券应满足核心资本充足率不低于3%的要求。

答案：错误

试题解析：本题考查商业银行公开发行次级债券应具备的条件。根据《商业银行次级债券发行管理办法》，商业银行公开发行次级债券应具备以下条件："实行贷款五级分类，贷款五级分类偏差小；核心资本充足率不低于5%；贷款损失准备计提充足；具有良好的公司治理结构与机制；最近三年没有重大违法、违规行为。"

21. 市场分割理论认为长期借贷活动决定长期债券的利率，而短期交易决定了短期债券利率。

答案：正确。

试题解析：本题考核市场分割理论。市场分割理论认为，长、中、短期债券被分割在不同的市场上，各自有独立的市场均衡状态。长期借贷活动决定长期债券的利率，而短期交易决定了短期债券利率。根据市场分割理论，利率期限结构和债券收益率曲线是由不同市场的供求关系决定的。

22. 银行业金融机构发行资本补充债券应满足偿债能力良好，且成立满3年。

答案：正确

试题解析：本题考查银行业金融机构发行资本补充债券应满足的条件。银行业金融机构发行资本补充债券，应满足以下条件：具有完善的公司治理机制；偿债能力良好，且成立满3年；经营稳健，资产结构符合行业特征，以服务实体经济为导向，遵守国家产业政策和信贷政策；满足宏观审慎管理要求，且主要金融监管指标符合监管部门的有关规定。

23. 政策性银行包括中国进出口银行、农业发展银行和国家开发银行。

答案：错误

试题解析：本题考查政策性银行的分类。政策性银行包括中国进出口银行、中国农业发展银行，开发性金融机构为国家开发银行。

24. 商业银行可发行债券包括金融债券、财政债券和资本补充债券。

答案：错误

试题解析：本题考查商业银行金融债券相关内容。商业银行除发行普通的金融债券外，还包括次级债券、资本补充债券。

25. 保险公司次级债务一般期限在3年以上（含3年）。

答案：错误

试题解析：本题考查公司次级债务的定义。2018年2月13日，原中国保监会修订了《保险公司次级定期债务管理办法》。根据该办法，保险公司次级债是指，保险公司为了弥补临时性或者阶段性资本不足，经批准募集、期限在5年以上（含5年），且本金和利息的清偿顺序列于保单责任和其他负债之后、先于保险公司股权资本的保险公司债务。

26. 证券公司目前可以发行的债务类融资工具包括证券公司普通债券、证券公司短期融资券、证券公司次级债券、证券公司次级债务。

答案：正确

试题解析：本题考查证券公司目前可以发行的债务类融资工具。

27. 公司债券按付息方式的不同分为普通公司债券和信用公司债券。

答案：错误

试题解析：本题考查公司债券按付息方式的分类。按付息方式的不同分为普通公司债券和收益公司债券。

28. 公司债券按内含选择权的不同分为可转换公司债券、附认股权证的公司债券（包括分离交易的可转换公司债券）、可交换公司债券。

答案：正确

试题解析：本题考查关于公司债券按内含选择权的分类。

29. 中期票据的期限一般为1年以上、10年以下，我国中期票据的期限通常为2年或者5年。

答案：错误

试题解析：中期票据的期限一般为1年以上、10年以下，我国中期票据的期限通常为3年或者5年。

30. 公开发行可转换公司债券应满足最近3个会计年度加权平均净资产收益率平均不低于5%。

答案：错误

试题解析：本题考查公开发行可转换债券的公司应符合的规定的内容。公开发行可转换公司债券应当符合下列规定：第一，最近3个会计年度加权平均净资产收益率平均不低于6%。扣除非经常性损益后的净利润与扣除前的净利润相比，以低者作为加权平均净资产收益率的计算依据；第二，本次发行后累计公司债券余额不超过最近一期末净资产额的40%；第三，最近3个会计年度实现的年均可分配利润不少于公司债券1年的利息。

31. 国际债券资金来源广、发行规模大，存在汇率风险。

答案：正确

试题解析：本题考查国际债券的特征。

32. 根据《企业债券管理条例》，企业债券发行必须进行担保。

答案：错误。

试题解析：国家发改委发布的《关于推进企业债券市场发展、简化发行核准程序有关事项的通知》规定，企业可发行无担保信用债券、资产抵押债券、第三方担保债券。可见，发行企业债券，担保并非强制要求。

33. 公司证券只能公开发行。

答案：错误

试题解析：根据2021年发布的《公司债券发行与交易管理办法》第三条规定，公司债券可以公开发行也可非公开发行。

34. 影响国债销售价格的因素包括市场利率、承销商承销国债的中标成本、流通市场中可比国债的收益率水平、国债承销的手续费收入、承销商所期望的资金回收速度、其他国债分销过程中的成本。

答案：正确

试题解析：本题考查影响国债销售价格的因素。

35. 储蓄国债（凭证式）发行额度管理中需进行额度调整，如调整后承销团成员代销额度比例合计大于100%，从代销额度比例调增幅度最大的机构开始，从高至低依次调减0.2个百分点，直至承销团成员代销额度比例合计为100%止。

答案：错误

试题解析：储蓄国债（凭证式）发行额度管理。A. 额度分配。B. 额度调整。如调整后承销团成员代销额度比例合计大于100%，从代销额度比例调增幅度最大的机构开始，从高至低依次调减0.1个百分点，直至承销团成员代销额度比例合计为100%止。

36. 企业债券的利率不得高于银行相同期限居民储蓄存款利率的30%。

答案：错误。

试题解析：《企业债券管理条例》规定，企业债券的利率不得高于银行相同期限居民储蓄定期存款利率的40%。

37. 不动产抵押公司债券要求用作抵押的财产价值需要与产生的债务额相等。

答案：错误

试题解析：本题考查不动产抵押公司债券的内容。用作抵押的财产价值不一定与发生的债务额相等，当某抵押品价值很大时，可以分为若干次抵押，这样就有第一抵押债券、第二抵押债券等之分。在处理抵押品偿债时，要按顺序依次偿还优先一级的抵押债券。

38. 可转换证券的股份来源是发行人持有的其他公司已发行在外的股份。

答案：错误

试题解析：可交换债券的股份来源是发行人持有的其他公司已发行在外的股份，而可转换债券的股份来源通常是发行人本身未来将发行的新股。

39. 如果某可转换债券面额为 1 000 元，规定其转换价格为 25 元，则转换比例为 40，即 1 000 元债券可按 25 元 1 股的价格转换为 40 股普通股票。

答案：正确。

试题解析：本题考核可转换债券定义。

40. 集合债券的发行原则为“统一组织、统一负债、统一担保、集合发行”。

答案：错误

试题解析：本题考查集合债券的发行原则。集合债券是指以多个发行人作为联合发行主体，按照“统一组织、分别负债、统一担保、集合发行”的原则共同发行的企业债券。

41. 小微企业增信集合债券是指以地方融资平台或国有企业为发行主体，面向机构投资者发行，募集资金以银行委托贷款的方式发放给小微企业的创新类企业债券品种。

答案：正确

试题解析：本题考查小微企业增信集合债券的定义。

42. 银行间债券市场的非金融企业债务融资工具发行利率通常高于银行贷款基准利率。

答案：错误

试题解析：债券市场的非金融企业债务融资工具的发行利率根据企业和融资工具级别、银行间市场资金面情况等要素，由发行人和主承销商协商决定，通常低于银行贷款基准利率。

43. 债券期限结构理论中的预期理论认为，市场被分割为长期、中期和短期债券市场。

答案：正确。

试题解析：本题考核市场分割理论概念。

44. 公开发行可转换债券的公司除应当符合最近 2 个会计年度实现的年均可分配利润不少于公司债券 1 年的利息。

答案：错误

试题解析：本题考查可转换债券的发行条件。公开发行可转换债券的公司应当符合最近 3 个会计年度实现的年均可分配利润不少于公司债券 1 年的利息。

45. 公开发行可转换债券的公司除应当符合本次发行后累计公司债券余额不超过最近一期末净资产额的 30%。

答案：正确

试题解析：本题考查可转换债券的发行条件。公开发行可转换债券的公司应在本次发行后累计公司债券余额不超过最近一期末净资产额的 40%。

46. 金融债券登记、托管和兑付工作主要由中央国债登记结算公司来完成。

答案：正确。

试题解析：金融债券发行结束后，发行人应及时向中央国债登记结算有限责任公司确认债权债务关系，由中央国债登记结算有限责任公司及时办理债券登记工作。

47. 地方政府专项债券期限可以是 15 年。

答案：错误。

试题解析：专项债券期限为 1 年、2 年、3 年、5 年、7 年和 10 年，由各地综合考虑项目建设、运营、回收周期和债券市场状况等合理确定，但 7 年和 10 年期债券的合计发行规模不得超过专项债券全年发行规模的 50%。

48. 公开发行的公司债券上市后 15 个工作日内，主承销商应当将专项法律意见、承销总结报告等文件一并报证券交易场所。

答案：错误。

试题解析：公开发行的公司债券上市后 10 个工作日内，主承销商应当将专项法律意见、承销总结报告等文件一并报证券交易场所。

49. 短期融资券规定在 1 年内还本付息。

答案：正确。

试题解析：短期融资券，是指具有法人资格的非金融企业在银行间债券市场发行的，约定在 1 年内还本付息的债务融资工具。

50. 长期次级债计入净资本的数额不得超过净资本（不含长期次级债累计计入净资本的数额）的 40%。

答案：错误。

试题解析：借入或发行次级债数额应符合相关规定：长期次级债计入净资本的数额不得超过净资本（不含长期次级债累计计入净资本的数额）的50%。

51. 证券公司债券实际发行债券的面值总额不少于6 000万元。

答案：错误。

试题解析：证券公司实际发行债券的面值总额不少于5 000万元。

52. 证券公司上市债券到期前1个月终止上市交易，由发行人办理兑付事宜。

答案：正确。

试题解析：证券公司到期前1个月必须终止交易。

53. 中国外汇管理局负责对与人民币债券发行和偿还有关的人民币账户和人民币跨境支付进行管理。

答案：错误。

试题解析：中国人民银行负责对与人民币债券发行和偿还有关的人民币账户和人民币跨境支付进行管理。

54. 在中国境内申请发行人民币债券的国际开发机构应向财政部等窗口单位递交债券发行申请，由窗口单位会同中国人民银行、国家发改委、中国证监会等部门审核后，报国务院同意。

答案：正确。

试题解析：本题考查人民币债券发行的相关规定。

55. 回购交易是一种超短期金融工具。

答案：正确。

试题解析：回购交易长的有几周，但通常情况下只有24小时，是一种超短期的金融工具，具有短期融资的属性。

56. 期货合约需要双方达成一致意见签订合同后才算成立。

答案：错误。

试题解析：期货合约的结算通过专门的结算公司，这是独立于买卖双方的第三方，投资者无须对对方负责，不存在信用风险，而只有价格变动的风险。

57. 对话报价可通过点击确认、单向撮合方式成交。

答案：错误。

试题解析：债券买卖交易中有公开报价、对话报价、双边报价和小额报价四种报价方式，前二者属于询价交易方式的范畴，后二者可通过点击确认、单向撮合的方式成交。

58. 双边报价须同时填报相应券种的买入和卖出两个交易方向的报价。

答案：正确。

试题解析：本题考查债券交易报价方式规则。

59. 小额报价确认成交指令到达交易主机后，系统按照时间优先原则进行成交。

答案：正确。

试题解析：本题考查债券交易报价方式规则。

60. 深圳证券交易所和上海证券交易所规定债券可以约定日交割。

答案：错误。

试题解析：深圳证券交易所和上海证券交易所规定为当日交割，即在买卖成交当天办理券款交割手续。

61. 深资信评级机构鼓励开展证券评级业务要求实收资本与净资产均超过人民币 3 000 万元。

答案：错误。

试题解析：资信评级机构开展证券评级业务实收资本与净资产均超过人民币 2 000 万元。

62. 债券评级项目组实行组长负责制，至少由 4 名评级分析人员组成。

答案：错误。

试题解析：据受评级机构或受评级证券发行人所处行业特点、企业规模及复杂程度组建评级项目组。项目组实行组长负责制，至少由 2 名评级分析人员组成。

63. 银行间债券市场短期债券信用评级中设置有 A +、A - 级别。

答案：错误。

试题解析：银行间债券市场短期债券信用评级每一个信用等级可用“+”“-”符号进行微调。

64. 债券期限结构理论中的预期理论认为，市场被分割为长期、中期和短期债券市场。

答案：正确。

试题解析：本题考查市场分割理论概念。

65. 储蓄国债（电子式）可上市流通，可办理提前兑取、质押贷款业务。

答案：正确。

试题解析：本题考查储蓄国债交易规则。

66. 储蓄国债（电子式）可上市流通，可办理提前兑取、质押贷款业务。

答案：正确。

试题解析：本题考查储蓄国债交易规则。

67. 银行间债券市场点击成交交易方式下，最低交易量券面总额为100万元，交易量最小变动单位为券面总额10万元。

答案：正确。

试题解析：本题考查银行间债券市场交易规则。

68. 点击成交交易方式下可分为做市报价、点击成交报价和限价报价三种报价方式。

答案：正确。

试题解析：本题考查银行间债券市场点击成交交易交易的报价方式。

69. 上海清算所可以托管同业存单、企业债、政策性金融债等债券融资工具。

答案：错误。

试题解析：上海清算所主要托管短融、中票等公司信用债券，同业存单、大额存单等货币市场工具以及金融机构债券和结构性产品等创新金融产品。

70. 交易所债券市场采用中央对手方的净额结算机制。

答案：正确。

试题解析：本题考查债券市场交易结算方式。

71. 债券转托管完成至少需要1天。

答案：正确。

试题解析：本题考查债券市场转托管的定义及条件。于托管机构之间存在着不同的运作模式，转托管的完成至少需要1天。

72. 公司债可跨市场托管。

答案：错误。

试题解析：目前除了国债（包括附息国债和地方债）和企业债可以跨市场转托管，其他债券品种（包括公司债、证券公司次级债、中小企业私募债）都不能跨市场转托管。

73. 债券转托管单笔（单只）转托管费用上限为5 000元。

答案：错误。

试题解析：从银行间转到交易所，单笔（单只）转托管费用最低为10元，最高为10 000元。

74. 若债券发行条款有利于发行人，则债券价值降低。

答案：正确。

试题解析：债券发行协议中凡是有利于发行人的条款都会相应降低债券价值；

反之，有利于持有人的条款则会提高债券价值。

75. 选择付息间隔越长的债券投资风险更大。

答案：错误。

试题解析：付息间隔长的债券，风险相对较大；付息间隔长的债券，风险相对较大。

76. 同等情况下免税债券的价值更大。

答案：正确。

试题解析：本题考查债券现金流。免税债券（如政府债券）与可比的应纳税债券（如公司债券、资产证券化债券等等）相比，价值大一些。

77. 企业债券承销商可采取代销、全额包销、余额包销等形式承销债券。

答案：正确。

试题解析：本题考查债券承销商的承销方式。

78. 若债券折现率高于债券利率，则债券价值高于面值。

答案：错误。

试题解析：债券定价的基本原则是：折现率等于债券利率，债券价值就是其面值；如果折现率高于债券利率，债券的价值就低于面值；如果折现率低于债券利率，债券的价值就高于面值。

79. 若债券折现率高于债券利率，债券价值高于面值。

答案：错误。

试题解析：债券定价的基本原则是：折现率等于债券利率，债券价值就是其面值；如果折现率高于债券利率，债券的价值就低于面值；如果折现率低于债券利率，债券的价值就高于面值。

80. 债券结算为全价结算等于净价加应计利息。

答案：正确。

试题解析：本题考查债券报价和结算。

81. 债券到期时间缩短，零息债券价值上升。

答案：正确。

试题解析：零息债券折价发行，债券到期时间缩短，债券价值向债券面值接近。

82. 溢价发行的债券，加快付息频率，债券价值会下降。

答案：正确。

试题解析：折价发行的债券，加快付息频率，债券价值会下降；溢价发行的债券，加快付息频率，债券价值会上升；平价发行的债券，加快付息频率，债券价值会不变。

83. 债券结算为全价结算等于净价加应计利息。

答案：正确。

试题解析：本题考查债券报价和结算。

四、综合题。每问备选答案中有一项或多项符合题目要求，不选、错选均不得分。

（一）当前 1 年期零息债券的到期收益率为 7%，2 年期零息债券的到期收益率为 8%。财政部计划发行 2 年期附息债券，利息按年支付，息票率为 9%，债券面值为 100 元。

1. 该附息债券每年可得利息为(　　)元。

A. 9　　B. 7　　C. 8　　D. 6

答案：A

试题解析：本题考查利息计算。

利息 = 息票率 × 债券面值 = 9% × 100 = 9（元）

2. 该债券售价为(　　)元。

A. 103.62　　B. 101.78　　C. 101.86　　D. 101.70

答案：C

试题解析：本题考查债券的价值。

$P=(100\times9\%)/(1+7\%)+(100+100\times9\%)/(1+8\%)^2=101.86$(元)

3. 该债券的到期收益率为(　　)。

A. 7.80%　　B. 7.96%　　C. 7.54%　　D. 7.36%

答案：B

试题解析：本题考查到期收益率的计算。

$P=(100\times9\%)/(1+y)+(100+100\times9\%)/(1+y)^2$

解得：$y=7.96\%$

4. 如果预期理论正确，1 年后该债券售价(　　)元。

A. 100.9　　B. 101　　C. 100.7　　D. 100

答案：D

试题解析：若预期理论正确，设第二年的一年期远期利率为 r，则有：

$(1+7\%)(1+r)=(1+8\%)^2$，解方程得：$r=9\%$

一年后售价 $P_1=(100+100\times9\%)/(1+9\%)=100$（元）

5. 下面关于零息债券的说法错误的是(　　)。

A. 零息债券常以贴现方式发行

B. 零息债券常附息票

C. 零息债券一般期限较短，常短于 1 年

D. 零息债券于到期日时按面值一次性支付本利

答案：B

试题解析：本题考查零息债券的定义。零息债券是指以贴现方式发行，不附息票，而于到期日时按面值一次性支付本利的债券。

（二）B 公司是一家上市公司，所得税税率为 25%。2022 年末公司总股份为 10 亿股，当年实现净利润为 4 亿元，2023 年公司计划投资一条新生产线，总投资额为 8 亿元。经过论证，该项目具有可行性。为了筹集新生产线的投资资金，财务部制定了两个筹资方案供董事会选择：

方案一：发行可转换公司债券 8 亿元，每张面值 100 元，转换价格为每股 10 元，债券期限为 5 年，年利率为 2.5%，可转换日为自该可转换公司债券发行结束之日（2023 年 1 月 30 日）起满 1 年后的第一个交易日（2024 年 1 月 30 日）。

方案二：发行一般公司债券 8 亿元，每张面值 100 元，债券期限为 5 年，年利率为 5.5%。

1. 根据方案一，可转换债券的转换比率为(　　)。

A. 9　　B. 10　　C. 11　　D. 8

答案：B

试题解析：可转换债券的转换比率 = 100/10 = 10。

2. 发行可转换债券公司节约的利息为(　　)亿元。

A. 0.22　　B. 0.24　　C. 0.20　　D. 0.26

答案：A

试题解析：发行可转换债券节约的利息 = 8 × (5.5% − 2.5%) × 11/12

= 0.22（亿元）

3. 预计在转换期公司市盈率将维持在 20 倍的水平（以 2017 年的每股收益计算）。如果 B 公司希望可转换公司债券进入转换期后能够实现转股，那么 B 公司 2017 年的净利润及其增长率至少应达到(　　)。

A. 24%　　B. 22%　　C. 20%　　D. 25%

答案：D

试题解析：要想实现转股，转换期的股价至少应该达到转换价格 10 元/股，由

于市盈率 = 每股市价/每股收益，所以，2023 年的每股收益至少应该达到 10/20 = 0.5（元），净利润至少应该达到 0.5 × 10 = 5（亿元），增长率至少应该达到(5 - 4)/4 × 100% = 25%。

4. 如果转换期内公司股价在 8 ~ 9 元之间波动，说明 B 公司将面临(　　)风险。

A. 流动风险　　B. 道德风险　　C. 财务风险　　D. 系统性风险

答案：C

试题解析： 如果公司的股价在 8 ~ 9 元之间波动，由于股价小于转换价格，此时，可转换债券的持有人将不会转换，所以公司将面临可转换公司债券无法转股的财务压力或财务风险或大额现金流出的压力。

5. 从融资角度看，下列关于发行可转换债券的好处及不足描述错误的是(　　)。

A. 可转换债券发行有助于公司筹集资本

B. 可转换债券发行有助于公司降低筹资成本

C. 可转换债券转换为股票后，公司仍需承担较高的权益融资成本

D. 可转换债券转换为股票后，公司无须承担较高的权益融资成本

答案：D

试题解析： 从公司融资角度看，可转换债券发行有助于公司筹集资本，有助于公司降低筹资成本。但是，可转换债券转换为股票后，公司仍需承担较高的权益融资成本。

（三）一只永续债券票面利率为 10%，每半年付息一次，其到期收益率为 12%。一个债券投资组合包含了这一个永续债券（权重 0.3）和一只 5 年期无息债券。

1. 永续债券的久期为(　　)年。

A. 11　　B. 10.5　　C. 8.83　　D. 9.33

答案：C

试题解析： 本题考查永续债券久期的计算。永续债券久期 = (1 + 0.06)/0.06 = 17.6667（半年），即 8.83 年。

2. 无息债券的久期为(　　)年。

A. 4　　B. 5　　C. 2.5　　D. 6

答案：B

试题解析： 无息债券的期限即为无息债券的久期。

3. 这个债券投资组合的久期为(　　)年。

A. 6.15　　B. 6.8　　C. 6.65　　D. 6.30

答案：A

试题解析：无息债券的久期为 5 年，则：

债券投资组合的久期 $=0.3\times 8.83+0.7\times 5=6.15$（年）

4. 关于久期说法错误的是(　　)。

A. 久期也称持续期，指发生在未来时间的现金流

B. 久期常用来衡量债券价格对利率变化的敏感程度

C. 久期可视为债券投资者收回全部本金和利息所需的平均时间

D. 久期是支付债券现金流所需时间的算术平均值

答案：D

试题解析：本题考查久期的定义和性质。久期也称持续期，是指发生在未来时间的现金流。基本上，它是支付债券现金流所需时间的加权平均值。久期也可以理解为债券投资者收回全部本金和利息所需的平均时间，这个概念通常用来衡量债券价格对利率变化的敏感性。

5. 关于永续债券的说法正确的是(　　)。

A. 永续债券又称无期债券，是发行人在银行间债券市场注册发行的“无固定期限、内含发行人赎回权”的债券

B. 永续债的每个付息日，发行人可以自行选择将当期利息推迟至下一个付息日支付，且不受到任何递延支付利息次数的限制

C. 永续债的每个付息日，发行人可以自行选择将已经递延的所有利息，推迟至下一个付息日支付，且不受到任何递延支付利息次数的限制

D. 永续债券不规定到期期限，持有人可视情况要求清偿本金

答案：D

试题解析：本题考查永续债券的定义。永续债券又称无期债券，是发行人在银行间债券市场注册发行的“无固定期限、内含发行人赎回权”的债券。永续债的每个付息日，发行人可以自行选择将当期利息及已经递延的所有利息推迟至下一个付息日支付，且不受到任何递延支付利息次数的限制。永续债券不规定到期期限，持有人不能要求清偿本金，但可按期取得利息。

（四）阳光公司是一家成长性良好初创科技企业，近期公司要为研发项目筹集一笔5 000 万元的资金，由于当前公司股票价格比较低，公司拟发行可转换债券方式筹集该笔资金。可转换债券按面值发行，期限 5 年。每份可转换债券的面值为 1 000 元，票面利率为 5%，每年年末付息一次，到期还本。可转换债券发行一年后可以转换为普通股，转换价格为 25 元。

1. 单份可转换债券的纯债券价值为(　　)元。

A. 914.11　　B. 810.44　　C. 765.98　　D. 1 011.45

答案：B

试题解析：发行日每份纯债券的价值 = 1 000 × 5% × (P/A, 10%, 5) + 1 000 × (P/F, 10%, 5) = 810.44（元）

2. 该份可转换债券的转换比率为(　　)。

A. 50　　B. 45　　C. 40　　D. 25

答案：C

试题解析：可转换债券的转换比率 = 1 000/25 = 40

3. 下列关于可转换债券的赎回条款和回售条款的说法，不正确的是(　　)。

A. 赎回价格一般高于可转换债券的面值

B. 回售一般发生在公司股票价格在一段时期内连续高于转股价格达到某一幅度时

C. 设置赎回条款最主要的功能是强制债券持有者积极行使转股权

D. 回售条款有利于降低投资者的持券风险

答案：B

试题解析：回售一般发生在公司股票价格在一段时期内连续低于转股价格达到某一幅度时，因为此时的股价对投资者不利，债券持有人有权按照事先约定的价格将债券卖回给发债公司。

（五）甲公司需筹集一笔资金用于垫付货款，于 2023 年 1 月申请公开发行公司债券未通过证监会审核，先准备通过非公开发行债券重新筹集该笔资金。根据该情境，回答以下四题：

1. 下列公司债券公开发行的说法正确的是(　　)。

A. 公司债券公开发行的价格或利率以询价或公开招标等市场化方式确定

B. 拟配售股份数量不得超过本次配售股份前股本总额的 40%

C. 公开发行公司债券，可以申请一次注册，分期发行

D. 公开发行公司债券，应当委托具有从事证券服务业务资格的资信评级机构进行信用评级

答案：ACD

试题解析：向原股东配售股份，拟配售股份数量不超过本次配售股份前股本总额的 30%。

2. 公司债券的期限为 1 年以上的，在债券有效存续期间，应当每年至少向市场公布(　　)次定期跟踪评级报告。

A. 1　　B. 2　　C. 3　　D. 4

答案：A

试题解析：公司债券的期限为 1 年以上的，在债券有效存续期间，应当每年至少向市场公布 1 次定期跟踪评级报告。

3. 公开发行公司债券的募集说明书自最后签署之日起(　　)个月内有效。

A. 3　　B. 6　　C. 9　　D. 12

答案：B

试题解析：公开发行公司债券的募集说明书自最后签署之日起 6 个月内有效。发行人应当及时更新债券募集说明书等公司债券发行文件，并在每期发行前报证券交易所备案。

4. 非公开发行的公司债券每次发行对象不得超过(　　)人。

A. 100　　B. 150　　C. 200　　D. 250

答案：C

试题解析：根据 2021 年发布的《公司债券发行与交易管理办法》第三十四条的规定，非公开发行的公司债券应当向专业投资者发行，不得采用广告、公开劝诱和变相公开方式，每次发行对象不得超过 200 人。

（六）王先生计划买入某公司债券，票面金额为 1 000 元，售价为 960 元，5 年到期，票面率为 7%，半年付息一次。根据该情境，回答以下五题。

1. 王先生购买该债券的到期收益率为(　　)。

A. 7%　　B. 7.29%　　C. 8.%　　D. 10%

答案：C

试题解析：计算过程：设半年的到期收益率为 y，则有 $960 = 35/(1+y) + 35/(1+y)^2 + 35/(1+y)^3 + 35/(1+y)^4 + 35/(1+y)^5 + 35/(1+y)^6 + 35/(1+y)^7 + 35/(1+y)^8 + 35/(1+y)^9 + 1\,035/(1+y)^{10}$，得 $y = 4\%$，全年到期收益率为 8%。

2. 王先生购买该债券的当期收益率为(　　)。

A. 7%　　B. 7.29%　　C. 8.22%　　D. 9%

答案：B

试题解析：$Y = 1\,000 \times 7\% / 960 \times 100\% = 7.29\%$

3. 其他条件相同时，若王先生购买的债券为一年一次付息，投资到期收益率(　　)。

A. 上升　　B. 不变　　C. 下降　　D. 以上都有可能

答案：A

试题解析： 债券投资到期收益率和付息频率成正比关系。

4. 如果王先生持有三年，第三年末的市场利率为 5.8%，则其出售该债券的价格为(　　)美元。

A. 1 000　　B. 1 032.61　　C. 1 022.36　　D. 987.22

答案：C

试题解析： 从第三年末到第五年末，还有 4 次付息，每次支付利息额为 $1\ 000 \times 7\%/2 = 35$ 元，当时的半年市场利率为 $5.8\%/2 = 2.9\%$。因此第三年末债券价格 $= 35/(1+2.9\%) + 35/(1+2.9\%)^2 + 35/(1+2.9\%)^3 + 35/(1+2.9\%)^4 + 1\ 000/(1+2.9\%)^4 = 1\ 022.36$ 元。

5. 若王先生在第三年末出售该债券时所实际获得的持有期年化收益率为(　　)。

A. 5%　　B. 8%　　C. 9.22%　　D. 11%

答案：C

试题解析： 设半年的持有期收益率为 y，$1\ 022.36 = 960 \times (1+y)^6 + 35 \times (1+y)^5 + 35 \times (1+y)^4 + 35 \times (1+y)^3 + 35 \times (1+y)^2 + 35 \times (1+y) + 35 \Rightarrow y = 4.61\%$，持有期年化收益率为 9.22%。

（七）现有以下面值为 1 000 元、不同到期日的零息票债券的价格。根据该情境，回答以下三题：

年份	价格（元）	年份	价格（元）
1	952.38	3	833.92
2	878.45	4	777.44

1. 下面说法正确的是(　　)。

A. 根据预期理论，如果收益率曲线是向上倾斜的，预期短期利率上升

B. 收益率曲线的形状与投资者的预期决定无关

C. 根据期限溢价理论，短期债券的流动性比长期债券低

D. 常称一年之内的利率为即期利率

答案：A

试题解析： 选项 B，根据预期理论，收益率曲线的形状是由投资者的预期决定的；选项 C，根据市场分割理论，可以大致将市场的投资者分为短期，中期，长期三类；选项 D，常称期限为 1 年之内的利率为短期利率。所以，正确选项为 A。

2. 假定买了一只每年付息、利息为 10%、面值为 1 000 美元的 4 年期付息债

券，如果远期利率保持不变，则债券一年后的价格是(　　)。

A. 1 203.74　　B. 1 175.45　　C. 1 060.68　　D. 1 078.73

答案：D

试题解析：远期利率保持不变，可通过1年和4年期债券价格差计算到期收益率，及 $y^1=7\%$，则债券一年后价格为 $P=100/(1+7\%)+100/(1+7\%)^2+1\ 100/(1+7\%)^3=1\ 078.73$(元)。

3. 根据预期理论假定，第三年的预期远期利率为(　　)。

A. 4.22%　　B. 5.34%　　C. 6.85%　　D. 9.46%

答案：D

试题解析：首先找使三年期债券价格等于两年期债券价格的折现因子。进而得到：

远期利率 $=(878.45/833.92-1)\times100\%=5.34\%$

第六章　证券投资基金

一、单项选择题。以下备选项中只有一项最符合题目要求，不选、错选均不得分。

1. 证券投资基金在美国称为(　　)。

A. 信托产品　　B. 单位信托基金

C. 共同基金　　D. 证券投资信托基金

答案：C

试题解析：本题考查证券投资基金的称谓。证券投资基金在美国主要指共同基金，在英国和我国香港地区称为单位信托基金，在欧洲一些国家称为集合投资基金或集合投资计划，在日本和我国台湾地区称为证券投资信托基金。

2. 根据(　　)的不同，可以将投资基金分为证券投资基金与另类投资基金。

A. 募集方式　　B. 基金投资对象

C. 组织形态　　D. 投资收益与风险

答案：B

试题解析：本题考查证券投资基金的分类。根据基金投资对象的不同，可以将投资基金分为证券投资基金与另类投资基金。

3. 证券投资基金中的(　　)，在完成募集之后，基金份额可以在证券交易所上市。

A. 公司型基金　　B. 契约型基金　　C. 开放型基金　　D. 封闭型基金

答案：D

试题解析：了解封闭式基金的概念。证券投资基金中的封闭型基金，在完成募集之后，基金份额可以在证券交易所上市。

4. 基金反映的是(　　)关系。

A. 所有权　　B. 债权债务　　C. 信托　　D. 委托代理

答案：C

试题解析：本题考查证券投资基金的概念和特点。股票反映的是所有权关系，债券反映的是债权债务关系，而基金反映的则是信托关系。

5. 以下关于开放式基金申购的表述正确的是(　　)。

A. 基金产品前端收费的最高档申购费率应低于对应的后端最高档申购费率

B. 申购费率不得超过申购金额的3%

C. 基金管理人可以对选择后端收费方式的投资人根据其申购金额的数量适用不同的后端申购费率标准。对于持有期低于3年的投资人，基金管理人不得免收其后端申购费用

D. 基金管理人可以对选择前端收费方式的投资人根据其持有期限适用不同的前端申购费率标准

答案：A

试题解析：本题考查对于开放式基金的概念和特点的了解程度。

6. 基金募集期限届满，基金募集份额总额不少于(　　)亿份，基金募集金额不少于(　　)亿元人民币。

A. 1；1　　B. 2；1　　C. 1；2　　D. 2；2

答案：D

试题解析：本题考查募集基金应具备的条件。

7. QDII基金投资金融衍生产品，在基金合同、招募说明书中以下不需说明的是(　　)。

A. 拟采取的组合避险

B. 拟投资的衍生品种及其基本特性

C. 投资预期收益

D. 有效管理策略及采取的方式、频率

答案：C

试题解析：本题考查证券投资基金募集资金的步骤和规则。

8. 我国的基金管理费、基金托管费及基金销售服务费均是按照前一日基金资产净值的一定比例(　　)计提，按(　　)支付。

A. 逐日；日　　B. 逐日；周　　C. 逐日；月　　D. 逐周；周

答案：C

试题解析：本题考查基金各种费用的计提标准及计提方式。

9. 我国的(　　)是依法设立的，不以营利为目的，为证券的集中和有组织的交易提供场所、设施，履行国家有关法律法规、规章、政策规定的职责，实行自律性管理的法人。

A. 证券交易所　　B. 基金行业自律组织

C. 基金管理公司　　　　　　　　　D. 基金销售公司

答案：A

试题解析：本题考查基金的监管机构和自律组织的概念。

10. 符合条件的境内基金管理公司和证券公司，经中国证监会批准，在(　　)募集资金可以进行(　　)证券投资的机构就称为合格境内机构投资者。

A. 境内；境外　　　　　　　　　B. 境内；境内

C. 境外；境外　　　　　　　　　D. 境外；境内

答案：A

试题解析：本题考查证券投资基金募集资金的内容。

11. 我国股票基金大部分按照(　　)的比例计提基金管理费。

A. 0.25%　　　B. 1.5%　　　C. 5%　　　D. 10%

答案：B

试题解析：本题考查基金各种费用的计提标准及计提方式。

12. 基金存续期信息披露监管包括(　　)。

A. 基金合同生效后对定期更新的基金招募说明书进行形式审查

B. 对基金招募说明书、基金合同、基金托管协议等基金募集申请材料进行审核

C. 对基金份额发售至基金合同生效期间的信息披露行为进行监管

D. 对基金上市交易公告书、基金净值公告、定期报告以及临时报告等信息披露文件的监管

答案：D

试题解析：本题考查证券投资基金的监管与信息披露内容。

13. 基金合同应当约定给投资者设置不少于(　　)小时的投资冷静期。投资冷静期自基金合同签署完毕且投资者缴纳认购基金的款项后起算。募集机构在投资冷静期内不得主动联系投资者。

A. 12　　　B. 24　　　C. 36　　　D. 48

答案：B

试题解析：本题考查私募基金的募集程序与私募基金财产投资要求。

14. 通常采用(　　)的辅助估值工具来估值成长型股票。

A. 现金流折现　　　　　　　　　B. 市盈率

C. 市净率　　　　　　　　　　　D. 每股盈余成长率

答案：D

试题解析：本题考查私募基金的估值方法。

15. 以下关于股票价值的估值方法，叙述正确的是(　　)。

A. 最常使用的估值方法有市盈率、市净率、现金流折现，以及经济价值对利息、税收、折旧、摊销前利润

B. 通常采用每股盈余成长率的辅助估值工具来估值价值型股票

C. 通常采用股息率的辅助估值工具来估值成长型股票

D. 在股票估值中，公司治理结构和管理层素质等非定量指标不如财务指标重要

答案：A

试题解析： 本题考查私募基金的估值方法。

16. 单只私募证券投资基金管理规模金额达到(　　)万元以上的，应当持续在每月结束之日起5个工作日以内向投资者披露基金净值信息。

A. 1 000　　B. 2 000　　C. 3 000　　D. 5 000

答案：D

试题解析： 本题考查私募基金的信息披露。

17. 当代表基金份额(　　)以上的基金份额持有人就同一事项要求召开持有人大会，而管理人和托管人都不召集的时候，持有人有权自行召集。

A. 5%　　B. 10%　　C. 15%　　D. 20%

答案：B

试题解析： 本题考查证券投资基金的监管与信息披露。

18. 我国开放式基金一般(　　)进行估值。

A. 每一个交易日　　B. 每两个交易日

C. 每三个交易日　　D. 每周

答案：A

试题解析： 本题考查开放式基金估值需要考虑的因素。

19. 基金管理费率通常与基金规模成(　　)，与风险成(　　)。

A. 正比；正比　　B. 正比；反比

C. 反比；正比　　D. 反比；反比

答案：C

试题解析： 本题考查基金管理费率。

20. 指数基金和债券基金的年管理费率一般为(　　)。

A. 0.3% ~1.0%　　B. 0.15% ~0.33%

C. 0.1% ~0.25%　　D. 0.05% ~0.1%

答案：A

试题解析：本题考查各类证券投资基金费用的计提标准及计提方式。我国积极管理的股票基金一般按照年管理费率1.5%的比例计提管理费，指数基金和债券基金的年管理费率一般为0.3%~1.0%，货币市场基金的年管理费率一般为0.15%~0.33%。

21. 基金中基金持有其他单只基金，其市值不得超过基金资产净值的(　　)，或者投资于其他基金中基金。

A. 5%　　B. 10%　　C. 15%　　D. 20%

答案：D

试题解析：本题考查基金信息披露的禁止性规定。

22. 基金临时信息披露主要指在基金存续期间，当发生重大事件或市场上流传误导性信息，可能引致对基金份额持有人权益或者基金份额价格产生重大影响时，(　　)依法对外澄清公告。

A. 基金信息披露义务人　　B. 基金托管人

C. 证券交易所　　D. 监管机构

答案：A

试题解析：本题考查对于基金募集信息披露、运作信息披露和临时信息披露的内容的熟悉程度。

23. 基金管理人负责办理与基金财产管理业务活动有关的信息披露事项，其中不涉及以下(　　)环节。

A. 基金募集　　B. 投资运作　　C. 净值复核　　D. 上市交易

答案：C

试题解析：本题考查对于基金募集信息披露、运作信息披露和临时信息披露的内容的熟悉程度。

24. 遵从商业惯例，允许私募基金以股权投资为目的，为被投企业提供短期借款、担保，借款或者担保余额不得超过该私募基金实缴金额的(　　)。

A. 5%　　B. 10%　　C. 15%　　D. 20%

答案：D

试题解析：本题考查私募证券投资基金的运作要求。

25. 基金经理的任职条件中以下不正确的是(　　)。

A. 具有3年以上证券投资管理经历

B. 取得基金从业资格

C. 最近1年没有受到证券、银行、工商和税务等行政管理部门的行政处罚

D. 没有《公司法》《证券投资基金法》等法律、行政法规的规定，不得担任公司董事、监事、经理和基金从业人员的情形

答案：C

试题解析： 本题考查基金市场参与主体的任职条件。

26. 开放式基金的认购费率不得超过认购金额的(　　)。

A. 1%　　B. 2.5%　　C. 3%　　D. 5%

答案：D

试题解析： 本题考查开放式基金的认购步骤、认购方式、认购费率和收费模式。

27. 一般从基金财产中计提不高于(　　)的销售服务费，用于基金的持续销售和为基金份额持有人提供服务。

A. 0.1%　　B. 0.25%　　C. 0.3%　　D. 0.5%

答案：B

试题解析： 本题考查开放式基金的认购步骤、认购方式、认购费率和收费模式。

28. 封闭式基金(　　)披露一次基金份额净值，但每个交易日也都进行估值。

A. 每日　　B. 每周　　C. 每月　　D. 每季

答案：B

试题解析： 本题考查封闭式基金的交易规则与交易费用。

29. 基金资产估值引起的资产价值变动作为公允价值变动损益会计入当期(　　)。

A. 成本　　B. 收益　　C. 收入　　D. 损益

答案：D

试题解析： 本题考查我国基金资产估值的原则、各种费用的计提标准及计提方式。

30. 基金管理公司董事会每年应至少召开(　　)次定期会议。

A. 1　　B. 2　　C. 3　　D. 5

答案：B

试题解析： 本题考查基金市场参与主体所承担的责任。

31. ETF 上市交易之后，需按交易所的要求，在每日开市前披露当日的申购、赎回清单，并在交易时间内即时揭示(　　)。

A. 基金份额净值　　B. 基金资产净值

C. 基金份额累计净值　　D. 基金份额参考净值

答案：D

试题解析： 本题考查 ETF 基金申购、赎回的原则。

32. 基金募集期限届满，基金募集份额总额不少于(　　)亿份，基金募集金额不少于(　　)亿元人民币；

A. 2；2　　B. 2；3　　C. 3；3　　D. 3；2

答案：A

试题解析：本题考查拟募集基金应具备的条件。

33. 基金管理人应当自募集期限届满之日起(　　)日内聘请法定验资机构验资，向中国证监会提交验资报告，办理基金备案手续。

A. 1　　B. 3　　C. 6　　D. 10

答案：D

试题解析：本题考查拟募集基金应具备的条件。

34. 投资者于T日提交认购申请后，可于(　　)日起到办理认购的网点查询认购申请的受理情况。认购申请无效的，认购资金将退回到投资人资金账户。

A. T+1　　B. T+2　　C. T+3　　D. T+4

答案：B

试题解析：本题考查开放式基金的认购步骤、认购方式、认购费率和收费模式。

35. 对于在6个月内(　　)被出具监管警示函仍未改正的销售机构，在分发或公布基金宣传推介材料前，应事先将材料报送中国证监会，报送之日起(　　)后，方可使用。

A. 连续两次；5日　　B. 连续三次；5日

C. 连续两次；10日　　D. 连续三次；10日

答案：C

试题解析：本题考查对公募基金销售活动的监管内容和对公募基金投资与交易行为的监管内容。

36. 对于封闭式基金与开放式基金区别的叙述，以下说法中不正确的是(　　)

A. 期限不同　　B. 基金份额面值不同

C. 交易场所不同　　D. 份额限制不同

答案：B

试题解析：考查封闭式基金与开放式基金特点。

37. 开放式基金的申购赎回以(　　)基础。

A. 基金份额净资产值　　B. 市盈率

C. 市场供求关系　　D. 购买股票的占比

答案：A

试题解析： 考查开放式基金特点。开放式基金的申购赎回以基金份额净资产值为基础。

38. 依据(　　)的不同，可以将基金市场的参与主体分为基金当事人、基金服务机构、基金的监管机构和自律组织三大类。

A. 设立条件　　B. 承担的职责和作用

C. 参与方式　　D. 服务方式

答案：B

试题解析： 本题考查证券投资基金的运作与市场参与主体

39. 以下(　　)不是公司型基金与契约型基金的区别。

A. 资金的性质不同　　B. 基金的营运依据不同

C. 基金规模　　D. 投资者的地位不同

答案：C

试题解析： 本题考查公司型基金与契约型基金的区别：一是资金的性质不同；二是投资者的地位不同；三是基金的营运依据不同。

40. 契约型基金是依据(　　)设立的一类基金。

A. 公司型基金　　B. 契约型基金

C. 开放型基金　　D. 封闭型基金

答案：B

试题解析： 考查契约型基金定义。契约型基金是依据基金合同设立的一类基金。基金投资者购买基金份额后成为基金持有人，依法享受权利并承担义务。

41. 基金管理人是基金的募集者和管理者，其最主要的职责是(　　)。

A. 管理基金公司

B. 提高基金收益

C. 对基金经营人进行监督

D. 按照基金合同的约定，负责基金资产的投资运作，在有效控制风险的基础上能为基金投资者争取最大的投资收益。

答案：D

试题解析： 本题考查基金管理人的职责范围。

42. 证券投资基金在日本称为(　　)。

A. 信托产品　　B. 单位信托基金

C. 共同基金　　D. 证券投资信托基金

答案：D

试题解析： 本题考查证券投资基金的称谓。

43. 基金管理人应当自收到准予注册文件之日起(　　)个月内进行基金份额的发售。基金的募集期限自基金份额发售日开始计算，募集期限不得超过(　　)个月。

A. 6；6　　B. 3；6　　C. 6；3　　D. 3；3

答案：C

试题解析： 本题考查基金市场参与主体承担的责任与作用。

44. 基金管理人应当在基金份额发售的(　　)日前公布招募说明书、基金合同及其他有关文件。

A. 1　　B. 3　　C. 6　　D. 10

答案：B

试题解析： 本题考查基金市场参与主体承担的责任与作用。

45. 私募基金管理人、私募基金托管人及私募基金销售机构应当妥善保存私募基金投资决策、交易和投资者适当性管理等方面的记录及其他相关资料，保存期限自基金清算终止之日起不得少于10年。

A. 10　　B. 15　　C. 20　　D. 25

答案：A

试题解析： 本题考查私募基金投资的运作要求。

46. 在估计非上市股权的公允价值时，通常使用的收益法为(　　)。

A. 现金流折现法　　B. 成本法

C. 行业指标法　　D. 市场乘数法

答案：A

试题解析： 本题考查私募基金的估值方法。

二、多项选择题。以下备选项中有两项或两项以上符合题目要求，多选、少选、错选均不得分。

1. 证券投资基金主要特点表现为(　　)。

A. 独立托管、保障安全　　B. 利益共享、风险共担

C. 组合投资、分散风险　　D. 集合理财、专业管理

答案：ABCD

试题解析： 本题考查证券投资基金的概念和特点。

2. 证券投资基金在不同国家和地区的称谓不尽相同，目前的称谓有(　　)。

A. 单位信托基金　　B. 金融产品

C. 共同基金　　D. 证券投资信托基金

答案：ACD

试题解析：本题考查证券投资基金的概念和特点。

3. 契约型基金与公司型基金的区别有(　　)。

A. 投资风险的不同　　B. 资金的性质不同

C. 投资者的地位不同　　D. 基金的营运依据不同

答案：BCD

试题解析：本题考查契约型基金与公司型基金的区别。

4. 依据所承担的职责与作用的不同，可以将基金市场的参与主体分为(　　)。

A. 基金市场服务机构　　B. 证券公司

C. 基金当事人　　D. 基金监管与自律机构

答案：ACD

试题解析：本题考查基金市场参与主体。

5. 关于货币市场基金，以下说法正确的有(　　)。

A. 与银行存款类似，没有投资风险

B. 风险低，流动性好

C. 以短期货币市场工具为投资对象

D. 增长潜力大，适合长期投资

答案：BC

试题解析：本题考查对于货币市场基金概念与作用的认识。

6. 根据基金运作方式，基金可以分为(　　)。

A. 封闭式基金　　B. 开放式基金

C. 增长型基金　　D. 收入型基金

答案：AB

试题解析：本题考查证券投资基金的分类及其依据。

7. 基金管理公司监察稽核部的主要工作包括(　　)。

A. 基金管理稽核　　B. 财务管理稽核

C. 内部审计　　D. 协调公司对外信息披露

答案：ABD

试题解析：本题考查基金市场参与主体所承担的责任与义务。

8. 基金管理公司交易部的主要职能有(　　)。

A. 执行投资部的交易指令

B. 记录并保存每日投资交易情况

C. 负责基金交易席位的安排、交易量管理

D. 保持与各证券交易商的联系并控制相应的交易额度

答案：ABCD

试题解析：本题考查基金市场参与主体所承担的责任与义务。

9. 基金的募集一般要经过(　　)等步骤。

A. 核准　　B. 发售

C. 申请　　D. 基金合同生效

答案：ABCD

试题解析：本题考查基金的募集步骤。

10. 以下关于估值的基本原则的说法，正确的是(　　)。

A. 对存在活跃市场且能够获取相同资产或负债报价的投资品种，在估值日有报价的，除会计准则规定的例外情况外，应将该报价不加调整地应用于该资产或负债的公允价值计量

B. 如经济环境发生重大变化或证券发行人发生影响证券价格的重大事件，使潜在估值调整对前一估值日的基金资产净值的影响在0.3%以上的，应对估值进行调整并确认公允价值

C. 对不存在活跃市场的投资品种，应采取在当前情况下适用并且可利用数据和其他信息支持的估值技术确定公允价值

D. 采用估值技术确定公允价值时，应优先使用可观察输入值，只有在无法取得相关资产或负债可观察输入值或取得不切实可行的情况下，才可以使用不可观察输入值

答案：ACD

试题解析：本题考查估值的基本原则。

11. 对于上市公司股票的投资价值，最常使用的估值方法有(　　)。

A. 市盈率

B. 现金流折现

C. 市净率

D. 经济价值对利息、税收、折旧、摊销前利润

答案：ABCD

试题解析：本题考查基金资产估值的原则。

12. 根据基金运作方式，基金可以分为（ ）。

A. 封闭式基金　　B. 开放式基金

C. 主动型基金　　D. 被动型基金

答案：AB

试题解析：本题考查证券投资基金的分类。

13. 关于QDII基金的投资风险，下列说法正确的有（ ）。

A. 国际市场投资会面临国内基金所没有的汇率风险

B. QDII基金申购、赎回的时间要长于国内其他基金

C. 国际市场投资将会面临国别风险、新兴市场风险等特别投资风险

D. 尽管进行国际市场投资有可能降低组合投资风险，可以排除市场风险

答案：ABC

试题解析：本题考查对于QDII基金投资风险的认识。

14. 以下关于货币市场工具的说法正确的有（ ）。

A. 到期日不足1年

B. 是短期金融工具

C. 也称为现金投资工具

D. 通常由政府、金融机构以及信誉卓著的大型工商企业发行

答案：ABCD

试题解析：本题考查对于货币市场基金投资风险的认识。

15. 以下关于淄博乡镇企业投资基金的说法，正确的有（ ）。

A. 于1992年11月经中国人民银行总行批准正式设立

B. 为公司型开放式基金

C. 60%投向淄博乡镇企业，40%投向上市公司

D. 于1998年3月在深圳证券交易所最早挂牌上市

答案：AC

试题解析：本题考查我国证券投资基金的发展概况。

16. 独立基金销售机构发生下列事项的，应当在5个工作日内向住所地中国证监会派出机构备案（ ）。

A. 变更公司章程、名称、住所、组织形式、经营范围、注册资本、高级管理人员

B. 新增持有10%以上股权的股东，变更控股股东、实际控制人

C. 持有10%以上股权的股东变更姓名、名称，或者质押所持独立基金销售机

构的股权

D. 设立、撤销分支机构，变更分支机构名称、营业场所

答案：AD

试题解析：本题考查对公募基金销售活动的监管内容。

17. 按基金法律形式划分，证券投资基金可划分(　　)。

A. 开放式基金　　B. 封闭式基金

C. 契约型基金　　D. 公司型基金

答案：CD

试题解析：本题考查证券投资基金的分类及其依据。

18. 按基金的投资理念划分，证券投资基金可分为(　　)。

A. 主动型基金　　B. 被动基金　　C. 契约型基金　　D. 公司型基金

答案：AB

试题解析：本题考查证券投资基金的分类及其依据。

19. 以下关于契约型基金的表述正确的有(　　)。

A. 监督约束机制较为完善　　B. 依据基金合同成立

C. 依据基金合同营运基金　　D. 具有法人资格

答案：BC

试题解析：本题考查对于股票基金概念与作用的认识。

20. 投资人认购开放式基金，一般通过(　　)办理。

A. 证券交易所

B. 商业银行

C. 基金管理人

D. 经国务院证券监督管理机构认定的其他机构

答案：BCD

试题解析：本题考查开放式基金的认购步骤、认购方式、认购费率和收费模式。

21. 基金销售机构应当选择具备下列哪些条件的商业银行或者支付机构办理基金销售支付业务(　　)。

A. 最近1年没有受到刑事处罚或者重大行政处罚

B. 商业银行取得基金销售业务资格，支付机构取得支付业务许可证

C. 最近1年没有被采取重大行政监管措施

D. 没有因重大违法违规行为处于整改期间，或者因涉嫌重大违法违规行为正在被监管机构调查

答案：BCD

试题解析： 本题考查基金市场参与主体所承担的责任与义务。

22. 在基金市场上存在许多不同的参与主体，依据所承担的责任与作用的不同，可以将基金市场的参与主体分为(　　)。

A. 基金的监管机构和自律组织　　B. 基金当事人

C. 证券公司　　D. 基金服务机构

答案：ABD

试题解析： 本题考查证券投资基金市场参与主体的分类。

23. 以下属于利息收入的是(　　)。

A. 债券利息收入　　B. 资产支持证券投资收益

C. ETF 替代损益　　D. 买入返售金融资产收入

答案：AD

试题解析： 本题考查基金利润与利润分配。

24. 以下关于基金利润分配的说法正确的有(　　)。

A. 封闭式基金年度收益分配比例不得低于基金年度可供分配利润的 80%

B. 封闭式基金只能采用现金方式分红

C. 一般开放式基金利润分配默认的方式应当采用现金分红

D. 我国一般开放式基金按规定需在基金合同和招募说明书中约定每年基金收益分配的最多次数和每次基金收益分配的最低比例，同时要求基金利润分配后基金份额净值不得高于面值

答案：BC

试题解析： 本题考查基金利润与利润分配。

25. 以下基金自身投资活动产生的税收有(　　)。

A. 增值税　　B. 印花税　　C. 所得税　　D. 财产税

答案：ABC

试题解析： 本题考查基金自身投资活动产生的税收。

26. 以下关于认购与赎回的区别不正确的有(　　)。

A. 认购指在基金设立募集期内，投资者申请购买基金份额的行为

B. 在认购期内产生的利息在基金合同生效时，自动转换为投资者的基金份额，申购份额通常在 T+1 日内确认

C. 在认购期内购买基金，基金认购价格通常为 1 元/份，而申购基金时，基金申购价格未知

D. 在认购期内基金份额建仓期后才能赎回，申购份额确认后的 T+2 工作日就可以赎回基金份额

答案：AC

试题解析：本题考查开放式基金申购、赎回的概念。

27. 基金销售过程中发生的费用有(　　)。

A. 申购费　　　　B. 赎回费

C. 基金转换费　　　　D. 基金管理费

答案：ABC

试题解析：本题考查基金费用的种类。

28. 基金管理过程中发生的费用有(　　)。

A. 基金托管费　　　　B. 赎回费

C. 基金转换费　　　　D. 基金管理费

答案：AD

试题解析：本题考查基金费用的种类。

29. 封闭式基金与开放式基金主要有以下区别(　　)。

A. 期限不同　　　　B. 基金份额交易方式不同

C. 价格形成方式不同　　　　D. 激励约束机制与投资策略不同

答案：ABCD

试题解析：本题考查封闭式基金与开放式基金的概念与区别。

30. 关于股票基金，以下说法正确的是(　　)。

A. 在我国，60%以上的基金资产投资于股票的，为股票基金

B. 股票基金的风险较高，但预期收益也较高

C. 股票基金投资目标侧重于追求资本利得，比较适合短期投资

D. 按所持股票性质分类，可分为价值型股票基金、成长型股票基金和平衡型股票基金等

答案：BD

试题解析：本题考查对于股票基金概念与分类的认识。

31. 关于 ETF 基金，以下说法正确的是(　　)。

A. ETF 是一种在交易所上市交易的、基金份额可变的基金

B. ETF 仅能在二级市场交易制度

C. 基金份额可以像封闭式基金一样在交易所二级市场进行买卖

D. 基金份额可以像开放式基金一样申购、赎回

答案：ACD

试题解析：本题考查对于ETF基金概念与交易规则的认识。

32. 下列关于开放式基金申购的表述错误的有(　　)。

A. 申购费率不得超过申购金额的3%

B. 基金产品后端收费的最高档申购费率应低于对应的前端最高档申购费率

C. 基金管理人可以对选择前端收费方式的投资人根据其申购金额适用不同的前端申购费率标准

D. 基金管理人可以对选择后端收费方式的投资人根据其申购金额适用不同的后端申购费率标准

答案：ABD

试题解析：本题考查开放式基金申购、赎回的概念。

33. 以下关于开放式基金认购份额的计算正确的有(　　)。

A. 净认购金额=认购金额/(1+认购费率)

B. 净认购金额=认购金额/(1-认购费率)

C. 认购费用=净认购金额/认购费率

D. 认购份额=(净认购金额+认购利息)/基金份额面值

答案：AD

试题解析：本题考查开放式基金认购份额的计算。

34. 下列与基金有关的费用可以从基金财产中列支是(　　)。

A. 基金管理人的管理费

B. 基金托管人的托管费

C. 基金合同生效后的会计师费和律师费

D. 基金的证券交易费用

答案：AD

试题解析：本题考查基金费用的种类、计提标准及计提方式。

35. 下列关于ETF认购方式的表述正确的是(　　)。

A. 场内现金认购是指投资者通过基金管理人指定的发售代理机构以现金方式参与证券交易所上网定价发售

B. 场外现金认购是指投资者通过基金管理人及其指定的发售代理机构以现金进行的认购

C. 场外现金认购是指投资者通过基金管理人及其指定的发售代理机构以现金方式参与证券交易所上网定价发售

D. 证券认购是指投资者通过基金管理人及其指定的发售代理机构以指定的证券进行的认购

答案：ABD

试题解析： 本题考查 ETF 基金的认购方式。

36. 以下关于基金募集操作中正确的是(　　)。

A. 基金管理人进行基金的募集，必须根据《证券投资基金法》的有关规定，向中国证监会提交相关文件

B. 国务院证券监督管理机构应当自受理公开募集基金的募集注册申请之日起 3 个月内，作出注册或者不予注册的决定

C. 基金的募集期限自基金份额发售日开始计算，募集期限不得超过 6 个月

D. 基金备案自中国证监会书面确认之日起，基金合同生效。基金管理人应当在收到中国证监会确认文件的次日发布基金合同生效公告

答案：AD

试题解析： 本题考查基金的募集步骤。

37. 以下关于开放式基金认购操作中正确的是(　　)。

A. 开放式基金认购一般分为开户、认购与确认三个步骤

B. 投资者于 T 日提交认购申请后，可于 T+1 日起到办理认购的网点查询认购申请的受理情况

C. 基金管理人会针对不同的基金类型、不同的认购金额设置不同的认购费率

D. 基金份额的认购通常有前端收费和后端收费两种模式

答案：ACD

试题解析： 本题考查开放式基金的认购步骤、认购方式、认购费率和收费模式。

38. 基金托管人一般通过(　　)等方式对基金资产进行核对。

A. 计算机系统

B. 电话银行

C. 登录上海 PROP 远程操作平台系统

D. 登录深圳 IST 远程操作平台系统

答案：ABCD

试题解析： 本题考查基金市场参与主体所承担的责任与义务。

39. 以下属于基金收入的是(　　)。

A. 利息收入　　B. 投资收益

C. 其他收入　　D. 公允价值变动损益

答案：ABCD

试题解析：本题考查基金利润与利润分配。

40. 为了对基金业绩进行有效评价，以下(　　)因素必须加以考虑。

A. 投资目标与范围　　　　B. 基金风险水平

C. 基金规模　　　　D. 时期选择

答案：ABCD

试题解析：本题考查主要的基金业绩评估方法。

41. 基金业绩评价的困难性在于(　　)。

A. 投资表现实质上反映了投资技巧与运气的综合影响

B. 比较基准的选择

C. 基金之间绩效的不可比性

D. 基金本身的情况是否稳定

答案：ABCD

试题解析：本题考查基金业绩评价的过程。

42. 基金投资管理的流程包括以下环节(　　)。

A. 研究部门提供研究报告

B. 投资决策委员会决定基金总体投资计划

C. 基金经理拟订投资组合具体方案

D. 交易部门依据基金经理的投资指令执行交易

答案：ABCD

试题解析：本题考查基金投资管理过程。

三、判断题。不选、错选均不得分。

1. 根据募集方式的不同，可将投资基金分为公募基金与私募基金两大类。

答案：正确

试题解析：本题考查证券投资基金的分类。根据募集方式的不同，可将投资基金分为公募基金与私募基金两大类。

2. 根据组织形态的不同，可将投资基金分为契约型基金和公司型基金两大类。

答案：正确

试题解析：本题考查证券投资基金的分类。按基金的组织形态划分，可分为契约型基金和公司型基金

3. 投资基金是指通过向投资者募集资金，形成基金共有财产，由专业投资机

构进行基金投资与管理，由基金托管人进行资产托管，由基金投资人共享投资收益、共担投资风险的一种集合投资方式。

答案：错误

试题解析：本题考查证券投资基金的定义。投资基金是指通过向投资者募集资金，形成基金独立财产，由专业投资机构进行基金投资与管理，由基金托管人进行资产托管，由基金投资人共享投资收益、共担投资风险的一种集合投资方式。

4. 公司型基金一般有一个固定的存续期。

答案：错误

试题解析：了解封闭式基金的概念。封闭式基金一般有一个固定的存续期。

5. 2004 年 10 月成立的国内第一只上市开放式基金是国投瑞银瑞福基金。

答案：错误

试题解析：本题考查我国证券投资基金的发展概况。

6. 上海证券交易所的开业时间为 1990 年 12 月。

答案：正确

试题解析：本题考查我国证券投资基金的发展概况。

7. 基金管理公司变更持有 5% 以上股权的股东、变更公司的实际控制人，可能对基金份额持有人权益或者基金份额的价格产生重大影响。

答案：正确

试题解析：本题考查基金募集信息披露、运作信息披露和临时信息披露的内容。

8. 基金管理人运用基金财产进行证券投资时，基金总资产超过基金净资产的 150%。

答案：错误

试题解析：本题考查对基金机构的监管内容。

9. 基金管理人是基金的募集者和管理者，在整个基金的运作中起着核心的作用。

答案：正确

试题解析：本题考查基金市场参与主体的概念和特点。

10. 证券投资基金与股票、债券的区别有筹集资金的投向不同。

答案：正确

试题解析：本题考查证券投资基金与股票、债券的区别。

11. 以下基金费率不属于投资者在买进与卖出基金环节一次性支出的费用的是认购费率。

答案：错误

试题解析：本题考查基金各种费用的计提标准及计提方式。

12. 根据有关规定，封闭式基金的收益分配每年不得少于1次，封闭式基金年度收益分配比例不得低于基金年度可供分配利润的90%。

答案：正确

试题解析：本题考查基金收入的来源、利润分配方式。

13. 中国证监会对基金管理公司的内部控制监管是日常监管的重点。

答案：正确

试题解析：本题考查证券投资基金的监管与信息披露内容。

14. 私募基金管理人应当根据基金业协会的规定，及时填报并定期更新管理人及其从业人员的有关信息、所管理私募基金的投资运作情况和杠杆运用情况，保证所填报内容真实、准确、完整。发生重大事项的，应当在10个工作日内向基金业协会报告。

答案：正确

试题解析：本题考查私募证券投资基金的运作要求。

15. 私募基金管理人应当于每个会计年度结束后的6个月内，向基金业协会报送经会计师事务所审计的年度财务报告和所管理私募基金年度投资运作基本情况。

答案：错误

试题解析：本题考查私募证券投资基金的运作要求。

16. 外商独资和合资私募证券基金管理机构提供的登记申请材料完备的，中国证券投资基金业协会将自收齐材料之日起15个工作日内，以通过协会官方网站公示私募基金管理人基本情况的方式，为其办结登记手续。

答案：错误

试题解析：本题考查外商开展私募基金业务的要求和流程。

17. 一只基金持有其他基金（不含货币市场基金），其市值不得超过基金资产净值的5%，但基金中基金除外。

答案：错误

试题解析：本题考查基金信息披露的禁止性规定。

18. 基金年度报告中不必披露的财务指标是资产负债率。

答案：正确

试题解析：本题考查对于基金募集信息披露、运作信息披露和临时信息披露的内容的熟悉程度。

19. 对证券投资基金管理人运用基金买卖股票、债券的差价收入，免征营业税。

答案：正确

试题解析：本题考查基金自身投资活动产生的税收、基金投资者（包括个人和机构）投资基金的税收。

20. 对基金取得的公开发行和转让的上市公司股票取得的股息红利，持股期限在 3 个月以内的，其股息红利所得全额计入应纳税所得额。

答案：错误

试题解析：本题考查基金自身投资活动产生的税收、基金投资者（包括个人和机构）投资基金的税收。

21. 对基金取得的债券利息收入，发行债券的企业和银行在向基金支付上述收入时代扣代缴 20% 的个人所得税。

答案：正确

试题解析：本题考查基金投资活动产生的税收。

22. 基金卖出股票按照 0.2% 的税率征收交易印花税，买入交易不征收印花税，即对印花税实行单向征收。

答案：错误

试题解析：本题考查基金自身投资活动产生的税收。

23. 我国股票基金大部分按照 1.5% 的比例计提基金管理费。

答案：正确

试题解析：本题考查各类证券投资基金管理费率。

24. 封闭式基金一般采用现金方式分红。

答案：正确

试题解析：本题考查闭式基金的交易规则与交易费用。

25. 基金管理人应在每个季度结束之日起 20 个工作日内编制完成基金季度报告，并将季度报告登载在指定网站上，将季度报告提示性公告登载在指定报刊上。

答案：错误

试题解析：本题考查对于基金募集信息披露、运作信息披露和临时信息披露的内容的熟悉程度。

26. 基金管理公司的设立须经中国证监会审批。

答案：正确

试题解析：本题考查基金市场参与主体相关内容。

27. 中国证券投资基金试点序幕拉开的标志是 1998 年 3 月 27 日基金金泰、基金开元的发起设立。

答案：正确

试题解析：本题考查我国证券投资基金的发展概况。

28. 封闭式基金交易每位投资者只能开设和使用1个证券账户和基金账户。

答案：正确

试题解析：本题考查封闭式基金的交易规则与交易费用。

29. 基金管理公司主要职责有依法募集基金、召集基金份额持有人大会和办理与基金财产管理业务活动有关的信息披露事项。

答案：正确

试题解析：本题考查基金市场参与主体所承担的责任与义务。

30. 我国的基金管理费、基金托管费及基金销售服务费均是按照前一日基金资产净值的一定比例逐日计提，按日支付。

答案：正确

试题解析：本题考查基金管理费计提标准及计提方式。

31. 个人投资者从基金分配中取得的收入，暂不征收个人所得税。

答案：正确

试题解析：本题考查基金投资者（包括个人和机构）投资基金的税收。

32. 标准普尔指数是基金业绩评价指标。

答案：错误

试题解析：本题考查主要的基金业绩评估方法。

33. 申购费、赎回费、基金转换费和基金管理费中不参与基金的会计核算。

答案：正确

试题解析：本题考查基金费用的种类、计提标准及计提方式。

34. 国际上，开放式基金的销售主要分为直销、代销。

答案：错误

试题解析：本题考查开放式基金销售及交易规则。

35. 夏普指数与特雷诺指数在对基金绩效的表现是否优于市场指数上的评判也可能不一致。

答案：正确

试题解析：本题考查主要的基金业绩评估方法。

36. 私募证券投资基金区别于私募股权投资基金，主要体现在投资方向不同、投资周期不同、收益来源不同、附加服务不同。

答案：正确

试题解析：本题考查私募证券投资基金的基本规范。

37. 私募基金募集应当履行特定对象确定、基金风险揭示、合格投资者确认、回访确认程序。

答案：正确

试题解析：本题考查私募证券投资基金的募集步骤。

38. 独立基金销售机构发生新增持有10%以上股权的股东，变更控股股东、实际控制人，应当在5个工作日内向住所地中国证监会派出机构备案。

答案：错误

试题解析：本题考查对公募基金销售活动的监管内容。

39. 基金管理人运用基金财产进行证券投资，一只基金持有其他基金（不含货币市场基金），其市值不得超过基金资产净值的10%，但基金中基金除外。

答案：正确

试题解析：本题考查对公募基金销售活动的监管内容。

40. 三大经典风险调整收益衡量方法是詹森指数、特雷诺指数、夏普指数。

答案：正确

试题解析：本题考查主要的基金业绩评估方法。

41. 对于持有期长于3年的投资人，基金管理人可以免受其后端申购费用。

答案：正确

试题解析：本题考查基金的募集、申购赎回及交易。

42. 基金信息披露分类中，不包括临时信息披露。

答案：错误

试题解析：本题考查基金募集信息披露、运作信息披露和临时信息披露的内容。

43. 净资产不低于500万元的单位是对私募基金合格投资者的要求。

答案：错误

试题解析：净资产不低于1 000万元的单位是对私募基金合格投资者的要求。

44. 既是基金的当事人，又是基金的主要服务机构的是基金托管人。

答案：正确

试题解析：本题考查基金市场参与主体。

45. 在证券投资基金运作的三大部分中，处于核心作用的是基金的投资管理，其他活动都是围绕和服务与这一核心活动。

答案：正确

试题解析：本题考查我国证券投资基金的运作关系。

四、综合题。每问备选答案中有一项或多项符合题目要求，不选、错选均不得分。

（一）假设某基金某日持有的某三种股票的数量分别为 100 万股、500 万股和 1 000万股，每股的收盘价分别为 30 元、20 元和 10 元，银行存款为 10 000 万元，对托管人或管理人应付的报酬为 5 000 万元，应付税费为 5 000 万元，基金份额为 20 000 万份。

1. 运用一般的会计原则，则基金份额净值为（　　）元。

A. 1.09　　B. 1.15　　C. 1.35　　D. 1.53

答案：B

试题解析： 基金份额净值 =（100 × 30 + 500 × 20 + 1 000 × 10 + 10 000 − 5 000 − 5 000）/20 000 = 1.15（元）

2. 某投资人投资 1 万元申购某基金，申购费率为 1.5%，假定申购当日基金份额净值为 1.0500 元，则其可得到的申购份额为（　　）。

A. 9 280.95 份　　B. 9 350.95 份

C. 9 383.06 份　　D. 9 480.95 份

答案：C

试题解析： 净申购金额 = 申购金额/(1 + 申购费率)

= 10 000/(1 + 1.5%) = 9 852.22(元)

申购份额 = 净申购金额/份额净值 = 9 852.22/1.05 = 9 383.06（份）

（二）假设某基金持有的三种股票的数量分别为 10 万股、50 万股和 100 万股，每股的收盘价分别为 30 元、20 元和 10 元，银行存款为 1 000 万元，对托管人或管理人应付未付的报酬为 200 万元，应付税金为 300 万元。

1. 该基金资产总值为人民币（　　）万元。

A. 3 200　　B. 3 250　　C. 3 300　　D. 3 350

答案：C

试题解析： 基金资产总值 = 10 × 30 + 50 × 20 + 100 × 10 + 1 000 = 3 300（万元）

2. 该基金资产负债为人民币（　　）万元。

A. 100　　B. 200　　C. 300　　D. 500

答案：D

试题解析： 基金负债 = 200 + 300 = 500（万元）

3. 该基金资产净值总额为人民币（　　）万元。

A. 3 700　　B. 3 750　　C. 2 800　　D. 3 850

答案：C

试题解析： 基金资产净值总额 = 3 300 - 500 = 2 800（万元）

4. 假设某基金 2011 年 8 月某估值日前一交易日计算的基金资产总额为 9 000 万元，负债总额为 1 500 万元，托管费率为 0.2%，则该日应提取的托管费为人民币（　　）元。

A. 398.0　　B. 416.0　　C. 411.0　　D. 441.0

答案：C

试题解析： 基金托管费是指基金托管人为保管和处置基金资产而向基金收取的费用。该基金当日应当提取的托管费 = (9 000 - 1 500) × 0.2% / 365 = 411（元）

（三）如果 A 公司按投资当年的净利润的 10 倍市盈率进行投资后估值，A 公司拟融资 3 亿元。

1. 新进投资者所占股权比例为（　　）。

A. 15%　　B. 20%　　C. 25%　　D. 30%

答案：C

试题解析： 本题考查私募基金的估值方法。

2. 某投资者投资 10 000 元认购本基金，对应认购费率为 1.20%，在募集期间产生利息 5 元。

3. 该投资者可得到的认购费用为（　　）元。

A. 120　　B. 118.58　　C. 121.42　　D. 121.2

答案：C

试题解析： 认购费用 = 10 000 × 1.20% / (1 + 1.20%) = 118.58（元）

4. 该投资者可得到的净认购金额为（　　）元。

A. 9 881.42　　B. 10 000　　C. 10 118.58　　D. 9 880

答案：A

试题解析： 净认购金额 = 10 000 - 118.58 = 9 881.42（元）

5. 该投资者可得到的认购份额为（　　）份。

A. 9 886.42　　B. 10 005　　C. 1 023.58　　D. 9 885

参考答案：A

试题解析： 认购份额 = 9 881.42 + 5 = 9 886.42（份）

（四）基金风险投资组合的平均报酬率为 16%，报酬率的标准差为 24%，贝塔值为 1.1，若无风险利率为 6%，市场平均回报率 10%。

1. 特雷诺指数为（　　）。

A. 0.09　　B. 0.1　　C. 0.42　　D. 0.056

答案：A

试题解析： 基金风险投资组合特雷诺指数 =（16% －6%）/1.1 =0.09

2. 夏普比率为(　　)。

A. 0.09　　B. 0.1　　C. 0.42　　D. 0.056

答案：C

试题解析： 基金风险投资组合夏普比率 =（16% －6%）/24% =0.42

3. 詹森指数为(　　)。

A. 0.09　　B. 0.1　　C. 0.42　　D. 0.056

答案：D

试题解析：

基金风险投资组合詹森指数 =16% －[6% +1.1×（10% －6%）] =0.056

（五）假设某投资者在某 ETF 基金募集期内认购了 5 000 份 ETF，基金份额折算日的基金资产净值为 3 127 000 230.95 元，折算前的基金份额总额 3 013 057 000 份，当日标的指数收盘值为 966.45 元。

1. 该投资者折算后的基金份额为(　　)。

A. 6 369.22 份　　B. 5 369.22 份

C. 7 369.22 份　　D. 9 369.22 份

答案：B

试题解析： 本题考查 ETF 的折算。

折算比例 =（基金资产净值/基金份额总额）/（指数收盘值/1 000）

=（3 127 000 230.95/3 013 057 000）/（966.45/1 000）=1.07384395

该投资者折算后的基金份额 = 原持有份额 × 折算比例

=5 000 ×1.07384395 =5 369.22（份）

2. 某投资者通过场外（某银行）投资 1 万元申购某上市开放式基金，假设基金管理人规定的申购费率为 1.5%，申购当日基金份额净值为 1.025 元，则其申购费用为(　　)元。

A. 150　　B. 147.78　　C. 140.55　　D. 145.78

答案：B

试题解析： 申购费用计算公式如下：

净申购金额 = 申购金额/（1 + 申购费率）=10 000/（1 +1.5%）=9 852.22(元)

申购费用 =10 000 －9 852.22 =147.78（元）

第七章　金融衍生工具

一、单项选择题。以下备选项中只有一项最符合题目要求，不选、错选均不得分。

1. 独立衍生工具不包括(　　)。

A. 远期合同　　　　B. 结构化金融衍生工具

C. 互换合同　　　　D. 期权合同

答案：B

试题解析：根据我国《企业会计准则第22号——金融工具确认和计量》的规定，常见的衍生工具包括远期合同、期货合同、互换合同和期权合同等。

2. 以下说法体现了金融衍生工具的跨期性的是(　　)。

A. 无论是哪一种金融衍生工具，都会影响交易者在未来一段时间内或未来某时点上的现金流

B. 若期货交易保证金为合约金额的5%，则期货交易者可以控制20倍于所交易金额的合约资产

C. 基础工具价格的变幻莫测决定了金融衍生工具交易盈亏的不稳定性

D. 在收益可能成倍放大的同时，金融衍生工具的交易者所承担的风险与损失也会成倍放大

答案：A

试题解析：金融衍生工具具有四个显著特性。选项B、D体现了金融衍生工具的杠杆性，选项C体现了金融衍生工具的不确定性或高风险性。

3. 金融衍生工具可以按照(　　)分为股权类产品的衍生工具、货币衍生工具、利率衍生工具、信用衍生工具以及其他衍生工具。

A. 基础工具种类　　　　B. 自身交易方式

C. 产品形态　　　　D. 交易场所

答案：A

试题解析：金融衍生工具按照产品形态分为独立衍生工具和嵌入式衍生工具；按照自身交易的方法和特点可以分为金融远期合约、金融期货、金融期权、金融互

换和结构化金融衍生工具；按照基础工具种类，可以分为股权类产品的衍生工具、货币衍生工具、利率衍生工具、信用衍生工具以及其他衍生工具；按照交易场所可分为交易所交易的衍生工具和场外交易市场交易的衍生工具。

4. 历史上，具有现代意义的首个期货交易所是(　　)。

A. 美国堪萨斯交易所　　B. 芝加哥期货交易所

C. 芝加哥商业交易所　　D. 芝加哥期权交易所

答案：B

试题解析：1848 年，芝加哥期货交易所（CBOT）成立；1865 年，该交易所推出了标准化的商品期货合约交易，从而使其成为具有现代意义的首个期货交易所。

5. OTC 交易的衍生工具的特点是(　　)。

A. 实行分散的、一对多交易　　B. 实行集中的、一对一交易

C. 实行集中的、一对多交易　　D. 实行分散的、一对一交易

答案：D

试题解析：场外交易市场交易的衍生工具是指通过各种通信方式，不通过集中的交易所，实行分散的、一对一交易的衍生工具。

6. IMM 是(　　)的简称。

A. 场外交易市场　　B. 交易所市场

C. 国际货币市场　　D. 芝加哥期货交易所

答案：C

试题解析：外汇期货交易自 1972 年在芝加哥商业交易所所属的国际货币市场（简称"IMM"）率先推出后得到了迅速发展。

7. 下列选项中，属于嵌入式衍生工具的是(　　)。

A. 远期合同　　B. 可转换公司债券

C. 互换合同　　D. 期权合同

答案：B

试题解析：嵌入式衍生工具是指嵌入非衍生工具（即主协议）中，使混合工具的全部或部分现金流量随特定利率、金融工具价格、商品价格、汇率、价格指数、费率指数、信用等级、信用指数或其他类似变量的变动而变动的衍生工具。嵌入式衍生工具与主协议构成混合工具，如可转换公司债券等。A、C、D 选项属于独立衍生工具。

8. 期货市场的(　　)功能是通过套期保值实现的。

A. 资源配置　　B. 价格发现　　C. 规避风险　　D. 信息展示

答案：C

试题解析：任何一个衍生工具的推出都是出于避险的需要。期货市场规避风险的功能是通过套期保值实现的。套期保值是指在期货市场上买进或卖出与现货数量相等但交易方向相反的期货合约，在未来某一时间通过卖出或买进期货合约进行对冲平仓，从而在期货市场和现货市场之间建立一种盈亏冲抵的机制（可能是用期货市场的盈利来弥补现货市场亏损，也可能是用现货市场盈利来弥补期货市场亏损），最终实现期货市场和现货市场盈亏大致相抵。

9. 期货交易是指以(　　)为交易标的的交易活动。

A. 各种货币　　B. 股票　　C. 期货合约　　D. 债券

答案：C

试题解析：期货交易是指以期货合约或者标准化期权合约为交易标的的交易活动。而期货合约是指期货交易场所统一制定的、约定在将来某一特定的时间和地点交割一定数量标的物的标准化合约。

10. 目前，我国共有(　　)家商品期货交易所。

A. 2　　B. 3　　C. 4　　D. 5

答案：C

试题解析：目前，我国共有上海期货交易所、大连商品交易所、郑州商品交易所和 2021 年 4 月 19 日揭牌成立的广州期货交易所四大商品期货交易所。

11. 不属于期货市场监管体系的是(　　)。

A. 中国证监会　　B. 期货交易所

C. 中国银保监会　　D. 中国期货市场监控中心

答案：C

试题解析：期货市场监管方面，我国形成了中国证监会、地方证监局、期货交易所、中国期货业协会和中国期货市场监控中心“五位一体”的监管体系与较为完善的期货监管法律体系。

12. 交易所建立限仓制度后，当会员或客户的持仓量达到交易所规定的数量时，必须向交易所申报有关开户、交易、资金来源、交易动机等情况，以便交易所审查大户是否有过度投机和操纵市场行为，并判断大户交易风险状况的风险控制制度。以上说法体现了金融期货的交易制度是(　　)。

A. 集中交易制度　　B. 大户报告制度

C. 持仓限额制度　　D. 强行平仓制度

答案：B

试题解析：大户报告制度。

13. 下列属于股权类产品的衍生工具的是(　　)。

A. 股票期货　　B. 信用互换　　C. 利率期权　　D. 远期外汇合约

答案：A

试题解析：股权类产品的衍生工具是指以股票或股票指数为基础工具的金融衍生工具，主要包括股票期货、股票期权、股票指数期货、股票指数期权以及上述合约的混合交易合约。

14. 申请发行可交换债券，本次发行债券金额不超过预备用于交换的股票按募集说明书公告日前20个交易日均价计算的市值的(　　)，且应当将预备用于交换的股票设定为本次发行的公司债券的担保物。

A. 30%　　B. 50%　　C. 70%　　D. 90%

答案：C

试题解析：申请发行可交换债券，本次发行债券金额不超过预备用于交换的股票按募集说明书公告日前20个交易日均价计算的市值的70%，且应当将预备用于交换的股票设定为本次发行的公司债券的担保物。

15. 独立存在的金融合约是(　　)。

A. 嵌入式衍生工具

B. 交易所交易的衍生工具

C. 场外交易市场（OTC）交易的衍生工具

D. 独立衍生工具

答案：D

试题解析：独立衍生工具是指本身即为独立存在的金融合约，如期权合约、期货合约或者互换交易合约等。

16. 下列金融衍生工具中属于货币衍生工具的是(　　)。

A. 股票期货　　B. 股票指数期权

C. 远期外汇合约　　D. 利率互换

答案：C

试题解析：货币衍生工具是指以各种货币作为基础工具的金融衍生工具，主要包括远期外汇合约，货币期货、货币期权、货币互换以及上述合约的混合交易合约。

17. 两个或两个以上的当事人按共同商定的条件，在约定的时间内定期交换现金流的金融交易是(　　)。

A. 金融期货　　B. 金融互换

C. 金融远期合约　　D. 金融期权

答案：B

试题解析：金融互换是指两个或两个以上的当事人按共同商定的条件，在约定的时间内定期交换现金流的金融交易。

18. 除交易所交易的标准化期权、权证之外，还存在大量场外交易的期权，这些新型期权通常称为（　　）。

A. 现货期权　　B. 期货期权　　C. 看跌期权　　D. 奇异型期权

答案：D

试题解析：金融期权是指合约买方向卖方支付一定费用（称为期权费或期权价格），在约定日期内（或约定日期）享有按事先确定的价格向合约卖方买卖某种金融工具的权利的契约，包括现货期权和期货期权两大类。除交易所交易的标准化期权、权证之外，还存在大量场外交易的期权，这些新型期权通常称为奇异型期权。

19. 经中国证监会批准，上海证券交易所于（　　）上市交易了上证50ETF期权合约品种。

A. 2013年2月9日　　B. 2015年2月9日

C. 2017年2月9日　　D. 2018年2月9日

答案：B

试题解析：经中国证监会批准，上海证券交易所于2015年2月9日上市交易了上证50ETF期权合约品种，这是内地交易市场第一只期权品种。

20. 1921年由上海金业交易所推出的标金期货实际上已经具有了（　　）的性质，是近现代全球首例金融期货交易。

A. 债券期货　　B. 股票期货　　C. 利率期货　　D. 外汇期货

答案：D

试题解析：据考证，1921年由上海金业交易所推出的标金期货实际上已经具有了外汇期货的性质，按照这个说法，它是近现代全球首例金融期货交易。

21. 下列选项中不属于股权类期货的基础资产的是（　　）。

A. 单只股票　　B. 股票组合　　C. 认股权证　　D. 股票价格指数

答案：C

试题解析：股权类期货是以单只股票、股票组合或者股票价格指数为基础资产的期货合约。

22. 中国金融期货交易所首个股票指数期货合约为（　　）。

A. 中证500股指期货合约　　B. 沪深300股指期货合约

C. 上证50股指期货合约　　　　　　D. 5年期国债期货合约

答案：B

试题解析： 中国金融期货交易所首个股票指数期货合约为沪深300股指期货合约。

23. 沪深300股指期货合约的合约乘数为(　　)。

A. 每点600元　　　　　　B. 每点900元

C. 每点100元　　　　　　D. 每点300元

答案：D

试题解析： 沪深300股指期货合约的合约乘数为每点价值300元人民币。

24. 按照《中国金融期货交易所交易规则》及相关细则的规定，对于沪深300股指期货合约。进行投机交易的客户某一合约单边持仓限额为(　　)手。

A. 600　　B. 1 200　　C. 2 000　　D. 5 000

答案：D

试题解析： 对于沪深300股指期货合约，进行投机交易的客户某一合约单边持仓限额为5 000手。

25. 当(　　)时，可将浮动利率债务类金融工具转换成固定利率金融工具。

A. 利率看涨　　B. 利率看跌　　C. 利率波动　　D. 利率不变

答案：A

试题解析： 当利率看涨时，浮动利率债务的利率也会上涨，为了避免利率上涨多负担利息，可将浮动利率债务类金融工具转换成固定利率金融工具。

26. 金融期货交易实行保证金制度和每日结算制度，交易者均以(　　)为交易对手。

A. 卖方　　　　　　B. 期货经纪公司

C. 买方　　　　　　D. 交易所（或期货清算公司）

答案：D

试题解析： 金融期货交易实行保证金制度和每日结算制度交易者均以交易所（或期货清算公司）为交易对手，基本不用担心交易违约。远期交易通常不存在上述安排，存在一定的交易对手违约风险。

27. 可转换债券等价于(　　)。

A. 一个普通股票加上一个看涨期权

B. 一个普通债券加上一个看涨期权

C. 一个普通债券加上一个看跌期权

D. 一个普通股票加上一个看跌期权

答案：B

试题解析：可转换债券通常是转换成普通股票，当股票价格上涨时可转换债券的持有人行使转换权比较有利。因此，可转换债券实质上嵌入了普通股票的看涨期权。投资者购买可转换公司债券等价于同时购买了一个普通债券和一个对普通股票的看涨期权。也即可转换债券等价于一个普通债券加上一个看涨期权。

28. 看跌期权的买方具有在约定期限内按(　　)卖出一定数量基础金融工具的权利。

A. 市场价格　　B. 执行价格

C. 期权费加买入价格　　D. 期权价格

答案：B

试题解析：认沽期权也称看跌期权，指期权的买方具有在约定期限内按行权价格（也称为敲定价格或执行价格）卖出一定数量基础金融工具的权利。

29. 期权交易实际上是一种权利的单方面有偿让渡，期权的买方以支付一定数量的(　　)为代价而拥有了这种权利。

A. 保证金　　B. 期权费　　C. 佣金　　D. 手续费

答案：B

试题解析：期权交易实际上是一种权利的单方面有偿让渡。期权的买方以支付一定数量的期权费为代价而拥有了这种权利，但不承担必须买进或卖出的义务。

30. 可转换公司债券应半年或1年付息一次，到期后(　　)个工作日内应偿还未转股债券的本金及最后一期利息。

A. 6　　B. 8　　C. 4　　D. 5

答案：D

试题解析：可转换债券应半年或1年付息1次，到期后5个工作日内应偿还未转股债券的本金及最后1期利息。

二、多项选择题。以下备选项中有两项或两项以上符合题目要求，多选、少选、错选均不得分。

1. 下列对金融衍生产品的描述，正确的是(　　)。

A. 衍生产品的期限可以从几天扩展至数十年

B. 不但可以用衍生工具合成新的衍生产品，还可以复制出几乎所有的基础产品

C. 在收益可能成倍放大的同时，金融衍生工具的交易者所承担的风险与损失不会成倍放大

D. 衍生产品具有灵活方便、设计精巧、高效率等特征

答案：ABD

试题解析：金融衍生工具的杠杆效应一定程度上决定了它的高投机性和高风险性，在收益可能成倍放大的同时，交易者所承担的风险与损失也会成倍放大。

2. 大宗商品类金融衍生工具按照其自身交易的方法及特点可以分为(　　)。

A. 商品期货　　B. 商品期权

C. 商品远期　　D. 商品互换

答案：ABCD

试题解析：大宗商品类金融衍生工具按照其自身交易的方法及特点可以分为商品期货、商品期权、商品远期以及商品互换

3. 按照金融衍生工具的产品形态分类，金融衍生工具可分为(　　)。

A. 独立衍生工具　　B. 结构化金融衍生工具

C. 嵌入式衍生工具　　D. 金融远期合约

答案：AC

试题解析：根据产品形态，金融衍生工具可分为独立衍生工具和嵌入式衍生工具。

4. 下列选项中，属于场外交易市场的金融衍生工具的是(　　)。

A. 银行间与银行柜台衍生工具市场

B. 可转换公司债券

C. 股指期货和期权

D. 证券公司机构间与证券公司柜台衍生工具市场

答案：AD

试题解析：场外交易市场包括银行间与银行柜台衍生工具市场、证券公司机构间与证券公司柜台衍生工具市场两大部分。

5. 下列选项中，属于交易所交易的金融衍生工具的有(　　)。

A. 银行间与银行柜台衍生工具市场

B. 可转换公司债券

C. 股指期货和期权

D. 证券公司机构间与证券公司柜台衍生工具市场

答案：BC

试题解析：交易所交易的衍生品包括可转换公司债券、股指期货和期权以及少量资产支持证券。

6. 机构间市场又称机构间私募产品报价与服务系统，以下属于报价系统的定位的有（　　）。

A. 定位于私募市场　　B. 定位于机构间市场

C. 定位于互联互通市场　　D. 定位于互联网市场

答案：ABCD

试题解析：报价系统确立了四大定位：一是定位于私募市场，服务于私募产品的报价、发行和转让，是私募市场的基础设施。二是定位于机构间市场，服务于专业投资机构。三是定位于互联互通市场，致力于搭建市场中的市场，在自愿基础上，证券公司柜台市场、区域性股权交易市场等私募市场都可以与报价系统建立对接，实现信息和交易的联通。四是定位于互联网市场，以服务参与人、便利参与人为目的，借鉴互联网金融的理念和技术，具有全网运营、自主开放、全时空特点，支持网上信息发布、网上发行、网上签约、网上报价转让等，实行每周7天、每天24小时不间断运行，并提供互联网、移动设备等多介质、多途径的参与路径和工具。

7. 金融远期合约主要包括（　　）。

A. 远期期货合约　　B. 远期股票合约

C. 远期外汇协议　　D. 远期利率协议

答案：BCD

试题解析：金融远期合约是指交易双方在场外市场上通过协商，按约定价格（称为远期价格）在约定的未来日期（交割日）买卖某种标的金融资产（或金融变量）的合约。金融远期合约主要包括远期利率协议、远期外汇合约、远期股票合约等。

8. 2022年4月20日全国人大常委会审议通过了《期货和衍生品法》，自2022年8月1日起施行。《期货和衍生品法》在立法上的特点主要体现在（　　）。

A. 以期货为主，兼顾其他衍生品

B. 以场内为主，兼顾场外

C. 以境内为主，兼顾境外

D. 以标准化产品为主，兼顾非标产品

答案：ABCD

试题解析：《期货和衍生品法》在立法上的特点主要体现在四个方面：（1）以

期货为主，兼顾其他衍生品；（2）以场内为主，兼顾场外；（3）以境内为主，兼顾境外；（4）以标准化产品为主，兼顾非标产品。

9. 金融衍生工具的基础变量包括(　　)。

A. 价格指数　　B. 利率

C. 温室气体　　D. 通货膨胀率

答案：ABCD

试题解析：作为金融衍生工具基础的变量种类繁多，主要是各类资产价格、价格指数、利率、汇率、费率、通货膨胀率以及信用等级等。近些年来，某些自然现象（如气温、降雪量、霜冻、飓风）甚至人类行为（如选举、温室气体排放）也逐渐成为金融衍生工具的基础变量。

10. 上证50ETF期权的合约到期月份有(　　)。

A. 当月　　B. 下月

C. 随后两个季月　　D. 随后三个季月

答案：ABC

试题解析：上证50ETF期权的合约到期月份有当月，下月及随后两个季月。

11. 金融衍生工具市场的风险主要包括(　　)。

A. 市场风险　　B. 操作风险

C. 流动性风险　　D. 法律风险

答案：ABCD

试题解析：金融衍生工具市场的风险主要包括市场风险、信用风险、流动性风险、操作风险、法律风险、管理风险。

12. 下列关于信用衍生工具的描述，错误的是(　　)。

A. 主要有信用风险缓释合约、信用风险缓释凭证等

B. 用于转移或防范非系统性风险

C. 是以基础产品所蕴含的信用风险或违约风险为基础变量的金融衍生工具

D. 是20世纪80年代以来发展最为迅速的一类衍生产品

答案：BD

试题解析：信用衍生工具是20世纪90年代（并非20世纪80年代）以来发展最为迅速的一类衍生产品，主要包括信用互换、信用联结票据以及信用风险缓释合约、信用风险缓释凭证等信用风险缓释工具。信用衍生工具是指以基础产品所蕴含的信用风险或违约风险为基础变量的金融衍生工具，用于转移或防范信用风险（而不是非系统性风险）。

13. 下列可以充当金融衍生工具基础变量的有(　　)。

A. 通货膨胀率　　B. 银行定期存款单

C. 价格指数　　D. 温室气体排放

答案：ABCD

试题解析：作为金融衍生工具基础的变量种类繁多，主要是各类资产价格、价格指数、利率、汇率、费率、通货膨胀率以及信用等级等。近些年来，某些自然现象（如气温、降雪量、霜冻、飓风）甚至人类行为（如选举、温室气体排放）也逐渐成为金融衍生工具的基础变量。

14. (　　)，指期权的买方具有在约定期限内按协定价格卖出一定数量基础金融工具的权利。

A. 看涨期权　　B. 认购权　　C. 看跌期权　　D. 认沽权

答案：CD

试题解析：按照选择权的性质划分，金融期权可以分为看涨期权和看跌期权。看涨期权也称为“认购权”，指期权的买方具有在约定期限内（或合约到期日）按协定价格（也称为“敲定价格”或“行权价格”）买入一定数量基础金融工具的权利。看跌期权也称为“认沽权”，指期权的买方具有在约定期限内按协定价格卖出一定数量基础金融工具的权利。

15. 金融衍生产品是指以杠杆或信用交易为特征，在传统的金融产品的基础上派生出来的具有新的价值的金融工具，它包括(　　)。

A. 股票　　B. 互换　　C. 债券　　D. 远期

答案：BD

试题解析：金融衍生产品又称金融衍生工具，是与基础金融产品相对应的一个概念，指建立在基础产品或基础变量之上，其价格取决于基础金融产品价格（或数值）变动的派生金融产品。金融衍生产品是指以杠杆或信用交易为特征，在传统的金融产品（如债券、股票等）的基础上派生出来的具有新的价值的金融工具（如期货合同、期权合同、互换及远期协议合同等）。

16. 下列关于金融衍生工具的描述，错误的有(　　)。

A. 选举属于政治，不能充当金融衍生工具的基础变量

B. 一般只需要支付少量的保证金就可签订远期大额合约

C. 金融衍生工具的价格决定基础金融产品的价格

D. 其基础产品是一个绝对的概念，只包括现货金融产品

答案：ACD

试题解析： 近些年来，某些自然现象（如气温、降雪量、霜冻、飓风）甚至人类行为（如选举、温室气体排放）也逐渐成为金融衍生工具的基础变量。金融衍生工具具有杠杆性，一般只需要支付少量的保证金或权利金就可签订远期大额合约或互换不同的金融工具。金融衍生工具又称为金融衍生产品，是与基础金融产品相对应的一个概念，指建立在基础产品或基础变量之上，其价格取决于（并非决定）基础金融产品价格（或数值）变动的派生金融产品。金融衍生工具的基础产品是一个相对的概念，不仅包括现货金融产品（如债券、股票、银行定期存款单等），也包括金融衍生工具。

17. 投资者进行金融衍生工具交易时，要想获得交易的成功，必须能够较准确地预测(　　)等因素的未来变化趋势。

A. 利率　　B. 汇率　　C. 股价　　D. 凸度

答案：ABC

试题解析： 金融衍生工具的跨期性要求交易双方对利率、汇率、股价等价格因素的未来变动趋势作出判断，而判断的准确与否直接决定了交易者的交易盈亏。

18. 下列属于金融远期合约的有(　　)。

A. 远期货币期货　　B. 远期利率协议

C. 远期外汇合约　　D. 远期股票合约

答案：BCD

试题解析： 金融远期合约规定了将来交割的资产、交割的日期、交割的价格和数量，合约条款根据双方需求协商确定。金融远期合约主要包括远期利率协议、远期外汇合约和远期股票合约。

19. 金融自由化的主要内容包括(　　)。

A. 取消对存款利率的最高限额

B. 打破金融机构经营范围的地域和业务种类限制

C. 放松外汇管制

D. 开放各类金融市场，放宽对资本流动的限制

答案：ABCD

试题解析： 金融自由化的主要内容包括：（1）取消对存款利率的最高限额，逐步实现利率自由化；（2）打破金融机构经营范围的地域和业务种类限制，允许各金融机构业务交叉、互相自由渗透，鼓励银行综合化发展；（3）放松外汇管制；（4）开放各类金融市场，放宽对资本流动的限制。

20. 金融互换交易的具体类型有(　　)。

A. 货币互换　　　　　　　　　　B. 信用违约互换

C. 利率互换　　　　　　　　　　D. 本金增长型互换

答案：ABCD

试题解析：互换是指两个或两个以上的当事人按共同商定的条件，在约定的时间内定期交换现金流的金融交易。互换的分类包括：（1）利率互换；（2）货币互换；（3）股权类互换；（4）信用违约互换；（5）其他类型互换。除了利率互换、货币互换、股权类互换和信用违约互换外，还有一些创新型互换品种，例如，本金增长型互换、本金减少型互换和过山车型互换，可延长型互换和可赎回型互换等。

21. 中国金融期货交易所是由(　　)共同发起设立的。

A. 香港交易所　　　　　　　　　B. 上海期货交易所

C. 深圳期货交易所　　　　　　　D. 大连商品交易所

答案：BD

试题解析：中国金融期货交易所于2006年9月8日在上海成立，是经国务院同意，中国证监会批准，由上海期货交易所、郑州商品交易所、大连商品交易所、上海证券交易所和深圳证券交易所（并非深圳期货交易所）共同发起设立的中国首家公司制交易所，注册资本为5亿元人民币。

22. 芝加哥商业交易所上市的外汇期货品种包括(　　)。

A. 欧元期货　　　　　　　　　　B. 英镑期货

C. 美元指数期货　　　　　　　　D. 欧元对日元的交叉汇率期货

答案：ABCD

试题解析：芝加哥商业交易所上市的外汇期货品种包括：（1）以美元标价的外币期货合约（如欧元期货、日元期货、瑞士法郎期货、英镑期货等）；（2）外币对外币的交叉汇率期货（如欧元对日元、欧元对英镑、欧元对瑞士法郎等）；（3）芝加哥商业交易所自行开发的美元指数期货。

23. 目前，中国外汇交易中心人民币利率互换参考利率包括(　　)。

A. 上海银行间同业拆放利率　　　B. 欧元区同业拆借利率

C. 国债回购利率　　　　　　　　D. 1年期定期存款利率

答案：ACD

试题解析：目前，中国外汇交易中心人民币利率互换参考利率包括：上海银行间同业拆放利率（Shibor，含隔夜、1周、3个月期等品种），国债回购利率（7天），1年期定期存款利率互换期限从7天到3年。

24. 限仓制度是(　　)。

A. 为了防止市场风险过度集中和防范操纵市场的行为

B. 对交易者持仓数量加以限制的制度

C. 金融期货的主要交易制度之一

D. 交易所建立大户报告制度后建立的风险控制制度

答案：ABC

试题解析：限仓制度是交易所为了防止市场风险过度集中和防范操纵市场的行为，而对交易者持仓数量加以限制的制度。限仓制度是金融期货的主要交易制度之一。大户报告制度是交易所建立限仓制度后，当会员或客户的持仓量达到交易所规定的数量时，必须向交易所申报有关开户交易、资金来源、交易动机等情况，以便交易所审查大户是否有过度投机和操纵市场行为，并判断大户交易风险状况的风险控制制度。所以，限仓制度是交易所建立大户报告制度前（并非后）建立的风险控制制度。

25. 信用违约互换中的参考信用工具包括(　　)。

A. 债券　　B. 按揭贷款

C. 按揭支持证券　　D. 各国国债

答案：ABCD

试题解析：最基本的信用违约互换涉及两个当事人，双方约定以某一信用工具为参考，一方向另一方出售信用保护，若参考工具发生规定的信用违约事件，则信用保护出售方必须向买方支付赔偿，信用违约互换（CDS）交易参考的信用工具包括：按揭贷款、按揭支持证券、各国国债及公司债券或者债券组合、债券指数。

26. 以下关于期货交易与远期交易的说法，正确的有(　　)。

A. 现在定约成交，将来交割

B. 远期交易是非标准化的，在场外市场进行

C. 远期交易在多数情况下都不进行实物交收，而是在合约到期前进行反向交易、平仓了结

D. 期货交易则是标准化的，有规定格式的合约，一般在场内市场进行

答案：ABD

试题解析：远期交易是双方约定在未来某时刻（或时间段内）按照现在确定的价格进行交易。期货交易是指交易双方在集中的交易所市场以公开竞价方式所进行的标准化期货合约的交易。

期货交易与远期交易有类似的地方，都是现在定约成交，将来交割。

远期交易是非标准化的，在场外市场进行；期货交易则是标准化的，有规定格式的合约，一般在场内市场进行。

远期交易以通过交易获取标的物为目的；而期货交易在多数情况下不进行实物交收，而是在合约到期前进行反向交易、平仓了结。

27. 信用违约互换（CDS）交易的风险来自(　　)。

A. 具有较高的杠杆性

B. 特定信用工具有可能放大风险敞口总额

C. 危机期间，每起信用事件的发生都会引起市场参与者的相互猜疑

D. 投行从业人员道德风险

答案：ABC

试题解析： CDS交易的危险来自三个方面：（1）具有较高的杠杆性；（2）由于信用保护的买方并不需要真正持有作为参考的信用工具，因此，特定信用工具可能同时在多起交易中被当作CDS的参考，有可能极大地放大风险敞口总额，在发生危机时，市场往往恐慌性地高估涉嫌金额；（3）由于场外市场缺乏充分的信息披露和监管，交易者并不清楚自己的交易对手卷入了多少此类交易，因此，在危机期间，每起信用事件的发生都会引起市场参与者的相互猜疑，担心自己的交易对手因此倒下从而使自己的敞口头寸失去着落。

28. 下列有关结算所的论述正确的是(　　)。

A. 结算所以独立公司形式组建

B. 结算所实行无负债的每日结算制度

C. 无负债的每日结算制度也叫逐日盯市制度

D. 结算所是期货交易的专门清算机构，通常附属于交易所

答案：ABCD

试题解析： 结算所是期货交易的专门清算机构，通常附属于交易所，但又以独立的公司形式组建。结算所实行无负债的每日结算制度，又称“逐日盯市制度”，就是以每种期货合约在交易日收盘前规定时间内的平均成交价作为当日结算价。

29. 在国际金融市场上，若干重要的参考利率的作用是(　　)。

A. 市场利率水平的重要指标

B. 金融机构制定利率政策的主要依据

C. 设计金融工具的主要依据

D. 有效降低系统性风险的手段

答案：ABC

试题解析： 在国际金融市场上，存在若干重要的参考利率，它们是市场利率水平的重要指标，同时也是金融机构制定利率政策和设计金融工具的主要依据。

三、判断题。不选、错选均不得分。

1. 某些自然现象（如气温、降雪量、霜冻、飓风）甚至人类行为（如选举、温室气体排放）也可以作为金融衍生工具的基础变量。

答案：正确

试题解析：金融衍生工具基础的变量种类。

2. 大宗商品类金融衍生工具只能在交易所交易。

答案：错误

试题解析：本题考查大宗商品类金融衍生工具的分类。大宗商品类金融衍生工具按照交易场所可以分为在交易所交易的衍生工具和在场外交易市场（OTC）交易的衍生工具。

3. 金融衍生工具产生的最基本原因是避险。

答案：正确

试题解析：本题考查金融衍生工具的发展动因。

4. 银行间与银行柜台衍生工具市场属于场内交易市场。

答案：错误

试题解析：金融衍生工具的场外交易市场包括银行间与银行柜台衍生工具市场、证券公司机构间与证券公司柜台衍生工具市场两大部分。

5. 货币期货又称外汇期货。

答案：正确

试题解析：外汇期货又称为货币期货，是以外汇为基础工具的期货合约，是金融期货中最先产生的品种，主要用于规避外汇风险。

6. 金融期货是以各种货币为基础工具的期货交易。

答案：错误

试题解析：金融期货是以金融工具（或金融变量）为基础工具的期货交易。

7. 远期期货合约是金融远期合约。

答案：错误

试题解析：金融远期合约是指交易双方在场外市场上通过协商，按约定价格（称为远期价格）在约定的未来日期（交割日）买卖某种标的金融资产（或金融变量）的合约。金融远期合约主要包括远期利率协议、远期外汇合约、远期股票合约等。

8. 金融现货交易和金融期货交易通常以基础金融工具与货币的转手而结束交易活动。

答案：错误

试题解析：金融现货交易和金融期货交易的结算方式不同。金融现货交易通常以基础金融工具与货币的转手而结束交易活动，而在金融期货交易中，仅有极少数的合约到期进行交割交收，绝大多数的期货合约是通过做相反交易实现对冲而平仓的。

9. 逃避监管是金融中介机构积极参与金融衍生工具的发展的主要原因。

答案：错误

试题解析：金融中介机构积极参与金融衍生工具的发展，在金融机构进行资产负债管理的背景下，金融衍生工具业务属于表外业务，既不影响资产负债表状况，又能带来手续费等收入。

10. 金融衍生工具按照基础工具种类，可分为货币衍生工具、利率衍生工具、结构化金融衍生工具及信用衍生工具等。

答案：错误

试题解析：金融衍生工具从基础工具分类角度，可以划分为股权类产品的衍生工具、货币衍生工具、利率衍生工具、信用衍生工具以及其他衍生工具。

11. 股票价格指数不属于股权类期货的基础资产。

答案：错误

试题解析：股权类期货是以单只股票、股票组合或者股票价格指数为基础资产的期货合约。

12. 目前，中国外汇交易中心人民币利率互换参考利率包括深圳银行间同业拆放利率。

答案：错误

试题解析：目前，中国外汇交易中心人民币利率互换参考利率包括上海银行间同业拆放利率（Shibor，含隔夜、1 周、3 个月期等品种）、国债回购利率（7 天）、1 年期定期存款利率。深圳银行间同业拆放利率不属于中国外汇交易中心人民币利率互换的参考利率。

13. 债券期货属于利率期货。

答案：正确

试题解析：利率期货品种主要包括债券期货和主要参考利率期货，故债券期货属于利率期货。

14. 金属不属于金融期货合约的基础工具。

答案：正确

试题解析：金融期货合约的基础工具是各种金融工具（或金融变量），如外汇、债券、股票、股价指数等。换言之，金融期货是以金融工具（或金融变量）为基础工具的期货交易。

15. 外汇期货交易自 1982 年在芝加哥商业交易所所属的国际货币市场（简称 IMM）率先推出后得到了迅速发展。

答案：错误

试题解析：外汇期货交易自 1972 年（并非 1982 年）在芝加哥商业交易所所属的国际货币市场（简称 IMM）率先推出后得到了迅速发展。

16. 目前最为流行的结构化金融衍生产品主要是由中央银行开发的各类结构化理财产品以及在交易所市场上市交易的各类结构化票据，它们通常与某种金融价格相联系，其投资收益随该价格的变化而变化。

答案：错误

试题解析：目前最为流行的结构化金融衍生产品，主要是由商业银行开发的各类结构化理财产品，以及在交易所市场上市交易的各类结构化票据。它们通常与某种金融价格相联系，其投资收益随该价格的变化而变化。

17. 美式期权可以在期权到期日或到期日之前的任何一个营业日执行。

答案：正确

试题解析：美式期权是指可以在期权到期日或到期日之前的任何一个营业日执行的期权。

18. 以金融债券期货为主的债券期货是各主要交易所最重要的利率期货品种。

答案：错误

试题解析：利率期货品种主要包括：（1）债券期货，以国债期货（并非金融债券期货）为主的债券期货是各主要交易所最重要的利率期货品种；（2）主要参考利率期货。

19. OTC 交易的衍生工具属于交易所交易的衍生工具。

答案：错误

试题解析：金融衍生工具按交易场所可以分为交易所交易的衍生工具和场外交易市场（简称 OTC）交易的衍生工具。

20. 金融现货交易的对象是某一具体形态的金融工具，而金融期货交易的对象是金融期货合约。

答案：正确

试题解析：金融现货交易的对象是某一具体形态的金融工具，通常，它是代表着一定所有权或债权关系的股票、债券或其他金融工具；而金融期货交易的对象是金融期货合约。

21. 限仓制度是交易所建立大户报告制度后建立的风险控制制度。

答案：错误

试题解析：大户报告制度是指交易所建立限仓制度后，当会员或客户的持仓量达到交易所规定的数量时必须向交易所申报有关开户、交易、资金来源、交易动机等情况，以便交易所审查大户是否有过度投机和操纵市场行为，并判断大户交易风险状况的风险控制制度。所以，限仓制度是交易所建立大户报告制度前（并非建立大户报告制度后）建立的风险控制制度。

22. 信用违约互换（CDS）的危险来自期货价格与未来的现货价格之间可能存在一定的偏离。

答案：错误

试题解析：信用违约互换（CDS）交易的危险来自三个方面：(1) 具有较高的杠杆性；(2) 信用保护的买房并不需要真正持有作为参考的信用工具；(3) 场外市场缺乏充分的信息披露和监管，交易者并不清楚自己的交易对手卷入了多少此类交易。

23. 空头套期保值是指持有现货空头（如持有股票空头）的交易者担心将来现货价格上涨（如股市大盘上涨）而给自己造成经济损失，于是买入期货合约。

答案：错误

试题解析：套期保值的基本类型有两种：(1) 多头套期保值，是指持有现货空头（如持有股票空头）的交易者担心将来现货价格上涨（如股市大盘上涨）而给自己造成经济损失，于是买入期货合约（建立期货多头）。(2) 空头套期保值，是指持有现货多头（如持有股票多头）的交易者担心未来现货价格下跌，在期货市场卖出期货合约（建立期货空头），当现货价格下跌时以期货市场的盈利来弥补现货市场的损失。

24. 结算所不以独立的公司形式组建。

答案：错误

试题解析：结算所通常附属于交易所，但又以独立的公司形式组建。

25. 国债期货属于股权类期货。

答案：错误

试题解析：股权类期货是以单只股票、股票组合或者股票价格指数为基础资产的期货合约；利率期货是以一定数量的与利率相关的某种金融工具为基础资产的期货，主要是各类固定收益金融工具。以国债期货为主的债券期货是各主要交易所最重要的利率期货品种。

26. 金融期货是指交易双方在集中的交易场所以协商价格的方式进行的标准化金融期货合约的交易。

答案：错误

试题解析：金融期货是指交易双方在集中的交易场所以公开竞价（并非协商价格）的方式进行的标准化金融期货合约的交易。

27. 货币互换是一种最为普遍的互换类型。

答案：错误

试题解析：利率互换（并非货币互换）是一种最为普遍的互换类型。

28. 一手交钱一手交易的交割方式叫作现货交易。

答案：正确

试题解析：现货交易的特征是"一手交钱，一手交货"，即以现款买现货方式进行交易。

四、综合题。每问备选答案中有一项或多项符合题目要求，不选、错选均不得分。

（一）沪深300股指期货合约某日收盘价格为3264点。

1. 对于沪深300股指期货合约，进行投机交易的客户某一合约单边持仓限额为（　　）手。

A. 600　　B. 1 200　　C. 2 000　　D. 5 000

答案：D

试题解析：对于沪深300股指期货合约，进行投机交易的客户某一合约单边持仓限额为5 000手。

2. 沪深300股指期货合约的最低交易保证金为（　　）。

A. 合约价值的5%　　B. 合约价值的8%

C. 合约价值的10%　　D. 合约价值的12%

答案：B

试题解析：沪深300股指期货合约的最低交易保证金为合约价值的8%。

3. 如果按照15%的保证金比例计算，每手合约的持仓保证金为（　　）。

A. 97 920元　　B. 48 960元

C. 244 800元　　D. 146 880元

答案：D

试题解析：我国股指期货每点价值为300元人民币。股指期货收盘合约价值＝

股指点数×每点价值，题中，股指点数=3264，因此：

股指期货收盘合约价值=3264×300=979 200（元）

按15%保证金比例计算保证金=979 200×15% =146 880（元）

（二）某投资者持有面值1 000元的可转换债券100张，该债券可按转换比例40转换为A股票，A股票目前二级市场价格为28元每股。

1. 若该投资者行使转换权可(　　)。

A. 获利7 500元　　B. 亏损7 500元

C. 获利12 000元　　D. 亏损12 000元

答案：C

试题解析：转股价格=债券面值÷转换比例。题中，债券转换比例为40，债券面值为1 000元。转股价格=债券面值÷转换比例=1 000÷40=25（元），即每张债券可按25元价格转换为40股，100张该债券可转换为40×100=4 000股，由于目前A股票市场价格为28元，所以每股获利28－25=3（元），一共获利3×4 000=12 000元。

2. 可转换公司债券应半年或1年付息一次，到期后(　　)个工作日内应偿还未转股债券的本金及最后一期利息。

A. 6　　B. 8　　C. 4　　D. 5

答案：D

试题解析：可转换债券应半年或1年付息一次，到期后5个工作日内应偿还未转股债券的本金及最后一期利息。

3. 可转换债券的发行条件包括(　　)。

A. 最近3个会计年度加权平均净资产收益率平均不低于6%。扣除非经常性损益后的净利润与扣除前的净利润相比，以低者作为加权平均净资产收益率的计算依据

B. 本次发行后累计公司债券余额不超过最近一期末净资产额的40%

C. 最近3个会计年度实现的年均可分配利润不少于公司债券1年的利息

D. 组织机构健全、运行良好、盈利能力具有可持续性、上市公司的财务状况良好

答案：ABCD

试题解析：本题考查可转换债券的发行条件。

公开发行可转换债券的公司应当符合组织机构健全、运行良好、营业能力具有可持续性、上市公司的财务状况良好等要求要求外，还应当符合下列规定：

第一，最近3个会计年度加权平均净资产收益率平均不低于6%。扣除非经常

性损益后的净利润与扣除前的净利率相比，以低者作为加权平均净资产收益率的计算依据；第二，本次发行后累计公司债券余额不超过最近一期末净资产额的40%；第三，最近3个会计年度实现的年均可分配利润不少于公司债券1年的利息。

（三）假设某期权价格变化为0.05，期权标的证券价格变化为0.05。

1. Gamma =（　　）。

A. 10　　B. 20　　C. 30　　D. 60

答案：20

试题解析： Gamma = Delta 的变化/期权标的证券价格变化

Delta = 期权价格变化/期权标的证券价格变化 = 0.05 ÷ 0.05 = 1

Gamma = Delta 的变化/期权标的证券价格变化 = 1 ÷ 0.05 = 20

2. 金融期权的主要风险指标 Rho =（　　）。

A. 期权价格变化/期权标的证券变化

B. 期权标的证券变化/期权价格变化

C. 期权价格变化/无风险利率变化

D. 无风险利率变化/期权价格变化

答案：C

试题解析： Rho 值反映无风险利率变化对期权价格的影响程度。

Rho = 期权价格变化/无风险利率变化

3. 下列关于金融期权主要风险指标的说法，错误的是（　　）。

A. 认购期权的 Delta 值为正

B. 认沽期权的 Delta 值为正

C. 认购期权的 Rho 值为正

D. 认沽期权的 Vega 值为正

答案：B

试题解析： Delta 值反映期权标的证券价格变化对期权价格的影响程度。标的证券价格与认购期权价值为正相关关系，与认沽期权价值为负相关关系。Rho 值反映无风险利率变化对期权价格的影响程度。市场无风险利率与认购期权价值为正相关，与认沽期权为负相关。Vega 值反映合约表弟证券价格波动率变化对期权价值的影响程度。波动率与认购、认沽期权价值均为正相关关系。

第八章　金融风险管理

一、单项选择题。以下备选项中只有一项最符合题目要求，不选、错选均不得分。

1. 关于金融风险的隐蔽性特征说法正确的是(　　)。

A. 金融风险受经济循环周期和货币政策变化的影响，呈现规律、周期性的特点

B. 由于金融机构之间存在复杂的债权债务关系，一家金融机构出现危机可能导致多家金融机构接连倒闭的“多米诺骨牌”现象

C. 由于金融机构经营活动的不完全透明性，在其不爆发金融危机时，可能因信用特点而掩盖金融风险不确定性损失的实质

D. 金融风险的发生需要一定的经济条件或非经济条件，而这些条件在风险发生前都是不确定的

答案：C

试题解析：本题考查金融风险的特征。

2. 关于金融风险的扩散性特征说法正确的是(　　)。

A. 一旦金融机构出现经营困难，就会失去信用基础，甚至出现挤兑风潮，这样会加速金融机构的倒闭

B. 金融风险的发生需要一定的经济条件或非经济条件，而这些条件在风险发生前都是不确定的

C. 金融风险受经济循环周期和货币政策变化的影响，呈现规律、周期性的特点

D. 由于金融机构之间存在复杂的债权债务关系，一家金融机构出现危机可能导致多家金融机构接连倒闭的“多米诺骨牌”现象

答案：D

试题解析：本题考查金融风险的特征。扩散性是指由于金融机构之间存在复杂的债权债务关系，一家金融机构出现危机可能导致多家金融机构接连倒闭的“多米诺骨牌”现象。

3. 实时风险控制策略的成本主要在于(　　)的支出。

A. 风险分析　　　　B. 经济资本配置

C. 控制费用　　　　　　　　　　　　　D. 风险回报

答案：C

试题解析： 考查实施风险策略的成本。

4. 根据马科维茨组合投资理论，投资组合的多样化可以分散非系统性风险，以下说法错误的是(　　)。

A. 当投资组合中的资产种类数目趋近于无穷大，组合的非系统性风险将趋于零

B. 多样化投资的风险分散策略成为投资者（尤其是机构投资者）消除非系统性风险的基本策略

C. 多样化投资的风险分散策略成为投资者（尤其是机构投资者）消除系统性风险的基本策略

D. 基金的投资不仅能够获得规模效应，降低投资成本，同时还可以充分降低非系统性风险

答案：C

试题解析： 本题考查风险分散的概念。根据马科维茨组合投资理论，在证券投资中，多样化投资的风险分散策略成为投资者（尤其是机构投资者）消除非系统性风险的基本策略。

5. 以下关于风险转移的说法错误的是(　　)。

A. 当金融机构提供信用贷款时，借款人提供第三方担保，属于非保险转移

B. 保险转移是通过向保险公司支付保费的方式，将风险转移给保险公司

C. 非保险转移通常采用担保等方式将风险转移给第三方

D. 金融机构会借助衍生产品作为特殊保单，转移利率风险

答案：A

试题解析： 本题考查风险转移的定义。保险转移是通过向保险公司支付保费的方式，将风险转移给保险公司。非保险转移通常采用担保和备用信用证等方式将风险转移给第三方。例如，当金融机构提供信用贷款时，通过需要借款人提供第三方担保，如不能到期偿还贷款，由担保方代为偿还。另外，金融机构还会借助衍生产品（如期权合约等）作为特殊保单，转移利率、汇率、股票和商品价格风险。

6. 以下关于风险补偿的说法正确的是(　　)。

A. 风险没有价值

B. 风险补偿主要是指事前（损失发生以前）的价格补偿

C. 风险补偿的内容中包括预期损失，但不包括资本成本

D. 风险补偿的内容中包括预期损失，但不包括资本成本

答案：B

试题解析：本题考查风险补偿的定义。风险补偿主要是指事前（损失发生以前）的价格补偿。风险是有价值的，承担风险就要获得风险回报，转嫁或减少风险就要付出成本。风险补偿的内容中既要包括预期损失，也要包括资本成本。

7. 风险识别是指对影响各类目标实现的潜在事项或因素予以全面识别，依据风险定义进行系统分类、鉴定风险性质，并找出风险原因的过程。以下说法错误的是(　　)。

A. 风险识别包括感知风险和分析风险两个环节

B. 分析风险主要是分析风险发生后可能带来的严重不良后果

C. 感知风险是通过系统化的方法发现经济主体所面临的风险种类和性质

D. 分析风险是深入理解各种风险的成因和变化规律

答案：B

试题解析：本题考查风险识别的定义。感知风险是通过系统化的方法发现经济主体所面临的风险种类和性质。

8. 以下不属于公司董事会职责的是(　　)。

A. 推进风险文化建设

B. 审议批准公司全面风险管理的基本制度

C. 审议批准公司的风险偏好

D. 制定风险管理制度

答案：D

试题解析：本题考查公司董事会风险管理职责。公司董事会履行的职责包括推进风险文化建设，审议批准公司全面风险管理的基本制度，审议批准公司的风险偏好、风险容忍度以及重大风险限额，审议公司定期风险评估报告，任免并考核首席风险官、确定其薪酬待遇、建立与首席风险官的直接沟通机制等。

9. 证券公司应当明确董事会、监事会、经理层、各部门、分支机构及子公司履行全面风险管理的职责分工，建立多层次、相互衔接、有效制衡的运行机制。以下不属于公司经理层职责的是(　　)。

A. 制定风险管理制度

B. 建立健全公司全面风险管理的经营管理架构

C. 审议公司定期风险评估报告

D. 制订风险偏好、风险容忍度以及重大风险限额等的具体执行方案

答案：C

试题解析：本题考查公司经理层风险管理职责。公司经理层应当履行的职责包括：制定风险管理制度，并适时调整；建立健全公司全面风险管理的经营管理架构，明确全面风险管理职能部门、业务部门以及其他部门在风险管理中的职责分工，建立部门之间有效制衡、相互协调的运行机制；制订风险偏好、风险容忍度以及重大风险限额等的具体执行方案，确保其有效落实等。

10. 风险容忍度与实际风险特征联系紧密，通常采用(　　)的方式设定。

A. 自下而上

B. 自上而下

C. “自下而上”和“自上而下”相结合

D. 平行设定

答案：C

试题解析：本题考查风险容忍度相关概念。风险容忍度更接近于业务单元，与实际风险特征联系紧密，通常采用“自下而上”和“自上而下”相结合的方式设定。

11. 以下关于风险限额的说法错误的是(　　)。

A. 限额管理体现了风险管理是一种积极的事前管理

B. 限额管理是一种对风险的实时静态管理

C. 限额管理体现了任何金融产品是风险和收益的组合，投资是以风险换收益

D. 限额管理体现了现代风险管理是一种全面的风险管理

答案：B

试题解析：本题考查风险限额相关概念。限额管理是一种对风险的实时动态管理。强调在每个时点上，系统都可以根据最新市场变化和业务数据计算调整各项限额，并监测所有限额的执行状态。

12. 限额管理基本原则不包括(　　)。

A. 限额种类要覆盖风险偏好范围内的各类风险

B. 限额指标通常包括盈利、资本、流动性或其他相关指标

C. 强调集中度风险，包括全集团、业务条线或相关法人实体层面的重大风险集中度

D. 参考最佳市场实践，以同业标准或以监管要求作为限额标准等

答案：D

试题解析：本题考查风险限额的基本原则。限额管理基本原则包括：限额种类要覆盖风险偏好范围内的各类风险；限额指标通常包括盈利、资本、流动性或其他相关指标（如增长率、波动性）；强调集中度风险，包括全集团、业务条线或相关

法人实体层面的重大风险集中度（如交易对手方、国家/地区、担保物类型、产品等）；参考最佳市场实践，但不以同业标准或以监管要求作为限额标准等。

13. 按约束的风险类型，限额主要分为信用风险限额、市场风险限额、操作风险限额、流动性风险限额、国别风险限额。常用的信用风险限额指标不包括(　　)。

A. 单一客户贷款集中度限额　　B. 单一集团客户授信集中度限额

C. 行业限额　　D. VaR 限额

答案：D

试题解析：本题考查常用风险限额指标的内容。常用的信用风险限额指标包括单一客户贷款集中度限额、单一集团客户授信集中度限额、行业限额等。

14. 按约束的风险类型，限额主要分为信用风险限额、市场风险限额、操作风险限额、流动性风险限额、国别风险限额。市场风险限额指标不包括(　　)。

A. 行业限额　　B. VaR 限额

C. 产品或组合敞口限额　　D. 敏感度限额

答案：A

试题解析：本题考查市场风险限额指标的内容。市场风险限额指标包括 VaR 限额，产品或组合敞口限额、敏感度限额、止损限额等。

15. 流动性风险限额指标不包括(　　)。

A. 最大十家存款集中度　　B. 核心负债依存度

C. 敏感度限额　　D. 净稳定资金比率

答案：C

试题解析：本题考查流动性风险限额指标的内容。流动性风险限额指标包括：流动性比例、存贷比、流动性覆盖率、净稳定资金比率、流动性缺口率、核心负债依存度、单日现金错配限额、一个月累计现金错配限额、最大十家存款集中度、最大十家金融同业集中度等。

16. 以下不属于风险限额设定阶段的是(　　)。

A. 局部风险计量

B. 对各业务敞口的收益和成本进行量化分析

C. 对各业务敞口确定经济资本的增量和存量

D. 对各类业务所包含的风险进行量化分析

答案：A

试题解析：本题考查风险限额的设定的四个阶段。风险限额的设定一般分成四个阶段：第一，全面风险计量，即对各类业务所包含的风险进行量化分析，以确定各类敞口的预期损失和非预期损失。第二，利用会计信息系统，对各业务敞口的收益和成本进行量化分析，其中制订一套合理的成本分摊方案是亟待解决的一项重要任务。第三，运用资产组合分析模型，对各业务敞口确定经济资本的增量和存量。第四，综合考虑监管部门的政策要求以及公司战略管理层的风险偏好，最终确定各业务敞口的风险限额。

17. 资本的主要类别不包括(　　)。

A. 账面资本　　B. 经济资本　　C. 监管资本　　D. 核心资本

答案：D

试题解析：本题考查资本的主要类别的内容。本的主要类别包括账面资本、经济资本、监管资本。

18. 中国证券业协会2016年颁布的《证券公司压力测试指引》指出，证券公司在遇到以下情形之一时，应当开展专项或综合压力测试(　　)。

A. 重大对外投资或收购

B. 证券市场波动

C. 利润分配或其他资本性支出

D. 确定经营计划和业务规模

答案：B

试题解析：本题考查压力测试的标准。中国证券业协会2016年颁布的《证券公司压力测试指引》指出，证券公司在遇到以下情形之一时，应当开展专项或综合压力测试：重大对外投资或收购、重大对外担保、重大固定资产投资、利润分配或其他资本性支出、证券公司分类评价结果负向调整、负债集中到期或赎回等可能导致净资本和流动性等风险控制指标发生明显不利变化或接近预警线的情形；确定重大业务规模和开展重大创新业务；确定经营计划和业务规模、确定自营投资规模限额、开展重大创新业务、承担重大包销责任等；预期或已经出现重大内部风险状况；自营投资大幅亏损，政府部门行政处罚、诉讼、声誉受损等；预期或已经出现重大外部风险和政策变化事件；证券市场大幅波动，监管政策发生重大变化等；其他可能或已经出现的压力情景。

19. 以下关于敏感性分析的说法错误的是(　　)。

A. 敏感性分析是一个静态的分析过程

B. 敏感性分析将风险因子的变化视为外生的

C. 敏感性分析是一个动态的分析过程

D. 敏感性分析没有研究风险因子自身变化的概率分布

答案：C

试题解析：本题考查敏感性风险分析的概念。敏感性分析是一个静态的分析过程，它将风险因子的变化视为外生的，没有研究风险因子自身变化的概率分布，忽略了这些风险因子自身发生变化的可能性，而将分析集中于金融工具价值随给定风险因子变化而变化的程度。

20. 总交易头寸限额对特定交易工具的多头头寸或空头头寸给予限制，净交易头寸限额对多头头寸和空头头寸相抵后的净额加以限制属于(　　)。

A. 交易限额　　B. 风险限额　　C. 止损限额　　D. 情景限额

答案：A

试题解析：本题考查限额管理的内容。交易限额是指对总交易头寸或净交易头寸设定的限额。总交易头寸限额对特定交易工具的多头头寸或空头头寸给予限制，净交易头寸限额对多头头寸和空头头寸相抵后的净额加以限制。

21. 以下不属于5Cs系统的是(　　)。

A. 品德　　B. 信誉　　C. 还款能力　　D. 经营环境

答案：B

试题解析：本题考查信用风险的衡量。5Cs系统是指品德（Character）、资本（Capital）、还款能力（Capacity）、抵押（Collateral）、经营环境（Condition）。

22. 根据《股票质押式回购交易及登记结算业务办法》（2018年修订）的定义，(　　)是指符合条件的资金融入方以所持有的股票或其他证券质押，向符合条件的资金融出方融入资金，并约定在未来返还资金、解除质押的交易。

A. 股票质押回购　　B. 融资融券

C. 信用债投资　　D. 非标准化债权投资

答案：A

试题解析：本题考查证券类机构主要信用风险及管理的内容。

23. 下列不属于流动性风险的是(　　)。

A. 融资流动性风险　　B. 市场流动性风险

C. 资产流动性风险　　D. 市场风险

答案：D

试题解析：本题考查流动性风险的分类。流动性风险通常被分为融资流动性风险和资产流动性风险。资产流动性风险又称为市场流动性风险。

24. 以下不属于信用衍生产品交易具有的特征的是(　　)。

A. 信用风险可以在业务中从其他风险（如利率风险和汇率风险等）中分离出来被单独交易和转让

B. 信用保护的出售方在承担信用风险时通常并不要求资金投入

C. 基础信用交易不再保留在金融机构的银行业务账户上，而且转由第三方来管理

D. 信用衍生产品交易和由此而发生的信用风险转移并不影响到基础交易的借贷关系

答案：C

试题解析：本题考查信用风险缓释工具的内容。信用衍生产品交易基础信用交易仍然保留在金融机构的银行业务账户（Banking Book）上，而且继续由作为放款银行的信用购买方来管理。

25. 资产流动性风险又称市场流动性风险，市场的流动性的决定因素不包括(　　)。

A. 深度，即执行大规模交易而不对价格产生过度影响的能力

B. 广度，即交易市场的大小

C. 即时性，即交易执行的速度

D. 弹性，即基础价格在受到影响后重新恢复的速度

答案：B

试题解析：本题考查市场流动性的决定因素。市场的流动性是由四个维度因素决定的：一是深度，即执行大规模交易而不对价格产生过度影响的能力；二是密度，即买卖价格的缺口，资产的买卖价差越小，流动性越好；三是即时性，即交易执行的速度；四是弹性，即基础价格在受到影响后重新恢复的速度。

26. 证券机构应该建立健全(　　)体系，定期对公司所面临的风险状况进行检测，编制风险报告，确保各类风险星系顺畅并及时地在公司内部传递。

A. 风险预警　　B. 风险监测　　C. 风险报告　　D. 风险控制

答案：C

试题解析：本题考查风险报考体系的重要性。证券机构应该建立健全风险报告体系，定期对公司所面临的风险状况进行检测，编制风险报告，确保各类风险信息顺畅并及时地在公司内部传递。

27. 下列关于市场风险的说法错误的是(　　)。

A. 广义的市场风险涵盖了股票价格、利率、商品价格、汇率

B. 市场风险具有明显的系统性风险特征，但是能够通过分散化投资完全消除

C. 套期保值和定价补偿是管理市场风险最主要的方法

D. 金融衍生产品和金融工程是管理市场风险的主要工具和技术

答案：B

试题解析：本题考查市场风险的特征。

28. (　　)通常被定义为：公司融资类客户、交易对手或公司持有证券的发行人在无法履行合同义务的情况下，给公司造成损失的可能性，或者相关信用质量发生恶化情况下，给公司造成损失的可能性。

A. 信用风险　　B. 违约风险　　C. 市场风险　　D. 操作风险

答案：A

试题解析：本题考查信用风险的概念。

29. 下列不属于流动性风险的是(　　)。

A. 融资流动性风险　　B. 市场流动性风险

C. 资产流动性风险　　D. 市场风险

答案：D

试题解析：本题考查流动性风险的分类。

30. 下列关于风险与危险的说法错误的是(　　)。

A. 风险是指结果的不确定性或损失发生的可能性

B. 危险是指使得损失事件更易于发生，或者一旦发生后果会更加严重的因素和环境

C. 危险是影响风险的环境性因素，但不是导致风险增加的原因

D. 风险是危险的结果，要管理好风险需要降低和消除危险

答案：C

试题解析：本题考查风险与危险的概念与联系。

31. 风险管理的目标是(　　)。

A. 创造价值　　B. 减少损失　　C. 降低风险　　D. 增加风险

答案：A

试题解析：本题考查风险管理的目标是创造价值，而不是减少损失或降低风险。

32. 证券公司应根据公司业务规模、性质、复杂程度、风险水平及组织结构，充分考虑压力测试结果，制定有效的(　　)，确保公司可以应对紧急情况下的流动性需求。

A. 风险偏好　　B. 风险限额　　C. 风险缓释　　D. 风险应急计划

答案：D

试题解析：本题考查风险应急计划的概念。

33. 现代信用风险转移方法不包括(　　)。

A. TRP　　B. 辛迪加贷款

C. 信用关联票据　　D. 信用远期协议

答案：B

试题解析：本题考查现代信用风险转移方法，包括TRP、信用关联票据和信用远期协议。

34. 根据马科维茨组合投资理论，投资组合的多样化可以分散非系统性风险，当投资组合中的资产种类数目趋近于无穷大，组合的非系统性风险将趋于零。因此，有效的投资组合就是选择彼此之间相关系数(　　)的资产组合，在不影响收益率的情况下尽可能地降低风险。

A. 大于1　　B. 小于1　　C. 等于1　　D. 等于0

答案：B

试题解析：本题考查对投资组合的理解。有效的投资组合就是选择彼此之间相关系数小于1的资产组合，在不影响收益率的情况下尽可能地降低风险。

35. 从机构层面衡量流动性风险的资产负债结构指标不包括(　　)。

A. 流动比率　　B. 现金流向比率

C. 速动比率　　D. 净稳定资金率

答案：B

试题解析：本题考查从机构层面衡量流动性风险的资产负债结构指标，包括流动比率、速动比率和净稳定资金率。

36. (　　)是指向客户出借资金供其买入证券或者出借证券供其卖出，并收取担保物的经营活动。

A. 融资融券业务　　B. 股票质押业务

C. 债券业务　　D. 非标准化债权投资业务

答案：A

试题解析：本题考查融资融券业务是指向客户出借资金供其买入证券或者出借证券供其卖出，并收取担保物的经营活动。

37. 下列关于市场风险的说法，错误的是(　　)。

A. 广义的市场风险涵盖四大风险因子

B. 市场风险具有明显的非系统性风险特征，能够通过分散化投资消除

C. 套期保值和定价补偿是市场风险的最主要的方法

D. 金融衍生工具和金融工程是管理市场风险的主要工具和技术

答案：B

试题解析：本题考查市场风险的特征。市场风险具有明显的系统性风险特征，很难通过分散化投资完全消除。

38. 下列关于不同类别风险说法不正确的是(　　)。

A. 信用风险是金融活动中最普遍和常见也是最重要的一种风险

B. 市场风险是证券投资类机构面临的最基本的风险之一

C. 操作风险，是指由不完善或有问题的人员、信息科技系统、内部流程以及外部事件造成损失的风险，包括法律风险、战略风险和声誉风险

D. 流动性风险通常被分为融资流动性风险和资产流动性风险

答案：C

试题解析：本题考查信用风险是金融活动中最普遍和常见也是最重要的一种风险。操作风险，是指由不完善或有问题的人员、信息科技系统、内部流程以及外部事件造成损失的风险，包括法律风险但不包括战略风险和声誉风险。

二、多项选择题。以下备选项中有两项或两项以上符合题目要求，多选、少选、错选均不得分。

1. 风险管理策略，是指金融机构面临风险时可以选择采用的应对方法，主要包括风险转移、风险补偿、准备金以及(　　)。

A. 风险规避　　B. 风险控制　　C. 风险分散　　D. 风险对冲

答案：ABCD

试题解析：本题考查风险管理策略。风险管理策略，是指金融机构面临风险时可以选择采用的应对方法，主要包括风险规避、风险控制、风险分散、风险对冲、风险转移、风险补偿与准备金。

2. 风险监测是风险管理的重要一环，是风险偏好、风险限额以及日常风险管理得以有效实施的重要保障。风险管理部作为风险监测的部门，负责构建公司的风险监测体系，除了督导专管部门的风险监测工作，报告监测结果还包括以下哪些内容(　　)。

A. 建立健全风险监测制度

B. 设计风险监测指标

C. 搭建风险监测系统

D. 对公司范围内各项业务与管理活动中风险进行持续监测并处理

答案：ABCD

试题解析：本题考查公司的风险监测体系的内容。风险管理部作为风险监测的部门，负责构建公司的风险监测体系，包括建立健全风险监测制度，设计风险监测指标，搭建风险监测系统，对公司范围内各项业务与管理活动中风险进行持续监测并处理、报告监测结果，督导专管部门的风险监测工作。

3. 资本是市场经济的基本概念，通常的定义是金融机构自身拥有的或能永久支配、使用的资金，是金融机构从事经营活动必须注入的资金。资本的功能主要体现在(　　)。

A. 为金融机构提供融资　　　　B. 抵御风险损失

C. 显示金融机构的实力　　　　D. 限制业务过度扩张

答案：ABCD

试题解析：本题考查资本的功能。

4. 证券公司进行压力测试应当遵循以下原则(　　)。

A. 全面性原则　　　　B. 实践性原则

C. 审慎性原则　　　　D. 前瞻性原则

答案：ABCD

试题解析：本题考查压力测试的原则相关内容。证券公司进行压力测试应当遵循以下原则：全面性原则、实践性原则、审慎性原则、前瞻性原则。

5. 下列关于风险管理的说法正确的是(　　)。

A. 事前管理决定了风险管理是一种积极管理

B. 现代风险管理是一种全面的风险管理，以企业的股东价值和社会价值增长为总目标

C. 风险管理的目标是创造价值

D. 风险管理在于减少损失降低风险

答案：ABC

试题解析：本题考查金融风险管理的内涵与目标。事前管理决定了风险管理是一种积极管理。A 选项正确。现代风险管理是一种全面的风险管理。B 选项正确。风险管理的目标是创造价值，而不是减少损失或降低风险。C 选项错误，D 选项错误。

6. 风险限额管理过程主要包括(　　)。

A. 风险限额的设定　　　　B. 风险限额的检测

C. 风险限额的调整　　　　D. 风险限额的控制

答案：ABD

试题解析：本题考查风险限额的管理过程。风险限额管理的过程包括风险限额的设定、风险限额的检测、风险限额的控制。

7.《证券公司信用风险管理指引》规定，证券公司应当建立健全内部评级管理制度，证券公司可根据内部实际情况及管理需要确定内部评级管理制度覆盖的业务范围。内部评级管理的基本要求除了在业务存续期内，根据风险状况的变化情况，定期或者不定期进行内部评级更新，持续关注相关主体的信用变化外，还包括(　　)。

A. 证券公司应建立内部评级体系，内部评级体系应能够有效识别信用风险，具备风险区分能力

B. 证券公司应制定内部评级管理制度，明确内部评级操作流程，确保内部评级体系持续有效运作

C. 证券公司应当建立与自身业务复杂程度和风险指标体系相适应的内部评级管理工具、方法和标准

D. 证券公司应当正确收集和使用评级信息，对收集的资料信息进行评估和归档，以保证其及时性、准确性、完整性

答案：ABCD

试题解析：本题考查内部评级管理的基本要求。内部评级管理的基本要求除选项 ABCD 外，还有：业务存续期内，证券公司应根据风险状况的变化情况，定期或者不定期进行内部评级更新，持续关注相关主体的信用变化。

8. 流动性风险报告是流动性风险管理各个环节的主要产出和重要组成部分。流动性风险报告除了管理的有效政策和程序外还应包括(　　)。

A. 升级的程序　　B. 决策过程

C. 规范的作用　　D. 职责调用

答案：ABCD

试题解析：本题考查流动性风险报告的呢欧容。流动性风险报告是流动性风险管理各个环节的主要产出和重要组成部分。流动性风险报告应包括管理的有效政策和程序、决策过程、规范的作用与职责调用和升级的程序等。

9. 损失数据收集是操作风险量化的基础，损失数据的数量和质量在很大程度上决定了操作风险量化的有效性。操作风险损失数据收集主要基于以下哪些方面(　　)。

A. 内部损失数据　　B. 外部损失数据

C. 情景分析　　D. 业务环境和内部控制因素

答案：ABCD

试题解析：本题考查操作风险评估的内容。

10. 市场的流动性是由(　　)维度因素决定的。

A. 深度　　B. 密度　　C. 即时性　　D. 弹性

答案：ABCD

试题解析：本题考查市场的流动性的决定因素。

11. 重大声誉事件是指影响社会经济秩序稳定和(　　)的声誉事件。

A. 造成证券公司重大损失　　B. 证券行业声誉损害

C. 市场大幅波动　　D. 引发系统性风险

答案：ABCD

试题解析：本题考查声誉风险识别的内容。重大声誉事件是指造成证券公司重大损失、证券行业声誉损害、市场大幅波动、引发系统性风险或影响社会经济秩序稳定的声誉事件。

12.《证券公司声誉风险管理指引》要求证券公司应制定声誉风险应急机制，明确应急组织架构、职责分工、应急管理流程，确保在突发情况下声誉事件管控的及时性和有效性。证券公司应制定应急预案的情形包括证券公司出现涉及客户、工作人员的重大负面事件以及(　　)。

A. 证券公司拟进行重大战略调整、重大商业创新

B. 证券公司拟披露的公司经营业绩信息出现重大不利变化

C. 证券公司拟提起或涉及重大法律诉讼、仲裁

D. 证券公司或其董事、监事、高级管理人员涉嫌重大违法违规行为被行政处罚或追究刑事责任

答案：ABCD

试题解析：本题考查风险管理应急机制的内容。除选项ABCD外，证券公司应制定应急预案的情形还包括：证券公司出现涉及客户、工作人员的重大负面事件。

13. 国别风险管理体系包括(　　)等基本要素。

A. 董事会和高级管理层的有效监控

B. 完善的国别风险管理政策和程序

C. 完善的国别风险识别、计量、监测和控制过程

D. 完善的内部控制和审计

答案：ABCD

试题解析：本题考查对国别风险管理体系的理解。

14. 以下属于风险管理策略的有(　　)。

A. 风险规避

B. 风险分散

C. 风险对冲

D. 风险补偿与准备金

答案：ABCD

试题解析：本题考查风险管理策略。风险管理策略，是指金融机构面临风险时可以选择采用的应对方法，主要包括风险规避、风险控制、风险分散、风险对冲、风险转移、风险补偿与准备金。

15. 证券公司战略风险管理的基本做法包括(　　)。

A. 明确董事会和高级管理层的战略风险管理职责

B. 建立清晰的战略风险管理流程，包括战略风险的识别、评估、监控和报告等

C. 采取恰当的战略风险管理方法

D. 聘请专家对战略风险进行评估

答案：ABC

试题解析：本题考查对证券公司战略风险管理的理解。证券公司战略风险管理的基本做法不包括聘请专家对战略风险进行评估。

16. 流动性风险应急计划应符合以下(　　)要求。

A. 合理设定应急计划触发条件

B. 规定应急程序和措施，明确各参与人的权限、职责及报告路径

C. 列明应急资金来源，合理估计可能的筹资规模和所需时间

D. 充分考虑流动性转移限制，确保应急资金来源的可靠性和充分性

答案：ABCD

试题解析：本题考查对流动性风险应急计划的认识。

17. 风险管理的“三道防线”指的是在金融机构内部构造出三支对风险管理承担不同职责的团队和管理部门相互之间协调配合，分工协作，并通过独立、有效的监控，提高主体的风险管理有效性。这三道防线是指(　　)。

A. 业务条线部门

B. 风险管理部门和合规部门

C. 外部审计

D. 内部审计

答案：ABD

试题解析：本题考查对风险管理“三道防线”的理解。

18. 常用的信用风险限额指标包括(　　)。

A. 单一客户贷款集中度限额

B. 单一集团客户授信集中度限额

C. VaR 限额

D. 行业限额

答案：ABD

试题解析： 本题考查对信用风险限额指标的理解。

19. 根据《证券公司压力测试指引》，除选择测试对象、制订测试方案外，证券公司开展压力测试还包括(　　)步骤。

A. 确定压力测试方法，并设置测试情景

B. 确定风险因子收集测试数据

C. 实施压力测试，分析报告测试结果

D. 制定和执行应对措施

答案：ABCD

试题解析： 本题考查对压力测试流程的理解。

20. 中国证券业协会 2016 年颁布的《证券公司压力测试指引》指出，证券公司在遇到(　　)情形时，应当开展专项或综合压力测试。

A. 重大对外投资或收购　　B. 重大对外担保

C. 重大固定资产投资　　D. 利润分配或其他资本性支出

答案：ABCD

试题解析： 本题考查对压力测试标准的理解。

21. 证券公司内部评级管理的基本要求有(　　)。

A. 证券公司应建立内部评级体系，内部评级体系应能够有效识别信用风险，具备风险区分能力

B. 证券公司应制定内部评级管理制度，明确内部评级操作流程，确保内部评级体系持续有效运作

C. 证券公司应当建立与自身业务复杂程度和风险指标体系相适应的内部评级管理工具、方法和标准

D. 证券公司应当正确收集和使用评级信息，对收集的资料信息进行评估和归档，以保证其及时性、准确性、完整性

答案：ABCD

试题解析： 本题考查证券公司内部评级管理的基本要求。

22. 下列关于风险偏好和风险容忍度的认识，正确的有(　　)。

A. 风险容忍度是风险偏好的具体体现，是对风险偏好的进一步量化和细化

B. 风险容忍度表现为公司在不同业务板块和不同控制维度上的总体边界

C. 风险偏好的设定通常采取“自上而下”的设定方法

D. 风险容忍度更接近于业务单元，通常采用“自下而上”的设定方法

答案：ABC

试题解析：本题考查对风险偏好和风险容忍度的认识。选项D错误，风险容忍度更接近于业务单元，与实际风险特征联系紧密，通常采用“自下而上”和“自上而下”相结合的方式设定。

23. 声誉风险管理的方法包括(　　)。

A. 事前识别与评估　　B. 应急机制

C. 媒体沟通和信息披露　　D. 舆情监测分析

答案：ABCD

试题解析：本题考查对声誉风险管理方法的理解。声誉风险管理的方法包括事前识别与评估、应急机制、媒体沟通和信息披露与舆情监测分析。

24. 根据导致市场风险因素的不同，市场风险一般划分为(　　)。

A. 利率风险　　B. 外汇风险

C. 股票价格风险　　D. 商品风险

答案：ABCD

试题解析：本题考查对市场风险分类的理解。根据导致市场风险因素的不同，市场风险一般划分为利率风险、外汇风险、股票价格风险与商品风险。

25. 风险限额管理有(　　)等环节。

A. 风险限额设定　　B. 风险限额设定监测

C. 超限额处理　　D. 全面风险计量

答案：ABC

试题解析：本题考查对风险限额环节的掌握。风险限额管理有风险限额设定、风险限额设定监测与超限额处理等，全面风险计量属于风险限额设定的第一阶段。

26. 风险识别是指(　　)的过程。

A. 对影响各类目标实现的潜在事项或因素予以全面识别

B. 依据风险定义进行系统分类

C. 鉴定风险性质

D. 找出风险原因

答案：ABCD

试题解析：本题考查风险识别的概念。风险识别是指对影响各类目标实现的潜在事项或因素予以全面识别、依据风险定义进行系统分类、鉴定风险性质并找出风

险原因的过程。

27. 风险的应对主要是证券公司根据风险识别、计量、监控及预警等情况，针对不同类别、不同发生概率及不同损失程度的风险所采取的应对措施，主要包括(　　)等。

A. 风险偏好管理　　B. 风险限额

C. 感知风险　　D. 风险定价与拨备

答案：ABD

试题解析：本题考查对风险应对的认识。风险的应对主要是证券公司根据风险识别、计量、监控及预警等情况，针对不同类别、不同发生概率及不同损失程度的风险所采取的应对措施，主要包括风险偏好管理、风险限额、风险定价与拨备、风险缓释，以及应急计划等。

28. 传统信用风险转移的方法主要有(　　)。

A. 信用保险　　B. 辛迪加贷款

C. 贷款出售　　D. 资产互换

答案：ABCD

试题解析：本题考查传统信用风险转移的方法，主要有信用保险、辛迪加贷款、贷款出售和资产互换等形式。

29. 操作风险损失数据收集主要基于(　　)等几个方面。

A. 内部损失数据　　B. 外部损失数据

C. 情景分析　　D. 业务环境和内部控制因素

答案：ABCD

试题解析：本题考查对操作风险损失数据收集的认识。

30. 证券公司声誉风险管理应遵循(　　)。

A. 全程全员原则　　B. 预防第一原则

C. 审慎管理原则　　D. 快速响应原则

答案：ABCD

试题解析：本题考查对证券公司声誉风险管理原则的理解。证券公司声誉风险管理应遵循以下原则：全程全员原则、预防第一原则、审慎管理原则和快速响应原则。

三、判断题。不选、错选均不得分。

1. 风险规避主要是通过风险与收益相匹配来实现。

答案：错误

试题解析：本题考查风险规避的实现方式。在现代金融风险管理实践中，风险规避主要通过经济资本配置来实现。风险规避主要是通过金经济资本配置来实现。

2. 风险管理的目标是创造价值。

答案：错误

试题解析：本题考查金融风险管理内涵与目标。风险管理的目标是创造价值，而不是减少损失或降低风险。

3. 风险的衡量就是计量风险发生的概率及潜在损失的大小，评估风险严重程度，为确定风险管理对策提供依据。德尔菲法、敏感性分析法、波动性分析法、压力测试都属于风险衡量方法。

答案：正确

试题解析：本题考查风险衡量的方法。风险衡量方法有敏感性分析法、波动性分析法和压力测试等。

4. 风险偏好是公司战略目标的一个重要决定因素，在风险管理体系中居于宏观的主导地位，风险偏好的设定通常从战略角度出发，采取“自下而上”和“自上而下”相结合的设定方法。

答案：错误

试题解析：本题考查风险偏好相关概念。风险偏好的设定通常从战略角度出发，采取“自上而下”的设定方法。

5. 按约束的风险类型，限额主要分为信用风险限额、市场风险限额、操作风险限额、流动性风险限额、国别风险限额。操作风险限额指标包括监管处罚率、千人重大操作风险事发率、操作风险事件败诉率、净稳定资金比率等。

答案：错误

试题解析：本题考查操作风险限额指标的内容。操作风险限额指标包括操作风险损失率、监管处罚率、千人重大操作风险事发率、千人发案率、案件风险率、操作风险事件败诉率、信息系统主要业务时段可用率、操作风险经济资本率等。

6. 风险限额管理包括风险限额设定、风险限额监测、超限额处置等环节。对于超限额的处置，应由风险管理部门负责落实。

答案：正确

试题解析：本题考查风险风险管理相关概念。对于超限额的处置，应由风险管理部门负责组织落实。

7. 金融机构是经营风险的机器，信用风险管理是现代风险管理的核心。

答案：错误

试题解析：本体考查资本的功能相关概念。资本对金融机构经营与发展有约束作用，资本必须覆盖风险，资本的数量和结构与机构的风险管理能力有着密切的联系，资本管理是现代风险管理的核心，决定了风险管理是金融机构核心竞争力的地位。

8. 压力测试，是指将整个金融机构或资产组合置于某一特定压力情景之下，然后测试该金融机构或资产组合在这些关键市场变量突变压力下的表现状况，以考虑它们是否能经受得起这种市场的突变。对于证券公司来说，具体指采用以定量分析为主的风险分析方法。

答案：正确

试题解析：本题考查压力测试的主要分析方法。对于证券公司来说，具体指采用以定量分析为主的风险分析方法，测算压力情景下净资本和流动性等相关指标。

9. 流动性覆盖率是指压力情景下公司持有的优质流动性资产与未来 30 天的现金净流出量之比。

答案：正确

试题解析：本题考查流动性覆盖率（LCR）指压力情景下公司持有的优质流动性资产与未来 30 天的现金净流出量之比。

10. 风险应对是金融机构开展风险管理的基础前提。

答案：错误

试题解析：风险偏好是金融机构开展风险管理的基础前提，风险限额的设定前提是确定金融机构风险偏好。风险偏好是指金融机构董事会和高级管理层明确说明的愿意承担的整体风险水平或风险敞口。

11. 证券公司应根据公司业务规模、性质、复杂程度、风险水平组织结构，充分考虑压力测试结果，指定有效的风险应急计划，确保公司可以应对紧急情况下的流动性需求。

答案：正确

试题解析：本题考查应急计划的概念。证券公司应根据公司业务规模、性质、复杂程度、风险水平及组织架构，充分考虑压力测试结果，指定有效的风险应急计划，确保公司可以应对紧急情况下的流动性需求。

12. 根据《证券公司融资融券业务管理办法》中的定义，融资融券是指向客户出借资金供其买入证券或者出借证券供其卖出，并收取担保物的经营活动。

答案：正确

试题解析：本题考查证券类机构主要信用风险及管理的内容。根据《证券公司融资融券业务管理办法》中的定义，融资融券是指向客户出借资金供其买入证券或者出借证券供其卖出，并收取担保物的经营活动。

13. 当违约事件发生时，净额对冲允许抵销交易对手合约下的资产和负债。可使交易商可以使用有限的资本支撑起较大的交易规模，使整个市场信用风险敞口的增长慢于整个市场的市值增长。

答案：错误

试题解析：本题考查交易对手信用风险管理。当违约事件发生时，净额结算允许抵销交易对手合约下的资产和负债。

14. 辛迪加贷款、资产互换、信用保险、信用衍生产品交易均属于传统信用风险缓释工具。

答案：错误

试题解析：本题考查信用风险缓释工具的内容。信用风险缓释（Credit Risk Mitigation，CRM）是指商业银行运用信用风险缓释技术，包括抵/质押品、净额结算、保证与担保和信用衍生工具等方式转移或降低信用风险，其中前3种为传统信用风险缓释工具。

15. 信用远期协议是银行与交易对手签订的一个双边合约，该合约的基础资产为信用价差，即借款企业发行的债券的收益率与无风险收益率之间的利差。

答案：正确

试题解析：本题考查信用风险缓释工具的内容。信用远期协议是银行与交易对手签订的一个双边合约，该合约的基础资产为信用价差，即借款企业发行的债券的收益率与无风险收益率之间的利差。信用远期协议以信用价差反映银行贷款的信用状况，信用价差增加则表明银行贷款信用状况恶化，减少则表明信用状况提高，通过信用远期协议，银行就可以对冲贷款的信用风险。

16. 压力测试包括实践性测试、审慎性测试、前瞻性原则、合理性原则。

答案：错误

试题解析：证券公司正在进行压力测试，应当遵循以下原则：（1）全面性原则；（2）实践性原则；（3）审慎性原则；（4）前瞻性原则。

17. 三道防线分别是：业务条线部门、风险管理部门、内部审计。

答案：正确

试题解析：本题考查风险管理的“三道防线”的内容。业务条线部门是第一道风险防线，是风险的承担者，应负责持续识别、评估和报告风险敞口。风险管理部门和合规部门是第二道风险防线。风险管理部门负责监督和评估业务部门承担风险的业务活动；合规部门负责定期监控机构对于法律、公司治理规则、监管规定、行为规范和政策的执行情况。风险管理和合规部门均应独立于业务条线部门。内部审计是第三道风险防线。内部审计部门对机构风险治理框架的质量和有效性进行独立的审计。

18. 风险限额是依据 RAROC 最大化原则，将风险指标以风险限额的形式分解至公司的不同层面、不同业务线乃至具体组合与策略，将风险控制在可以承受的合理范围之内，使风险大小与风险管理能力和资本实力相匹配。

答案：正确

试题解析：本题考查风险限额管理的内容。

19. 在资本充足方面，常用的风险控制指标包括风险覆盖率和资本杠杆率等。

答案：正确

试题解析：本题考查常用的风险控制指标的内容。

20. 在信用关联票据中，标的购买者出资购买银行发行的信用关联票据，而标的出售者定期向票据购买者支付一定的利息，并承诺到期如果基础资产信用状况没有恶化，则按票据面值归还本金。

答案：正确

试题解析：本题考查信用风险缓释工具的内容。信用关联票据是一种以银行某些资产的信用状况为标的的信用衍生产品。

21. 证券公司融资策略的主要目标是实现融资渠道多样化。

答案：正确

试题解析：本题考查融资策略管理的内容。实现融资渠道多样化是证券公司融资策略的主要目标。

22. 风险控制自我评估是一种依赖主观经验判断的定性分析方法。打分卡是风险控制自我评估的常用工具，其重要的功能是可以把对操作风险的定性评估转化为定量的矩阵。

答案：正确

试题解析：本题考查风险控制自我评估的内容。

23. 证券公司应主动识别和防范声誉风险，加强对声誉风险的发生原因、影响程度、发展变化的分析和预测，及时应对，属于证券公司声誉风险管理的快速响应原则。

答案：错误

试题解析：本题考查证券公司声誉风险管理的内容。预防第一原则：证券公司应主动识别和防范声誉风险，加强对声誉风险的发生原因、影响程度、发展变化的分析和预测，及时应对。

24. 根据不同的压力情景，证券公司压力测试可采用敏感性分析和情景分析。

答案：正确

试题解析：本题考查压力测试采用的方法。

25. 在风险管理中，风险识别的主要内容包括感知风险和消除风险。

答案：错误

试题解析：本题考查风险识别的分类。风险管理者首先要分析投资项目的风险暴露，风险识别包括感知风险和分析风险两个环节。

26. 风险管理的本质特征是事中管理。

答案：错误

试题解析：本题考查风险管理的本质特征。风险管理的本质特征是事前管理。

27. 流动性风险是指金融市场参与者无法以合理成本及时获得充足资金，以偿付到期债务、履行其他支付义务和满足正常业务开展的资金需求的风险。

答案：正确

试题解析：本题考查流动性风险的概念。

28. 凡在限额以内发生的损失，都可以通过自有资金来抵御。

答案：正确

试题解析：本题考查风险应对的概念。凡在限额以内发生的损失，都可以通过自有资金来抵御。

29. 冲击成本是指在交易中需要迅速而且大规模地买进或者卖出证券，不能按照预定价位成交而多支付的成本。

答案：正确

试题解析：本题考查冲击成本的定义。冲击成本是机构大户面临的流动性成本的重要表现，是指在交易中需要迅速而且大规模地买进或者卖出证券，不能按照预定价位成交而多支付的成本。

30. 市场风险、融资流动性风险、资产流动性风险均属于流动性风险。

答案：错误

试题解析：本题考查流动性风险的分类。市场风险不属于流动性风险。

四、综合题。每问备选答案中有一项或多项符合题目要求，不选、错选均不得分。

（一）已知一种息票利率为6%的债券每年付息，如果它离到期还有3年且到期收益率为6%，求该债券的久期。据此回答以下两个问题：

1. 如果到期收益率为 10%，久期为(　　)。

A. 2.833 年　　B. 2.577 年　　C. 2.694 年　　D. 2.824 年

答案：A

试题解析：题目没说债券面值，则默认为 1 000。当到期收益率 =6% 时，计算过程如下：

时间	现金流	现金流得现值	现值乘以时间
1	60	56.603774	56.603774
2	60	53.399786	106.79957
3	1 060	889.99644	2 669.9893
小计	1 060	1 000	2 833.3927

久期 =2899.39/1000 =2.833（年）

2. 当收益率 =10% 时，久期为(　　)。

A. 2.833 年　　B. 2.577 年　　C. 2.694 年　　D. 2.824 年

答案：A

试题解析：

时间	现金流	现金流得现值	现值乘以时间
1	60	54.545455	54.545455
2	60	49.586777	99.173554
3	1 060	796.39369	2 389.1811
小计	1 060	90 052 592	2 542.900

久期 =2 542.90/900.53 =2.824（年）

（二）某保险公司必须向其客户付款。第一笔是 1 年支付 1 000 万元，第二笔是 5 年后支付 400 万元。收益率曲线的形状在 10% 时达到水平。据此回答以下两个问题：

1. 如果公司想通过投资于单一的一种零息债券以豁免对该客户的债务责任，则它购买的债券的期限应为(　　)。

A. 1.425 年　　B. 1.384 年　　C. 1.825 年　　D. 1.856 年

答案：D

试题解析：

t	CF	PV（CF）	w	w×t
1	1 000	909	0.786	0.786
5	400	248	0.214	1.070
	1 060	1 157	1.0	1.856

零息债券得久期为 1.856 年。

2. 零息债券的市场价值是(　　)万元。

A. 1 342　　B. 1 381　　C. 1256　　D. 1 856

答案：B

试题解析：零息债券的市场价值应为1 157万元，与债务的市场价值相等：

面值 = 1 157 × 1. 11. 856 = 1 381（万元）

（三）菲力普公司发行一种半年付息的债券，具有如下特性：息票利率8%，收益率8%，期限15年，麦考利久期为10年。

1. 计算修正久期为(　　)年。

A. 9. 26　　B. 8. 27　　C. 9. 52　　D. 8. 47

答案：A

试题解析：调整后久期 = 麦考利久期/(1 + YTM)。如果麦考利久期是10年，到期收益率为8%，则调整后的久期 = 10/1. 08 = 9. 26（年）。

2. 确定做以下调整后久期变动的方向：(1) 息票利率为4%，而不是8%；(2) 到期期限为7年而不是15年。(　　)

A. 调整后久期随着息票利率的下降而下降；调整后久期随期限缩短而减小

B. 调整后久期随着息票利率的下降而上升；调整后久期随期限缩短而增加

C. 调整后久期随着息票利率的下降而上升；调整后久期随期限缩短而减小

D. 调整后久期随着息票利率的下降而下降；调整后久期随期限缩短而增加

答案：C

试题解析：调整后久期随着息票利率的下降而上升；调整后久期随期限缩短而减小。

（四）假设在今后的两年内每年年末你将支付10 000元的学费开支。债券即期收益率为8%。

1. 你的债务的现值是(　　)。

A. 18 231. 31美元　　B. 17 496. 25美元

C. 15 254. 60美元　　D. 17 832. 65美元

答案：D

试题解析：PV = 10 000美元 × 年金系数(8%，2) = 17 832. 65（美元）

2. 你的债务的久期是(　　)。

A. 1. 2450年　　B. 1. 4808年　　C. 1. 2803年　　D. 1. 5430年

答案：B

试题解析：久期 = 1. 4808年

3. 期限为(　　)的零息债券将使你的债务完全免疫。

A. 20 104.23 美元　　B. 18 975.62 美元

C. 18 804.33 美元　　D. 19 985.26 美元

答案：D

试题解析：要使我的债务免疫，我需要到期期限为 1.4808 年的零息债券。因为现在的价值必须为 17 832.65 美元：

面值（即未来的赎回价）$=17\ 832.65\times1.088=19\ 985.26$（美元）

4. 假定你购入一份零息债券使其价值与久期完全等于你的债务。现在假定利率迅速上升至 9%。你的净头寸将会如何变化，即债券价值与你的学费债务的价值之间的差额是(　　)。

A. 0.17 美元　　B. 0.18 美元　　C. 0.19 美元　　D. 0.20 美元

答案：C

试题解析：如果利率上升到 9%，零息债券价值下降为 19 985.26 美元/$1.09^{14\ 808}=17\ 590.92$ 美元，学费债务的现值下降为 17 591.11 美元，净头寸下降 0.19 美元。

第二部分　模拟测试

《金融市场基础知识》模拟试卷（一）

一、单项选择题（共40题，每小题0.5分，共20分。以下备选项中只有一项最符合题目要求，不选、错选均不得分。）

1. 下列关于金融市场的描述错误的是(　　)。

A. 权益市场内交易的是权益工具又称股票市场

B. 交易所市场内市场参与者以交易所为交易对手进行交易

C. 一级市场中发行人通过单一途径即新证券的公开获得资金

D. 衍生品市场中的衍生工具交割时均可在未来交割

2. 根据规定证券金融公司注册资本不少于人民币(　　)亿元。

A. 40　　B. 50　　C. 60　　D. 80

3. 证券金融公司应当自每一会计年度结束之日起(　　)个月内向中国证监会报送年度报告。

A. 4　　B. 5　　C. 6　　D. 3

4. 下列关于普通国债说法错误的是(　　)。

A. 目前我国发行的普通国债有记账式国债、储蓄国债（凭证式）和储蓄国债（电子式）

B. 迄今为止财政债券共发行4次

C. 储蓄式国债的特点是：可以记名、挂失以无券形式发行可以防止证券的遗失、被窃与伪造安全性好

D. 我国的记账式国债是从1994年开始发行的一个上市券种

5. (　　)是指从事证券投资咨询业务的机构及其投资咨询人员为证券投资人或者客户提供证券投资分析、预测或者建议等直接或者间接有偿咨询服务的活动。

A. 证券投资服务　　B. 证券投资咨询

C. 证券融资服务　　D. 融资融券业务

6. 金融衍生工具的基本特征不包括(　　)。

A. 联动性　　B. 保值性　　C. 杠杆性　　D. 跨期性

7. 以下不属于中央银行负债类业务的是(　　)。

A. 对其他金融性公司债权　　B. 政府存款

C. 储备货币　　D. 不计入储备货币的金融公司存款

8. 中国人民银行是我国的中央银行，也是国务院组成部门之一，主要负责制定和执行(　　)。

A. 财政政策　　B. 货币政策

C. 税收政策　　D. 财政和货币政策

9. 2018 年 3 月 17 日十三届全国人大一次会议通过的《国务院机构改革方案》规定将原中国银行业监督管理委员会和原中国保险监督管理委员会的职责整合组建(　　)。

A. 国务院金融稳定发展委员会　　B. 中国银行监督管理委员会

C. 中国证券监督管理委员会　　D. 中国银行保险监督管理委员会

10. 下列关于直接融资对金融市场的影响的描述错误的是(　　)。

A. 我国处于经济转型期提高直接融资比重特别是发展多种股权融资方式能够弥补间接融资的不足

B. 通过市场客体充分博弈直接进行交易更有利于合理引导资源配置发挥市场筛选作用

C. 直接融资和间接融资比例反映了一国金融体系风险和分布情况

D. 直接融资可以起到分散过度集中于银行的金融风险作用

11. 以下关于存款准备金制度的说法错误的是(　　)。

A. 准备金比例与银行可用贷款资金是正向相关关系

B. 存款派生能力与存款准备金比例是负向变动关系

C. 存款准备金的高低影响货币的供应量

D. 存款准备金制度是银行创造信用货币的基本前提条件

12. 对有证据证明已经或者可能转移或者隐匿违法资金、证券等涉案财产或者隐匿、伪造、毁损重要证据的经国务院证券监督管理机构主要负责人或者其授权的其他负责人批准可以冻结或者查封期限为(　　)个月因特殊原因需要延长的每次延长期限不得超过(　　)个月冻结、查封期限最长不得超过(　　)年。

A. 6；3；2　　B. 6；3；3　　C. 3；2；2　　D. 3；2；3

13. 在调查操纵证券市场、内幕交易等重大证券违法行为时经国务院证券监督管理机构主要负责人或者其授权的其他负责人批准可以限制被调查事件当事人的证券买卖但限制的期限不得超过(　　)个月案情复杂的可以延长(　　)个月。

A. 3；3　　B. 2；2　　C. 2；3　　D. 3；2

14. (　　)组合管理者通常购买分散化程度较高的投资组合如市场指数基金或类似的证券组合并认为组合投资能够有效降低公司的特定风险。

A. 被动管理型　　B. 主动管理型　　C. 风险喜好型　　D. 风险厌恶型

15. 对于持有期低于(　　)年的投资人基金管理人不得免收其后端申购费用。

A. 1　　B. 2　　C. 3　　D. 5

16. (　　)一般是当公司股票价格在一段时间内连续高于转换价格达到一定幅度时，公司可按照事先约定的赎回价格买回发行在外尚未转股的可转换债券。

A. 回售条件　　B. 转换条件　　C. 赎回条件　　D. 购买条件

17. 下列关于我国企业债券的品种和管理规定描述错误的是(　　)。

A. 对中小企业集合债券的管理规定散见于一些国家政策性文件和国家发改委通知中还未形成专门的中小企业集合债券管理规定

B. 小微企业增信集合债券是指以地方融资平台或国有企业为发行主体面向机构投资者发行募集资金以银行委托贷款的方式发放给小微企业的创新类企业债券品种

C. 可续期企业债券是指在约定的计息周期（一般 3 ~ 5 年）到期时发行人可按约定的利率调整机制调整利率后继续延长一个周期的企业债券理论上可不断续期永续存在具有期限超长、主动赎回、可充当资本金等诸多优势

D. 非公开发行的项目收益债券每次发行时认购的机构投资者不超过 100 人单笔认购不少于 500 万元人民币

18. 下列关于金融衍生工具的说法错误的是(　　)。

A. 金融衍生工具是与基础金融产品相对应的一个概念

B. 金融衍生产品的价格取决于基础金融产品的价格

C. 金融衍生工具是指建立在基础金融产品或基础变量之上的派生金融产品

D. 基础金融产品不能是金融衍生品

19. 现代风险管理是一种全面的风险管理以企业的股东价值和社会价值增长为总体目标。以下不属于现代风险管理内容的是(　　)。

A. 管理环境　　B. 管理技术　　C. 管理运行　　D. 管理结构

20. 与其他风险管理策略相比，风险控制策略最突出的特征是(　　)。

A. 将风险进行合理分摊　　B. 控制措施的目的是降低风险本身

C. 将风险转嫁给外部　　D. 从外部获得补偿

21. 金融市场是(　　)。

A. 产品市场

B. 无形的市场

C. 金融资产交易变现或赎回的渠道

D. 以金融资产为交易对象而形成的供求关系和交易机制的总和

22. 下列关于证券公司设立私募基金子公司的设立条件的说法，错误的是(　　)。

A. 证券公司未能做到突出主业、稳健经营、诚实守信、勤勉尽责、资本约束或内控有力的，不得设立私募基金子公司

B. 证券公司应当以自有资金全资设立私募基金子公司，同时可以采用股份代持等其他方式变相与其他投资者共同出资设立私募基金子公司

C. 最近一年未因重大违法违规行为受到刑事或行政处罚，且不存在因涉嫌重大违法违规正受到监管部门和有关机关调查的情形

D. 公司章程有关对外投资条款中明确规定公司可以设立私募基金子公司，并经注册地中国证监会派出机构审批

23. 我国证券市场监管机构是(　　)。

A. 国务院银行监督管理机构　　B. 国务院保险监督管理机构

C. 中国人民银行　　D. 国务院证券监督管理机构

24. 以下关于风险对冲的说法正确的是(　　)

A. 风险对冲可以管理系统性风险但不能管理非系统性风险

B. 风险对冲可以管理非系统性风险但不能管理系统性风险

C. 风险对冲既可以管理非系统性风险也可以管理系统性风险

D. 风险对冲不能对对冲比率进行调节

25. 证券公司应当明确董事会、监事会、经理层、各部门、分支机构及子公司履行全面风险管理的职责分工建立多层次、相互衔接、有效制衡的运行机制。(　　)承担全面风险管理的最终责任。

A. 公司董事会　　B. 公司经理层　　C. 风险管理部门　　D. 监事会

26. 在我国，H股、N股、S股等为(　　)的简称。

A. 社会公众股　　B. 境内上市外资股

C. 境外上市外资股　　D. 红筹股

27. 送股时将股份公司(　　)转入股本账户。

A. 资本　　B. 留存收益　　C. 收入　　D. 实收资本

28. 中央银行发行的基础货币包括(　　)。

A. 流通中的现金和准备金　　B. 流通中的现金

C. 中央银行存款　　D. 商业银行存款

29. 下列关于股票交易程序的说法错误的是(　　)。

A. 开户包括开立证券账户和开立资金账户

B. 证券账户用来记载投资者所持有的证券种类、数量和相应的变动情况

C. 资金账户用来记载和反映投资者买卖证券的货币收付和结存数额

D. 投资者申请开立证券账户时不需要采集投资者证券账户信息

30. 沪股通通过(　　)设立的证券交易服务公司进行交易。

A. 上海证券交易所和香港联合交易所

B. 香港联合交易所

C. 上海证券交易所

D. 上海证券交易所或者香港联合交易所

31. 证券由卖方向买方转移和对应的资金由买方向卖方转移的过程属于(　　)。

A. 交收　　B. 清算　　C. 成交　　D. 结算

32. 我国目前只能由依法设立的(　　)担任基金管理人。

A. 基金托管银行　　B. 基金投资者

C. 基金管理公司　　D. 基金发起人

33. 投资者申购基金成功后投资者在(　　)日起有权赎回该部分的基金份额。

A. T+0　　B. T+1　　C. T+2　　D. T+3

34. 以下不属于基金自身投资活动产生的税收的是(　　)。

A. 增值税　　B. 印花税　　C. 所得税　　D. 财产税

35. 短期融资券的注册机构为(　　)。

A. 中国人民银行　　B. 中央国债登记结算公司

C. 中国银保监会　　D. 银行间市场交易商协会

36. 证券公司公开发行债券发行人最近1期末经审计的净资产应分别不低于(　　)亿元。

A. 5　　B. 8　　C. 10　　D. 15

37. 以下关于狭义金融风险的说法错误的是(　　)。

A. 狭义的金融风险是指银行、信托投资公司、证券公司、保险公司等金融机构由于各种不确定性因素而遭受损失的可能性

B. 狭义的金融风险是指个人、公司、金融机构以及政府等所有参与金融活动

的交易主体因不确定性而遭受损失的可能性

C. 不论是狭义概念还是广义概念其本质含义都是金融资产遭受损失的不确定性

D. 狭义的金融风险所涉及的范围比较小

38. 下列关于中期票据的说法正确的是(　　)。

A. 中期票据的期限一般为1年以上、15年以下

B. 我国中期票据的期限通常为2年或者5年

C. 中期票据待偿还余额不得超过企业净资产的30%

D. 企业在中期票据存续期内变更募集资金用途应提前披露

39. 银行利用自身在机构网点、技术手段和信息处理等方面的优势代理客户承办收付和委托事项并收取手续费的业务是(　　)。

A. 负债业务　B. 资产业务　C. 表外业务　D. 中间业务

40. 在下列(　　)情形下，证券评级机构无须终止评级。

A. 受评级机构或受评级证券发行人拒不提供评级所需关键材料或提供的材料存在虚假记载、误导性陈述或重大遗漏的

B. 委托人不按约定支付评级费用的

C. 因受评级机构被收购兼并、重组或受评级证券被转股、回购等，导致评级对象不再存续的

D. 委托人同时委托多家证券评级机构对同一评级对象进行评级

二、多项选择题（共40题，每小题1分，共40分。以下备选项中有两项或两项以上符合题目要求，多选、少选、错选均不得分。）

41. 证券发行人包括(　　)。

A. 政府及其机构　B. 企业（公司）

C. 金融机构　D. 慈善机构

42. 我国资产证券化的产品种类包括(　　)。

A. 信贷资产证券化　B. 企业资产证券化

C. 资产支持票据　D. 未来收益证券化

43. 下列说法不正确的是(　　)。

A. 证券公司未能做到突出主业、稳健经营仍可设立私募基金子公司

B. 证券公司以自有资金全资设立私募基金子公司

C. 证券公司采用股份代持方式与其他投资者共同出资设立私募基金子公司

D. 每家证券公司设立的私募基金子公司原则上不超过 2 家

44. 金融衍生工具伴随的风险主要包括(　　)。

A. 汇率风险、利率风险　　B. 信用风险、法律风险

C. 市场风险、操作风险　　D. 流动性风险、结算风险

45. 我国政策性银行包括(　　)。

A. 国家开发银行　　B. 中国农业发展银行

C. 中国人民银行　　D. 中国进出口银行

46. 全球金融体系的主要参与者包括(　　)。

A. 金融公司　　B. 非金融公司

C. 住户　　D. 为住户服务的非营利机构

47. 国际资金流动方式包括(　　)。

A. 国际长期资金流动　　B. 国际短期资金流动

C. 套利性资金的流动　　D. 投机性资金的流动

E. 保值性资金的流动

48. 证券金融公司应当遵守以下风险控制指标规定(　　)。

A. 净资本与各项风险资本准备之和的比例不得低于 100%

B. 对单一证券公司转融通的余额不得超过证券金融公司净资本的 50%

C. 融出的每种证券余额不得超过该证券上市可流通市值的 10%

D. 充抵保证金的每种证券余额不得超过该证券总市值的 15%

49. 货币政策中介目标包括(　　)。

A. 流通中的现金　　B. 银行信贷规模

C. 货币供应量　　D. 长期利率

50. 资产管理计划可投资的资产包括(　　)。

A. 银行存款、同业存单

B. 上市公司股票、存托凭证

C. 在证券期货交易所等国务院同意设立的交易场所集中交易清算的期货

D. 公开募集证券投资基金

51. 以下关于交易所债券市场托管方式的说法，正确的有(　　)。

A. 根据券种的不同，实行的是不同的托管体制

B. 交易所市场实行中央登记、二级托管的制度

C. 交易所投资者在中央结算公司开立托管账户

D. 中国结算公司承担在交易所交易的其他债券的登记、托管职责

52. 按照基金的运作方式划分，可将证券投资基金分为封闭式基金和开放式基金，那么这两种类型基金的区别有(　　)。

A. 期限不同　　B. 投资者地位不同

C. 发行规模限制不同　　D. 价格形成方式不同

53. 直接融资与间接融资的区别有(　　)。

A. 是否与金融中介机构形成独立的债权债务关系

B. 直接融资早于间接融资

C. 直接融资一定没有金融中介机构参与

D. 直接融资与间接融资矛盾

54. 金融市场按金融资产到期期限分为(　　)。

A. 货币市场　　B. 资本市场　　C. 一级市场　　D. 二级市场

55. 为保护投资者的合法权益必须坚持(　　)的原则加强对证券市场的监管便于投资者充分了解证券发行人的资信、证券的价值和风险状况从而使投资者能够比较正确地选择投资对象。

A. 自主　　B. 公正　　C. 公平　　D. 公开

56. 证券市场融资活动的方式主要包括(　　)。

A. 股票融资　　B. 债券融资

C. 投资基金融资　　D. 衍生品融资

57. 根据《中国银行保险监督管理委员会职能配置、内设机构和人员编制规定》，中国银保监会的主要职责是(　　)。

A. 对派出机构实行垂直领导

B. 对银行业和保险业改革开放和监管有效性开展系统性研究

C. 研究和拟定证券期货市场的方针政策、发展规划

D. 依法依规对银行业和保险业机构及其业务范围实行准入管理

58. 随着我国经济从高速增长阶段转向高质量发展阶段增强金融服务实体经济的能力促进实体经济和金融良性循环的方法有(　　)。

A. 守住不发生系统性金融风险的底线管控好宏观层面的金融高杠杆率和流动性风险、微观层面的金融机构信用风险以及跨市场、跨业态、跨区域的影子银行和违法犯罪风险

B. 健全多层次资本市场体系补齐各类金融市场的短板

C. 深化金融监管体制改革加强监管协同补齐监管空白

D. 发挥信贷政策的结构引导作用把资金用到支持实体经济特别是中小微企业上

59. 以下关于价格优先的说法正确的是(　　)。

A. 较低价格买入申报优先于较高价格买入申报

B. 较高价格买入申报优先于较低价格买入申报

C. 较低价格卖出申报优先于较高价格卖出申报

D. 较高价格卖出申报优先于较低价格卖出申报

60. 委托指令可以根据不同的依据划分为(　　)。

A. 整数委托和零数委托　　B. 买进委托和卖出委托

C. 市价委托和限价委托　　D. 定时委托和不定时委托

61. 下列说法不正确的是(　　)。

A. 证券公司未能做到资本约束或内控有力仍可设立另类子公司

B. 证券公司以自有资金全资设立另类子公司

C. 证券公司采用股份代持方式与其他投资者共同出资设立另类子公司

D. 每家证券公司设立的另类子公司原则上不超过2家

62. 非柜台委托形式有(　　)。

A. 人工电话委托　　B. 网上委托

C. 自助和电话自动委托　　D. 传真委托

63. 基金的募集一般要经过(　　)步骤。

A. 基金募集申请　　B. 基金注册

C. 基金份额的发售　　D. 基金合同生效

64. 证券投资基金主要特点表现为(　　)。

A. 集合理财、专业管理　　B. 组合投资、分散风险

C. 利益共享、风险共担　　D. 独立托管、保障安全

65. 下列关于可转换债券的说法，正确的是(　　)。

A. 可转换债券应半年或1年付息1次到期后5个工作日内应偿还未转股债券的本金及最后1期利息

B. 发行人根据当前市场利率水平、公司债券资信等级和发行条款确定一般高于相同条件的不可转换债券

C. 转换比例 = 可转换债券面值/转换价格

D. 回售是指公司股票在一段时间内连续低于转换价格达到某一幅度时可转换债券持有人按事先约定的价格将所持可转换债券卖给发行人的行为

66. 货币市场基金不得投资的金融工具有(　　)。

A. 信用等级在AAA级以上的企业债券

B. 可转换债券

C. 剩余期限超过 397 天的债券

D. 信用等级在 AAA 级以下的企业债券

67. 债券利息的支付方式包括(　　)。

A. 剪息票方式　　B. 折扣利息　　C. 分期利息　　D. 本息合一

68. 三大经典风险调整收益衡量方法是(　　)。

A. 标准普尔指数　B. 詹森指数　　C. 特雷诺指数　　D. 夏普指数

69. 国内外金融理论界对风险的定义或界定包括(　　)。

A. 风险是结果的不确定性是一种变化

B. 风险是收益发生的可能性

C. 风险是结果对期望的偏离

D. 风险是收益的波动性

70. 风险规避策略的应用对象包括(　　)。

A. 金融机构不擅长承担和管理的非目标风险

B. 超过金融机构资本金承受范围的过度风险

C. 不具有适当风险溢价的不当风险

71. 以下关于开放式基金认购说法正确的是(　　)。

A. 投资人在办理开放式基金认购申请时须填写认购申请表并须按销售机构规定的方式全额缴款

B. 投资者于 T 日提交认购申请后可于 T+3 日起到办理认购的网点查询认购申请的受理情况

C. 开放式基金的认购采取金额认购的方式即投资者在办理认购时认购申请上是直接填写需要认购多少份基金份额

D. 认购申请无效的认购资金将退回到投资人资金账户

72. 以下关于基金申购、赎回的原则，正确的是(　　)。

A. 投资者在申购、赎回一般开放式基金份额时能即时获知成交价格

B. 投资者在申购、赎回货币基金时按固定价格进行申购、赎回

C. 对一般开放式基金而言在申购、赎回时则遵循“已知价”交易原则

D. 申购以金额申请赎回以份额申请

73. 债券兑付方式包括(　　)。

A. 到期兑付　　　　　　　　B. 提前兑付

C. 分期兑付　　　　　　　　D. 转换为普通股兑付

74. 证券公司应该根据自身特点制定相应的风险管理流程以落实各项风险管理政策和制度。在一般情况下风险管理的流程主要包括风险的识别以及(   )。

A. 风险的衡量　　B. 风险的应对

C. 风险的监测　　D. 预警与报告

75. 从发起人的角度看，资产证券化兴起的经济动因是(   )。

A. 增加资产的流动性提高资本使用效率

B. 提供多样化的投资品种

C. 提升资产负债管理能力优化财务状况

D. 实现低成本融资

76. 独立衍生工具包括(   )。

A. 远期合同　　B. 期货合同

C. 互换合同　　D. 期权合同

77. 以下属于金融衍生工具的基本特征的是(   )。

A. 跨期性　　B. 杠杆性

C. 联动性　　D. 不确定性或高风险性

78. 对于超出限额的损失除了减少风险暴露金融机构可该采用哪些方式来进行风险缓释(   )。

A. 分散资产组合

B. 增加抵押品

C. 净额结算

D. 保证以及运用衍生工具

79. 风险限额是依据 RAROC 最大化原则将风险指标以风险限额的形式分解至公司的不同层面、不同业务线乃至具体组合与策略将风险控制在可以承受的合理范围之内使风险大小与风险管理能力和资本实力相匹配。按约束的风险类型限额主要分为国别风险限额及(   )。

A. 信用风险限额　　B. 市场风险限额

C. 操作风险限额　　D. 收益风险限额

80. 下列属于股权类产品的衍生工具的是(   )。

A. 股票期货

C. 股票期权

B. 债券远期合约

D. 大宗商品的期货合约

三、判断题（共 30 题，每小题 1 分，共 30 分。不选、错选均不得分。）

81. 储备货币是中央银行的资产业务。（　　）

82. 中国金融体系是以银行业主导的间接融资为主。（　　）

83. 根据《证券法》，设立证券登记结算公司自有资金不少于人民币 3 亿元。（　　）

84. 私募基金的估值方法包括根据市场法、现金流折现法、收益法、成本法。（　　）

85. 地方政府一般债券单一期限债券的发行规模不得超过一般债券当年发行规模的 30%。（　　）

86. 证券金融公司的组织形式是有限责任公司。（　　）

87. 我国商品期货交易所包括上海期货交易所、北京商品交易所、郑州商品交易所、广州期货交易所。（　　）

88. 优先股的持有人能够优先于普通股股东分配公司利润和剩余财产。（　　）

89. 中央银行卖出有价证券，会使货币供给量下降，市场利率上升。（　　）

90. 通过各种通信方式，不通过集中的交易所实行分散的、一对一交易的金融衍生工具属于结构化衍生工具。（　　）

91. 货币政策的中介目标包括流通中的现金、银行信贷规模、货币供应量、长期利率。（　　）

92. 股票市场融资、债券市场融资、风险投资融资、商业信用融资均属于直接融资。（　　）

93. 根据我国《上市公司证券发行管理办法》的规定，上市公司再融资的方式有向原股东配售股份、向不特定对象公开募集股份、发行可转换公司债券、非公开发行股票。（　　）

94. 按照金融衍生工具自身交易的方式及特点分类，金融衍生工具可分为金融远期合约、金融期货、金融互换和结构化衍生工具等。（　　）

95. 货币市场包括银行同业拆借市场、债券市场、大额可转让存单市场、权益市场。（　　）

96. 基金管理人的职责体现在产品设计、基金注册登记、资金清算、会计复核方面。（　　）

97. 普通股股东委托的代理人，可以行使股东的一切权利。（　　）

98. 平衡型基金兼具增长与收入的双重目标。（　　）

99. 股票价格指数的编制方法主要包括算术平均法、几何平均法、加权平均法。（ ）

100. 基金的申购、赎回中，申购以份额申请，赎回以金额申请。（ ）

101. 货币市场基金可以投资剩余期限超过 397 天的债券。（ ）

102. 投资者于 T 日提交认购申请后，可于 T + 3 日起到办理认购的网点查询认购申请的受理情况。（ ）

103. 证券金融公司对单一证券公司转融通的余额，不得超过证券金融公司净资本的 50%。（ ）

104. 人工电话委托属于柜台委托。（ ）

105. 直接融资一定没有金融中介机构参与。（ ）

106. 发挥信贷政策的结构引导作用，把资金用到支持实体经济特别是大型国企上，是促进实体经济和金融良性循环的重要方法。（ ）

107. 根据价格优先的原则，较低价格买入申报优先于较高价格买入申报。（ ）

108. 通过金融理论的发展、金融市场的规范、智能性的管理媒介，金融风险可以得到有限的预测和控制。（ ）

109. 资金账户用来记载和反映投资者买卖证券的货币收付和结存数额。（ ）

110. 很多风险投资企业投资的项目一旦获得成功，会有高于传统产业数十倍甚至数百倍的投资回报。（ ）

四、综合题（共 10 题，每小题 1 分，共 10 分。每问备选答案中有一项或多项符合题目要求，不选、错选均不得分。）

（一）2020 年 6 月 12 日，中国证监会同意苏州华兴源创科技股份有限公司发行股份购买资产并募集配套资金的注册申请，这是首单科创板上市公司重大资产重组项目。上海证券交易所于 2020 年 3 月 27 日受理该公司重大资产重组申请，6 月 9 日提请中国证监会注册。中国证监会于 6 月 12 日按法定程序同意其注册，用时仅 4 个交易日。

111. 注册制的特点是证券监管机构对申报文件的（ ）作合规性的形式审查，而将发行人的质量留给证券交易所和中介机构来判断和决定。

A. 真实性　　B. 准确性　　C. 完整性　　D. 及时性

112. 根据科创板上市公司并购重组落实注册制试点要求，由交易所对申报材料进行审核，中国证监会在收到交易所审核意见后（ ）个交易日内作出审查决定。

A. 4　　B. 5　　C. 7　　D. 10

113. 下列说法正确的是(　　)。

A. 审批制在市场化程度较高的成熟股票市场所普遍采用的一种发行制度。证券监管部门公布股票发行的必要条件，只要达到所公布条件要求的企业即可发行股票

B. 审批制是指发行人申请发行股票时，必须依法将公开的各种资料完全准确地向证券监管机构申报。证券监管机构或者国务院授权的部门依照法定条件负责证券发行申请的注册。证券交易所等可以审核公开发行证券申请，判断发行人是否符合发行条件、信息披露要求，督促发行人完善信息披露内容，发行人的质量由证券交易所和证券中介机构来判断和决定

C. 核准制是指证券监管机构对申报文件的真实性、准确性、完整性和及时性进行审查，还对发行人的营业性质、财力、素质、发展前景、发行数量和发行价格等条件进行实质性审查，并据此作出发行人是否符合发行条件的价值判断和是否核准申请的决定

D. 审批制是一国在股票市场的发展初期，为了维护上市公司的稳定和平衡复杂的社会经济关系，采用行政计划的办法分配股票发行的指标和额度，由地方或行业主管部门根据指标推荐企业发行股票的一种发行制度

（二）某公司的企业上市公司上年度自由现金流为 5 000 000 元，预计 2023 年自由现金流增长率为 5%，公司的负债率（负债/总资产）为 20%，股票的投资者必要收益率为 16%，负债的税前成本为 8%，税率为 25%，公司负债市场价值 11 200 000 元，公司现有 2 000 000 股普通股发行在外

114. 该公司的加权折现率 WACC 是(　　)。

A. 12.8%　　B. 1.2%　　C. 14%　　D. 14.4%

115. 该公司股票内在价值是(　　)元。

A. 13.15　　B. 22.18　　C. 34.77　　D. 23.57

（三）证券交易所为维护公开交易股票的总体质量与市场信心，保护投资者特别是中小投资者合法权益，依照规则要求交投不活跃、股权分布不合理、市值过低而不再适合公开交易的股票应终止交易，特别是对于存在严重违法违规行为的公司，证券交易所可以依法强制其股票退出市场交易。

根据《上海证券交易所股票上市规则（2020 年 12 月修订）》《深圳证券交易所股票上市规则（2020 年修订）》，强制退市分为交易类强制退市、财务类强制退市、规范类强制退市和重大违法类强制退市四类情形。

116. 在证券分析中，对(　　)因素的分析称为基本面分析。

A. 宏观经济和证券市场运行状况　　B. 行业前景

C. 政治及其他不可抗力　　　　　　D. 公司经营状况

117. 影响股票投资价值的内部因素包括(　　)。

A. 公司净资产　　　　　　　　B. 股利政策

C. 并购重组　　　　　　　　　D. 货币政策

118. 关于科创板强制退市的说法，说法错误的是(　　)。

A. 重大违法强制退市，包括信息披露重大违法和公共安全重大违法行为

B. 交易类强制退市，包括累计股票成交量低于一定指标，股票收盘价、市值、股东数量持续低于一定指标等

C. 财务类强制退市，即明显丧失持续经营能力，包括主营业务大部分停滞或者规模极低，经营资产大幅减少导致无法维持日常经营等

D. 科创板上市公司的股票终止上市后，符合上交所规定条件的，不得申请重新上市

119. 根据《上海证券交易所股票上市规则（2020 年 12 月修订）》《深圳证券交易所股票上市规则（2020 年修订）》，以下不属于可以向证券交易所申请主动退市的情形是(　　)。

A. 上市公司股东大会决议主动撤回其股票在证券交易所的交易，并决定继续在该交易所交易

B. 上市公司股东大会决议主动撤回其股票在证券交易所的交易，并转而申请在其他交易场所交易或转让

C. 上市公司向所有股东发出回购全部股份或部分股份的要约，导致公司股本总额、股权分布等发生变化，不再具备上市条件

D. 中国证监会和证券交易所认可的其他主动终止上市情形

120. 以下关于强制退市的说法，错误的是(　　)。

A. 证券交易所为维护公开交易股票的总体质量与市场信心，保护投资者除了中小投资者的权益

B. 依照规则要求交投不活跃、股权分布不合理、市值过低而不再适合公开交易的股票应终止交易

C. 特别是对于存在严重违法违规行为的公司，证券交易所可以依法强制其股票退出市场交易

D. 股票退市包括主动退市和强制退市

模拟试卷（一）参考答案与解析

一、选择题

1. 参考答案：C

试题解析：本题考查金融市场多种分类的综合。一级市场的主要功能是筹资，发行人通过新证券的公开或定向发行获得资金。衍生工具通常是指从标的资产或基础资产派生出来的新型金融工具，成交时不需要立即交割，而可在未来时点交割。故选C。

2. 参考答案：C

试题解析：证券金融公司的组织形式为股份有限公司，根据国务院的决定设立，其注册资本不少于人民币60亿元。

3. 参考答案：A

试题解析：证券金融公司应当自每一会计年度结束之日起4个月内，向证监会报送年度报告。

4. 参考答案：C

试题解析：本题考查普通国债的内容。目前我国发行的普通国债有记账式国债、储蓄国债（凭证式）和储蓄国债（电子式）。

（1）记账式国债。我国的记账式国债是从1994年开始发行的一个上市券种。它是由财政部面向全社会各类投资者、通过无纸化方式发行的、以电子记账方式记录债权并可以上市和流通转让的债券。记账式国债的特点是：可以记名、挂失以无券形式发行，可以防止证券的遗失、被窃与伪造，安全性好，可上市转让，流通性好，期限有长有短，但更适合短期国债的发行通过证券交易所电脑网络发行，可以降低证券的发行成本上市后价格随行就市，具有一定的风险。

（2）储蓄国债（凭证式）。储蓄国债（凭证式）是指由财政部发行的、有固定票面利率、通过纸质媒介记录债权债务关系的国债。发行储蓄国债（凭证式）一般不印制实物券面，而采用填制“中华人民共和国储蓄国债（凭证式）收款凭证”的方式，通过部分商业银行和邮政储蓄柜台，面向城乡居民个人和各类投资者发行。储蓄国债

（凭证式）具有购买方便、变现灵活的特点，是我国重要的国债品种。储蓄国债（凭证式）原称为凭证式国债根据《中华人民共和国财政部公告》（2016 年第 120 号）自 2017 年起发行的凭证式国债统一更名为储蓄国债（凭证式）。

5. 参考答案：B

试题解析：证券投资咨询的定义。转融通业务，是指证券金融公司将自有或者依法筹集的资金和证券出借给证券公司，以供其办理融资融券业务的经营活动。

6. 参考答案：B

试题解析：金融衍生工具具有三个显著特性：（1）跨期性。金融衍生工具是交易双方通过对利率、汇率、股价等因素变动趋势的预测约定在未来某一时间按照一定条件进行交易或选择是否交易的合约。（2）杠杆性。金融衍生工具交易一般只需要支付少量的保证金或权利金就可签订远期大额合约或互换不同的金融工具。（3）联动性。联动性是指金融衍生工具的价值与基础产品或基础变量紧密联系、规则变动。

7. 参考答案：A

试题解析：中央银行负债业务包括储备货币、不计入储备货币的金融公司存款、发行债券、政府存款、国外存款、自有资金和其他负债。对其他金融性公司债权属于中央银行资产类业务。

8. 参考答案：B

试题解析：中国人民银行是我国的中央银行，也是国务院组成部门之一，主要负责制定和执行货币政策，维护金融稳定，同时承担一定的金融服务职能。

9. 参考答案：D

试题解析：2018 年 3 月 17 日十三届全国人大一次会议通过的《国务院机构改革方案》规定，将原中国银行业监督管理委员会和原中国保险监督管理委员会的职责整合，组建中国银行保险监督管理委员会，作为国务院直属事业单位。不再保留中国银行业监督管理委员会、中国保险监督管理委员会。

10. 参考答案：B

试题解析：直接融资通过市场主体充分博弈直接进行交易，更有利于合理引导资源配置，发挥市场筛选作用。故选 B。

11. 参考答案：A

试题解析：存款准备金制度是银行创造信用货币的基本前提条件，对于一定数量的存款来说，准备金的比例越高，银行可用于贷款的资金就越少，存款派生能力就越弱，如果银行实行零准备金制度，则商业银行可将存款以贷款形式全额放出，如此循环，在理论上可以无限扩大货币供应量。

12. 参考答案：A

试题解析：查询当事人和与被调查事件有关的单位和个人的资金账户、证券账户、银行账户以及其他具有支付、托管、结算等功能的账户信息，可以对有关文件和资料进行复制。对有证据证明已经或者可能转移或者隐匿违法资金、证券等涉案财产或者隐匿、伪造、毁损重要证据的，经国务院证券监督管理机构主要负责人或者其授权的其他负责人批准，可以冻结或者查封，期限为6个月因特殊原因需要延长的，每次延长期限不得超过3个月，冻结、查封期限最长不得超过2年。

13. 参考答案：A

试题解析：在调查操纵证券市场、内幕交易等重大证券违法行为时，经国务院证券监督管理机构主要负责人或者其授权的其他负责人批准，可以限制被调查事件当事人的证券买卖，但限制的期限不得超过3个月案情复杂的，可以延长3个月。

14. 参考答案：A

试题解析：本题考查证券投资者的类型。

15. 参考答案：C

试题解析：本题考查开放式基金的认购步骤、认购方式、认购费率和收费模式。

16. 参考答案：C

试题解析：赎回条件的概念。赎回条件一般是当公司股票价格在一段时间内连续高于转换价格达到一定幅度时，公司可按照事先约定的赎回价格买回发行在外尚未转股的可转换债券。而回售是指公司股票在一段时间内连续低于转换价格达到某一幅度时，可转换债券持有人按事先约定的价格将所持可转换债券卖给发行人的行为。

17. 参考答案：D

试题解析：本题考查我国企业债券的品种和管理规定。项目收益债券可以以招标或簿记建档形式公开发行也可以面向机构投资者非公开发行。非公开发行的每次发行时认购的机构投资者不超过200人单笔认购不少于500万元人民币。

18. 参考答案：D

试题解析：基础产品是一个相对的概念不仅包括现货金融产品（如债券、股票、银行定期存款单等）也包括金融衍生工具。

19. 参考答案：D

试题解析：本题考查金融风险管理内涵与目标。现代风险管理是一种全面的风险管理以企业的股东价值和社会价值增长为总体目标从管理环境和管理运行等多个层面对金融机构所有的风险因子所有的业务线路和产品所有的分支机构和所有的人员和完整的经营过程进行的管理过程。

20. 参考答案：B

试题解析：本题考查风险管理策略。与其他风险管理策略相比，风险控制策略最突出的特征是：控制措施的目的是降低风险本身，即降低损失发生的可能性或者严重程度，而不是将风险转嫁给外部或从外部获得补偿。

21. 参考答案：D

试题解析：本题考查的是金融市场的定义。金融市场是要素市场的一种。金融市场是创造和交易金融资产的市场是以金融资产为交易对象而形成的供求关系和交易机制的总和，故选D。

22. 参考答案：B

试题解析：证券公司设立私募基金子公司的设立条件。证券公司应当以自有资金全资设立私募基金子公司，不得采用股份代持等其他方式变相与其他投资者共同出资设立私募基金子公司。

23. 参考答案：D

试题解析：我国证券市场监管机构是国务院证券监督管理机构。

24. 参考答案：C

试题解析：本题考查风险对冲的特征。风险对冲可以管理系统性风险和非系统性风险，还可以根据投资者的风险承受能力和偏好，通过对冲比率的调节将风险降低到预期水平。

25. 参考答案：A

试题解析：本题考查公司风险管理组织架构的内容。证券公司董事会承担全面风险管理的最终责任。

26. 参考答案：C

试题解析：本题考查境外上市外资股的内容。境外上市外资股是指股份有限公司向境外投资者募集并在境外上市的股份。境外上市外资股主要由H股、N股、L股和S股等构成。

27. 参考答案：B

试题解析：本题考查股票股利的内容。股票股利也称送股，是指股份公司对原有股东无偿派发股票的行为。送股时股份公司将留存收益转入股本账户。留存收益包括盈余公积和未分配利润。现实中股份公司一般只将未分配利润部分转入股本账户。

28. 参考答案：A

试题解析：中央银行发行的基础货币包括社会流通中的现金和银行体系中作为准备金的存款。

29. 参考答案：D

试题解析：本题考查股票的首要交易程序开户。投资者申请开立证券账户时开户代理机构应当按规定采集投资者证券账户信息。

30. 参考答案：B

试题解析：沪股通是指投资者委托香港经纪商经由香港联合交易所在上海设立的证券交易服务公司向上海证券交易所进行申报（买卖盘传递）买卖沪港通。规定范围内的上海证券交易所上市的股票。

31. 参考答案：A

试题解析：每日交易结束后证券公司要为客户办理证券和资金的清算与交收。当清算结束后指定商业银行将减少客户管理账户余额和证券公司客户交易结算资金汇总账户余额相应增加客户银行结算账户余额证券公司同步更新客户管理账户对应的资金账户余额。

32. 参考答案：C

试题解析：本题考查基金市场参与主体所承担的责任与义务。

33. 参考答案：C

试题解析：本题考查申购、赎回的原则以及认购与申购的区别。

34. 参考答案：D

试题解析：本题考查基金自身投资活动产生的税收。

35. 参考答案：D

试题解析：债券的发行与承销法案规定短期融资券的注册机构为银行间市场交易商协会。

36. 参考答案：A

试题解析：证券公司公开发行债券，发行人最近1期末经审计的净资产应分别不低于10亿元。

37. 参考答案：A

试题解析：本题考查金融风险的概念。

38. 参考答案：D

试题解析：中期票据的相关知识。中期票据的期限一般为1年以上、10年以下，我国中期票据的期限通常为3年或者5年。中期票据待偿还余额不得超过企业净资产的40%；企业发行中期票据所募集的资金应用于企业生产经营活动，并在发行文件中明确披露资金具体用途；企业在中期票据存续期内变更募集资金用途应提前披露。

39. 参考答案：D

试题解析：商业银行的中间业务是银行利用自身在机构网点、技术手段和信息处理等方面的优势，代理客户承办收付和委托事项，并收取手续费的业务。

40. 参考答案：D

试题解析：债券信用评定的终止评级。委托人同时委托多家证券评级机构对同一评级对象进行评级或委托人对评级结果不满意另行委托其他证券评级机构的，受委托的证券评级机构均应将评级报告报送中国证券业协会并公布。

二、多项选择题

41. 参考答案：ABC

试题解析：证券发行人主要包括政府及其机构、企业（公司）和金融机构。

42. 参考答案：ABC

试题解析：本题考查我国资产证券化的产品种类。我国资产证券化的产品种类如下：（1）信贷资产证券化；（2）企业资产证券化；（3）资产支持票据。

43. 参考答案：ACD

试题解析：证券公司未能做到突出主业、稳健经营、诚实守信、勤勉尽责、资本约束或内控有力，不得设立私募基金子公司。证券公司应当以自有资金全资设立私募基金子公司，不得采用股份代持等其他方式变相与其他投资者共同出资设立私募基金子公司。每家证券公司设立的私募基金子公司原则上不超过1家。

44. 参考答案：BCD

试题解析：金融衍生工具市场的风险主要包括市场风险、信用风险、流动性风险、操作风险、法律风险、管理风险。

45. 参考答案：ABD

试题解析：本题考查我国政策性银行。1993年11月为全面适应社会主义市场经济体制建设的要求党的十四届三中全会通过了《中共中央关于建立社会主义市场经济体制若干问题的决定》，推动金融体制改革相继成立了国家开发银行、中国进出口银行、中国农业发展银行三家政策性银行专门承担政策性金融业务实现了政策性金融和商业性金融相分离。

46. 参考答案：ABCD

试题解析：本题考查的是全球金融体系。全球金融体系主要参与者包括金融公司、非金融公司、住户、为住户服务的非营利机构。

47. 参考答案：ABCDE

试题解析：国际资金流动是指资本跨越国界从一个国家向另一个国家的运动。国际资金流动包括资金流入和资金流出两个方面。根据资金的使用时间或交易期限的不同，可以将其划分为国际长期资金流动和国际短期资金流动。国际短期资金流动又包括贸易资金的流动、套利性资金的流动、投机性资金的流动、保值性资金的流动。

48. 参考答案：ABCD

试题解析：考查证券金融公司应当遵守的风险控制指标的规定。

49. 参考答案：BCD

试题解析：经常采用的货币政策中介目标包括银行信贷规模、货币供应量、长期利率等。

50. 参考答案：ABCD

试题解析：本题考查资产管理计划可投资的资产。

51. 参考答案：ABD

试题解析：考查交易所债券市场托管方式的有关规定。交易所投资者在中国结算公司开立托管账户。

52. 参考答案：ACD

试题解析：考查封闭式基金与开放式基金的区别。

53. 参考答案：AB

试题解析：本题考查直接融资与间接融资的区别。判断是否直接融资的标志在于该中介机构在这次融资行为中是否与资金的需求者和资金的供给者分别形成了各自独立的债权债务关系。一般认为直接融资活动从时间上早于间接融资。故选 A。

54. 参考答案：AB

试题解析：本题考查金融市场的分类。货币市场是指所交易金融资产到期期限在 1 年以内的金融市场资本市场是指所交易金融资产到期期限在 1 年以上或者没有到期期限的金融市场。故选 A。

55. 参考答案：BCD

试题解析：为保护投资者的合法权益必须坚持“公开、公平、公正”的原则加强对证券市场的监管只有这样才便于投资者充分了解证券发行人的资信、证券的价值和风险状况从而使投资者能够比较正确地选择投资对象。

56. 参考答案：ABC

试题解析：一般来说，证券市场融资活动的方式主要包括股票融资和债券融资。另外，近年来国内外兴起的投资基金融资也是证券融资的一种方式。

57. 参考答案：ABD

试题解析：根据2018年11月13日国务院办公厅印发的《中国银行保险监督管理委员会职能配置、内设机构和人员编制规定》中国银保监会的主要职责是：(1) 依法依规对全国银行业和保险业实行统一监督管理维护银行业和保险业合法、稳健运行对派出机构实行垂直领导；(2) 对银行业和保险业改革开放和监管有效性开展系统性研究；(3) 依法依规对银行业和保险业机构及其业务范围实行准入管理审查高级管理人员任职资格。

58. 参考答案：ABCD

试题解析：随着我国经济从高速增长阶段转向高质量发展阶段可以考虑从以下四个方面入手增强金融服务实体经济的能力促进实体经济和金融良性循环健康发展。第一，守住不发生系统性金融风险的底线，管控好宏观层面的金融高杠杆率和流动性风险、微观层面的金融机构信用风险以及跨市场、跨业态、跨区域的影子银行和违法犯罪风险。积极缓解金融体系资金空转现象，引导资金“脱虚向实”，保护好金融投资者和消费者的合法权益。第二，健全多层次资本市场体系，补齐各类金融市场的短板。第三，深化金融监管体制改革，加强监管协同，补齐监管空白。第四，发挥信贷政策的结构引导作用，把资金用到支持实体经济特别是中小微企业上。

59. 答案解析：BC

试题解析：成交时价格优先的原则为：较高价格买入申报优先于较低价格买入申报，较低价格卖出申报优先于较高价格卖出申报。

60. 答案解析：ABC

试题解析：委托指令的基本类别。根据不同的依据，委托指令有多种分类。根据委托订单的数量，可分为整数委托和零数委托；根据买卖证券的方向，可分为买进委托和卖出委托；根据委托价格限制，可分为市价委托和限价委托；根据委托时效限制，可分为当日委托、当周委托、无期限委托开市委托和收市委托等。

61. 答案解析：ACD

试题解析：证券公司未能做到突出主业、稳健经营、诚实守信、勤勉尽责、资本约束或内控有力，不得设立另类子公司。证券公司应当以自有资金全资设立另类子公司，不得采用股份代持等其他方式变相与其他投资者共同出资设立另类子公司。每家证券公司设立的另类子公司原则上不超过1家。

62. 答案解析：ABCD

试题解析：上述皆为非柜台委托的形式。非柜台委托主要有人工电话委托或传真委托、自助和电话自动委托、网上委托等形式。

63. 参考答案：ABCD

试题解析：本题考查基金的募集步骤。

64. 参考答案：ABCD

试题解析：本题考查证券投资基金的概念与特点。

65. 参考答案：ACD

试题解析：本题考查可转换债券的概念。发行人根据当前市场利率水平、公司债券资信等级和发行条款确定一般低于相同条件的不可转换债券。

66. 参考答案：BCD

试题解析：本题考查货币市场基金的特点。

67. 参考答案：ACD

试题解析：债券利息的支付方式主要有三种：息票方式（剪息票方式）、折扣利息、本息合一方式。

68. 参考答案：BCD

试题解析：本题考查主要的基金业绩评估方法。

69. 参考答案：ACD

试题解析：本题考查风险的内涵。目前国内外金融理论界对风险的定义或界定主要有以下三类观点：（1）风险是结果的不确定性是一种变化；（2）风险是损失发生的可能性或可能发生的损失；（3）风险是结果对期望的偏离是收益的波动性。

70. 参考答案：ABC

试题解析：本题考查风险管理策略。风险规避策略的应用对象往往是金融机构不擅长承担和管理的非目标风险、超过金融机构资本金承受范围的过度风险和不具有适当风险溢价的不当风险。

71. 参考答案：AD

试题解析：本题考查开放式基金的认购步骤、认购方式、认购费率和收费模式。

72. 参考答案：BD

试题解析：本题考查基金申购、赎回的原则。

73. 参考答案：BC

试题解析：一般情况下债券有五种兑付方式：到期兑付、提前兑付、债券替换、分期兑付和转换为普通股兑付。

74. 参考答案：ABCD

试题解析： 本题考查风险管理的流程。在一般情况下风险管理的流程主要包括：风险的识别，风险的衡量，风险的应对，风险的监测、预警与报告。

75. 参考答案：ACD

试题解析： 本题考查资产证券化兴起的经济动因。

76. 参考答案：ABCD

试题解析： 根据我国《企业会计准则第22号——金融工具确认和计量》的规定常见的衍生工具包括远期合同、期货合同、互换合同和期权合同等。

77. 参考答案：BCD

试题解析： 金融衍生工具具有四个显著特性：（1）跨期性。金融衍生工具是交易双方通过对利率、汇率、股价等因素变动趋势的预测约定在未来某一时间按照一定条件进行交易或选择是否交易的合约。（2）杠杆性。金融衍生工具交易一般只需要支付少量的保证金或权利金就可签订远期大额合约或互换不同的金融工具。（3）联动性。联动性是指金融衍生工具的价值与基础产品或基础变量紧密联系、规则变动。（4）不确定性或高风险性。金融衍生工具的交易后果取决于交易者对基础工具（变量）未来价格（数值）的预测和判断的准确程度。

78. 参考答案：ABCD

试题解析： 本题考查风险缓释的方式。对于超出限额的损失金融机构应该采用减少风险暴露、分散资产组合、增加抵押品、净额结算、保证以及运用衍生工具等方式来进行风险缓释。

79. 参考答案：ABC

试题解析： 本题考查风险限额的类别。按约束的风险类型限额主要分为信用风险限额、市场风险限额、操作风险限额、流动性风险限额、国别风险限额。

80. 参考答案：AC

试题解析： 股权类产品的衍生工具是指以股票或股票指数为基础工具的金融衍生工具，主要包括股票期货、股票期权、股票指数期货、股票指数期权以及上述合约的混合交易合约。

三、判断题

81. 参考答案：错误

试题解析： 储备货币属于中央银行负债业务。

82. 参考答案：正确

试题解析：中国金融体系是以银行业主导的间接融资为主，导致风险过度集中在银行，企业融资渠道与方式相对单一。

83. 参考答案：错误

试题解析：根据《证券法》，设立证券登记结算公司应当具备下列条件：自有资金不少于人民币2亿元；具有证券登记、存管和结算服务所必需的场所和设施；国务院证券监督管理机构规定的其他条件。

84. 参考答案：错误

试题解析：本题考查私募基金的估值方法，包括市场法、收益法、成本法。而现金流折现法不属于私募基金估值方法。

85. 参考答案：正确

试题解析：地方政府一般债券单一期限债券的发行规模不得超过一般债券当年发行规模的30%。

86. 参考答案：错误

试题解析：证券金融公司的组织形式为股份有限公司。根据国务院的决定设立，其注册资本不少于人民币60亿元。

87. 参考答案：错误

试题解析：目前，我国共有上海期货交易所、大连商品交易所、郑州商品交易所和2021年4月19日揭牌成立的广州期货交易所四大商品期货交易所。

88. 参考答案：正确

试题解析：本题考查优先股的特点。优先股可以先于普通股获得股息。

89. 参考答案：正确

试题解析：中央银行卖出有价证券，不仅会使货币供给量减少（回笼基础货币），而且还会使证券价格下跌，市场利率上升，提高借入资金的成本，减少社会投资，抑制经济过热的势头。

90. 参考答案：错误

试题解析：场外交易市场（简称“OTC”）交易的衍生工具是指通过各种通信方式不通过集中的交易所实行分散的、一对一交易的衍生工具。

91. 参考答案：错误

试题解析：经常采用的货币政策中介目标包括银行信贷规模、货币供应量、长期利率等。

92. 参考答案：正确

试题解析：本题考查直接融资的方式。常见的直接融资方式有股票市场融资、债券市场融资、风险投资融资、商业信用融资、民间借贷等。

93. 参考答案：正确

试题解析：本题考查上市公司再融资的途径，题述均为公司再融资的途径。

94. 参考答案：正确

试题解析：金融衍生工具从其自身交易的方法和特点可以分为远期、期货、期权、互换和结构化衍生工具。

95. 参考答案：错误

试题解析：本题考查货币市场的种类。货币市场，是指所交易金融资产到期期限在1年以内的金融市场，例如银行间同业拆借市场、商业票据市场、短期国库券市场、大额可转让存单市场等。这些金融资产具有比较强的“货币性”，主要解决市场参与者短期性的资金周转和余额调剂问题，因此，这些市场被称为货币市场。

96. 参考答案：错误

试题解析：本题考查基金市场参与主体的所承担的责任与义务。资金清算、会计符合是基金托管人的职责。

97. 参考答案：错误

试题解析：股东可以委托代理人出席股东大会会议，代理人应当向公司提交股东授权委托书，并在授权范围内行使表决权。

98. 参考答案：正确

试题解析：本题考查平衡型基金的特点，包括：兼具增长与收入双重目标；既注重资本增值又注重当期收入；风险和收益介于增长型基金与收入型基金之间；与增长型基金相比，风险大、收益高。

99. 参考答案：正确。

试题解析：本题考查股票价格指数编制方法，上述均为股价指数的编制方法。

100. 参考答案：错误

试题解析：本题考查基金的申购和赎回原则。申购以金额申请，赎回以份额申请。

101. 参考答案：错误

试题解析：本题考查货币市场基金的投资范围。货币市场基金不能投资可转换债券、剩余期限超过397天的债券、信用等级在AAA级以下的企业债券。

102. 参考答案：正确

试题解析：本题考查开放式基金认购相关的内容。投资者于T日提交认购申请后，可于T+3日起到办理认购的网点查询认购申请的受理情况。

103. 参考答案：正确

试题解析：本题考查证券金融公司的风险控制规定。证券金融公司应当遵守以下风险控制指标规定：（1）净资本与各项风险资本准备之和的比例不得低于100%；（2）对单一证券公司转融通的余额，不得超过证券金融公司净资本的50%；（3）融出的每种证券余额不得超过该证券上市可流通市值的10%；（4）充抵保证金的每种证券余额不得超过该证券总市值的15%。

104. 参考答案：错误

试题解析：本题考查非柜台委托的种类。非柜台委托主要有人工电话委托或传真委托、自助和电话自动委托、网上委托等形式。

105. 参考答案：错误

试题解析：本题考查直接融资的细节。以企业在资本市场上IPO为例，这是一种直接融资手段，但IPO过程中往往需要券商或投资银行等金融中介机构的参与。

106. 参考答案：错误

试题解析：发挥信贷政策的结构引导作用，把资金用到支持实体经济特别是中小微企业上，是促进实体经济和金融良性循环的重要方法。

107. 参考答案：错误

试题解析：本题考查价格优先的原则。较高价格买入申报优先于较低价格买入申报。

108. 参考答案：正确

试题解析：本题考查金融风险的特征。可管理性是指通过金融理论的发展、金融市场的规范、智能性的管理媒介，金融风险可以得到有限的预测和控制。

109. 参考答案：正确

试题解析：本题考查资金账户的作用。题干说法正确。

110. 参考答案：正确

试题解析：本题考查风险投资的特点。题干说法正确。

四、综合题

111. 参考答案：ABCD

试题解析：注册制的特点是证券监管机构对申报文件的真实性、准确性、完整性和及时性作合规性的形式审查，而将发行人的质量留给证券交易所和中介机构来判断和决定。

112. 参考答案：B

试题解析：中国证监会在收到交易所审核意见后5个交易日内作出审查决定。

113. 参考答案：CD

试题解析：注册制是在市场化程度较高的成熟股票市场所普遍采用的一种发行制度。证券监管部门公布股票发行的必要条件，只要达到所公布条件要求的企业即可发行股票。2020年3月1日起，中国开始全面推行注册制。未经依法注册，任何单位和个人不能公开发行证券。同时，考虑到注册制改革是一个渐进的过程，新《证券法》授权国务院对证券发行注册制的具体范围、实施步骤进行规定，为有关板块和证券品种分步实施注册制留出了必要的法律空间。发行人申请发行股票时，必须依法将公开的各种资料完全准确地向证券监管机构申报。证券监管机构或者国务院授权的部门依照法定条件负责证券发行申请的注册。证券交易所等可以审核公开发行证券申请，判断发行人是否符合发行条件、信息披露要求，督促发行人完善信息披露内容，发行人的质量由证券交易所和证券中介机构来判断和决定。证券监管机构的职责是对申报文件的真实性、准确性、完整性和及时性进行合规性的形式审查。这种股票发行制度对发行人、证券交易所、证券中介机构和投资者的要求都比较高。

114. 参考答案：C

试题解析：$WACC = 0.8 \times 16\% + 0.2 \times 8\% \times (1 - 25\%) = 14\%$

115. 参考答案：D

试题解析：$FCFF1 = 5\ 000\ 000 \times (1 + 5\%) = 5\ 250\ 000$（元）

公司价值 $VA = 5\ 250\ 000/(14\% - 5\%) = 58\ 333\ 333$（元）

公司股权价值 $VE = 58\ 333\ 333 - 11\ 200\ 000 = 47\ 133\ 333$（元）

每股内在价值 $= 47\ 133\ 333/2\ 000\ 000 = 23.57$（元）

116. 参考答案：ABD

试题解析：宏观经济和证券市场运行状况、行业前景以及公司经营状况是影响投资者对将来股价预期，从而影响当前买卖决策并最终导致当前股价变化的最主要原因。在证券分析中，通常把这三类因素统称为基本因素，对这些因素的分析就是基本分析或基本面分析。

117. 参考答案：ABC

试题解析：考查影响股票投资价值的内部因素，包括公司净资产、盈利水平、股利政策、股份分割、增资减资以及并购重组等。

118. 参考答案：D

试题解析：科创板上市公司的股票终止上市后，符合上交所规定条件的，可以向上交所申请再次上市。科创板上市公司可能强制退市的情形主要包括：一是重大违法强制退市，包括信息披露重大违法和公共安全重大违法行为。二是交易类强制退市，包括累计股票成交量低于一定指标，股票收盘价、市值、股东数量持续低于一定指标等。三是财务类强制退市，即明显丧失持续经营能力，包括主营业务大部分停滞或者规模极低，经营资产大幅减少导致无法维持日常经营等。四是规范类强制退市，包括公司在信息披露、定期报告发布、公司股本总额或股权分布发生变化等方面触及相关合规性指标等。

119. 参考答案：A

试题解析：在可以向证券交易所申请主动退市的情形中，上市公司股东大会决议主动撤回其股票在证券交易所的交易，并决定不再在该交易所交易属于该情形。根据《上海证券交易所股票上市规则（2020年12月修订）》《深圳证券交易所股票上市规则（2020年修订）》，上市公司出现下列情形之一的，可以向证券交易所申请主动退市：（1）上市公司股东大会决议主动撤回其股票在证券交易所的交易，并决定不再在该交易所交易；（2）上市公司股东大会决议主动撤回其股票在证券交易所的交易，并转而申请在其他交易场所交易或转让；（3）上市公司向所有股东发出回购全部股份或部分股份的要约，导致公司股本总额股权分布等发生变化，不再具备上市条件；（4）上市公司股东向所有其他股东发出收购全部股份或部分股份的要约，导致公司股本总额、股权分布等发生变化，不再具备上市条件；（5）除上市公司股东外的其他收购人向所有股东发出收购全部股份或部分股份的要约，导致公司股本总额、股权分布等发生变化，不再具备上市条件；（6）上市公司因新设合并或者吸收合并不再具有独立主体资格并被注销；（7）上市公司股东大会决议公司解散。（8）中国证监会和证券交易所认可的其他主动终止上市情形。

120. 参考答案：A

试题解析：证券交易所为维护公开交易股票的总体质量与市场信心，保护投资者特别是中小投资者合法权益。依照规则要求交投不活跃、股权分布不合理、市值过低而不再适合公开交易的股票应终止交易，特别是对于存在严重违法违规行为的公司，证券交易所可以依法强制其股票退出市场交易。

《金融市场基础知识》模拟试卷（二）

一、单项选择题（共40题，每小题0.5分，共20分。以下备选项中只有一项最符合题目要求，不选、错选均不得分。）

1. 我国证券交易所的最高权力机构是(　　)。

A. 会员大会　　B. 理事会　　C. 监事会　　D. 总经理

2. 证券交易所的总经理、副总经理、首席专业技术管理人员每届任期(　　)年。

A. 1　　B. 2　　C. 3　　D. 5

3. 证券交易所的总经理由(　　)任免。

A. 中国证券业协会　　B. 证券交易所

C. 中国证监会　　D. 国务院

4. 下列不属于企业申请发行绿色债券的条件的是(　　)。

A. 债券募集资金占项目总投资比例放宽至70%

B. 发行绿色债券的企业不受发债指标限制

C. 在资产负债率低于75%的前提下核定发债规模时不考查企业其他公司信用类产品的规模

D. 鼓励上市公司及其子公司发行绿色债券

5. 下列对于资贷组合模式的说法错误的是(　　)。

A. 融资统一规划　　C. 信用统一保证

B. 信贷统一授信　　D. 动态长效监控

6. 投资者进行金融衍生工具交易时要想获得交易的成功必须对利率、汇率、股价等因素变动的趋势做出预测这是衍生工具的(　　)所决定的。

A. 跨期性　　B. 杠杆性　　C. 风险性　　D. 投机性

7. 托宾q理论认为货币政策可以通过股票价值来影响经济活动，q值定义为(　　)。

A. 企业的市场价值与账面价值之比

B. 企业的账面价值与市场价值之比

C. 企业的市场价值与资本重置成本之比

D. 企业的资本重置成本与市场价值之比

8. 下列对于证券市场的描述错误的是(　　)。

A. 证券市场以证券发行与交易的方式实现了筹资与投资的对接有效地化解了资本的供求矛盾和资本结构调整的难题

B. 证券市场主要包括股票市场、债券市场、证券投资基金市场、证券衍生品市场等

C. 有价证券是证券的主要形式

D. 证券市场是市场经济发展到一定阶段的产物

9. 本身能使持有人或第三者取得货币索取权的有价证券不包括(　　)。

A. 商业汇票　　B. 银行本票　　C. 支票　　D. 债券

10. 证券金融公司应当每年按照税后利润的(　　)提取风险准备金。

A. 15%　　B. 30%　　C. 20%　　D. 10%

11. 对单一证券公司转融通的余额不得超过证券金融公司净资本的(　　)。

A. 40%　　B. 50%　　C. 60%　　D. 30%

12. (　　)是公司制证券交易所的最高权力机构。

A. 股东大会　　B. 董事会　　C. 监事会　　D. 经理层

13. 2020 年 7 月新三板精选层平稳开市市场形成了(　　)梯次递进的结构挂牌公司质量基础有效提升。

A. 基础层—创新层—精选层　　B. 创新层—基础层—精选层

C. 精选层—基础层—创新层　　D. 精选层—创新层—基础层

14. 北交所的服务对象将会“更早、更小、更新”，即聚集于(　　)中小企业。

A. 专精特新　　B. 专大特新　　C. 大精特新　　D. 专精特稳

15. 股票未来收益的现值是股票的(　　)。

A. 账面价值　　B. 票面价值　　C. 清算价值　　D. 内在价值

16. 基金管理人需在基金合同生效的(　　)在指定报刊和管理人网站上登载基金合同生效公告。

A. 当日　　B. 次日

C. 第三个工作日　　D. 第三日

17. 下列属于场外交易市场的是(　　)。

A. 衍生品市场　　B. 期权交易所

C. 权益市场　　D. 黄金市场

18. 已发行金融资产不可以在(　　)进行流通。

A. 交易所市场　　B. 一级市场

C. 二级市场　　D. 场外交易市场

19. 上海证券交易所和深圳证券交易所采用的组织形式是(　　)。

A. 会员制、公司制　　B. 会员制、会员制

C. 公司制、会员制　　D. 公司制、公司制

20. 假设未来 2 年期和 1 年期债券的利率分别是 3% 和 4%，1 年期和 2 年期债券的流动性溢价分别为 0 和 0.25%。按照流动性溢价理论，在此情况下 2 年期债券的利率是(　　)。

A. 3.25%　　B. 3.75%　　C. 4.25%　　D. 4.75%

21. 下列关于可交换债券发行条件的说法错误的是(　　)。

A. 公司组织机构健全，运行良好，内部控制制度不存在重大缺陷

B. 公司最近三个会计年度实现的年均可分配利润不少于公司债券一年的利息

C. 公司最近一期末的净资产额不少于人民币 3 亿元

D. 本次发行后累计公司债券余额不超过最近一期末净资产额的 30%

22. 下列关于外国债券的说法错误的是(　　)。

A. 外国债券一般由发行地所在国的证券公司、金融机构承销

B. 外国债券不需要官方主管机构的批准

C. 外国债券受发行地所在国的税法管制

D. 外国债券是指某一国家借款人在本国以外的某一国家发行以该国货币为面值的债券

23. 使主合同的部分或全部现金流量按照特定利率、汇率、价格或利率指数、信用等级或信用指数或类似变量的变动而发生调整的是(　　)。

A. 嵌入式衍生工具

B. 交易所交易的衍生工具

C. 场外交易市场（OTC）交易的衍生工具

D. 独立衍生工具

24. 金融衍生工具可以按照(　　)分为独立衍生工具和嵌入式衍生工具。

A. 基础工具种类　　B. 自身交易方式

C. 产品形态　　D. 交易场所

25. 金融衍生工具的价格取决于(　　)价格变动的派生金融产品。

A. 基础金融产品　　B. 股票市场

C. 外汇市场　　D. 外汇市场

26. 基金的当事人即基金合同的当事人是指基金的(　　)。

A. 发起人、管理人和份额持有人　　B. 管理人、托管人和份额持有人

C. 托管人、发起人和份额持有人　　D. 受益人、管理人和份额持有人

27. 在我国，基金管理人、基金托管人和基金投资者的权利义务在(　　)中会有详细约定。

A. 基金成立公告　　B. 上市交易公告书

C. 基金合同　　D. 招募说明书

28. 我国封闭式基金的存续期限大多在(　　)左右。

A. 5 年　　B. 10 年　　C. 15 年　　D. 20 年

29. 结算所实行的结算制度称为(　　)。

A. 逐月盯市制度　　B. 逐日盯市制度

C. 逐时盯市制度　　D. 每季结算制度

30. 利率最高限额属于(　　)货币政策工具。

A. 直接信用控制　　B. 间接信用控制

C. 不动产信用控制　　D. 消费者信用控制

31. (　　)于 2014 年 9 月由中国人民银行创设是央行提供中期基础货币的货币政策工具对象为符合宏观审慎管理要求的商业银行、政策性银行。

A. 短期流动性调节工具（SLO）　　B. 常备借贷便利（SLF）

C. 抵押补充贷款（PSL）　　D. 中期借贷便利（MLF）

输入值

32. 在中国境内申请发行人民币债券国际开发机构应向(　　)申请。

A. 中国人民银行　　B. 中国证监会

C. 财政部　　D. 中国银保监会

33. 银行间债券市场中长期债券信用评级分为(　　)等(　　)级。

A. 2；6　　B. 3；6　　C. 3；9　　D. 4；12

34. 财政部发行的部分国债和代理地方政府发行的地方政府债应在(　　)挂牌买卖。

A. 商业银行柜台　　B. 上海证券交易所

C. 深圳证券交易所　　D. 银行间市场

35. 证券公司应当任命 1 名高级管理人员负责全面风险管理工作（统称“首席

风险官”)，以下说法错误的是(　　)。

A. 首席风险官可以兼任或者分管与其职责相冲突的职务或者部门

B. 证券公司应当保障首席风险官能够充分行使履行职责所必需的知情权

C. 首席风险官有权参加或者列席与其履行职责相关的会议调阅相关文件资料获取必要信息

D. 证券公司应当保障首席风险官的独立性

36. 以下属于净资本的构成部分的是(　　)。

A. 账面资本　　B. 经济资本

C. 附属净资本　　D. 监管资本

37. 在区域性股权市场，合格投资者应是依法设立且具备一定条件的法人机构、合伙企业金融机构依法管理的投资性计划以及具备较强风险承受能力且金融资产不低于(　　)万元人民币的自然人。

A. 30　　B. 40　　C. 50　　D. 100

38. 股票及其他有价证券的理论价格是根据(　　)确定的。

A. 预期理论　　B. 流动性理论

C. 合理收益理论　　D. 现值理论

39. 信用风险的构成要素分析以违约为中心不包括(　　)。

A. 违约概率　　B. 违约损失率

C. 违约时的风险暴露　　D. 预期损失

40. 当违约事件发生时(　　)允许抵销交易对手合约下的资产和负债。可使交易商可以使用有限的资本支撑起较大的交易规模，使整个市场信用风险敞口的增长慢于整个市场的市值增长。

A. 净额结算　　B. 净额对冲　　C. 信用保险　　D. 风险缓释

二、多项选择题（共 40 题，每小题 1 分，共 40 分。以下备选项中有两项或两项以上符合题目要求，多选、少选、错选均不得分。）

41. 国际金融监管体系包括(　　)。

A. 联合国

B. 巴塞尔银行监管委员会

C. 国际证监会组织

D. 国际保险监督官协会

42. 伦敦外汇市场的特点有(　　)。

A. 以外币交易为主

B. 以居民交易为主

C. 以金融机构批发性交易为主

D. 交易时段桥接美洲和亚太市场

43. 投资(　　)的比例合计不得高于养老基金资产净值的30%。

A. 股票　　B. 股票基金

C. 混合基金　　D. 股票型养老金产品

44. 下列关于信贷资产ABS的说法正确的是(　　)。

A. 信贷资产的监管机构交易商协会

B. 信贷资产的审核方式是交易所审核＋中国证券投资基金业协会备案

C. 信贷资产的发起人是非金融企业

D. 信贷资产的SPV是特定目的信托

45. 对冲机制是指交易者利用期货合约标准化的特征，在开仓和平仓的时候分别做两笔(　　)相同但方向相反的交易，并且不进行实物交割，而是以结清差价的方式结束交易的独特交易机制。

A. 品种　　B. 数量　　C. 价格　　D. 期限

46. 由于债券筹资的筹资数额巨大，所以对发行主体的资信评级是必不可少的一个环节。评级的主要内容包括(　　)。

A. 企业素质　　B. 经营能力

C. 获利能力　　D. 偿债能力

47. 目前我国货币市场基金能够进行投资的金融工具主要包括(　　)。

A. 现金　　B. 银行定期存款

C. 可转债　　D. 股票

48. 非公开发行股票也称定向增发，是股份公司向特定对象发行股票的增资方式。特定对象包括(　　)

A. 公司控股股东、实际控制人及其控制的企业

B. 与公司业务有关的企业

C. 证券投资基金、证券公司、信托投资公司等金融机构

D. 公司董事、员工

49. 在国际金融市场上除国债利率外常见的参考利率有(　　)。

A. 伦敦银行间同业拆放利率　　B. 香港银行间同业拆放利率

C. 欧洲美元定期存款单利率　　D. 联邦基金利率

50. 以下属于中央银行负债类业务的是(　　)。

A. 储备货币　　B. 不计入储备货币的金融性公司存款

C. 政府存款　　D. 对其他存款性公司债权

51. 中央银行发行的基础货币包括(　　)。

A. 社会流通中的现金　　B. 储蓄存款

C. 定期存款　　D. 银行体系中作为准备金的存款

52. 根据《上海证券交易所科创板股票上市规则》，发行人申请在上交所科创板上市，应当符合下列(　　)条件。

A. 发行后股本总额不低于人民币 3 000 万元

B. 发行后股本总额不低于人民币 2 000 万元

C. 首次公开发行的股份达到公司股份总数的 25% 以上，公司股本总额超过人民币 3 亿元的，首次公开发行股份的比例为 5% 以上

D. 首次公开发行的股份达到公司股份总数的 25% 以上，公司股本总额超过人民币 4 亿元的，首次公开发行股份的比例为 10% 以上

53. 在考虑影响公司股价变动的因素时，对于公司经营中的财务状况，常用来衡量其盈利性的指标有(　　)。

A. 每股收益　　B. 净资产收益率

C. 杠杆比率　　D. 流动比率

54. 下列关于资产证券化兴起的经济动因的说法，不正确的有(　　)。

A. 资产证券化最基本的功能是融资

B. 资产证券化可以解决资产和负债的不匹配

C. 资产证券化交易中的证券一般都是单一品种

D. 资产证券化产品的风险权重比基础资产本身的风险权重高

55. 集合竞价下的交易应当以下列(　　)顺序依次成交。

A. 价格优先　　B. 同等价格下、时间优先

C. 客户优先　　D. 机构优先

56. 中证规模指数包括(　　)。

A. 中证 100 指数　　B. 中证 300 指数

C. 中证 500 指数　　D. 中证 800 指数

57. 买卖价差法常用的价差指标包括(　　)。

A. 买卖价差　　B. 有效价差

C. 实现的价差　　D. 合理价差

58. 以下是基金资产估值需考虑的因素(　　)。

A. 估值频率　　B. 交易价格的公允性

C. 估值方法的一致性　　D. 估值方法的公开性

59. 独立基金销售机构发生下列事项的，无须在5个工作日内向住所地中国证监会派出机构备案(　　)

A. 变更公司章程、名称、住所、组织形式、经营范围、注册资本、高级管理人员

B. 新增持有10%以上股权的股东变更控股股东、实际控制人

C. 持有10%以上股权的股东变更姓名、名称或者质押所持独立基金销售机构的股权

D. 设立、撤销分支机构变更分支机构名称、营业场所

60. 根据投资者的心理因素可以将证券市场投资者分为(　　)。

A. 稳健型　　B. 冒险型　　C. 中庸型　　D. 激进型

61. 根据持有证券时间的长短，可以将证券市场投资者分为(　　)。

A. 短线投资者　　B. 中线投资者

C. 中长线投资者　　D. 长线投资者

62. 股权类期货是以(　　)为基础资产的期货合约。

A. 单只股票　　B. 股票组合

C. 认股权证　　D. 股票价格指数

63. 关于股票基金的说法不正确的是(　　)。

A. 在我国根据中国证监会对基金类别的分类标准90%以上的基金资产投资于股票的为股票基金

B. 股票基金的风险较高但预期收益也较高

C. 股票基金投资目标侧重于追求资本利得比较适合短期投资

D. 按所持股票性质分类可分为价值型股票基金、成长型股票基金和平衡型股票基金等

64. 下列有关债券定价的说法错误的有(　　)。

A. 在其他条件相同的条件下债券到期时间越长利率风险越小

B. 在市场利率大于票面利率的情况下债券的发行价格低于其面值

C. 从不支付利息的债券一定以低于票面价值的价格发行这种债券成为零息债券

D. 当必要报酬率小于债券利率时债券价值大于面值向到期日靠近债券价值下降靠近面值

65. 证券公司进行压力测试应当遵循以下原则(　　)。

A. 全面性原则　　B. 实践性原则

C. 审慎性原则　　D. 前瞻性原则

66. 金融机构实施市场风险管理除设置交易限额外常用的市场风险限额还包括(　　)。

A. 风险限额　　B. 止损限额

C. 敏感度限额　　D. 情景限额

67. 关于估值的基本原则的说法正确的是(　　)。

A. 若经济环境发生重大变化或证券发行人发生影响证券价格的重大事件，使潜在估值调整对前一估值日的基金资产净值的影响在0.3%以上的，应对估值进行调整并确认公允价值

B. 估值日无报价且最近交易日后未发生影响公允价值计量的重大事件的，应采用最近交易日的报价确定公允价值

C. 有充分证据表明估值日或最近交易日的报价不能真实反映公允价值的，应对报价进行调整确定公允价值

D. 对不存在活跃市场的投资品种，应采取在当前情况下适用并且可利用数据和其他信息支持的估值技术确定公允价值

68. 国内股市投资者主要有(　　)。

A. 机构投资者　　B. 个人投资者　　C. 外资机构　　D. 一般法人

69. 期货价格的特点有(　　)。

A. 预期性　　B. 间断性　　C. 连续性　　D. 权威性

70. 关于封闭式基金的交易，以下说法不正确的是(　　)。

A. 封闭式基金的交易遵从“价格优先、时间优先”的原则

B. 每份基金的申报价格最小变动单位为0.01元人民币

C. 封闭式基金的交易实行T+2日交割、交收

D. 封闭式基金价格涨跌幅限制比例为20%

71. 我国的(　　)均是按照前一日基金资产净值的一定比例逐日计提按月支付。

A. 基金管理费　　B. 基金交易费

C. 基金托管费　　D. 基金销售服务费

72. 影响债券定价的内在因素包括(　　)。

A. 债券面值　　B. 债券发行期限

C. 通货膨胀水平　　D. 基准利率

73. 下列有关利率期限结构理论的说法正确的有(　　)。

A. 预期理论可以解释收益率曲线一般向上倾斜

B. 预期理论和市场分割理论的主要不同之处在于它们对不同期限债券的可替代性有着完全不同的假设

C. 流动性溢价和期限选择理论综合了预期理论和市场分割理论，能很好地解释收益率曲线的三个典型特征

D. 收益率曲线向下倾斜往往意味着公众对未来经济的预期较为悲观

74. 信用衍生品通过减少对一家机构客户的风险敞口转而获取竞争对手客户的风险敞口来提供分散交易对手风险的机会。信用衍生品主要包括(　　)。

A. 信用违约互换　　B. 总收益互换

C. 信用关联票据　　D. 信用远期协议

75. 产证券化可以提升资产负债管理能力，优化财务状况。其对发起人的资产负债管理的提升作用体现在，它可以解决资产和负债的不匹配性。这种“不匹配性”主要表现为(　　)。

A. 流动性和期限的不匹配　　B. 利率的不匹配

C. 品种类型的不匹配　　D. 风险权重的不匹配

76. 无面额股票又可以称为(　　)。

A. 权益股票　　B. 比例股票　　C. 资产股票　　D. 份额股票

77. 作为发起人的企业法人或具有法人资格的事业单位和社会团体，在认购股份时可以用(　　)等出资。

A. 货币　　B. 实物　　C. 工业产权　　D. 土地使用权

78. 银行间债券市场成员根据其是否与中央债券簿记系统直接联网办理债券结算业务而分为直接结算成员和间接结算成员。其中，间接结算成员主要是(　　)。

A. 中小金融机构　　B. 存款类金融机构

C. 非金融机构　　D. 大型金融机构

79. 证券交易所实行(　　)原则，并对证券交易进行严格管理。

A. 公平　　B. 公开　　C. 有序　　D. 公正

80. 下列关于股票的流动性说法错误的是(　　)。

A. 通常情况下，大盘股的流动性比小盘股差

B. 通常情况下，小盘股的流动性比大盘股差

C. 通常情况下，非上市公司股票的流动性比上市公司股票差

D. 通常情况下，上市公司股票的流动性比非上市公司股票差

三、判断题（共30题，每小题1分，共30分。不选、错选均不得分。）

81. 信用衍生产品工具是在交易所交易的衍生工具。（　）

82. 独立衍生工具不是按照金融衍生工具自身交易的方法和特点分类的衍生工具。（　）

83. 美国堪萨斯交易所是全球第一家期权交易所。（　）

84. 金融衍生工具以场内交易为主。（　）

85. 股票价格指数期货采用股票结算。（　）

86. 金融期货在场外交易市场进行交易。（　）

87. 开放的市场互联互通功能是金融衍生工具市场的功能之一。（　）

88. 最早的金属期货诞生于英国。（　）

89. 期权按行使期权的时间进行分类可以分为美式期权和欧式期权。（　）

90. 金融期货是指合约买方向卖方支付一定费用，在约定日期内（或约定日期）享有按事先确定的价格向合约卖方买卖某种金融工具的权利的契约。（　）

91. 可转换公司债券不属于独立衍生工具。（　）

92. 负债结算制度是金融期货的主要交易制度之一。（　）

93. 股票价格指数期货交易的是股票价格指数。（　）

94. 综合化金融衍生产品是运用金融工程结构化方法，将若干种基础金融商品和金融衍生产品相结合设计出的新型金融产品。（　）

95. 按基础产品比较，货币衍生品是名义金额最大的衍生品种类。（　）

96. 交易者买入看跌期权，是因为他预期基础金融工具的价格在近期内将会大幅波动。（　）

97. 期权交易实际上是一种权利的单方面有偿让渡，期权的买方以支付一定数量的保证金为代价而拥有了这种权利。（　）

98. Delta值反映期权标的证券价格变化对Gamma值的影响程度。（　）

99. 衍生工具通常是指从标的资产或基础资产派生出来的新型金融工具，一般表现为一些合约。（　）

100. 金融现货交易和金融期货交易的主要目的都是套期保值。（　）

101. 若持有现货多头的交易者担心将来现货价格下跌，在期货市场卖出期货合约，当现货价格下跌时以期货市场的盈利来弥补现货市场的损失，这种套期保值的类型为熊市套期保值。（　）

102. 远期交易本质上是现货交易的一种特殊情形。（　）

103. 金融互换交易的主要用途是改变交易者投资的风险结构，从而规避相应的风险。（　）

104. 金融期货交易制度中的“逐日盯市制度”又称为无负债的每日结算制度。（　）

105. 某一股指期货合约结算后单边总持仓量超过 10 万手的，结算会员下一交易日该合约单边持仓量不得超过该合约单边总持仓量的 0.2。（　）

106. 股价指数是以实物结算方式来结束交易的。（　）

107. 在金融期货交易中，绝大多数的期货合约是通过做相反交易对冲而平仓的。（　）

108. 金融期货中最先产生的品种是外汇期货。（　）

109. 目前，中国外汇交易中心人民币利率互换产品的互换期限从 7 天到 1 年。（　）

110. 认沽期权也被称为“看涨期权”。（　）

四、综合题（共 10 题，每小题 1 分，共 10 分。每问备选答案中有一项或多项符合题目要求，不选、错选均不得分。）

（一）某保险公司预期 10 年后要支付 100 万元赔偿金。为了筹集该款项，该公司投资了两种债券（无信用分析）：一是 5 年期无息债券，面值 1 000 元；二是永续债券，面值 1 000 元，票面利率 12%，每年付息一次。当前市场利率为 8%。

111. 无息债券在投资组合里的权重为（　）。

A. 40.67%　　B. 41.58　　C. 40.23%　　D. 41.18%

112. 债务现值为（　）元

A. 463 183.49　　B. 463 193.49　　C. 463 191.52　　D. 463 194.87

113. 永续债券的债券价格为（　）元。

A. 1 500　　B. 111.11　　C. 680.58　　D. 690.79

114. 无息债券的债券价格为（　）元。

A. 1 500　　B. 111.11　　C. 680.58　　D. 690.79

115. 保险公司为在 10 年后支付预期的 100 万元赔偿金，应如何投资（　）。

A. 购入无息债券数量为 281.36，永续债券数量为 189.45

B. 购入无息债券数量为 297.84，永续债券数量为 167.98

C. 购入无息债券数量为 256.95，永续债券数量为 185.45

D. 购入无息债券数量为 280.26，永续债券数量为 181.63

（二）在任一时点上，都有以下三种因素影响期限结构的形状：对未来利率变动方向的预期、债券预期收益中可能存在的流动性溢价、市场效率低下或者资金从长期（或短期）市场向短期（或长期）市场流动可能存在的障碍。利率期限结构理论就是基于这三种因素分别建立起来的。

市场预期理论又称为无偏预期理论，认为利率期限结构完全取决于对未来即期利率的市场预期。如果预期未来即期利率上升，则利率期限结构呈上升趋势；如果预期未来即期利率下降，则利率期限结构呈下降趋势。需要注意的是，在市场预期理论中，某一时点的各种期限债券的收益率虽然不同，但是在特定时期内，市场上预计所有债券都取得相同的即期收益率，即长期债券是一组短期债券的理想替代物，长、短期债券取得相同的利率，即市场是均衡的。市场预期理论的前提假定为：投资者对债券的期限没有偏好；期限不同的债券实施完全替代的；投资者的行为取决于预期收益率的变动；完全替代的债券具有相等的预期收益率。

116. 人们预期在未来 8 年终的短期利率平均水平为 9%，那么按照市场预期理论，8 年期债券的利率大致是(　　)。

A. 9%　　B. 10%　　C. 11%　　D. 12%

117. 如果预期 8 年后短期利率会升高，预期未来 20 年中短期利率平均水平为 12%，那么 20 年期债券的利率大致是(　　)。

A. 9%　　B. 10%　　C. 11%　　D. 12%

（三）假定有两个投资决策，决策一：购买一年期债券，持有另一个一年期债券；决策二，购买两年期债券，一直持有至到期日。如果这两个投资决策是无差异的，那么

118. 两年期债券的利率必定等于两个一年期债券利率的(　　)。

A. 和　　B. 乘积　　C. 差　　D. 平均值

119. 假设当前 1 年期零息债券的到期收益率为 5%，2 年期零息债券的到期收益率为 8%，那么根据利率期限结构理论，明年 1 年期零息债券的到期收益率为(　　)。

A. 9.09%　　B. 10.09%　　C. 11.09%　　D. 12.09%

120. 假设未来 2 年中，1 年期债券的利率分别是 3% 和 4%，1 年期和 2 年期债券的流动性溢价分别为 0 和 0.25%。按照流动性溢价理论，在此情况下，2 年期债券的利率为(　　)。

A. 3.75%　　B. 4.75%　　C. 4.25%　　D. 3.25%

模拟试卷（二）参考答案与解析

一、选择题

1. 参考答案：A

试题解析： 会员大会作为证券交易所的最高权力机构。

2. 参考答案：C

试题解析： 证券交易所的总经理、副总经理、首席专业技术管理人员每届任期3年。

3. 参考答案：C

试题解析： 总经理由中国证监会任免。副总经理按照中国证监会相关规定任免或聘任。总经理因故临时不能履行职责时由总经理指定的副总经理代其履行职责。

4. 参考答案：A

试题解析： 本题考查企业申请发行绿色债券的条件。企业申请发行绿色债券可适当调整企业债券现行审核政策及《关于全面加强企业债券风险防范的若干意见》中规定的部分准入条件：（1）债券募集资金占项目总投资比例放宽至80%（相关规定对资本金最低限制另有要求的除外）；（2）发行绿色债券的企业不受发债指标限制；（3）在资产负债率低于75%的前提下核定发债规模时不考查企业其他公司信用类产品的规模；（4）鼓励上市公司及其子公司发行绿色债券。

5. 参考答案：C

试题解析： 本题考查资贷组合模式。资贷组合模式是“融资统一规划、信贷统一授信、动态长效监控、全程风险管理”。

6. 参考答案：A

试题解析： 跨期性要求交易双方对利率、汇率、股价等价格因素的未来变动趋势作出判断，而判断的准确与否直接决定了交易者的交易盈亏。

7. 参考答案：C

试题解析： 托宾q理论认为货币政策可以通过股票价值来影响经济活动，q值定义为企业的市场价值与资本重置成本之比。

8. 参考答案：C

试题解析：本题考查证券市场。资本证券是证券的主要形式。故选C。

9. 参考答案：D

试题解析：本题考查货币证券。货币证券主要包括两大类：一类是商业证券，主要包括商业汇票和商业本票；另一类是银行证券，主要包括银行汇票、银行本票和支票。债券属于资本证券，故选D。

10. 参考答案：D

试题解析：证券金融公司应当每年按照税后利润的10%提取风险准备金。中国证监会可以根据防范证券金融公司风险的需要，对提取比例进行调整。

11. 参考答案：B

试题解析：对单一证券公司转融通的余额，不得超过证券金融公司净资本的50%。

12. 参考答案：A

试题解析：公司制证券交易所组织机构与普通股份有限公司相似，由股东大会、董事会、监事会和经理层构成。股东大会是公司制证券交易所的最高权力机构，董事会是股东大会的执行机构和经营决策机构，监事会是监督机构，经理层负责日常的经营管理活动。

13. 参考答案：A

试题解析：本题考查新三板的结构。2020年7月，新三板精选层平稳开市，市场形成了“基础层—创新层—精选层”梯次递进的结构。

14. 参考答案：A

试题解析：本题考查北交所主要服务的企业的特点。相较于创业板和科创板，北交所的服务对象将会“更早、更小、更新”，即聚集于“专精特新”中小企业。

15. 参考答案：D

试题解析：股票内在价值即股票未来收益的现值取决于预期股息收入和市场收益率。

16. 参考答案：B

试题解析：本题考查基金市场参与主体所承担的责任与义务。

17. 参考答案：D

试题解析：本题考查场外交易市场。银行信贷市场、拆借市场、外汇市场、黄金市场等市场传统上比较松散以上这些市场通常称为场外市场。在我国，中国外汇交易中心暨全国银行间同业拆借中心（CFETS）及金融机构柜台交易等市场一般被归为场外市场。故选 D。

18. 参考答案：B

试题解析：本题考查二级市场的概念。二级市场是已发行金融资产的流通市场，金融资产的持有者可以在这个市场中将持有的证券出售，以达到变现的目的。二级市场有两种组织形态：交易所市场和场外交易市场。故选 B。

19. 参考答案：B

试题解析：我国内地两家证券交易所——上海证券交易所和深圳证券交易所均采用会员制组织形式，是非营利性的事业法人。

20. 参考答案：B

试题解析：本题考查期限结构理论。2 年期债券的利率计算如下：

利率 $=[(3\%+4\%)\div 2]+0.25\%=3.75\%$

21. 参考答案：D

试题解析：本题考查可交换债券发行条件。申请发行可交换债券应当符合下列规定：（1）申请人应当是符合《公司法》《证券法》规定的有限责任公司或者股份有限公司；（2）公司组织机构健全，运行良好，内部控制制度不存在重大缺陷；（3）公司最近一期末的净资产额不少于人民币 3 亿元；（4）公司最近三个会计年度实现的年均可分配利润不少于公司债券一年的利息；（5）本次发行后累计公司债券余额不超过最近一期末净资产额的 40%；（6）本次发行债券的金额不超过预备用于交换的股票按募集说明书公告日前 20 个交易日均价计算的市值的 70%，且应当将预备用于交换的股票设定为本次发行的公司债券的担保物；（7）经资信评级机构评级债券信用级别良好；（8）不存在《公司债券发行试点办法》第八条规定的不得发行公司债券的情形。

22. 参考答案：B

试题解析：本题考查外国债券的内容。外国债券是指某一国家借款人在本国以外的某一国家发行以该国货币为面值的债券。它的特点是债券发行人属于一个国家债券的面值货币和发行市场属于另一个国家。欧洲债券和外国债券在很多方面有一定的差异。在发行方式方面，外国债券一般由发行地所在国的证券公司、金融机构承销；而欧洲债券由一家或几家大银行牵头组织十几家或几十家国际性银行在一个国家或几个国家同时承销。在发行法律方面，外国债券的发行受发行地所在国有关法规的管制和约束，并且必须经官方主管机构批准；而欧洲债券在法律上所受的限制比外国债券宽松得多，它不需要官方主管机构的批准，也不受货币发行国有关法令的管制和约束。在发行纳税方面，外国债券受发行地所在国的税法管制；而欧洲债券的预扣税一般可以豁免投资者的利息收入，也免缴所得税。

23. 参考答案：A

试题解析：嵌入式衍生工具是指嵌入非衍生合同（以下简称主合同）中的衍生金融工具。该衍生工具使主合同的部分或全部现金流量将按照特定利率、金融工具价格、汇率、价格或利率指数、信用等级或信用指数或类似变量的变动而发生调整。如目前公司债券条款中包含的赎回条款、返售条款、转股条款、重设条款等。

24. 参考答案：C

试题解析：金融衍生工具可以按照产品形态分为独立衍生工具和嵌入式衍生工具。

25. 参考答案：A

试题解析：金融衍生工具又称金融衍生产品，是与基础金融产品相对应的一个概念，指建立在基础产品或基础变量之上、其价格取决于基础金融产品价格（或数值）变动的派生金融产品。

26. 参考答案：B

试题解析：本题考查基金市场参与主体。

27. 参考答案：C

试题解析：本题考查证券投资基金的运作。

28. 参考答案：C

试题解析：本题考查封闭式基金的特点。

29. 参考答案：B

试题解析：结算所实行负债的每日结算制度，又称为"逐日盯市制度"，就是以每种期货合约在交易日收盘前规定时间内的平均成交价作为当日结算价，与每笔交易成交时的价格作对照，计算每个结算所会员账户的浮动盈亏，进行随市清算。

30. 参考答案：A

试题解析：直接信用控制，是指央行以行政命令或其他方式，从总量和结构两个方面，直接对金融机构尤其是商业银行的信用活动进行控制，其手段包括利率最高限额、信用分配、流动性比率、直接干预及开办特种存款等。

31. 参考答案：D

试题解析：中期借贷便利（MLF）于2014年9月由中国人民银行创设，是央行提供中期基础货币的货币政策工具，对象为符合宏观审慎管理要求的商业银行、政策性银行，采取质押方式发放，并需提供国债、央行票据、政策性金融债、高等级信用债等优质债券作为合格质押品。

32. 参考答案：

试题解析：国际开发机构应向财政部申请发行人民币债券。

33. 参考答案：C

试题解析：银行间债券市场中长期债券信用评级该评级等级划分为三等九级，用符号表示为：AAA、AA、A、BBB、BB、B、CCC、CC、C。

34. 参考答案：A

试题解析：财政部发行的部分国债和代理地方政府发行的地方政府债在商业银行柜台挂牌买卖。

35. 参考答案：A

试题解析：本题考查首席风险官的权责。

36. 参考答案：C

试题解析：本题考查净资本的构成。净资本是指根据证券公司的业务范围和公司资产负债的流动性特点，在净资产的基础上对资产负债等项目和有关业务进行风险调整后得出的综合性风险控制指标。证券公司净资本由核心净资本和附属净资本构成。

37. 参考答案：C

试题解析：本题考查区域性股权市场的合格投资者条件。区域性股权市场实行合格投资者制度。合格投资者应是依法设立且具备一定条件的法人机构、合伙企业，金融机构依法管理的投资性计划，以及具备较强风险承受能力且金融资产不低于50万元人民币的自然人。

38. 参考答案：D

试题解析：股票及其他有价证券的理论价格是根据现值理论而来的。现值理论认为，人们之所以愿意购买股票和其他证券，是因为它能够为它的持有人带来预期收益，因此，它的价值取决于未来收益的大小。

39. 参考答案：D

试题解析：本题考查信用风险的构成要素。信用风险的构成要素分析以违约为中心。主要包括违约概率（Probability of Default，PD）、违约损失率（Loss Given Default，LGD）和违约时的风险暴露（Exposure at Default，EAD）等。

40. 参考答案：A

试题解析：本题考查交易对手信用风险管理。当违约事件发生时，净额结算允许抵销交易对手合约下的资产和负债。

二、多项选择题

41. 参考答案：BCD

试题解析：本题考查国际金融监管体系。国际金融监管体系是全球金融体系的重要组成部分，包括巴塞尔银行监管委员会、国际证监会组织（IOSCO）、国际保险监督官协会（IAIS）等。

42. 参考答案：ACD

试题解析：本题考查伦敦外汇市场特点。伦敦外汇市场有以下几个特点，以外币交易为主，以非居民交易为主，以金融机构批发性交易为主，以外汇衍生品交易为主，交易时段桥接美洲和亚太市场。

43. 参考答案：ABCD

试题解析：投资股票、股票基金、混合基金、股票型养老金产品的比例，合计不得高于养老基金资产净值的30%。

44. 参考答案：BD

试题解析：本题考查信贷资产ABS的内容。

项目	信贷资产ABS
监管机构	央行、原中国银监会
审核方式	央行注册+原中国银监会备案
发起人	银行业金融机构
SPV	特定目的信托
基础资产	信贷资产

45. 参考答案：ABD

试题解析：期货交易中的对冲是指交易者利用期货合约标准化的特征，在开仓和平仓的时候分别做两笔品种、数量、期限相同但方向相反的交易，并且不进行实物交割，而是以结清差价的方式结束交易的独特交易机制。

46. 参考答案：ABCD

试题解析：债券评级的主要内容，除了以上答案，还包括履约情况和发展前景。

47. 参考答案：ACD

试题解析：本题考查金融市场多种分类的综合。一级市场的主要功能是筹资，发行人通过新证券的公开或定向发行获得资金。衍生工具通常是指从标的资产或基础资产派生出来的新型金融工具，成交时不需要立即交割，而可在未来时点交割。

故选C。

48. 参考答案：ABCD

试题解析：本题考查非公开发行股票的特定对象。

49. 参考答案：ABCD

试题解析：除国债利率外，常见的参考利率包括伦敦银行间同业拆放利率（Libor）、香港银行间同业拆放利率（Hibor）、欧洲美元定期存款单利率、联邦基金利率等。

50. 参考答案：ABC

试题解析：中央银行的负债业务包括储备货币、不计入储备货币的金融性公司存款、发行债券、国外负债、政府存款、自有资金和其他负债。对其他存款性公司债权属于中央银行的资产业务。

51. 参考答案：AD

试题解析：中央银行发行的基础货币，包括社会流通中的现金和银行体系中作为准备金的存款。

52. 参考答案：AD

试题解析：根据《上海证券交易所科创板股票上市规则》，发行人申请在上交所科创板上市，应当符合下列条件：发行后股本总额不低于人民币3000万元；首次公开发行的股份达到公司股份总数的25%以上，公司股本总额超过人民币4亿元的，首次公开发行股份的比例为10%以上。

53. 参考答案：AB

试题解析：本题考查公司财务状况盈利性的衡量指标，最常用的指标是每股收益和净资产收益率。

54. 参考答案：ACD

考点：本题考查资产证券化兴起的经济动因。资产证券化最基本的功能是提高资产的流动性；资产证券化交易中的证券一般不是单一品种，而是通过对现金流的分割和组合，可以设计出具有不同档级的证券。一般而言，资产证券化产品的风险权重比基础资产本身的风险权重低得多。

55. 答案解析：AB

试题解析：集合竞价下的交易应当遵循价格优先，同等价格，时间优先的顺序。

56. 答案解析：ACD

试题解析：中证规模指数包括中证100指数、中证200指数、中证500指数、中证700指数、中证800指数和中证流通指数。

57. 参考答案：ABC

试题解析：本题考查买卖价差法。买卖价差法是利用市场上同一交易标的在同一时间的买入和卖出价格差来衡量其流动性风险的一种方法。该方法常用的价差指标包括买卖价差、有效价差与实现的价差等。

58. 参考答案：ABCD

试题解析：本题考查基金资产估值需考虑的因素。

59. 参考答案：BC

试题解析：本题考查对公募基金销售活动的监管内容。

60. 参考答案：ABC

试题解析：根据投资者的心理因素，可以将证券市场投资者分为稳健型、冒险型和中庸型三类。

61. 参考答案：ABD

试题解析：根据持有证券时间的长短，可以将证券市场投资者分为短线投资者、中线投资者和长线投资者。

62. 参考答案：ABD

试题解析：股权类期货是以单只股票、股票组合或者股票价格指数为基础资产的期货合约。

63. 参考答案：AC

试题解析：本题考查对于股票基金概念与分类的认识。

64. 参考答案：BD

试题解析：在其他条件相同的条件下，债券到期时间越长，利率风险越小，零息债券不计利息，折价发行，到期还本，通常1年期以内的债券为零息债券。

65. 参考答案：ABCD

试题解析：本题考查压力测试的原则相关内容。证券公司进行压力测试应当遵循以下原则：全面性原则、实践性原则、审慎性原则、前瞻性原则。

66. 参考答案：ABCD

试题解析：本题考查风险限额的内容。常用的市场风险限额包括交易限额、风险限额、止损限额、敏感度限额、情景限额等。

67. 参考答案：BCD

试题解析：本题考查基金估值的基本原则。

68. 参考答案：ABCD

试题解析：国内股市投资者主要有四大类：机构投资者、个人投资者、外资机构、一般法人。

69. 参考答案：ACD

试题解析：期货价格具有预期性、连续性和权威性的特点，能够比较准确地反映出未来商品价格的变动趋势。

70. 参考答案：BC

试题解析：本题考查封闭式基金交易规则与交易费用。

71. 参考答案：ACD

试题解析：本题考查各种基金费用的计提标准及计提方式。

72. 参考答案：BD

试题解析：内部因素包括债券的面值、债券的票面利息、债券的有效期、是否可提前赎回、是否可以转换、税收待遇、流通性、违约的可能性等。选项 C 通货膨胀水平和选项 D 基准利率均属于外部因素。

73. 参考答案：BCD

试题解析：市场预期理论的局限在于不能解释收益率曲线通常是向上倾斜的。

74. 参考答案：ABCD

试题解析：本题考查信用衍生品市场对冲相关内容。

75. 参考答案：AB

试题解析：本题考查资产证券化兴起的经济动因。

76. 参考答案：BD

试题解析：本题考查无面额股票的定义。无面额股票也称为比例股票或份额股票，是指在股票票面上不记载股票面额只注明它在公司总股本中所占比例的股票。无面额股票的价值随股份公司每股净资产和预期每股收益的增减而相应增减。

77. 参考答案：ABCD

试题解析：本题考查法人股的相关内容。作为发起人的企业法人或具有法人资格的事业单位和社会团体在认购股份时，可以用货币出资也可以用其他形式的资产如实物、工业产权、非专利技术、土地使用权等作价出资。但对其他形式资产必须进行评估作价核实财产不得高估或者低估作价。

78. 参考答案：AC

试题解析：银行间债券市场间接结算成员。

79. 参考答案：ABD

试题解析：证券交易所的特征。证券交易所实行“公开、公平、公正”原则，并对证券交易进行严格管理。

80. 参考答案：AD

试题解析：对股票流动性的理解。通常情况下，大盘股的流动性比小盘股强，上市公司股票流动性比非上市公司强。

三、判断题

81. 参考答案：错误

试题解析：信用衍生产品工具是场外交易市场交易的衍生工具。

82. 参考答案：正确

试题解析：金融衍生工具从其自身交易的方法和特点可以分为远期、期货、期权、互换和结构化衍生工具。

83. 参考答案：错误

试题解析：1973 年，芝加哥期权交易所（CBOE）成立，这是全球第一家期权交易所。

84. 参考答案：错误

试题解析：金融衍生工具以场外交易为主。

85. 参考答案：错误

试题解析：股票价格指数期货的交易单位等于基础指数的数值与交易所规定的每点价值之乘积，采用现金结算。

86. 参考答案：错误

试题解析：金融期货是指交易双方在集中的交易场所以公开竞价方式进行的标准化金融期货合约的交易。

87. 参考答案：错误

试题解析：本题考查金融衍生工具市场的功能：（1）价格发现的功能。价格发现的功能是指金融衍生工具市场能够预期未来现货价格的变动，发现未来的现货价格。（2）规避风险的功能。任何一个衍生工具的推出都是出于避险的需要。期货市场规避风险的功能是通过套期保值实现的。（3）资源配置的功能。金融衍生工具市场相应地具备了资源配置的功能，从而在一定程度上满足了投资者对于规避风险以及个性化、分散化、多元化的资源配置的需求。

88. 参考答案：正确

试题解析：最早的金属期货交易诞生于英国。1876 年成立的伦敦金属交易所（LME），开金属期货交易之先河，主要从事铜和锡的期货交易。

89. 参考答案：正确

试题解析：按期权规定的交易方向，可以分为看涨期权和看跌期权；按行使期权的时间，可以分为美式期权和欧式期权；按期权标的资产，可以分为商品期权和金融期权；按期权的交易场所，可以分为场内期权和场外期权；按期权标的资产形式，可以分为现货期权和期货期权。

90. 参考答案：错误

试题解析：金融期货是指交易双方在集中的交易场所以公开竞价方式进行的标准化金融期货合约的交易；金融期权是指合约买方向卖方支付一定费用（被称为期权费或期权价格），在约定日期内（或约定日期）享有按事先确定的价格向合约卖方买卖某种金融工具的权利的契约。

91. 参考答案：正确

试题解析：根据我国《企业会计准则第22号——金融工具确认和计量》的规定，常见的衍生工具包括远期合同、期货合同、互换合同和期权合同等。

92. 参考答案：错误

试题解析：金融期货的主要交易制度：(1) 集中交易制度；(2) 标准化的期货合约和对冲机制；(3) 保证金制度；(4) 结算所和当日无负债结算制度；(5) 持仓限额制度；(6) 大户报告制度；(7) 每日价格波动限制；(8) 强行平仓制度；(9) 强制减仓制度。

93. 参考答案：正确

试题解析：股票价格指数期货是以股票价格指数为基础变量的期货交易，则股票价格指数期货交易的是股票价格指数。

94. 参考答案：错误

试题解析：结构化金融衍生产品是运用金融工程结构化方法，将若干种基础金融商品和金融衍生产品相结合设计出的新型金融产品。综合化金融衍生产品不属于我国金融衍生产品类型。

95. 参考答案：错误

试题解析：按基础产品比较，利率衍生品无论在场内还是场外，均是名义金额最大的衍生品种类。其中，场外交易的利率互换占所有衍生品名义金额的半数以上，是最大的单个衍生品种类。

96. 参考答案：错误

试题解析：认沽期权也称看跌期权，指期权的买方具有在约定期限内按行权价格向期权的卖方卖出一定数量标的资产的权利。交易者买入认沽期权，是因为其预期基础金融工具的价格在近期内将会下跌。如果判断正确，可从市场上以较低的价格买入该项金融工具，再按行权价格卖给期权的卖方，将赚取行权价格与市价的差额；如果判断失误，则放弃行权，仅损失期权费。

97. 参考答案：错误

试题解析：期权交易实际上是一种权利的单方面有偿让渡。期权的买方以支付一定数量的期权费（并非保证金）为代价而拥有了这种权利。

98. 参考答案：错误

试题解析：Delta 值反映期权标的证券价格变化对期权价格的影响程度，Gamma 值反映期权标的证券价格变化对 Delta 值的影响程度。

99. 参考答案：正确

试题解析：本题考查衍生品市场。

100. 参考答案：错误

试题解析：金融现货交易的首要目的是筹资或者投资（并非套期保值），金融期货交易的主要目的是风险管理。

101. 参考答案：错误

试题解析：本题考查套期保值的基本类型。套期保值的基本类型有两种：

（1）多头套期保值，是指持有现货空头（如持有股票空头）的交易者担心将来现货价格上涨（如股市大盘上涨）而给自己造成经济损失，于是买入期货合约（建立期货多头）。若未来现货价格果真上涨，则持有期货头寸所获得的盈利正好可以弥补现货头寸的损失。

（2）空头套期保值，是指持有现货多头（如持有股票多头）的交易者担心未来现货价格下跌，在期货市场卖出期货合约（建立期货空头），当现货价格下跌时以期货市场的盈利来弥补现货市场的损失。故本题所述套期保值的类型为空头套期保值。

102. 远期交易本质上是现货交易的一种特殊情形。

参考答案：正确

试题解析：在很多股票交易所中，现货交易买卖成交后并不立即进行资金和证券的清算和交收，而是在几个交易日内完成结算程序。因此，很多人认为远期交易本质上是现货交易的一种特殊情形，而将其称为“远期现货交易”。

103. 参考答案：错误

试题解析：金融互换交易的主要用途是改变交易者资产或负债（并非投资）的风险结构（如利率或汇率结构），从而规避相应的风险。

104. 参考答案：正确

试题解析：金融期货交易制度中的“逐日盯市制度”又称为无负债的每日结算制度。

105. 参考答案：错误

试题解析：根据《中国金融期货交易所交易规则》的规定，某一股指期货合约结算后单边总持仓量超过10万手的，结算会员下一交易日该合约单边持仓量不得超过该合约单边总持仓量的25%。

106. 参考答案：错误

试题解析：股票价格指数期货以现金（并非实物）结算。

107. 参考答案：正确

试题解析：在金融期货交易中，仅有极少数的合约到期进行交割交收，绝大多数的期货合约是通过做相反交易实现对冲而平仓的。

108. 参考答案：正确

试题解析：外汇期货又称货币期货，是以外汇为基础工具的期货合约，是金融期货中最先产生的品种，主要用于规避外汇风险。

109. 参考答案：错误

试题解析：中国外汇交易中心人民币利率互换产品的互换期限从7天到3年（并非1年），交易双方可协商确定。

110. 参考答案：错误

试题解析：认购期权（并非认沽期权）也称为“看涨期权”。

四、综合题

111. 参考答案：D

试题解析：已知债务久期为10年，无息债券久期为5年：

永续债券久期 $=(1+0.08)\div 0.08=13.5$（年）

假设无息债券的权重为W，则 $W\times 5+(1-W)\times 13.5=10$，计算得 $W=41.18\%$。

112. 参考答案：B

试题解析：本题考查债券现值的计算。

$PV=1\,000\,000/(1+0.08)^{10}=463\,193.49$（元）

113. 参考答案：A

试题解析：本题考查永续债券价格计算。

$P1=(12\%\times 1\,000)/8\%=1\,500$（元）

114. 参考答案：C

试题解析： 本题考查无息债券价格计算。

$P2 = 1\ 000/(1 + 0.08)^5 = 680.58$（元）

115. 参考答案：D

试题解析： 无息债券：$Q = (41.18\% \times 463\ 193.49)/680.58 = 280.26$

永续债券：$Q = [(1 - 41.18\%) \times 463\ 193.49]/1\ 500 = 181.63$

116. 参考答案：A

试题解析： 本题考查市场预期理论概念。

117. 参考答案：D

试题解析： 本题考查市场预期理论概念。

118. 参考答案：D

试题解析： 本题考查市场预期理论概念。

119. 参考答案：C

试题解析： $(1 + 8\%)^2/(1 + 5\%) - 1 = 11.09\%$

120. 参考答案：A

试题解析： $[(3\% + 4\%) \div 2] + 0.25\% = 3.75\%$

《金融市场基础知识》模拟试卷（三）

一、单项选择题（共40题，每小题0.5分，共20分。以下备选项中只有一项最符合题目要求，不选、错选均不得分。）

1. 税收政策属于(　　)。

A. 财政政策　　B. 宏观政策　　C. 货币政策　　D. 地方政策

2. 对于证券公司与客户之间的(　　)，是委托中国结算公司根据成交记录按照业务规则代为办理。

A. 证券交易　　B. 资金清算交收

C. 资金划付　　D. 证券清算交收

3. 证券金融公司可以与证券公司对转融通标的证券暂停交易、终止交易和其他特殊情形下转融通期限的顺延或者缩短作出约定。除上述情形外证券金融公司向证券公司转融通的期限不得超过(　　)个月。

A. 1　　B. 3　　C. 6　　D. 12

4. 中国证监会成立于(　　)。

A. 1986年5月　　B. 1990年1月

C. 1992年10月　　D. 1996年3月

5. 下列不属于中国企业发行境外债券总体分类的是(　　)。

A. 在境外市场以人民币发行和结算的债券

B. 以人民币发行、以人民币结算的债券

C. 在境外市场以非人民币发行和结算的债券

D. 以人民币发行、以其他国货币结算的债券

6. 下列关于资产证券化的参与主体及主要职能的说法错误的是(　　)。

A. 发起人的主要职能是选择拟证券化资产并进行打包，然后将其转移给SPV从SPV处获得对价

B. 信用评级机构对SPV发行的证券提供额外信用支持

C. 承销商为证券的发行进行促销以帮助证券成功发行

D. 服务机构对资产项目及其所产生的现金流进行监理和保管

7. 以下关于量化分析法的说法，错误的是(　　)。

A. 量化分析法是利用统计、数值模拟和其他定量模型进行证券市场相关研究的一种方法

B. 不具有使用大量数据、模型和电脑的显著特点

C. 量化分析法广泛应用于解决证券估值、组合构造与优化、策略制定、绩效评估、风险计量与风险管理等投资相关问题中

D. 量化分析法是继传统的基本分析和技术分析之后发展起来的一种重要的股票投资分析方法

8. (　　)导致期货交易具有高度的杠杆作用。

A. 逐日盯市制度　　B. 每日价格波动限制

C. 大户报告制度　　D. 保证金制度

9. (　　)是指由证券交易所组织的集中交易市场有固定的交易场所和活动时间。

A. 场内交易市场　　B. 柜台交易市场

C. 场外交易市场　　D. 货币交易市场

10. 港股通交易以港币报价投资者以(　　)交收。

A. 人民币　　B. 港币　　C. 欧元　　D. 美元

11. 证券交易所监事会人员不得少于(　　)人。

A. 1　　B. 3　　C. 5　　D. 6

12. 监事会至少每(　　)个月召开一次会议。

A. 1　　B. 3　　C. 6　　D. 9

13. (　　)及其授权的地方派出机构负责对证券、期货投资咨询业务的监督管理。

A. 中国证监会　　B. 国务院

C. 财政部　　D. 中国证监会与财政部

14. 若同时在现货市场和期货市场建立数量相同、方向相反的头寸则到期时不论现货价格上涨或是下跌两种头寸的盈亏情况是(　　)。

A. 盈亏恰好抵消

B. 盈大于亏

C. 盈小于亏

D. 盈亏情况需根据两种头寸具体情况进行分析

15. 科创板重点服务的行业领域不包括(　　)。

A. 新一代信息技术领域　　B. 高端装备领域

C. 新材料领域　　D. 传统能源领域

16. 银行间债券市场发行国债的分销要求，分销认购人(　　)。

A. 在中央国债登记结算有限责任公司开立债券托管账户

B. 在证券交易所开立债券托管账户

C. 向中央国债登记结算有限责任公司并提供一个自营账户作为托管账户

D. 向证券交易所提供一个自营账户作为托管账户

17. 根据现行制度规定，在连续竞价时对于新进入的一个有效买入委托，下列说法错误的是(　　)。

A. 若成交则意味着买入限价有可能高于卖出委托队列的最低卖出限价

B. 若不能成交则进入买入委托队列等待成交

C. 若成交则意味着买入限价有可能等于卖出委托队列的最低卖出限价

D. 若成交其成交价格为即时揭示的卖方平均价格

18. 现货商担心价格下跌而在期货市场上卖出相应品种期货称为(　　)。

A. 买空　　B. 卖空

C. 多头套期保值　　D. 空头套期保值

19. 股指期货竞价交易中采用最大成交量原则确定成交价格的制度是(　　)。

A. 拍卖竞价　　B. 连续竞价

C. 集合竞价　　D. 委托竞价

20. 实质上属看跌期权的是(　　)。

A. 认购权证　　B. 欧式权证

C. 认沽权证　　D. 百慕大式权证

21. 机构间私募产品报价与服务系统秉承(　　)的理念是多层次资本市场基础金融设施之一。

A. 多元、开放、竞争、包容　　B. 多元、开放、竞争、公正

C. 多元、开放、公正、公开　　D. 公平、公正、公开、正义

22. 私募基金采取(　　)和(　　)原则。

A. 适度监管；底线监管　　B. 适度监管；审慎监管

C. 底线监管；审慎监管　　D. 审慎监管；多重监管

23. (　　)一般是当公司股票价格在一段时间内连续高于转换价格达到一定幅度时，公司可按照事先约定的赎回价格买回发行在外尚未转股的可转换债券。

A. 回售条件　　B. 转换条件

C. 赎回条件　　D. 购买条件

24. 下列关于注册制的说法错误的是(　　)。

A. 基本特点是以信息披露为中心

B. 通过要求证券发行人真实、准确、完整地披露公司信息使投资者可以获得必要的信息对证券价值进行判断并作出是否投资的决策

C. 是一种比核准制审核更严格的制度

D. 证券监管机构对证券的价值好坏、价格高低不作实质性判断

25. 夏普指数和特雷诺指数的区别不包括(　　)。

A. 夏普指数考虑的是总风险，而特雷诺指数考虑的是市场风险

B. 特雷诺指数考虑的是总风险，而夏普指数考虑的是市场风险

C. 夏普指数与特雷诺指数在对基金绩效的排序结论上有可能不一致

D. 夏普指数与特雷诺指数在对基金绩效的表现是否优于市场指数上的评判也可能不一致

26. 基金管理人变更基金份额登记机构的应当在变更完成(　　)个工作日内向中国证监会报告。

A. 3　　B. 5　　C. 10　　D. 15

27. 某面值为100元的债券，票面年利率为10%，期限为10年，每半年付一次息，若市场利率为10%，则期发行价格为(　　)。

A. 等于1 000元　　B. 大于1 000元

C. 小于1 000元　　D. 无法计算

28. 操作风险是指由不完善或有问题的内部流程、人员和系统以及外部事件所造成损失的风险，其包括(　　)。

A. 法律风险　　B. 战略风险　　C. 声誉风险　　D. 市场风险

29. 证券公司应将声誉风险管理贯穿于公司各部门、分支机构及子公司经营管理的所有领域。证券公司应培育全员声誉风险防范意识要求全体员工主动维护、巩固和提升公司声誉。以上属于证券公司声誉风险管理的(　　)。

A. 全程全员原则　　B. 预防第一原则

C. 审慎管理原则　　D. 快速响应原则

30. 反映一家公司的股票市值对其净资产的倍数指标是(　　)。

A. 市净率　　B. 市盈率

C. 市销率　　D. 企业价值/息税前利润

31. A公司的每股净资产是3元，A公司的可比公司B公司的市净率为2，则A公司的股票每股价值为(　　)元。

A. 2　　B. 2.5　　C. 3　　D. 6

32. (　　)基金的风险较低适合于稳健型投资者。

A. 货币市场基金　　B. 混合基金

C. 债券基金　　D. 股票基金

33. 一旦金融机构出现经营困难，就会失去信用基础甚至出现挤兑风潮，这样会加速金融机构的倒闭。这说明金融风险具有(　　)。

A. 隐蔽性　　B. 扩散性　　C. 加速性　　D. 可管理性

34. (　　)是金融交易和风险管理行为的基本特征。

A. 以风险换收益　　B. 风险收益平衡选择

C. 风险和收益的二元结构　　D. 风险与收益组合

35. 金融机构应当制订应急计划确保能够及时应对和处理紧急或危机情况。应急计划的目标是(　　)。

A. 帮助公司应对极端的风险事件

B. 降低风险的损失频率或影响程度

C. 深入理解各种风险的成因

D. 储备自有资本金来抵御未知风险

36. 下列关于风险与损失的说法错误的是(　　)。

A. 风险只是损失的可能性并不能等于损失

B. 损失是偏事后的概念而风险是明确的事前概念

C. 损失实际产生后风险仍然存在

D. 损失和风险是事物发展的两种状态

37. 李某持有乙公司5 000股优先股。因公司2021年盈利不佳本应发放的优先股股息暂未发放，2022年末公司将当年股息连同2021年股息一同发放给李某。这说明李某持有的是(　　)。

A. 强制分红优先股　　B. 固定股息优先股

C. 可累积优先股　　D. 参与优先股

38. 股票本身没有价值，但股票是一种代表(　　)的有价证券。

A. 转让权　　B. 财产权　　C. 债权　　D. 资金权

39. 股票是一种资本证券，它属于(　　)。

A. 实务资本　　B. 真实资本　　C. 虚拟资本　　D. 风险资本

40. 股票基金的最大特点是(　　)。

A. 无法抵御通货膨胀　　B. 投资风险小回报率低

C. 投资于短期金融工具　　D. 适合长期投资

二、多项选择题（共40题，每小题1分，共40分。以下备选项中有两项或两项以上符合题目要求，多选、少选、错选均不得分。）

41. 以下正确的是(　　)。

A. 国际金融市场是指涉及多个司法辖域的居民之间进行各种国际金融业务活动的市场

B. 金融市场按发行流通性质分为一级市场和二级市场

C. 金融市场按金融资产到期期限分为货币市场和资本市场

D. 金融市场按组织方式分为现货市场和衍生品市场

42. 政府通过对金融市场直接或间接的干预最终实现对以下(　　)的有效控制。

A. 产出　　B. 就业　　C. 物价　　D. 国际收支

43. 根据个人投资者对待投资中风险和收益的态度理论上可分为(　　)。

A. 风险偏好型　　B. 风险中立型

C. 风险规避型　　D. 风险承受型

44. 下列关于证券公司的监管制度的描述，正确的是(　　)。

A. 中国证监会根据证券公司评价计分的高低将证券公司分为五大类11个级别

B. 证券公司分类结果将被作为证券公司申请增加业务种类、发行上市等事项的审慎性条件也将被作为确定新业务、新产品试点范围和推广顺序的依据

C. 证券公司分类结果主要供中国证监会及其派出机构使用，证券公司不得将分类结果用于广告、宣传、营销等商业目的

D. 中国证监会按照分类监管原则对证券公司规定了相同的风险控制指标标准和风险资本准备计算比例，并在监管资源分配、现场检查和非现场检查频率等一视同仁

45. 证券公司信息报送与披露方面的监管要求包括(　　)。

A. 信息报送制度　　B. 信息公开披露制度

C. 年报审计监管　　D. 董事会会议内容公开制度

46. 下列关于竞争性招标方式的说法正确的是(　　)。

A. 竞争性招标时间为招标日上午10：35～11：35

B. 竞争性招标确定的票面利率（百分数）保留2位小数，1年（含）以下期

限国债发行价格（以元为单位）保留2位小数，1年（不含）以上期限国债发行价格保留3位小数

C. 竞争性招标方式包括单一价格、修正的多重价格招标方式（即混合式）

D. 招标标的为利率或价格

47. 以下属于间接融资的是(　　)。

A. 银行信用融资　　B. 商业信用融资

C. 消费信用融资　　D. 租赁融资

48. 下列说法错误的是(　　)。

A. 金融市场通过各种资产交易实现货币资金在供给者和需求者之间的转移，促进有形资本形成

B. 流动性的程度是区别不同金融市场特征的要素之一

C. 金融市场不具有将有形资产产生的风险在资金供求双方之间重新配置的功能

D. 一个有效的市场中，价格反映了所有市场参与者所能搜集到的信息总和

49. 下列规定确定资产管理计划所属类别的说法正确的有(　　)。

A. 投资于商品及金融衍生品的持仓合约价值的比例不低于资产管理计划总资产80%，且衍生品账户权益超过资产管理计划总资产30%的，为商品及金融衍生品类

B. 投资于存款、债券等债权类资产的比例不低于资产管理计划总资产80%的，为固定收益类

C. 投资于股票、未上市企业股权等股权类资产的比例不低于资产管理计划总资产80%的，为权益类

D. 投资于债权类、股权类、商品及金融衍生品类资产的比例未达到前三类产品标准的，为混合类

50. 投资(　　)的比例不得低于投资组合企业年金基金财产净值的5%。

A. 银行活期存款　　B. 中央银行票据

C. 债券回购等流动性产品　　D. 货币市场基金

51. 投资(　　)的比例不得高于投资组合企业年金基金财产净值的30%。

A. 投资股票等权益类产品

B. 股票基金

C. 混合基金

D. 投资连结保险产品（股票投资比例高于或者等于30%）

52. 按照《上市公司证券发行管理办法》主板（中小板）上市公司的配股应当满足的条件包括(　　)。

A. 控股股东应当在股东大会召开前公开承诺认配股份的数量

B. 最近3年及1期财务报表未被注册会计师出具保留意见、否定意见或者无法表示意见的审计报告

C. 采用证券法规定的包销方式发行

D. 拟配售股份数量不超过本次配售股份前股本总额的30%

53. 影响国债销售价格的因素包括(　　)。

A. 承销商所期望的资金回收速度　　B. 国债承销的手续费收入

C. 名义利率　　D. 承销商承销国债的中标成本

54. 国际上比较重要的股指期货有(　　)。

A. 标准普尔股票价格指数期货　　B. 纽约证券交易所综合指数期货

C. 道琼斯指数期货　　D. 富时100股价指数期货

55. 以下关于交易所债券市场托管方式的说法，正确的有(　　)。

A. 根据债券种类的不同，实行的是不同的托管体制

B. 交易所市场实行中央登记、二级托管的制度

C. 交易所投资者在中央结算公司开立托管账户

D. 中国结算公司承担在交易所交易的其他债券的登记、托管职责

56. 基金交易费是指基金在进行证券买卖交易时所发生的相关交易费用。我国基金的交易费用主要包括(　　)。

A. 印花税　　B. 佣金　　C. 开户费　　D. 过户费

57. 证券经纪商接受客户委托后应按(　　)的原则进行申报竞价。

A. 时间优先　　B. 价格优先

C. 等级优先　　D. 客户优先

58. 不列入基金管理过程中发生的费用有(　　)。

A. 基金管理人和基金托管人因未履行或未完全履行义务导致的费用支出或基金财产的损失

B. 基金管理人和基金托管人处理与基金运作有关的事项发生的费用

C. 基金托管费

D. 信息披露费

59. 以下关于基金活动所产生的个人所得税的说法正确的是(　　)。

A. 对基金取得的债券利息收入发行债券的企业和银行在向基金支付上述收入

时代扣代缴 15% 的个人所得税

B. 对基金取得的储蓄存款利息收入暂免征收个人所得税

C. 对基金取得的公开发行和转让的上市公司股票取得的股息红利持股期限超过 1 年的免征个人所得税

D. 持股期限在 1 个月以内（含 1 个月）的其股息红利所得全额计入应纳税所得额

60. 以下关于开放式基金申购的表述，不正确的是(　　)。

A. 基金产品前端收费的最高档申购费率应低于对应的后端最高档申购费率

B. 申购费率不得超过申购金额的 3%

C. 基金管理人可以对选择后端收费方式的投资人根据其申购金额的数量适用不同的后端申购费率标准

D. 基金管理人可以对选择前端收费方式的投资人根据其持有期限适用不同的前端申购费率标准

61. 债权类资产远期合约的基础工具有(　　)。

A. 定期存款单　　B. 长期债券

C. 股票价格指数　　D. 商业票据

62. 下列选项中属于奇异型期权的是(　　)。

A. 百慕大期权　　B. 利率期权

C. 平均期权　　D. 障碍期权

63. 可转换债券的转换价格修正条款是指由于公司股票出现(　　)等情况时对转换价格作调整。

A. 增发股票　　B. 股价上升或下降

C. 转股　　D. 送股

64. 关于中小企业板块市场的说法，正确的是(　　)。

A. 2004 年 5 月批准成立

B. 在上海证券交易所成立

C. 宗旨是为主业突出、具有成长性和科技含量的中小企业提供直接融资平台

D. 是分步推进创业板市场建设的重要步骤

65. 中国证监会各地方证监局主要负责对辖区下列(　　)的监管。

A. 证券公司、公募基金销售机构设立在辖区的分支机构

B. 注册地在辖区的证券公司（含证券业务子公司）、公募基金销售机构

C. 按规定负责监管的其他证券基金经营机构

D. 主要运营地在辖区的基金管理公司及其全部分支机构

66. 以下关于利率期限结构的理论的说法正确的有(　　)。

A. 市场预期理论认为，利率期限结构完全取决于对未来即期利率的市场预期。如果预期未来即期利率上升，则利率期限结构呈上升趋势；反之呈下降趋势。利率期限结构与债券期限长短没有关系

B. 市场分割理论认为，利率期限结构取决于短期资金市场的供求状况与长期资金市场供求状况的比较。如果短期资金市场供需曲线交叉点利率高于长期资金市场供需曲线交叉点，则利率利率期限结构呈向下倾斜趋势

C. 流动性偏好理论认为，如果预期利率上升，则其利率期限结构是向上倾斜的；如果预期利率下降，则其利率期限结构是向下倾斜的

D. 流动性偏好理论认为，债券的期限越长流动性溢价越大，利率曲线的形状是由对未来利率的预期和延长偿还期所必需的流动性溢价共同决定的

67. 系统性风险是与单体金融机构风险相对应的，通常具有(　　)等特征。

A. 外生性　　B. 关联性

C. 复杂性　　D. 突发性

68. 内部评级所反映的被评级对象的风险特征主要是(　　)。

A. 借款者的违约概率　　B. 交易工具的违约损失率

C. 违约风险暴露　　D. 预期损失和非预期损失

69. 证券公司在进行压力测试时，应当遵循的原则有(　　)。

A. 全面性原则　　B. 实践性原则

C. 审慎性原则　　D. 前瞻性原则

70. 私募基金募集应当履行下列程序(　　)。

A. 特定对象确定　　B. 基金风险揭示

C. 合格投资者确认　　D. 回访确认

71. 私募基金管理人、私募基金托管人、私募基金销售机构、其他服务机构及从业人员应践行诚实信用、谨慎勤勉的义务，秉承投资者合法利益优先原则，从事私募基金业务，不得有下列行为(　　)。

A. 使用私募基金管理人及其关联方名义、账户代私募基金收付基金财产

B. 开展或者参与具有滚动发行、集合运作、期限错配、分离定价等特征的资金池业务

C. 以套取私募基金财产为目的使用私募基金财产直接或者间接投资于私募基金管理人、控股股东、实际控制人及其实际控制的企业或项目等自融行为

D. 不公平对待同一私募基金的不同投资者损害投资者合法权益

72. 下列有关利率期限结构的说法正确的有(　　)。

A. 短期利率与长期利率之间的关系成为利率的期限结构

B. 向上倾斜的期限结构实际上就是对预期未来通货膨胀率上升的一种反映

C. 市场分隔理论不能解释收益率曲线向上倾斜

D. 利率期限结构通常表现出短期利率波动大长期利率波动小的特征

73. 为了加强对证券公司承销商的风险防范，证券公司从事企业债券的承销应报送(　　)。

A. 承销申请书　　B. 承销协议

C. 风险处置方案　　D. 具备承销条件的证明材料

74. 下列关于风险管理的说法正确的是(　　)。

A. 事前管理决定了风险管理是一种积极管理

B. 现代风险管理是一种全面的风险管理，以企业的股东价值和社会价值增长为总体目标

C. 风险管理的目标是创造价值

D. 风险管理在于减少损失降低风险

75. 下列属于巴塞尔银行监管委员会进一步明确的操作风险的类型的是(　　)。

A. 雇员活动和工作场所安全性风险

B. 客户、产品及业务活动中的操作性风险

C. 实物资产损坏

D. 营业中断或信息技术系统瘫痪

76. 下列关于风险准备金策略的说法正确的是(　　)。

A. 风险准备金策略是指金融机构针对风险事件发生的可能性，提取足够的准备性资金以保证损失发生之后能够很快被吸收，从而保障金融机构仍然能够正常运行

B. 风险准备金策略与风险补偿策略密切联系，因为持有风险准备金的成本是通过风险定价机制来获得合理补偿的

C. 风险补偿的内容中既要包括预期损失也要包括资本成本

D. 风险存在价值但承担风险并非一定要求获得风险回报

77. 有面额股票是指在股票票面上记载一定金额的股票，这一记载的金额称为(　　)。

A. 股票价值　　B. 股票面值

C. 票面价值　　D. 票面金额

78. 公司发行记名股票的应当置备股东名册记载(　　)。

A. 股东的姓名及住所　　B. 各股东所持股份数

C. 各股东所持股票的编号　　D. 各股东取得股份的日期

79. 金融期货合约对(　　)作了统一规定。

A. 金融工具的种类　　B. 交收地点

C. 基础金融工具的交易价格　　D. 交收月份

80. 在我国全国银行间同业拆借中心，远期利率协议交易可能通过(　　)方式达成。

A. 交易中心的交易系统　　B. 电话

C. 中心的财务系统　　D. 传真

三、判断题（共30题，每小题1分，共30分。不选、错选均不得分。）

81. 根据个人投资者对待投资中风险和收益的态度，理论上可分为风险偏好型、风险中立型、风险规避型、风险承受型。　(　　)

82. 对记账式国债是一种纸化国债，发行者包括商业银行、证券公司、保险公司、信托投资公司等机构。　(　　)

83. 间接融资的特点包括：资金获得的间接性、融资的相对集中性、融资信誉的差异性相对较小、全部具有可逆性。　(　　)

84. 证券市场是证券发行和交易的场所，证券市场是财产直接交换的场所。　(　　)

85. 财政部和中国人民银行一般每半年确定一次凭证式国债承销团资格，财政部一般委托中国人民银行分配承销数额。　(　　)

86. 互换交易的主要用途是改变交易者资产或负债的风险结构，从而规避相应的风险。目前，按名义金额计算的互换交易已经成为最大的衍生品交易品种。　(　　)

87. 证券经纪商接受客户委托后应按时间优先、客户优先的原则进行申报竞价。　(　　)

88. 开放式基金申购中，基金管理人可以对选择前端收费方式的投资人根据其持有期限适用不同的前端申购费率标准。　(　　)

89. 可转换债券的转换价格修正条款，是指由于公司股票出现增发股票、转股等情况时，对转换价格作调整。　(　　)

90. 债券按发行主体分类，可以分为政府债券、金融债券和公司债券等主要类型。　(　　)

91. 我国目前的金融中介机构体系包括了多层次银行机构体系、多元化投资中介体系和保险中介体系，其中在多层次银行机构体系中占据主导的机构是中国人民银行。（ ）

92. 债券远期交易数额最小为债券面额100万元，交易单位为债券面额1万元。（ ）

93. 与财政政策和货币政策相比，收入政策具有更高层次的调节功能。（ ）

94. 根据我国《证券交易所管理办法》规定，证券交易所的最高权力机构是银保监会。（ ）

95. 股票价格指数期货的交易单位的计算公式是：基础指数的数值×交易所规定的每点价值。（ ）

96. 科创板的开板，标志着我国证券交易所市场逐步确立了由主板、科创板、创业板、区域性股权市场构成的多层次资本市场体系框架。（ ）

97. 上市开放式基金是一种既可以同时在场外市场进行基金份额申购、赎回，又可以在交易所进行基金份额交易和基金份额申购或赎回，并通过份额转托管机制将场外市场与场内市场有机地联系在一起的一种基金。（ ）

98. 机构间私募产品报价与服务系统秉承多元、开放、竞争、公正的理念，是多层次资本市场基础金融设施之一。（ ）

99. 流动性指数用来衡量金融机构因突然或紧急出售资产时，相对于正常市场情况下以市场公允价值出售所遭受的潜在损失，表示为资产被迫折价变现时的价格和资产在正常市场条件下变现的价格的比率。（ ）

100. 按基金的投资标的划分，可分为股票基金、债券基金、混合基金、货币市场基金等。（ ）

101. 融资策略是证券公司融资活动的基本指导方针，每一个证券公司都应该建立合理的融资策略来实现其融资渠道和过程的有效多样化。证券公司融资策略的主要目标是实现融资渠道多样化。（ ）

102. 风险控制自我评估是一种依赖主观经验判断的定性分析方法。风控流程图是风险控制自我评估的常用工具，其重要的功能是可以把对操作风险的定性评估转化为定量的矩阵。（ ）

103. 在风险管理中，风险识别的主要内容包括感知风险和分析风险。（ ）

104. 证券公司应主动识别和防范声誉风险，加强对声誉风险的发生原因、影响程度、发展变化的分析和预测，及时应对，属于证券公司声誉风险管理的全程全员原则。（ ）

105. 根据不同的压力情景，证券公司压力测试可采用情景分析和感知分析。（　　）

106. 信用关联票据是银行与交易对手签订的一个双边合约，该合约的基础资产为信用价差，即借款企业发行的债券的收益率与无风险收益率之间的利差。该合约以信用价差反映银行贷款的信用状况，信用价差增加则表明银行贷款信用状况恶化，减少则表明信用状况提高，通过该合约，银行就可以对冲贷款的信用风险。（　　）

107. 风险管理的本质特征是损失管理。（　　）

108. 凡在限额以内发生的损失，都可以通过内部资金来抵御。（　　）

109. 压力测试不包括合理性原则。（　　）

110. 风险规避主要是通过设立有限的风险忍耐度来实现。（　　）

四、综合题（共10题，每小题1分，共10分。每问备选答案中有一项或多项符合题目要求，不选、错选均不得分。）

（一）某投资者投资100 000.00元认购本基金，对应认购费率为1.20%，在募集期间产生利息50.00元，

111. 该投资者可得到的认购费用为（　　）元。

A. 1 200　　B. 1 185.77　　C. 1 214.23　　D. 1 212

112. 该投资者可得到的净认购金额为（　　）元。

A. 98 814.23　　B. 100 000.00

C. 101 185.77　　D. 98 800.00

113. 该投资者可得到的认购份额为（　　）份。

A. 98 864.23　　B. 100 050.00

C. 10 235.77　　D. 98 850.00

（二）基金业绩评价的传统方法主要是考察基金的单位净资产、投资收益率和回报率等，这些指标虽注意到基金资产组合的风险，但未能进行系统和合理的量化分析。资产组合理论和资本资产定价模型提出以后，陆续出现了一些基金业绩评价综合指标，其中，最著名的是特雷诺（Treynor）指数、夏普（Sharpe）指数和詹森（Jensen）指数。

114. 计算夏普指数需要的基础变量包括（　　）。

A. 基金的平均收益率　　B. 基金的平均无风险利率

C. 基金的标准差　　D. 基金的贝塔系数

115. 詹森指数计算公式为：$\alpha_J = R_i - R_f + \beta_{iM}(R_M - R_f)$。关于詹森指数说法不正确的是(　　)。

A. 当 $\alpha_J > 0$ 时，说明基金表现要优于市场指数表现

B. 当 $\alpha_J = 0$ 时，则说明基金组合的收益率与处于相同风险水平的被动组合的收益率存在显著差异

C. 当 $\alpha_J < 0$ 时，说明基金表现要弱于市场指数的表现

D. 詹森指数可以告诉我们各基金表现优于基准组合的具体大小

（三）某基金 2022 年度平均收益率为 60%，假设当年无风险收益率为 2%，沪深 300 指数年度收益率为 30%，该基金年化波动率为 32%，贝塔系数为 1.1。

116. 该基金的夏普比率为(　　)。

A. 0.81　　B. 1.1　　C. 1.81　　D. 1.93

117. 基金 A 与基金 B 具有相同的贝塔值，基金 A 的平均收益率和平均无风险收益率都是基金 B 的两倍，基金 A 的特雷诺比率(　　)。

A. 是基金 B 的两倍　　B. 小于基金 B 的两倍

C. 大于基金 B 的两倍　　D. 等于基金 B 的特雷诺指数

（四）某有限合伙型股权投资基金合伙协议约定管理费自基金成立日起开始计算，年度管理费为投资人总认缴出资的 2%，且管理人可以视实际需要预先提取不超过 2 年的管理费，该基金于 7 月 1 日成立，投资人根据合伙协议的约定，在基金成立的当年已按认缴出资的 40% 实际出资 2 亿元。

118. 基金成立当年年末，管理人可从基金实际支取的管理费的区间为(　　)。

A. 200 万元～2 000 万元　　B. 200 万元～800 万元

C. 500 万元～800 万元　　D. 500 万元～2 000 万元

119. 基金管理费按(　　)支付。

A. 日　　B. 周　　C. 月　　D. 年

120. 基金规模越大，风险程度越(　　)，基金管理费率越(　　)。

A. 低；低　　B. 低；高　　C. 高；低　　D. 高；高

模拟试卷（三）参考答案与解析

一、单选题

1. 参考答案：A

试题解析：财政政策主要通过税收政策、公共支出政策以及国债发行等发挥作用，故选A。

2. 参考答案：D

试题解析：实践中，对于证券公司与客户之间的证券清算交收，是委托中国结算公司根据成交记录按照业务规则代为办理。

3. 参考答案：C

试题解析：证券金融公司可以与证券公司对转融通标的证券暂停交易、终止交易和其他特殊情形下转融通期限的顺延或者缩短作出约定。除上述情形外，证券金融公司向证券公司转融通的期限不得超过6个月。

4. 参考答案：C

试题解析：中国证监会成立于1992年10月。

5. 参考答案：A

试题解析：本题考查中国企业发行境外债券总体分类。中国企业发行境外债券总体可以分为三类：第一类是在境外市场以非人民币发行和结算的债券，称为非人民币债券，比如美元债券。第二类是以人民币发行、以人民币结算的债券，称为点心债。第三类是以人民币发行、以其他国货币结算的债券，称为合成型债券。

6. 参考答案：B

试题解析：本题考查资产证券化的参与主体及主要职能。

参与主体	主要职能
发起人	选择拟证券化资产，并进行打包，然后将其转移给SPV，从SPV处获得对价
SPV	以资产证券化为目的而特别组建的独立法律主体，其负债主要是发行的资产支持证券，资产则是被证券化的基础资产 SPV介于发起人和投资者之间，是资产支持证券的真正发行人

续表

参与主体	主要职能
信用增级机构	对 SPV 发行的证券提供额外信用支持 信用增级机构由发起人或独立的第三方来担任
信用评级机构	对 SPV 发行的证券进行信用评级。除了初始评级以外，信用评级机构在该证券的整个存续期内往往还需要对其业绩情况进行“追踪”监督，及时发现新的风险因素，并作出升级、维持或降级的决定，以维护投资者的利益
承销商	为证券的发行进行促销，以帮助证券成功发行。此外，在证券设计阶段，作为承销商的投资银行还扮演着融资顾问的角色，运用其经验和技能形成一个既能在最大程度上保护发起人的利益又能为投资者接受的融资方案
服务机构	对资产项目及其所产生的现金流进行监理和保管
受托人	托管资产组合以及与之相关的一切权利，代表投资者行使职能

7. 参考答案：B

试题解析：量化分析法是利用统计、数值模拟和其他定量模型进行证券市场相关研究的一种方法，具有使用大量数据、模型和计算机的显著特点。

8. 参考答案：D

试题解析：结算所实行无负债的每日结算制度，又称为“逐日盯市制度”，能及时调整保证金账户控制市场风险。每日价格波动限制能防止期货价格出现过大的非理性变动。大户报告制度是交易所建立限仓制度后，当会员或客户的持仓量达到交易所规定的数量时，必须向交易所申报有关情况，以便交易所审查大户是否有过度投机和操纵市场行为，并判断大户交易风险状况的风险控制制度。由于期货交易的保证金比率很低，因此有高度的杠杆作用。这一杠杆作用使套期保值者能用少量的资金为价值量很大的现货资产找到回避价格风险的手段，也为投机者提供了用少量资金获取盈利的机会。

9. 参考答案：A

试题解析：场内交易市场又称证券交易所市场，是指由证券交易所组织的集中交易市场，有固定的交易场所和活动时间，故选 A。

10. 参考答案：A

试题解析：沪港通包括沪股通和港股通。内地投资者买卖以港币报价的沪港通股票，买卖以人民币报价的沪港通股票，中国香港投资者买卖均以人民币交收，故选 A。

11. 参考答案：C

试题解析：证券交易所监事会人员不得少于 5 人，其中会员监事不得少于 2 名，职工监事不得少于 2 名，专职监事不得少于 1 名。

12. 参考答案：C

试题解析：监事会至少每6个月召开一次会议。

13. 参考答案：A

试题解析：中国证监会及其授权的地方派出机构负责对证券、期货投资咨询业务的监督管理。

14. 参考答案：A

试题解析：若同时在现货市场和期货市场建立数量相同，方向相反的头寸，则到期时不论现货价格上涨或是下跌，两种头寸的盈亏恰好抵消，使套期保值者避免承担风险损失。

15. 参考答案：D

试题解析：本题考查科创板重点服务的行业或领域。一是新一代信息技术领域，主要包括半导体和集成电路、电子信息、下一代信息网络、人工智能、大数据、云计算、软件、互联网、物联网和智能硬件等。二是高端装备领域，主要包括智能制造、航空航天、先进轨道交通、海洋工程装备及相关服务等。三是新材料领域，主要包括先进钢铁材料、先进有色金属材料、先进石化化工新材料、先进无机非金属材料、高性能复合材料、前沿新材料及相关服务等。四是新能源领域，主要包括先进核电、大型风电、高效光电光热、高效储能及相关服务等。五是节能环保领域，主要包括高效节能产品及设备、先进环保技术装备、先进环保产品、资源循环利用、新能源汽车整车、新能源汽车关键零部件、动力电池及相关服务等。六是生物医药领域，主要包括生物制品、高端化学药、高端医疗设备与器械及相关服务等。七是符合科创板定位的其他领域。

16. 参考答案：A

试题解析：银行间债券市场发行国债的分销时，分销认购人的条件。分销认购人应是全国银行间债券市场参与者，并已在中央国债登记结算有限责任公司开立债券托管账户。选A。在交易所市场发行国债的分销时，承销商需要在分得包销的国债后，向证券交易所提供一个自营账户作为托管账户。

17. 参考答案：D

试题解析：连续竞价阶段的特点是：每一笔买卖委托输入交易自动撮合系统后，当即判断并进行不同的处理，能成交者予以成交，不能成交者等待机会成交，部分成交者则让剩余部分继续等待。成交价格的确定原则为：（1）最高买入申报与最低卖出申报价位相同，以该价格为成交价。（2）买入申报价格高于即时揭示的最低卖出申报价格时，以即时揭示的最低卖出申报价格为成交价。（3）卖出申报价格低于即时揭示的最高买入申报价格时，以即时揭示的最高买入申报价格为成交价。D项，在连续竞价中，成交价格不会是卖方平均价格。

18. 参考答案：D

试题解析： 买空亦称"多头交易"交易者利用借入资金，在市场上买入期货，以期将来价格上涨时，再高价抛出，从中获利的投机活动，卖空的对称。

（1）做空是股票期货市场常见的一种操作方式，操作为预期股票期货市场会有下跌趋势，操作者将手中筹码按市价卖出，等股票期货下跌之后再买入，赚取中间差价。

（2）多头套期保值是指持有现货空头（如持有股票空头）的交易者担心将来现货价格上涨（如股市大盘上涨）而给自己造成经济损失，于是买入期货合约（建立期货多头）。

（3）空头套期保值是指持有现货多头（如持有股票多头）的交易者担心未来现货价格下跌，在期货市场卖出期货合约（建立期货空头），当现货价格下跌时以期货市场的单利来弥补现货市场的损失。

19. 参考答案：C

试题解析： 股指期货竞价交易采用集合竞价交易和连续竞价交易两种方式。集合竞价交易采用最大成交量原则确定成交价，即以此价格成交能够得到最大成交量。

20. 参考答案：C

试题解析： 按照持有人权利的性质不同，权证分为：（1）认购权证，实质上属看涨期权，其持有人有权按规定价格购买基础资产；（2）认沽权证，属看跌期权，其持有人有权按规定价格卖出基础资产。欧式权证仅可以在到期日当日行权。百慕大式权证则可在到期日之前一段规定时间内行权。

21. 参考答案：A

试题解析： 本题考查机构间私募产品报价系统的理念：多元、开放、竞争、包容。

22. 参考答案：A

试题解析： 本题考查私募基金的监管原则，私募基金采取适度监管和底线监管原则。

23. 参考答案：C

试题解析： 赎回条件的概念。赎回条件一般是当公司股票价格在一段时间内连续高于转换价格达到一定幅度时，公司可按照事先约定的赎回价格买回发行在外尚未转股的可转换债券。而回售是指公司股票在一段时间内连续低于转换价格达到某一幅度时，可转换债券持有人按事先约定的价格将所持可转换债券卖给发行人的行为。

24. 参考答案：C

试题解析：本题考查注册制的基本特点，它的基本特点是以信息披露为中心，通过要求证券发行人真实、准确、完整地披露公司信息，使投资者可以获得必要的信息对证券价值进行判断并作出是否投资的决策，证券监管机构对证券的价值好坏、价格高低不作实质性判断。

25. 参考答案：B

试题解析：本题考查基金业绩评估方法。

26. 参考答案：C

试题解析：本题考查基金市场参与主体所承担的责任与义务。

27. 参考答案：A

试题解析：折现率与票面利率相等的债券发行价等于债券面值。

28. 参考答案：A

试题解析：本题考查操作风险的定义。

29. 参考答案：A

试题解析：本题考查证券公司声誉风险管理的内容。全程全员原则：证券公司应将声誉风险管理贯穿于公司各部门、分支机构及子公司经营管理的所有领域。证券公司应培育全员声誉风险防范意识，要求全体员工主动维护、巩固和提升公司声誉。

30. 参考答案：A

试题解析：考查市净率的含义。市净率（P/B）反映了一家公司的股票市值对其净资产的倍数。市盈率（P/E）反映了一家公司的股票价值对其净利润的倍数。

31. 参考答案：D

试题解析：市净率法估值与市盈率法类似先确定可比公司的市净率作为目标公司估值的市净率。然后使用下述公式计算目标公司股票价值：

每股价值=每股净资产×市净率。

32. 参考答案：C

试题解析：本题考查各类型证券投资基金的概念与特点。

33. 参考答案：C

试题解析：本题考查金融风险的加速性。金融风险的加速性是指一旦金融机构出现经营困难就会失去信用基础甚至出现挤兑风潮，这样会加速金融机构倒闭。

34. 参考答案：B

试题解析：本题考查风险收益相匹配。

35. 参考答案：A

试题解析：本题考查对应急计划的理解。金融机构应当制订应急计划确保能够及时应对和处理紧急或危机情况。应急计划的目标是帮助公司应对极端的风险事件。

36. 参考答案：C

试题解析：本题考查风险与损失的联系与本质区别。风险与损失是有着密切联系的但是又存在本质的区别。传统的风险定义一般如上述第二种观点一样，认为风险是潜在的损失即损失的可能性。但是风险只是损失的可能性并不等于损失。损失是偏事后的概念，反映的是风险事件发生后的状况。但风险是一个明确的事前概念，反映的是损失发生前的事物发展状态。在风险存在的时候，损失尚未发生。一旦损失实际产生了风险就不存在了，不确定性已转化为确定性。损失和风险是事物发展的两种状态。

37. 参考答案：C

试题解析：本题考查优先股的种类。根据公司因当年可分配利润不足而未向优先股股东足额派发股息差额部分是否累积到下一会计年度，可分为累积优先股和非累积优先股。累积优先股，是指公司在某一时期所获盈利不足，导致当年可分配利润不足以支付优先股股息时，则将应付股息累积到次年或以后某一年盈利时，在普通股的股息发放之前连同本年优先股股息一并发放。

38. 参考答案：B

试题解析：本题考查股票的特征。股票本身没有价值，但股票是一种代表财产权的有价证券，它包含股东具有依其持有的股票要求股份公司按规定分配股息和红利的请求权。

39. 参考答案：C

试题解析：本题考查股票的性质。股票是资本证券。发行股票是股份公司筹措自有资本的手段，因此，股票是投入股份公司资本份额的证券化，属于资本证券。但是，股票又不是一种现实的资本，股份公司通过发行股票筹措的资金，是公司用于营运的真实资本。股票独立于真实资本之外，在股票市场上进行着独立的价值运动，是一种虚拟资本。

40. 参考答案：D

试题解析：本题考查各类证券投资基金的概念及特点。

二、多项选择题

41. 参考答案：ABC

试题解析：本题考查金融市场多种分类的综合。需了解金融市场分类的依据。

42. 参考答案：ABCD

试题解析：本题考查货币政策的最终目标。货币政策的最终目标包括产出、就业、物价、国际收支。

43. 参考答案：ABC

试题解析：根据个人投资者对待投资中风险和收益的态度，理论上可分为风险偏好型、风险中立型和风险规避型三种。

44. 参考答案：ABC

试题解析：本题考查证券公司监管制度中的分类监管制度。

45. 参考答案：ABC

试题解析：对证券公司信息报送与披露方面的监管要求包括三方面：一是信息报送制度；二是信息公开披露制度；三是年报审计监管。

46. 参考答案：ACD

试题解析：本题考查竞争性招标方式。记账式国债通过竞争性招标确定票面利率或发行价格。具体的竞标规则有以下内容：(1) 国债承销团成员应当按照发行系统客户端提示按时报送国债投标需求。(2) 竞标时间。如无特殊规定竞争性招标时间为招标日上午10：35～11：35。(3) 利率格式。竞争性招标确定的票面利率（百分数）保留2位小数1年（含）以下期限国债发行价格（以元为单位）保留3位小数，1年（不含）以上期限国债发行价格保留2位小数。(4) 招标方式。竞争性招标方式包括单一价格、修正的多重价格招标方式（即混合式），招标标的为利率或价格。

47. 参考答案：ACD

试题解析：本题考查的是常见的间接融资方式。间接融资方式包括银行信用融资、消费信用融资、租赁融资等。

48. 参考答案：AC

试题解析：本题考查金融市场的五大功能：资金融通、价格发现、提供流动性、风险管理、降低搜寻成本和信息成本。

49. 参考答案：BCD

试题解析：资产管理计划所属类别。投资于商品及金融衍生品的持仓合约价值的比例不低于资产管理计划总资产的80%，且衍生品账户权益超过资产管理计划总资产20%的，为商品及金融衍生品类。

50. 参考答案：ABCD

试题解析：投资银行活期存款、中央银行票据、债券回购等流动性产品以及货币市场基金的比例，不得低于投资组合企业年金基金财产净值的5%。

51. 参考答案：ABCD

试题解析：投资股票等权益类产品以及股票基金、混合基金、投资连结保险产品（股票投资比例高于或者等于30%）的比例，不得高于投资组合企业年金基金财产净值的30%。

52. 参考答案：ABD

试题解析：主板（中小板）上市公司的配股应当满足的条件；采用《证券法》规定的代销方式发行。

53. 参考答案：ABD

试题解析：本题考查影响国债销售价格的因素。影响国债销售价格的因素有：(1) 市场利率；(2) 承销商承销国债的中标成本；(3) 流通市场中可比国债的收益率水平；(4) 国债承销的手续费收入；(5) 承销商所期望的资金回收速度；(6) 其他国债分销过程中的成本。

54. 参考答案：ABCD

试题解析：目前，国际上比较重要的股票价格指数期货有：(1) 芝加哥商业交易所的标准普尔股票价格指数期货系列；(2) 纽约期货交易所的纽约证券交易所综合指数期货系列；(3) 芝加哥期货交易所的道琼斯指数期货系列；(4) 伦敦国际金融期权期货交易的富时100股票价格指数期货系列；(5) 新加坡期货交易所的日经225指数期货；(6) 中国香港交易所的恒生指数期货；(7) 中国台湾证券交易所的台湾股票指数期货等。

55. 参考答案：ABD

试题解析：考查交易所债券市场托管方式的有关规定。交易所投资者在中国结算公司开立托管账户。

56. 参考答案：ABD

试题解析：考查我国基金交易费用的主要内容。开户费属于基金运作费。

57. 参考答案：AD

试题解析：证券经纪商接受客户委托后应按"时间优先、客户优先"的原则进行申报竞价。时间优先是指证券经纪商应按受托时间的先后次序为委托人申报。客户优先是指当证券公司自营买卖申报与客户委托买卖申报在时间上相冲突时，应让客户委托买卖优先。

58. 参考答案：ABD

试题解析： 本题考查各种基金费用的计提标准及计提方式。

59. 参考答案：BCD

试题解析： 本题考查基金自身投资活动产生的税收。

60. 参考答案：BCD

试题解析： 本题考查对于开放式基金的概念和特点的了解程度。

61. 参考答案：ABD

试题解析： 债权类资产的远期合约主要包括：定期存款单、短期债券、长期债券、商业票据等固定收益证券的远期合约。

62. 参考答案：ACD

试题解析： 奇异型期权通常在期权性质、基础资产以及期权有效期等内容上与标准化的交易所交易期权存在差异。百慕大期权可以在规定的一系列时点行权，属于奇异型期权。利率期权指买方在支付了期权费后即取得在合约有效期内或到期时以一定的利率（价格）买入或卖出一定面额的利率工具的权利，属于交易所期权。平均期权的行权价格可以取基础资产在一段时间内的平均值，属于奇异型期权。障碍期权对行权设置一定条件，属于奇异型期权。

63. 参考答案：AD

试题解析： 可转换债券的转换价格修正是指发行公司在发行可转换债券后，由于公司的送股、配股、增发股票、分立、合并、拆细及其他原因导致发行人股份发生变动，引起公司股票名义价格下降时而对转换价格所作的必要调整。

64. 参考答案：ACD

试题解析： 本题考查中小企业板相关知识点。2004 年 5 月经国务院批准、中国证监会批复同意，深圳证券交易所在主板市场内设立中小企业板块。设立中小企业板块的宗旨是为主业突出、具有成长性和科技含量的中小企业提供直接融资平台，是分步推进创业板市场建设的重要步骤。

65. 参考答案：ABCD

试题解析： 本题考查基金监管的含义与内容。

66. 参考答案：ABD

试题解析： 由于流动性溢价的存在，在流动性偏好理论中，如果预期利率上升，其利率期限结构是向上倾斜的；如果预期利率下降的幅度较小，其利率期限结构虽然是向上倾斜的，但两条曲线趋向于重合；如果预期利率下降较多，其利率期限结构则是向下倾斜的。

67. 参考答案：BCD

试题解析：本题考查对系统性风险的认识。

68. 参考答案：AB

试题解析：本题考查对内部评级的理解。内部评级所反映的被评级对象的风险特征主要是借款者的违约概率和交易工具的违约损失率。

69. 参考答案：ABCD

试题解析：本题考查对压力测试原则的理解。证券公司在进行压力测试时，应当遵循以下原则：全面性原则、实践性原则、审慎性原则与前瞻性原则。

70. 参考答案：ABCD

试题解析：本题考查私募证券投资基金的募集步骤。

71. 参考答案：ABCD

试题解析：本题考查私募基金管理人及从业人员等主体规范要求。

72. 参考答案：ABD

试题解析：市场分隔理论能解释收益率曲线向上倾斜，在市场分隔理论下，如果短期资金供需曲线交叉点利率低于长期资金市场供需曲线交叉点利率，利率期限结构则呈现向上倾斜的趋势。

73. 参考答案：ABCD

试题解析：承销应报送下列文件：（1）申请书；（2）具备承销条件的证明材料或陈述材料；（3）承销协议；（4）承销团协议；（5）市场调查与可行性报告；（6）主承销商对承销团成员的内核审查报告；（7）风险处置预案。

74. 参考答案：ABCD

试题解析：本题考查风险与金融产品和投资的关系。

75. 参考答案：ABCD

试题解析：本题考查巴塞尔银行监管委员会明确的操作风险的七种类型。

76. 参考答案：ABC

试题解析：本题考查对风险准备金策略的认识。D 选项错误，风险是有价值的，承担风险就要获得风险回报。

77. 参考答案：BCD

试题解析：本题考查有面额股票的内容。有面额股票是指在股票票面上记载一定金额的股票。这一记载的金额也称为票面金额、票面价值或股票面值。

78. 参考答案：ABCD

试题解析：本题考查记名股票的发行规定。记名股票是指在股票票面和股份公司的股东名册上记载股东姓名的股票。公司发行记名股票的应当置备股东名册记载下列事项：股东的姓名或者名称及住所、各股东所持股份数、各股东所持股票的编号、各股东取得股份的日期。

79. 参考答案：ABD

试题解析：金融期货合约是由期货交易所设计的一种对指定金融工具的种类、规格、数量、交收月份、交收地点都作出统一规定的标准化协议。基础金融工具的交易价格是金融期货合约唯一的变量。

80. 参考答案：ABD

试题解析：远期利率协议交易既可以通过交易中心的交易系统达成，也可以通过电话、传真等其他方式达成。

三、判断题

81. 参考答案：错误

试题解析：投资者适当性管理工作主要是以经营机构适当性义务为主线展开的，应当包括三类：一是以判断投资者风险承受能力为目标的投资者分类义务；二是以判断产品风险等级为目标的产品分级义务；三是以“将适当的产品销售给适当的投资者”为目标的销售匹配义务。风险承受型不是。

82. 参考答案：错误

试题解析：记账式国债是一种无纸化国债，主要通过银行间债券市场向具备全国银行间债券市场国债承购包销团资格的商业银行、证券公司、保险公司、信托投资公司等机构，以及通过证券交易所的交易系统向具备交易所国债承购包销团资格的证券公司、保险公司和信托投资公司及其他投资者发行。

83. 参考答案：正确

试题解析：本题考查间接融资的概念。

84. 参考答案：错误

试题解析：本题考查证券市场概念。证券市场是价值直接交换的场所，是财产权利直接交换的场所，同时也是风险之间交换的场所。

85. 参考答案：错误

试题解析：本题考查凭证式国债的内容。财政部和中国人民银行一般每年确定一次凭证式国债承销团资格，各类商业银行、邮政储蓄银行均有资格申请加入凭证式国债承销团。财政部一般委托中国人民银行分配承销数额。

86. 参考答案：正确

试题解析：按名义金额计算的互换交易目前已经成为最大的衍生品交易品种。互换交易的主要用途是改变交易者资产或负债的风险结构（比如利率或汇率结构），从而规避相应的风险。中国证券业协会于2012年底启动了股票收益互换业务试点工作。

87. 参考答案：正确

试题解析：证券经纪商接受客户委托后应按“时间优先、客户优先”的原则进行申报竞价。

88. 参考答案：错误

试题解析：本题考查对于开放式基金的概念和特点的了解程度。

89. 参考答案：错误

试题解析：可转换债券的转换价格修正是指发行公司在发行可转换债券后，由于公司的送股、配股、增发股票、分立、合并、拆细及其他原因导致发行人股份发生变动，引起公司股票名义价格下降时而对转换价格所作的必要调整。

90. 参考答案：正确

试题解析：按发行主体分类。根据发行主体的不同，债券可以分为政府债券、金融债券和公司债券等主要类型。

91. 参考答案：正确

试题解析：我国的多层次金融中介机构体系，拥有以中央银行为主导，国有商业银行为主体，包括股份制商业银行、城市商业银行、农村商业银行、跨国银行、农村信用社在内的多层次银行机构体系

92. 参考答案：错误

试题解析：债券远期交易数额最小为债券面额10万元，交易单位为债券面额1万元。

93. 参考答案：正确

试题解析：与财政政策、货币政策相比，收入政策具有更高层次的调节功能，它制约着财政政策和货币政策的作用方向和作用力度，而且收入政策最终也要通过财政政策和货币政策来实现。

94. 参考答案：错误

试题解析：根据我国《证券交易所管理办法》第17条的规定，会员大会是证券交易所的最高权力机构。

95. 参考答案：正确

试题解析： 股票价格指数期货是以股票价格指数为基础变量的期货交易。股票价格指数期货的交易单位等于基础指数的数值与交易所规定的每点价值的乘积，采用现金结算。

96. 参考答案：错误

试题解析： 本题考查我国场内市场的体系框架。

97. 参考答案：正确

试题解析： 本题考查上市开放式基金的概念与特点。

98. 参考答案：错误

试题解析： 本题考查机构间私募产品报价系统的理念：多元、开放、竞争、包容。

99. 参考答案：正确

试题解析： 本题考查流动性指数的概念。流动性指数是由美联储的 JimPierce 提出的，用来衡量金融机构因突然或紧急出售资产时，相对于正常市场情况下以市场公允价值出售所遭受的潜在损失。

100. 参考答案：正确

试题解析： 本题考察考查证券投资基金的分类。

101. 参考答案：正确

试题解析： 本题考查融资策略管理的内容。实现融资渠道多样化是证券公司融资策略的主要目标。

102. 参考答案：错误

试题解析： 本题考查风险控制自我评估的内容。打分卡是风险控制自我评估的常用工具，其重要的功能是可以把对操作风险的定性评估转化为定量的矩阵。

103. 参考答案：正确

试题解析： 本题考查风险识别的分类。风险管理者首先要分析投资项目的风险暴露，风险识别包括感知风险和分析风险两个环节。

104. 参考答案：错误

试题解析： 本题考查证券公司声誉风险管理的内容。预防第一原则：证券公司应主动识别和防范声誉风险，加强对声誉风险的发生原因、影响程度、发展变化的分析和预测，及时作出应对。

105. 参考答案：错误

试题解析： 本题考查压力测试采用的方法。根据不同的压力情景，证券公司压力测试可采用敏感性分析和情景分析。

106. 参考答案：错误

试题解析：本题考查信用风险缓释工具的内容。信用远期协议是银行与交易对手签订的一个双边合约，该合约的基础资产为信用价差，即借款企业发行的债券的收益率与无风险收益率之间的利差。信用远期协议以信用价差反映银行贷款的信用状况，信用价差增加则表明银行贷款信用状况恶化，减少则表明信用状况提高，通过信用远期协议，银行就可以对冲贷款的信用风险。

107. 参考答案：错误

试题解析：本题考查风险管理的本质特征。事前管理是风险管理的本质特征。

108. 参考答案：错误

试题解析：本题考查风险应对的概念。凡在限额以内发生的损失，都可以通过自有资金来抵御。

109. 参考答案：正确

试题解析：证券公司正在进行压力测试，应当遵循以下原则：（1）全面性原则；（2）实践性原则；（3）审慎性原则；（4）前瞻性原则。

110. 参考答案：错误

试题解析：本题考查风险规避的实现方式。在现代金融风险管理实践中，风险规避主要通过经济资本配置来实现。

四、综合题（共10题，每小题1分，共10分。每问备选答案中有一项或多项符合题目要求，不选、错选均不得分。）

111. 参考答案：B

试题解析：认购费用 = 100 000.00 × 1.20% /(1 + 1.20%) = 1 185.77（元）

112. 参考答案：A

试题解析：净认购金额 = 100 000.00 − 1 185.77 = 98 814.23（元）

113. 参考答案：A

试题解析：认购份额 = 98 814.23 + 50.00 = 98 864.23（份）

114. 参考答案：ABC

试题解析：

夏普指数 =（基金的平均收益率 − 基金的平均无风险利率）/基金的标准差

115. 参考答案：B

试题解析：若 $\alpha_J = 0$，则说明基金组合的收益率与处于相同风险水平的被动组合的收益率不存在显著差异。

116. 参考答案：C

试题解析：

夏普比率 =（基金的平均收益率 − 平均无风险收益率）/基金收益率的标准差

=（60% − 2%）÷ 32% = 1.81

117. 参考答案：A

试题解析：特雷诺比率 =（平均收益率 − 平均无风险收益率）/系统风险，基金 A 与基金 B 具有相同的贝塔值，基金 A 的平均收益率和平均无风险收益率都是基金 B 的两倍，基金 A 的特雷诺比率是基金 B 的 2 倍。

118. 参考答案：D

试题解析：认缴出资额 = 2/40% = 5（亿元）

该基金已成立半年，半年的管理费 = 5 × 2% × 0.5 = 0.05 亿元 = 500 万元。若预先提取两年的管理费，则管理费 = 5 × 2% × 2 = 0.2 亿元 = 2 000 万元。

119. 参考答案：C

试题解析：我国的基金管理费、基金托管费及基金销售服务费均是按照前一日基金资产净值的一定比例逐日计提，按月支付。

120. 参考答案：A

试题解析：基金规模越大，风险程度越低，基金管理费率越低。

后　记

"证券行业专业人员一般业务水平评价测试辅导教材（2023）"，一套包括《〈金融市场基础知识〉考点突破及模拟强化》和《〈证券市场基本法律法规〉考点突破及模拟强化》两本图书。何诚颖教授牵头并主持了本套丛书的编写和修订工作。

其中，在《〈金融市场基础知识〉考点突破及模拟强化》编撰过程中，参加统稿、审稿工作的成员有：汪天琦、郭瑞瑾、何牧原、罗丹那；参加复核工作的成员有：汪天琦、郭瑞瑾、何牧原、罗丹那、何涛；参加出题工作的成员有：汪天琦、郭瑞瑾、陈禹帆、何牧原、冯鲍、覃思嘉、吕成双、方翼飞、吴萌、罗丹那、欧沣纬、罗森辉、黄紫盈、陈猛、毕一鸣、谭凡、张雅鑫、欧深、冯湄娜、叶彬慧、杨烁、杨荧等。

由于编写时间紧迫，书中难免有不足、疏漏和错误之处，恳请广大读者海涵并指正。有关本套辅导教材的勘误，也可扫描"电子阅读"二维码访问，以了解最新勘误情况。

再次感谢广大读者的支持与理解。

辅导教材编写组

2023 年 2 月